I0751420

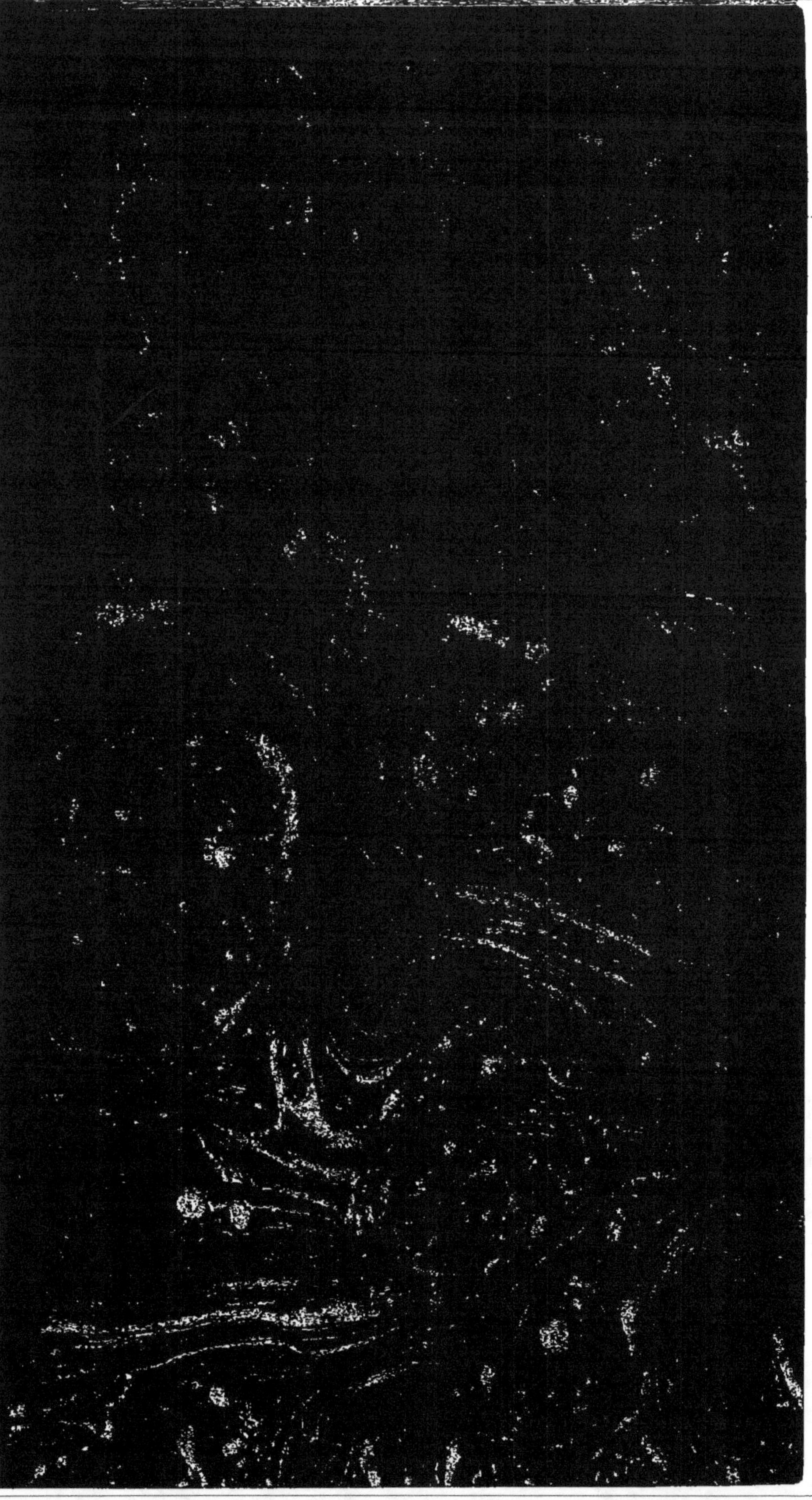

ESSAIS

DE MICHEL

SEIGNEUR

DE MONTAIGNE.

TOME QUATRIEME.

Cette édition stéréotype, d'après le procédé de Firmin Didot, en 4 volumes, se vend à Paris

Chez Pierre DIDOT l'aîné, imprimeur, au Palais des sciences et arts, galeries, n° 3;

Et chez Firmin DIDOT, libraire, rue de Thionville, n° 1850.

Prix en feuilles:

In-12 papier ordinaire.	8 fr.
In-8°. papier fin.	16 fr.
In-8°. papier vélin.	40 fr.

ESSAIS
DE MICHEL
SEIGNEUR
DE MONTAIGNE.

TOME QUATRIEME.

EDITION STEREOTYPE,
D'après le procédé de Firmin Didot.

A PARIS,

DE L'IMPRIMERIE ET DE LA FONDERIE STÉRÉOTYPES
DE PIERRE DIDOT L'AÎNÉ, ET DE FIRMIN DIDOT.

AN X. M. DCCCII.

ESSAIS

DE MICHEL

DE MONTAIGNE.

LIVRE TROISIEME.

CHAPITRE VI.

Des coches.

Il est bien aysé à verifier que les grands aucteurs, escrivants des causes, ne se servent pas seulement de celles qu'ils estiment estre vrayes, mais de celles encores qu'ils ne croyent pas, pourveu qu'elles ayent quelque invention et beauté : ils disent assez veritablement et utilement, s'ils disent ingenieusement. Nous ne pouvons nous asseurer de la maistresse cause, nous en entassons plusieurs, pour veoir si par rencontre elle se trouvera en ce nombre,

> Namque unam dicere causam
> Non satis est, verùm plures, unde una tamen sit. (1)

Me demandez vous d'où vient cette coustume de benir

(1) Car au lieu de nommer une seule cause, il en faut indiquer plusieurs, quoique cependant il ne puisse y en avoir qu'une seule de véritable. *Lucret.* l. 6, v. 703.

ceulx qui esternuent? Nous produisons trois sortes de vents : celuy qui sort par embas est trop sale : celuy qui sort par la bouche porte quelque reproche de gourmandise : le troisiesme est l'esternuement ; et parce qu'il vient de la teste, et est sans blasme, nous luy faisons cet honneste recueil. Ne vous mocquez pas de cette subtilité, elle est, dict-on, d'Aristote (a). Il me semble avoir veu (b) en Plutarque (qui est, de touts les aucteurs que ie cognoisse, celuy qui a mieulx meslé l'art à la nature, et le iugement à la science), rendant la cause du soublevement d'estomach qui advient à ceulx qui voyagent en mer, que cela leur arrive de crainte ; ayant trouvé quelque raison par laquelle il prouve que la crainte peult produire un tel effect. Moy, qui y suis fort subiect, sçais bien que cette cause ne me touche pas : et le sçais, non par argument, mais par necessaire experience. Sans alleguer ce qu'on m'a dict, qu'il en arrive de mesme souvent aux bestes, et notamment aux pourceaux, hors de toute apprehension de dangier ; et ce qu'un mien cognoissant m'a tesmoigné de soy, qu'y estant fort subiect, l'envie de vomir luy estoit passee, deux ou trois fois, se trouvant pressé de frayeur en grande tormente, comme à cet ancien, peius vexabar, quàm ut periculum mihi succurreret (1) ; ie n'eus iamais peur sur l'eau, comme ie n'ay aussi ailleurs (et s'en est assez souvent offert de iustes, si la mort l'est), qui m'ait au moins troublé ou esblouï. Elle naist par fois de faulte de iugement, comme de faulte de cœur. Touts les dangiers que i'ay veu, c'a esté les yeulx ouverts, la veue libre, saine et entiere : encores fault il du courage à craindre. Il me servit aultresfois, au prix d'aultres, pour conduire et tenir en

(a) *Problem.* sect. 33, q. 9.

(b) Dans un traité intitulé, *les causes naturelles*, c. 11, de la traduction d'Amyot.

(1) J'étois trop malade, pour songer au péril. *Senec.* epist. 53.

ordre ma fuyte, qu'elle feust, sinon sans crainte, toutesfois sans effroy et sans estonnement : elle estoit esmeue, mais non pas estourdie ny esperdue. Les grandes ames vont bien plus oultre, et representent des fuytes, non rassises seulement et saines, mais fieres : disons celle qu'Alcibiades recite de Socrates, son compaignon d'armes (a) : « Ie le trouvay, dict il, aprez la roupte de « nostre armee, luy et Lachez, des derniers entre les « fuyants ; et le consideray tout à mon ayse, et en seu- « reté, car i'estois sur un bon cheval, et luy à pied, et « avions ainsi combattu. Ie remarquay premierement, « combien il montroit d'advisement et de resolution, « au prix de Lachez ; et puis, la braverie de son mar- « cher, nullement different du sien ordinaire ; sa veue « ferme et reglee, considerant et iugeant ce qui se passoit « autour de luy ; regardant tantost les uns, tantost les « aultres, amis et ennemis, d'une façon qui encoura- « geoit les uns, et signifioit aux aultres qu'il estoit pour « vendre bien cher son sang et sa vie à qui essayeroit « de la luy oster ; et se sauverent ainsi : car volontiers « on n'attaque pas ceulx cy, on court aprez les effrayez ». Voylà le tesmoignage de ce grand capitaine, qui nous apprend, ce que nous essayons touts les iours, qu'il n'est rien qui nous iecte tant aux dangiers, qu'une faim inconsideree de nous en mettre hors : quo timoris minus est, eo minus ferme periculi est (1). Nostre peuple a tort de dire « celuy là craint la mort », quand il veult exprimer qu'il y songe et qu'il la preveoid. La prevoyance convient egualement à ce qui nous touche en bien et en mal : considerer et iuger le dangier est aulcunement le rebours de s'en estonner. Ie ne me sens pas assez

---

(a) Platon dans son Banquet, p. 1206. *Francofurti* apud Claudium Marnium, etc. an. 1602.

(1) Pour l'ordinaire l'on est moins en danger, à proportion qu'on a moins de peur. *Tit. Liv.* l. 22, c. 5.

fort pour soubtenir le coup et l'impetuosité de cette passion de la peur, ny d'aultre vehemente : si i'en estois un coup vaincu et atterré, ie ne m'en releverois iamais bien entier ; qui auroit faict perdre pied à mon ame ne la remettroit iamais droicte en sa place : elle se retaste et recherche trop vifvement et profondement, et, pourtant, ne lairroit iamais ressouder et consolider la playe qui l'auroit percee. Il m'a bien prins qu'aulcune maladie ne me l'ayt encores desmise : à chasque charge qui me vient, ie me presente et oppose en mon hault appareil; ainsi la premiere qui m'emporteroit, me mettroit sans ressource. Ie n'en fois point à deux : par quelque endroict que le ravage faulsast ma levee (a), me voylà ouvert, et noyé sans remede. Epicurus dict, que le sage ne peult iamais passer à un estat contraire : i'ay quelque opinion de l'envers de cette sentence, Que qui aura esté une fois bien fol, ne sera nulle aultre fois bien sage. Dieu me donne le froid selon la robbe, et me donne les passions selon le moyen que i'ay de les soubtenir : nature m'ayant descouvert d'un costé, m'a couvert de l'aultre ; m'ayant desarmé de force, m'a armé d'insensibilité et d'une apprehension reglee, ou mousse. Or, ie ne puis souffrir longtemps (et les souffrois plus difficilement en ieunesse) ny coche, ny lictiere, ny bateau, et hais toute aultre voicture que de cheval et en la ville et aux champs : mais ie puis souffrir la lictiere moins qu'un coche; et par mesme raison, plus ayseement une agitation rude sur l'eau, d'où se produict la peur, que le mouvement qui se sent en temps calme. Par cette legiere secousse que les avirons donnent, desrobbant le vaisseau soubs nous, ie me sens brouiller, ie ne sçais comment, la teste et l'estomach ; comme ie ne puis souffrir soubs moy un siege tremblant. Quand la voile ou le cours de l'eau nous emporte egualement, ou qu'on nous

---

(a) C'est-à-dire : rompît la digue, la chaussée qui me couvre. C.

toue (a), cette agitation unie ne me blece aulcunement: c'est un remuement interrompu qui m'offense; et plus, quand il est languissant. Ie ne sçaurois aultrement peindre sa forme. Les medecins m'ont ordonné de me presser et cengler d'une serviette le bas du ventre, pour remedier à cet accident; ce que ie n'ay point essayé, ayant accoustumé de luicter les defaults qui sont en moy, et les dompter par moy mesme.

Si i'en avois la memoire suffisamment informee, ie ne plaindrois mon temps à dire icy l'infinie varieté que les histoires nous presentent de l'usage des coches au service de la guerre; divers, selon les nations, selon les siecles; de grand effect, ce me semble, et necessité; si que c'est merveille que nous en ayons perdu toute cognoissance. I'en dirai seulement cecy, que tout fraischement, du temps de nos peres, les Hongres les meirent tresutilement en besongne contre les Turcs; en chascun y ayant un rondelier (b) et un mousquetaire, et nombre de arquebuses rengees, prestes et chargees, le tout couvert d'une pavesade (c), à la mode d'une galiote. Ils faisoient front, à leur battaille, de trois mille tels coches; et, aprez que le canon avoit ioué, les faisoient tirer, et avaller aux ennemys cette salve avant que de taster le reste, qui n'estoit pas un legier advancement; ou descochoient lesdits coches dans leurs escadrons, pour les

(a) Ou remorque, comme on parle plus communément aujourd'hui. C.

(b) Soldat armé d'une rondelle ou rondache, espece de bouclier, ainsi nommé, parcequ'il est rond. *Rondelle*, Parma orbicularis, dit Nicot: et *rondelier*, celui qui s'en sert à la guerre, Parmatus. C.

(c) Ou *pavoisade*, comme l'écrit Nicot. Pavoisade d'une galere, dit-il, c'est le grand nombre de pavois, qui sont ès deux costez de la galere, pour couvrir et défendre ceux qui rament. De *Pavois*, qui signifie *un bouclier*, on a fait pavoisade. C.

rompre et y faire iour; oultre le secours qu'ils en pouvoient prendre, pour flanquer en lieux chatouilleux les troupes marchant en la campaigne, ou à couvrir un logis (a) à la haste, et le fortifier. De mon temps, un gentilhomme, en l'une de nos frontieres, impos de sa personne, et ne trouvant cheval capable de son poids, ayant une querelle, marchoit par pays en coche, de mesme cette peincture, et s'en trouvoit tresbien. Mais laissons ces coches guerriers.

[Comme si leur neantise n'estoit assez cogneue à meilleures enseignes] les derniers roys de nostre premiere race marchoient par pays en un charriot mené de quatre bœufs. Marc Antoine feut le premier qui se feit mener à Rome, et une garse menestriere quand et luy, par des lions attelez à un coche. Heliogabalus en feit depuis autant, se disant Cybele la mere des dieux; et aussi par des tigres, contrefaisant le dieu Bacchus : il attela aussi par fois deux cerfs à son coche; et une aultre fois quatre chiens; et encores quatre garses nues, se faisant traisner par elles, en pompe, tout nud. L'empereur Firmus feit mener son coche à des austruches de merveilleuse grandeur, de maniere qu'il sembloit plus voler que rouler. L'estrangeté de ces inventions me met en teste cette aultre fantasie : Que c'est une espece de pusillanimité aux monarques, et un tesmoignage de ne sentir point assez ce qu'ils sont, de travailler à se faire valoir, et paroistre, par despenses excessifves : ce seroit chose excusable en pays estrangier; mais parmy ses subiects, où il peult tout, il tire de sa dignité le plus extreme degré d'honneur où il puisse arriver : Comme à un gentilhomme, il me semble qu'il est superflu de se vestir curieusement en son privé : sa maison, son train, sa cuisine respondent assez de luy. Le conseil qu'Isocrates donne

(a) C'est-à-dire, si je ne me trompe, un logement, un campement. C.

à son roy, ne me semble sans raison : « Qu'il soit splendide en meubles et utensiles, d'autant que c'est une despense de duree qui passe iusques à ses successeurs ; et qu'il fuye toutes magnificences qui s'escoulent incontinent et de l'usage et de la memoire ». I'aimois à me parer quand i'estois cadet, à faulte d'aultre parure ; et me seoit bien : il en est sûr qui les belles robbes pleurent. Nous avons des contes merveilleux de la frugalité de nos roys autour de leurs personnes, et en leurs dons ; grands roys en credit, en valeur, et en fortune : Demosthenes combat à oultrance la loy de sa ville qui assignoit les deniers publicques aux pompes des ieux et de leurs festes ; il veult que leur grandeur se montre en quantité de vaisseaux bien equippez, et bonnes armees bien fournies : et a lon raison d'accuser (a) Theophrastus qui establit, en son livre des richesses, un advis contraire, et maintient telle nature de despense estre le vray fruict de l'opulence : ce sont plaisirs, dict Aristote, qui ne touchent que la plus basse commune ; qui s'esvanouïssent de la souvenance aussitost qu'on en est rassasié ; et desquels nul homme iudicieux et grave ne peult faire estime. L'employte me sembleroit bien plus royale, comme plus utile, iuste et durable, en ports, en havres, fortifications et murs, en bastiments sumptueux, en eglises, hospitaux, colleges, reformation de rues et chemins : en quoy le pape Gregoire treiziesme lairra sa memoire recommendable à long temps ; et en quoy nostre royne Catherine tesmoigneroit à longues annees sa liberalité naturelle et munificence, si ses moyens suffisoient à son affection : la fortune m'a faict grand desplaisir d'interrompre la belle structure du pont neuf de nostre grande ville, et m'oster l'espoir, avant mourir, d'en veoir en train l'usage. Oultre ce, il semble aux subiects, spec-

(a) C'est Cicéron qui est auteur de cette critique. Voyez de offic. l. 2, c. 16. C.

tateurs de ces triumphes, qu'on leur faict montre de leurs propres richesses, et qu'on les festoye à leurs despens : car les peuples presument volontiers des roys, comme nous faisons de nos valets, qu'ils doibvent prendre soing de nous apprester en abondance tout ce qu'il nous fault, mais qu'ils n'y doibvent aulcunement toucher de leur part; et pourtant l'empereur Galba, ayant prins plaisir à un musicien pendant son souper, se feit porter sa boëte, et luy donna en sa main une poignee d'escus qu'il y pescha, avecques ces paroles : « Ce n'est pas du publicque, c'est du mien ». Tant y a, qu'il advient le plus souvent que le peuple a raison; et qu'on repaist ses yeulx de ce de quoy il avoit à paistre son ventre. La liberalité mesme n'est pas bien en son lustre en main souveraine; les privez y ont plus de droict : car, à le prendre exactement, un roy n'a rien proprement sien, il se doibt soy mesme à aultruy : la iurisdiction ne se donne point en faveur du iuridiciant, c'est en faveur du iuridicié; on faict un superieur, non iamais pour son proufit, ains pour le proufit de l'inferieur; et un medecin pour le malade, non pour soy; toute magistrature, comme toute art, iecte sa fin hors d'elle; nulla ars in se versatur (1) : parquoy les gouverneurs de l'enfance des princes, qui se picquent à leur imprimer cette vertu de largesse, et les preschent de ne sçavoir rien refuser, et n'estimer rien si bien employé que ce qu'ils donneront (instruction que i'ay veu en mon temps fort en credit), ou ils regardent plus à leur proufit qu'à celuy de leur maistre, ou ils entendent mal à qui ils parlent. Il est trop aysé d'imprimer la liberalité en celuy qui a de quoy y fournir autant qu'il veult, aux despens d'aultruy; et son estimation se reglant, non à la mesure du present, mais à la mesure des moyens de celuy qui l'exerce, elle vient

---

(1) Nul art n'est renfermé en lui-même. *Cic.* de finib. bon. et mal. l. 5, c. 6.

à estre vaine en mains si puissantes; ils se treuvent prodigues, avant qu'ils soient liberaux : pourtant est elle de peu de recommendation, au prix d'aultres vertus royales, et la seule, comme disoit le tyran Dionysius, qui se comporte bien avecques la tyrannie mesme. Ie luy apprendrois plustost ce verset du laboureur ancien,

Τῃ χειρι δει σπειρειν, αλλα μη ὁλῳ τῳ θυλακῳ, (1)

« qu'il fault, à qui en veult retirer fruict, semer de la main, non pas verser du sac » : il fault espandre le grain, non pas le respandre ; et qu'ayant à donner, ou, pour mieulx dire, à payer et rendre à tant de gents selon qu'ils ont deservy, il en doibt estre loyal et advisé dispensateur. Si la liberalité d'un prince est sans discretion et sans mesure, ie l'aime mieulx avare. La vertu royale semble consister le plus en la iustice; et de toutes les parties de la iustice, celle là remarque mieulx les roys, qui accompaigne la liberalité : car ils l'ont particulierement reservee à leur charge; là où toute aultre iustice, ils l'exercent volontiers par l'entremise d'aultruy. L'immoderee largesse est un moyen foible à leur acquerir bienveuillance ; car elle rebute plus de gents qu'elle n'en practique : quo in plures usus sis, minus in multos uti possis... Quid autem est stultius, quàm, quod libenter facias, curare ut id diutiùs facere non possis (2)? et, si elle est employee sans respect du merite, faict vergongne à qui la receoit, et se receoit sans grace. Des tyrans ont esté sacrifiez à

(1) C'est une espece de proverbe que Montaigne traduit après l'avoir cité. Il l'a tiré d'un petit traité de Plutarque, intitulé, *Si les Athéniens ont été plus excellents en armes qu'en lettres*, ch. 4 : où Corinne s'en sert pour faire sentir à Pindare qu'il avoit entassé trop de fables dans une de ses poésies. C.

(2) Vous pouvez d'autant moins l'exercer envers plus de personnes, que vous l'avez déja exercée envers plusieurs.... Or, qu'y a-t-il de plus extravagant que de se mettre hors d'état de pouvoir continuer ce qu'on aime tant à faire? *Cic.* de offic. l. 2, c. 15.

la haine du peuple par les mains de ceulx mesmes qu'ils avoient iniquement advancez : telle maniere d'hommes estimants asseurer la possession des biens indeuement receus, s'ils monstrent avoir à mespris et haine celuy duquel ils les tenoient; et se rallient au iugement et opinion commune en cela. Les subiects d'un prince excessif en dons se rendent excessifs en demandes; ils se taillent, non à la raison, mais à l'exemple. Il y a certes souvent de quoy rougir de nostre impudence: nous sommes surpayez selon iustice, quand la recompense eguale nostre service ; car n'en debvons nous rien à nos princes, d'obligation naturelle? S'il porte nostre despense, il fait trop ; c'est assez qu'il l'ayde : le surplus s'appelle bienfaict, lequel ne se peult exiger ; car le nom mesme de Liberalité sonne Liberté. A nostre mode, ce n'est iamais faict ; le receu ne se met plus en compte ; on n'aime la liberalité que future : parquoy plus un prince s'espuise en donnant, plus il s'appauvrit d'amis. Comment assouviroit il les envies qui croissent à mesure qu'elles se remplissent? qui a sa pensee à prendre ne l'a plus à ce qu'il a prins : la convoitise n'a rien si propre que d'estre ingrate.

L'exemple de Cyrus ne duira pas mal en ce lieu, pour servir, aux roys de ce temps, de touche à recognoistre leurs dons bien ou mal employez, et leur faire veoir combien cet empereur les assenoit plus heureusement qu'ils ne font, par où ils sont reduicts à faire leurs emprunts, aprez, sur les subiects incogneus, et plustost sur ceulx à qui ils ont faict du mal, que sur ceulx à qui ils ont faict du bien, et n'en receoivent aydes où il y aye rien de gratuit que le nom. Crœsus luy reprochoit sa largesse, et calculoit à combien se monteroit son thresor s'il eust eu les mains plus restreinctes. Il eut envie de iustifier sa liberalité; et, despeschant de toutes parts vers les grands de son estat qu'il avoit particulierement advancez, pria chascun de le secourir d'autant d'argent qu'il pourroit, à une sienne necessité, et le luy envoyer par declaration. Quand touts ces bordereaux luy feurent apportez, chascun de ses amis n'estimant pas que ce feust assez faire de luy en offrir seulement autant qu'il en avoit receu de sa munificence, y en meslant du sien propre beaucoup, il se trouva que cette somme se montoit bien plus que ne disoit l'espargne de Crœsus. Sur quoy Cyrus : « Ie ne suis pas moins amoureux des richesses, que les aultres princes ; et en suis plustost plus mesnagier : vous voyez à combien peu de mise i'ay acquis le thresor inestimable de tant d'amis, et combien ils me sont plus fideles thresoriers, que ne seroient des hommes mercenaires, sans obligation, sans affection ; et ma chevance mieulx logee qu'en des coffres appellant sur moy la haine, l'envie et le mespris des aultres princes. »

Les empereurs tiroient excuse à la superfluité de leurs ieux et montres publicques, de ce que leur auctorité despendoit aulcunement (au moins par apparence) de la volonté du peuple romain, lequel avoit de tout temps accoustumé d'estre flatté par telle sorte de spectacles et d'excez. Mais c'estoient particuliers qui avoient nourry cette coustume de gratifier leurs concitoyens et compaignons, principalement sur leur bourse, par telle profusion et magnificence : elle eut tout aultre goust, quand ce feurent les maistres qui veinrent à l'imiter : pecuniarum translatio à iustis dominis ad alienos non debet liberalis videri (1). Philippus, de ce que son fils essayoit par presents de gaigner la volonté des Macedoniens, l'en tansa par une lettre, en cette maniere : « Quoy ! as tu envie que tes subiects te tiennent pour leur boursier, non pour leur roy ? Veulx tu les practiquer ? practique les des bienfaicts

(1) Le don qu'on fait à des étrangers d'un argent qu'on a pris aux légitimes propriétaires ne doit point passer pour libéralité. *Cic.* de offic. l. 1, c. 14.

de ta vertu, non des bienfaicts de ton coffre ». C'estoit pourtant une belle chose, d'aller faire apporter et planter, en la place aux arenes, une grande quantité de gros arbres, touts branchus et touts verts, representants une grande forest ombrageuse, despartie en belle symmetrie; et, le premier iour, iecter là dedans mille austruches, mille cerfs, mille sangliers et mille daims, les abandonnant à piller au peuple : le lendemain faire assommer en sa presence cent gros lions, cent leopards et trois cents ours : et pour le troisiesme iour, faire combattre à oultrance trois cents paires de gladiateurs, comme feit l'empereur Probus. C'estoit aussi belle chose, à veoir ces grands amphitheatres encroustez de marbre au dehors, labouré d'ouvrages et statues, le dedans reluisant de rares enrichissements,

> Baltheus en gemmis, en illita porticus auro: (1)

touts les costez de ce grand vuide remplis et environnez, depuis le fond iusques au comble, de soixante ou quatre vingts rengs d'eschelons, aussi de marbre, couverts de carreaux,

> exeat, inquit,
> Si pudor est, et de pulvino surgat equestri,
> Cuius res legi non sufficit: (2)

où se peussent renger cent mille hommes assis à leur

---

(1) Vois-tu le baudrier enrichi de pierreries, et le portique tout couvert d'or? *Calphurnius*, eclog. 7, intitulée, TEMPLUM, v. 47. Je ne sais ce qu'il faut entendre ici par *baudrier*. Dans les amphithéâtres on donnoit ce nom à certaines *précinctions* ou degrés plus hauts et plus larges que les autres. Sur quoi on peut consulter *l'Antiquité expliquée* par le P. Montfaucon. C.

(2) Si vous avez quelque pudeur, quittez, dit-on, les carreaux destinés aux chevaliers, puisque vous n'avez pas les biens fixés par la loi pour être placé avec eux dans les spectacles publics. *Juvenal.* sat. 3, v. 153.

ayse : et la place du fonds, où les ieux se iouoient, la faire premierement, par art, entr'ouvrir et fendre en crevasses, representant des antres qui vomissoient les bestes destinees au spectacle; et puis, secondement, l'inonder d'une mer profonde, qui charioit force monstres marins, chargee de vaisseaux armez, à representer une battaille navalle; et, tiercement, l'aplanir et asseicher de nouveau, pour le combat des gladiateurs; et, pour la quatriesme façon, la sabler de vermillon et de storax, au lieu d'arene, pour y dresser un festin solenne à tout ce nombre infini de peuple, le dernier acte d'un seul iour.

> quoties nos descendentis arenæ
> Vidimus in partes, ruptaque voragine terræ
> Emersisse feras, et iisdem sæpè latebris
> Aurea cum croceo creverunt arbuta libro.
> Nec solùm nobis silvestria cernere monstra
> Contigit, æquoreos ego cum certantibus ursis
> Spectavi vitulos, et equorum nomine dignum
> Sed deforme pecus. (1)

Quelquesfois on y a faict naistre une haulte montaigne pleine de fruictiers et arbres verdoyants, rendant par son faiste un ruisseau d'eau, comme de la bouche d'une vifve fontaine : quelquesfois on y promena un grand navire qui s'ouvroit et desprenoit de soy mesme, et aprez avoir vomy de son ventre quatre ou cinq cents

---

(1) Combien de fois n'a-t-on pas vu une partie de l'arene s'enfoncer, et des bêtes féroces sortir tout-à-coup d'une ouverture faite dans la terre, d'où souvent s'élevoit ensuite un bocage d'arboisiers à écorce dorée? Et non seulement on nous a fait voir dans l'amphithéâtre des bêtes sauvages qui vivent dans les bois, mais j'y ai vu moi-même des ours acharnés contre des veaux marins, et contre des chevaux marins, animaux difformes, à qui pourtant le nom de cheval convient assez bien. *Calphurn.* eclog. 7, v. 64, 65, 66, 67, 69, 70, 71, 72.

bestes à combat, se resserroit et s'esvanouïssoit, sans ayde : aultresfois, du bas de cette place, ils faisoient eslancer des surgeons et filets d'eau qui reiallissoient contremont, et, à cette haulteur infinie, alloient arrousant et embaumant cette infinie multitude. Pour se couvrir de l'iniure du temps, ils faisoient tendre cette immense capacité, tantost de voiles de pourpre labourez à l'aiguille, tantost de soye d'une ou aultre couleur, et les advanceoient et retiroient en un moment, comme il leur venoit en fantasie :

> Quamvis non modico calcant spectacula sole,
> Vela reducuntur cùm venit Hermogenes. (1)

Les rets aussi qu'on mettoit au devant du peuple, pour le deffendre de la violence de ces bestes eslancees, estoient tissus d'or :

> auro quoque torta refulgent
> Retia. (2)

S'il y a quelque chose qui soit excusable en tels excez, c'est où l'invention et la nouveauté fournit d'admiration, non pas la despense : en ces vanitez mesme, nous descouvrons combien ces siecles estoient fertiles d'aultres esprits que ne sont les nostres. Il va de cette sorte de fertilité, comme il faict de toutes aultres productions de la nature : ce n'est pas à dire qu'elle y ayt lors employé son dernier effort ; nous n'allons point ; nous rodons plustost, et tournoyons çà et là, nous nous promenons sur nos pas. Ie crainds que nostre cognoissance soit foi-

---

(1) Quoiqu'un soleil ardent darde ses rayons sur l'amphithéâtre, on retire les voiles dès qu'Hermogene vient à paroître. *Martial.* l. 12, epigr. 29, v. 15, 16. Cet Hermogene étoit un grand voleur. On détendoit les voiles, de peur qu'il ne trouvât moyen de s'en saisir. C.

(2) *Calphurnius*, eclog. 7, intitulée TEMPLUM, v. 53, Montaigne a cité ce passage après l'avoir traduit.

ble en touts sens; nous ne voyons ny gueres loing, ny gueres arriere; elle embrasse peu, et vit peu; courte et en estendue de temps, et en estendue de matiere:

> Vixere fortes ante Agamemnona
> Multi, sed omnes illacrymabiles
> Urgentur ignotique longâ
> Nocte. (1)

> Et supera bellum Troianum et funera Troiæ,
> Multi alias alii quoque res cecinere poëtæ: (2)

et la narration de Solon, sur ce qu'il avoit apprins des presbtres d'Aegypte, de la longue vie de leur estat, et maniere d'apprendre et conserver les histoires estrangieres, ne me semble tesmoignage de refus en cette consideration: si interminatam in omnes partes magnitudinem regionum videremus et temporum, in quam se iniiciens animus et intendens, ita latè longèque peregrinatur, ut nullam oram ultimi videat in qua possit insistere; in hac immensitate, infinita vis innumerabilium appareret formarum (3). Quand

---

(1) Il y eut avant Agamemnon plusieurs héros, mais qu'on ne regrette point, parcequ'ils sont inconnus, et ensevelis dans les ténebres d'une éternelle nuit. *Horat.* od. 9, l. 4, v. 25, et seqq.

(2) Et avant la guerre de Thebes et la ruine de Troye, plusieurs autres poëtes avoient aussi chanté de semblables évènements. *Lucret.* l. 5, v. 327, et seq.

Montaigne emploie ici les paroles de Lucrece dans un sens directement contraire à celui qu'elles ont dans ce poëte: et il change quelques mots du texte pour l'appliquer à sa pensée. C.

(3) Si nous pouvions voir l'étendue infinie des régions et des siecles, où l'esprit peut à son gré se promener de toutes parts sans rencontrer un terme qui borne sa vue, nous découvririons une quantité innombrable de formes dans cette immensité. *Cic.* de nat. deor. l. 1, c. 20.

Montaigne donne à ces paroles un sens tout différent de celui

tout ce qui est venu, par rapport, du passé iusques à nous seroit vrai, et seroit sceu par quelqu'un, ce seroit moins que rien, au prix de ce qui est ignoré. Et de cette mesme image du monde qui coule pendant que nous y sommes, combien chestifve et racourcie est la cognoissance des plus curieux? non seulement des evenements particuliers, que fortune rend souvent exemplaires et poisants, mais de l'estat des grandes polices et nations, il nous en eschappe cent fois plus qu'il n'en vient à nostre science : nous nous escrions du miracle de l'invention de nostre artillerie, de nostre impression; d'aultres hommes, un aultre bout du monde, à la Chine, en iouïssoit mille ans auparavant. Si nous voyions autant du monde comme nous n'en voyons pas, nous appercevrions, comme il est à croire, une perpetuelle multiplication et vicissitude de formes. Il n'y a rien de seul et de rare, eu esgard à nature, ouy bien eu esgard à nostre cognoissance, qui est un miserable fondement de nos regles, et qui nous represente volontiers une tresfaulse image des choses. Comme vainement nous concluons auiourd'huy l'inclination et la decrepitude du monde, par les arguments que nous tirons de nostre propre foiblesse et decadence;

Iamque adeo est affecta ætas, effœtaque tellus : (1)

ainsi vainement concluoit cettuy là (a) sa naissance et ieunesse, par la vigueur qu'il voyoit aux esprits de son temps, abondants en nouvelletez et inventions de divers arts :

---

qu'elles ont dans l'original, et il change même plusieurs mots du texte, où il s'agit de tout autre chose que de ce que Montaigne nous dit ici. C.

(1) Aussi les hommes n'ont-ils plus la même vigueur, ni la terre son ancienne fertilité. *Lucret.* l. 2, v. 1150.

(a) Le poëte Lucrece, auteur du vers précédent.

Verùm, ut opinor, habet novitatem summa, recensque
Natura est mundi, neque pridem exordia cœpit :
Quare etiam quædam nunc artes expoliuntur,
Nunc etiam augescunt, nunc addita navigiis sunt
Multa. (1)

Nostre monde vient d'en trouver un aultre (et qui nous respond si c'est le dernier de ses freres, puis que les Daimons, les Sibylles, et nous, avons ignoré cettuy cy iusqu'à cette heure?) non moins grand, plain et membru, que luy; toutesfois si nouveau et si enfant, qu'on luy apprend encores son a, b, c : il n'y a pas cinquante ans qu'il ne sçavoit ny lettres, ny poids, ny mesure, ny vestements, ny bleds, ny vignes; il estoit encores tout nud, au giron, et ne vivoit que des moyens de sa mere nourrice. Si nous concluons bien de nostre fin, et ce poëte de la ieunesse de son siecle, cet aultre monde ne fera qu'entrer en lumiere, quand le nostre en sortira : l'univers tumbera en paralysie; l'un membre sera perclus, l'aultre en vigueur. Bien crainds ie que nous aurons tresfort hasté sa declinaison et sa ruyne par nostre contagion; et que nous luy aurons bien cher vendu nos opinions et nos arts. C'estoit un monde enfant; si ne l'avons nous pas fouetté et soubmis à nostre discipline par l'advantage de nostre valeur et forces naturelles, ny ne l'avons practiqué par nostre iustice et bonté, ny subiugué par nostre magnanimité. La plus part de leurs responses, et des negociations faictes avecques eulx, tesmoignent qu'ils ne nous debvoient rien en clarté d'esprit naturelle et en pertinence : l'espoven-

(1) L'universalité des choses n'est pas ancienne, à mon avis; le monde ne fait que de naître, il n'y a pas fort long-temps qu'il a commencé d'exister : aussi voyons-nous certains arts se polir, se perfectionner, et qu'on rend tous les jours celui de la navigation plus complet. *Lucret.* l. 5, v. 331, et seqq.

table magnificence des villes de Cusco et de Mexico, et, entre plusieurs choses pareilles, le iardin de ce roy où touts les arbres, les fruicts et toutes les herbes, selon l'ordre et grandeur qu'ils ont en un iardin, estoient excellemment formees en or, comme en son cabinet touts les animaulx qui naissoient en son estat et en ses mers, et la beauté de leurs ouvrages en pierrerie, en plume, en cotton, en la peincture, montrent qu'ils ne nous cedoient non plus en l'industrie. Mais quant à la devotion, observance des loix, bonté, liberalité, loyauté, franchise, il nous a bien servy de n'en avoir pas tant qu'eulx : ils se sont perdus par cet advantage, et vendus et trahis eulx mesmes. Quant à la hardiesse et courage, quant à la fermeté, constance, resolution contre les douleurs et la faim et la mort, ie ne craindrois pas d'opposer les exemples que ie trouverois parmy eulx aux plus fameux exemples anciens que nous ayons aux memoires de nostre monde pardeçà. Car pour ceulx qui les ont subiuguez, qu'ils ostent les ruses et bastelages de quoy ils se sont servis à les piper, et le iuste estonnement qu'apportoit à ces nations là de veoir arriver si inopineement des gents barbus, divers en langage, religion, en forme et en contenance, d'un endroict du monde si esloingné, et où ils n'avoient iamais sceu qu'il y eust habitation quelconque, montez sur des grands monstres incogneus, contre ceulx qui n'avoient non seulement iamais veu de cheval mais beste quelconque duicte à porter et soubtenir homme ny aultre charge; garnis d'une peau luisante et dure, et d'une arme trenchante et resplendissante, contre ceulx qui, pour le miracle de la lueur d'un mirouer ou d'un coulteau, alloient eschangeant une grande richesse en or et en perles, et qui n'avoient ny science ny matiere par où tout à loysir ils sceussent percer nostre acier; adioustez y les fouldres et tonnerres de nos pieces et arquebuses, capables de troubler Cesar mesme, qui l'en eust surprins autant inexperimenté et à cett'heure, contre des peuples nuds, si ce n'est où l'invention estoit arrivee de quelque tissu de cotton, sans aultres armes, pour le plus, que d'arcs, pierres, bastons et boucliers de bois; des peuples surprins, soubs couleur d'amitié et de bonne foy, par la curiosité de veoir des choses estrangieres et incogneues: ostez, dis ie, aux conquerants cette disparité, vous leur ostez toute l'occasion de tant de victoires. Quand ie regarde cette ardeur indomptable de quoy tant de milliers d'hommes, femmes et enfants, se presentent et reiectent à tant de fois aux dangiers inevitables, pour la deffense de leurs dieux et de leur liberté; cette genereuse obstination de souffrir toutes extremitez et difficultez, et la mort, plus volontiers que de se soubmettre à la domination de ceulx de qui ils ont esté si honteusement abusez, et aulcuns choisissants plustost de se laisser defaillir par faim et par ieusne, estants prins, que d'accepter le vivre des mains de leurs ennemis si vilement victorieuses: ie preveois que, à qui les eust attaquez pair à pair, et d'armes, et d'experience, et de nombre, il y eust faict aussi dangereux, et plus, qu'en aultre guerre que nous voyons. Que n'est tombee soubs Alexandre, ou soubs ces anciens Grecs et Romains, une si noble conqueste; et une si grande mutation et alteration de tant d'empires et de peuples, soubs des mains qui eussent doulcement poly et desfriché ce qu'il y avoit de sauvage, et eussent conforté et promeu les bonnes semences que nature y avoit produict; meslant non seulement à la culture des terres et ornement des villes les arts de deçà, entant qu'elles y eussent esté necessaires, mais aussi meslant les vertus grecques et romaines aux originelles du pays! Quelle reparation eust ce esté, et quel amendement à toute cette machine, que les premiers exemples et deportements nostres qui se sont presentez par delà eussent appellé ces peuples à l'admiration et imitation de la vertu, et eussent dressé entre eulx et nous une fraternelle societé et intelligence ! Combien il eust esté aysé de faire son proufit d'ames si neufves, si affamees d'apprentissage, ayants pour la pluspart de si beaux commencements naturels ! Au rebours, nous nous sommes servis de leur ignorance et inexperience, à les plier plus facilement vers la trahison, luxure, avarice, et vers toute sorte d'inhumanité et de cruauté, à l'exemple et patron de nos mœurs. Qui meit iamais à tel prix le service de la mercadence et de la traficque ? tant de villes rasees, tant de nations exterminees, tant de millions de peuples passez au fil de l'espee, et la plus riche et belle partie du monde bouleversee, pour la negociation des perles et du poivre? Mechaniques victoires ! Iamais l'ambition, iamais les inimitiez publicques, ne poulserent les hommes, les uns contre les aultres, à si horribles hostilitez et calamitez si miserables. En costoyant la mer à la queste de leurs mines, aulcuns Espaignols prindrent terre en une contree fertile et plaisante, fort habitee; et feirent à ce peuple leurs remonstrances accoustumees : « Qu'ils estoient gents paisibles, venants de loingtains voyages, envoyez de la part du roy de Castille, le plus grand prince de la terre habitable; auquel le pape, representant Dieu en terre, avoit donné la principauté de toutes les Indes : Que s'ils vouloient luy estre tributaires, ils seroient tresbenignement traictez : Leur demandoient des vivres pour leur nourriture, et de l'or pour le besoing de quelque medecine : Leur remontroient au demourant la creance d'un seul Dieu, et la verité de nostre religion, laquelle ils leur conseilloient d'accepter; y adioustants quelques menaces ». La response feut telle : « Que quant à estre paisibles, ils n'en portoient pas la mine, s'ils l'estoient : Quant à leur roy, puisqu'il demandoit, il debvoit estre indigent et necessiteux ; et celuy qui luy avoit faict cette distribution, homme aimant dissention, d'aller donner à un tiers chose qui n'estoit pas sienne, pour le mettre en debat contre les anciens possesseurs : Quant aux vivres, qu'ils leur en fourniroient : D'or, ils en avoient peu, et que c'estoit chose qu'ils mettoient en null' estime, d'autant qu'elle estoit inutile au service de leur vie, là où tout leur soing regardoit seulement à la passer heureusement et plaisamment; pourtant ce qu'ils en pourroient trouver, sauf ce qui estoit employé au service de leurs dieux, qu'ils le prinssent hardiement : Quant à un seul Dieu, le discours leur en avoit pleu; mais qu'ils ne vouloient changer leur religion, s'en estants si utilement servis si long temps; et qu'ils n'avoient accoustumé prendre conseil que de leurs amis et cognoissants : Quant aux menaces, c'estoit signe de faulte de iugement, d'aller menaceant ceulx desquels la nature et les moyens estoient incogneus : Ainsi qu'ils se despeschassent promptement de vuider leur terre, car ils n'estoient pas accoustumez de prendre en bonne part les honnestetez et remontrances de gents armez et estrangiers; aultrement qu'on feroit d'eulx comme de ces aultres, leur montrant les testes d'aulcuns hommes iusticiez autour de leur ville ». Voylà un exemple de la balbucie de cette enfance. Mais tant y a, que ny en ce lieu là, ny en plusieurs aultres où les Espaignols ne trouverent les marchandises qu'ils cherchoient, ils ne feirent arrest ny entreprinse, quelque aultre commodité qu'il y eust : tesmoings mes Cannibales. Des deux les plus puissants monarques de ce monde là, et à l'adventure de cettuy cy, roys de tant de roys, les derniers qu'ils en chasserent : celuy du Peru, ayant esté prins en une battaille, et mis à une rençon si excessifve qu'elle surpasse toute creance; et celle là fidellement payee, et avoir donné par sa conversation signe d'un courage franc, liberal et constant, et d'un entendement net et bien composé; il print envie aux vainqueurs, aprez en avoir tiré un million trois cents vingt cinq mille cinq cents poisant d'or, oultre l'argent, et aultres choses qui ne monterent pas moins, si que leurs chevaulx n'alloient plus ferrez que d'or massif, de veoir encores, au prix de quelque desloyauté que ce feust, quel pouvoit estre le reste des thresors de ce roy, et iouïr librement de ce qu'il avoit resserré. On luy apposta une faulse accusation et preuve, Qu'il desseignoit de faire soublever ses provinces pour se remettre en liberté: sur quoy, par beau iugement de ceulx mesmes qui luy avoient dressé cette trahison, on le condamna à estre pendu et estranglé publicquement, luy ayant faict racheter le torment d'estre bruslé tout vif, par le baptesme qu'on luy donna au supplice mesme: accident horrible et inouï, qu'il souffrit pourtant sans se desmentir ny de contenance ny de parole, d'une forme et gravité vrayement royale. Et puis, pour endormir les peuples estonnez et transis de chose si estrange, on contrefeit un grand dueil de sa mort, et luy ordonna on des sumptueuses funerailles.

L'aultre, roy de Mexico, ayant long temps deffendu sa ville assiegee, et montré en ce siege tout ce que peult et la souffrance et la perseverance, si oncques prince et peuple le montra; et son malheur l'ayant rendu vif entre les mains des ennemis, avecques capitulation d'estre traicté en roy; aussi ne leur feit il rien veoir en la prison, indigne de ce tiltre: ne trouvant point, aprez cette victoire, tout l'or qu'ils s'estoient promis; quand ils eurent tout remué et tout fouillé, ils se meirent à en chercher des nouvelles par les plus aspres gehennes de quoy ils se peurent adviser sur les prisonniers qu'ils tenoient; mais pour n'avoir rien proufité, trouvant des courages plus forts que leurs torments, ils en veinrent enfin à telle rage, que, contre leur foy et contre tout droict des gents, ils condamnerent le roy mesme et l'un des principaulx seigneurs de sa court à la gehenne en presence l'un de l'aultre. Ce seigneur, se trouvant forcé de la douleur, environné de braziers ardents, tourna sur la fin piteusement sa veue vers son maistre, comme pour luy demander mercy de ce qu'il n'en pouvoit plus (a) : le roy, plantant fierement et rigoreusement les yeulx sur luy, pour reproche de sa lascheté et pusillanimité, luy dict seulement ces mots, d'une voix rude et ferme : « Et moy, suis ie dans un baing ? suis ie pas plus à mon ayse que toy » ? Celuy là soubdain aprez succomba aux douleurs, et mourut sur la place. Le roy, à demy rosty, feut emporté de là, non tant par pitié (car quelle pitié toucha iamais des ames si barbares, qui, pour la doubteuse information de quelque vase d'or à piller, feissent griller devant leurs yeulx un homme, non qu'un roy si grand et en fortune et en merite), mais ce feut que sa constance rendoit de plus en plus honteuse leur cruauté. Ils le pendirent depuis, ayant courageusement entreprins de se delivrer par armes d'une si longue captivité et subiection : où il feit sa fin digne d'un magnanime prince. A une aultre fois, ils meirent brusler pour un coup, en mesme feu, quatre cents soixante hommes touts vifs, les quatre cents du commun peuple, les soixante des principaulx seigneurs d'une province, prisonniers de guerre simplement. Nous tenons d'eulx mesmes ces narrations ; car ils ne les advouent pas seulement, ils s'en vantent et les preschent. Seroit ce pour tesmoignage de leur iustice, ou zele envers la religion ? certes ce sont voies trop diverses et ennemies d'une si saincte fin. S'ils se feussent proposé d'estendre nostre foy, ils eussent consideré que ce n'est pas en possession de terres qu'elle s'amplifie, mais en possession d'hommes ; et se feussent trop contentez des meurtres que la necessité de la guerre apporte, sans y mesler indifferemment une boucherie, comme sur des bestes sauvages, universelle, autant que le fer et le feu

(a) Dans l'édition in-4°. de 1588, Montaigne avoit mis, « comme pour lui demander congé de dire ce qu'il en sçavoit, pour se redimer de cette peine insupportable : le roi », etc. C.

y ont peu attaindre ; n'en ayant conservé, par leur desseing, qu'autant qu'ils en ont voulu faire de miserables esclaves pour l'ouvrage et service de leurs minieres : si que plusieurs des chefs ont esté punis à mort, sur les lieux de leur conqueste, par ordonnance des roys de Castille, iustement offensez de l'horreur de leurs deportements, et quasi touts desestimez et malvoulus. Dieu a meritoirement permis que ces grands pillages se soient absorbez par la mer en les transportant, ou par les guerres intestines de quoy ils se sont mangez entre eulx : et la plus part s'enterrerent sur les lieux, sans aulcun fruict de leur victoire.

Quant à ce que la recepte, et entre les mains d'un prince mesnagier et prudent, respond si peu à l'esperance qu'on en donna à ses predecesseurs, et à cette premiere abondance de richesses qu'on rencontra à l'abord de ces nouvelles terres (car encores qu'on en retire beaucoup, nous voyons que ce n'est rien, au prix de ce qui s'en debvoit attendre), c'est que l'usage de la monnoye estoit entierement incogneu, et que par consequent leur or se trouva tout assemblé, n'estant en aultre service que de montre et de parade, comme un meuble reservé de pere en fils par plusieurs puissants roys qui espuisoient tousiours leurs mines, pour faire ce grand monceau de vases et statues à l'ornement de leurs palais et de leurs temples : au lieu que nostre or est tout en employte et en commerce; nous le menuisons et alterons en mille formes, l'espandons et dispersons. Imaginons que nos roys amoncelassent ainsi tout l'or qu'ils pourroient trouver en plusieurs siecles, et le gardassent immobile.

Ceulx du royaume de Mexico estoient aulcunement plus civilisez, et plus artistes que n'estoient les aultres nations de là. Aussi iugeoient ils, ainsi que nous, que l'univers feut proche de sa fin; et en prindrent pour signe la desolation que nous y apportasmes. Ils croyoient que l'estre du monde se despart en cinq aages, et en la vie de cinq soleils consecutifs, desquels les quatre avoient desia fourny leur temps, et que celuy qui leur esclairoit estoit le cinquiesme. Le premier perit avecques toutes les aultres creatures, par universelle inondation d'eaux: le second, par la cheute du ciel sur nous, qui estouffa toute chose vivante; auquel aage ils assignent les geants, et en feirent veoir aux Espaignols des ossements, à la proportion desquels la stature des hommes revenoit à vingt paulmes de haulteur: le troisiesme, par feu qui embrasa et consuma tout: le quatriesme, par une esmotion d'air et de vent qui abbattit iusques à plusieurs montaignes; les hommes n'en moururent point, mais ils feurent changez en magots: (quelles impressions ne souffre la lascheté de l'humaine creance!) Aprez la mort de ce quatriesme soleil, le monde feut vingt cinq ans en perpetuelles tenebres; au quinziesme desquels, feut creé un homme et une femme qui refeirent l'humaine race: dix ans aprez, à certain de leurs iours, le soleil parut nouvellement creé; et commence, depuis, le compte de leurs annees par ce iour là: le troisiesme iour de sa creation, moururent les dieux anciens; les nouveaux sont nays, depuis, du iour à la iournee. Ce qu'ils estiment de la maniere que ce dernier soleil perira, mon aucteur n'en a rien apprins: mais leur nombre de ce quatriesme changement rencontre à cette grande conionction des astres, qui produisit il y a huict cents tant d'ans, selon que les astrologiens estiment, plusieurs grandes alterations et nouvelletez au monde. Quant à la pompe et magnificence, par où ie suis entré en ce propos, ny Grece, ny Rome, ny Aegypte, ne peult, soit en utilité, ou difficulté, ou noblesse, comparer aulcun de ses ouvrages au chemin qui se veoid au Peru, dressé par les roys du païs, depuis la ville de Quito, iusques à celle de Cusco (il y a trois cents lieues), droict, uni, large de vingt cinq pas, pavé, revestu de costé et d'aultre de belles et haultes murailles, et le long d'icelles par le dedans, deux ruisseaux perennes, bordez de beaux arbres qu'ils nomment Molly. Où ils ont trouvé des montaignes et rochiers, ils les ont taillez et applanis, et comblé les fondrieres de pierre et chaux. Au chef (a) de chasque iournee, il y a de beaux palais, fournis de vivres, de vestements et d'armes, tant pour les voyageurs, que pour les armees qui ont à y passer. En l'estimation de cet ouvrage, i'ay compté la difficulté, qui est particulierement considerable en ce lieu là; ils ne bastissoient point de moindres pierres que de dix pieds en carré; ils n'avoient aultre moyen de charier qu'à force de bras, en traisnant leur charge; et pas seulement l'art d'eschaffaulder, n'y sçachants aultre finesse que de haulser autant de terre contre leur bastiment, comme il s'esleve, pour l'oster aprez.

Retumbons à nos coches. En leur place, et de toute aultre voicture, ils se faisoient porter par les hommes, et sur les espaules. Ce dernier roy du Peru, le iour qu'il feut prins, estoit ainsi porté sur des brancars d'or, et assis dans une chaize d'or, au milieu de sa battaille. Autant qu'on tuoit de ces porteurs pour le faire cheoir à bas, car on le vouloit prendre vif, autant d'aultres, et à l'envy, prenoient la place des morts : de façon qu'on ne le peut oncques abbattre, quelque meurtre qu'on feist de ces gents là; iusques à ce qu'un homme de cheval l'alla saisir au corps, et l'avalla (b) par terre.

(a) Au bout, à la fin de chaque journée. *Chef* pour *bout*, dit Nicot : au chef de la vallée, *in extremo valle*. C.

(b) Il y a dans l'édition in-4°. de 1588, « et le porta par terre ». C.

CHAPITRE VII.

De l'incommodité de la grandeur.

Puisque nous ne la pouvons aveindre, vengeons nous à en mesdire : si n'est ce pas entierement mesdire de quelque chose, d'y trouver des defaults ; il s'en treuve en toutes choses, pour belles et desirables qu'elles soient. En general, elle a cet evident advantage, qu'elle se ravalle quand il luy plaist, et qu'à peu prez elle a le choix de l'une et l'aultre condition : car on ne tumbe pas de toute haulteur ; il en est plus, desquelles on peult descendre sans tumber. Bien me semble il que nous la faisons trop valoir ; et trop valoir aussi la resolution de ceulx que nous avons ou veu ou ouï dire l'avoir mesprisee, ou s'en estre desmis de leur propre desseing : son essence n'est pas si evidemment commode, qu'on ne la puisse refuser sans miracle. Ie treuve l'effort bien difficile à la souffrance des maulx ; mais au contentement d'une mediocre mesure de fortune, et fuyte de la grandeur, i'y treuve fort peu d'affaires : c'est une vertu, ce me semble, où moy, qui ne suis qu'un oyson, arriverois sans beaucoup de contention ; que doibvent faire ceulx qui mettroient encores en consideration la gloire qui accompaigne ce refus, auquel il peult escheoir plus d'ambition qu'au desir mesme et iouïssance de la grandeur ? d'autant que l'ambition ne se conduict iamais mieulx selon soy, que par une voye esgaree et inusitee. I'aiguise mon courage vers la patience ; ie l'affoiblis vers le desir : autant ay ie à souhaiter qu'un aultre, et laisse à mes souhaits autant de liberté et d'indiscretion ; mais pourtant, si ne m'est il iamais advenu de souhaiter ny empire ny royauté, ny l'eminence de ces haultes fortunes et commanderesses : ie ne vise pas de ce costé là ; ie m'aime trop. Quand ie pense à croistre, c'est bassement, d'une accroissance contraincte et couarde, proprement pour moy, en resolution, en prudence, en santé, en beauté, et en richesses encores; mais ce credit, cette auctorité si puissante, foule mon imagination, et, tout à l'opposite de l'aultre (a), m'aimerois à l'adventure mieulx deuxiesme ou troisiesme à Perigueux, que premier à Paris ; au moins, sans mentir, mieulx troisiesme à Paris, que premier en charge. Ie ne veulx ny debattre avecques un huissier de porte, miserable incogneu ; ny faire fendre, en adoration, les presses où ie passe. Ie suis duict à un estage moyen, comme par mon sort, aussi par mon goust ; et ay montré, en la conduicte de ma vie et de mes entreprinses, que i'ay plustost fuy, qu'aultrement, d'eniamber pardessus le degré de fortune auquel Dieu logea ma naissance : toute constitution naturelle est pareillement iuste et aysee. I'ay ainsi l'ame poltronne, que ie ne mesure pas la bonne fortune selon sa haulteur; ie la mesure selon sa facilité. Mais si ie n'ay point le cœur gros assez, ie l'ay à l'equipollent ouvert, et qui m'ordonne de publier hardiement sa foiblesse. Qui me donneroit à conferer la vie de L. Thorius Balbus, galant homme, beau, sçavant, sain, entendu et abondant en toute sorte de commoditez et plaisirs, conduisant une vie tranquille et toute sienne, l'ame bien preparee contre la mort, la superstition, les douleurs, et aultres encombriers de l'humaine necessité, mourant enfin en bataille, les armes en la main, pour la deffense de son pays, d'une part ; et d'aultre part, la vie de M. Regulus, ainsi grande et haultaine que chascun la cognoist, et sa fin admira-

(a) De Jule César. Voyez sa vie par Plutarque, ch. 3, de la traduction d'Amyot.

ble : l'une sans nom, sans dignité ; l'aultre exemplaire et glorieuse à merveilles : i'en dirois certes ce qu'en dict Cicero (a) si ie sçavois aussi bien dire que luy. Mais s'il me les falloit coucher sur la mienne, ie dirois aussi que la premiere est autant selon ma portee, et selon mon desir que ie conforme à ma portee, comme la seconde est loing au delà : qu'à cette cy ie ne puis advenir, que par veneration ; i'adviendrois volontiers à l'aultre, par usage.

Retournons à nostre grandeur temporelle d'où nous sommes partis. Ie suis desgousté de maistrise, et actifve et passifve. Otanez, l'un des sept qui avoient droict de pretendre au royaume de Perse, print un party que i'eusse prins volontiers : c'est qu'il quita à ses compaignons son droict d'y pouvoir arriver par eslection ou par sort, pourveu que luy et les siens vescussent en cet empire hors de toute subiection et maistrise, sauf celle des loix antiques, et y eussent toute liberté qui ne porteroit preiudice à icelles : impatient de commander, comme d'estre commandé. Le plus aspre et difficile mestier du monde, à mon gré, c'est faire dignement le roy. I'excuse plus de leurs faultes qu'on ne faict communement, en consideration de l'horrible poids de leur charge, qui m'estonne : il est difficile de garder mesure à une puissance si desmesuree ; si est ce que c'est envers ceulx mesme qui sont de moins excellente nature une singuliere incitation à la vertu, d'estre logé en tel lieu où vous ne faciez aulcun bien qui ne soit mis en registre et en compte ; et où le moindre bienfaire porte sur tant de gents ; et où vostre suffisance, comme celle des prescheurs, s'addresse principalement au peuple, iuge

---

(a) Cicéron, de qui Montaigne a emprunté ce parallele entre Thorius et Régulus, donne hautement la préférence à Régulus. *De finib.* bon. et mal. l. 2, c. 20. C.

peu exact, facile à piper, facile à contenter. Il est peu de choses ausquelles nous puissions donner le iugement sincere, parce qu'il en est peu ausquelles en quelque façon nous n'ayons particulier interest. La superiorité et inferiorité, la maistrise et la subiection, sont obligees à une naturelle envie et contestation; il fault qu'elles s'entrepillent perpetuellement. Ie ne crois ny l'une, ny l'aultre, des droicts de sa compaigne : laissons en dire à la raison, qui est inflexible et impassible, quand nous en pourrons finer. Ie feuilletois, il n'y a pas un mois, deux livres escossois, se combattants sur ce subiect : le populaire rend le roy de pire condition qu'un charretier; le monarchique le loge quelques brasses audessus de Dieu, en puissance et souveraineté. Or l'incommodité de la grandeur, que i'ay prins icy à remarquer par quelque occasion qui vient de m'en advertir, est cette cy: Il n'est, à l'adventure, rien plus plaisant au commerce des hommes que les essays que nous faisons les uns contre les aultres, par ialousie d'honneur et de valeur, soit aux exercices du corps ou de l'esprit, ausquels la grandeur souveraine n'a aulcune vraye part. A la verité il m'a semblé souvent qu'à force de respect on y traicte les princes desdaigneusement et iniurieusement; car, ce de quoy ie m'offensois infiniement en mon enfance, que ceulx qui s'exerceoient avecques moy espargnassent de s'y employer à bon escient, pour me trouver indigne contre qui ils s'efforceassent, c'est ce qu'on veoid leur advenir touts les iours, chascun se trouvant indigne de s'efforcer contre eulx : si on recognoist qu'ils ayent tant soit peu d'affection à la victoire, il n'est celuy qui ne se travaille à la leur prester, et qui n'aime mieulx trahir sa gloire, que d'offenser la leur; on n'y employe qu'autant d'effort qu'il en fault pour servir à leur honneur. Quelle part ont ils à la meslee, en laquelle chascun est pour eulx? Il me semble veoir ces paladins du temps passé se presentants aux ioustes et aux combats avecques des corps et des armes faees. Brisson, courant contre Alexandre, se feignit en la course (a) : Alexandre l'en tansa; mais il luy en debvoit faire donner le fouet. Pour cette consideration, Carneades disoit « que les enfants des princes n'apprennent rien à droict, qu'à manier des chevaulx; d'autant qu'en tout aultre exercice, chascun flechit soubs eulx, et leur donne gaigné : mais un cheval, qui n'est ny flateur ny cortisan, verse le fils du roy par terre, comme il feroit le fils d'un crocheteur ». Homere a esté contrainct de consentir que Venus feust blecee au combat de Troye, une si doulce saincte et si delicate, pour luy donner du courage et de la hardiesse, qualitez qui ne tumbent aulcunement en ceulx qui sont exempts de dangier : on faict courroucer, craindre, fuyr les dieux, s'enialouser, se douloir, et se passionner, pour les honorer des vertus qui se bastissent entre nous de ces imperfections. Qui ne participe au hazard et difficulté, ne peult pretendre interest à l'honneur et plaisir qui suyt les actions hazardeuses. C'est pitié, de pouvoir tant, qu'il advienne que toutes choses vous cedent : vostre fortune reiecte trop loing de vous la societé et la compaignie; elle vous plante trop à l'escart. Cette aysance et lasche facilité de faire tout baisser soubs soy, est ennemie de toute sorte de plaisir : c'est glisser, cela; ce n'est pas aller : c'est dormir; ce n'est pas vivre. Concevez l'homme accompaigné d'omnipotence, vous l'abysmez : il fault qu'il vous demande, par aulmosne, de l'empeschement et de la resistance; son estre et son bien est en indigence. Leurs bonnes qualitez sont mortes et perdues; car elles ne se sentent que par comparaison, et on les en met hors : ils ont peu de cognoissance de

(a) Cet homme qui se laissa vaincre à la course par Alexandre, est nommé par Plutarque Crisson d'Himere, et non pas Brisson, que j'ai trouvé dans toutes les éditions de Montaigne que j'ai pu consulter. C.

la vraye louange, estants battus d'une si continuelle approbation et uniforme. Ont ils affaire au plus sot de leurs subiects ? ils n'ont aulcun moyen de prendre advantage sur luy : en disant, « c'est pource qu'il est mon roy », il luy semble avoir assez dict qu'il a presté la main à se laisser vaincre. Cette qualité estouffe et consomme les aultres qualitez vrayes et essentielles, elles sont enfoncees dans la royauté ; et ne leur laisse, à eulx faire valoir, que les actions qui la touchent directement et qui luy servent, les offices de leur charge : c'est tant estre roy, qu'il n'est que par là. Cette lueur estrangiere qui l'environne, le cache et nous le desrobbe ; nostre veue s'y rompt et s'y dissipe, estant remplie et arrestee par cette forte lumiere. Le senat ordonna le prix d'eloquence à Tibere : il le refusa, n'estimant pas que d'un iugement si peu libre, quand bien il eust esté veritable, il s'en peust ressentir. Comme on leur cede touts advantages d'honneur, aussi conforte lon et auctorise les defaults et vices qu'ils ont, non seulement par approbation, mais aussi par imitation. Chascun des suyvants d'Alexandre portoit, comme luy, la teste à costé ; et les flateurs de Dionysius s'entreheurtoient en sa presence, poulsoient et versoient ce qui se rencontroit à leurs pieds, pour dire qu'ils avoient la vue aussi courte que luy. Les greveures ont aussi par fois servi de recommendation et faveur : i'en ay veu la surdité en affectation ; et parce que le maistre haïssoit sa femme, Plutarque a veu les cortisans repudier les leurs qu'ils aimoient : qui plus est, la paillardise s'en est veue en credit, et toute dissolution, comme aussi la desloyauté, les blasphemes, la cruauté, comme l'heresie, comme la superstition, l'irreligion, la mollesse, et pis, si pis il y a ; par un exemple encores plus dangereux que celuy des flateurs de Mithridates, qui, d'autant que leur maistre pretendoit à l'honneur de bon medecin, luy portoient à inciser et cauteriser leurs membres, car ces aultres souffrent cauteriser leur ame, partie plus delicate et plus noble. Mais pour achever par où i'ay commencé, Adrian l'empereur debattant avecques le philosophe Favorinus de l'interpretation de quelque mot, Favorinus luy en quita bientost la victoire : ses amis se plaignants à luy : « Vous vous mocquez, feit il ; vouldriez vous qu il ne feust pas plus sçavant que moy, luy qui commande à trente legions » ? Auguste escrivit des vers contre Asinius Pollio : « Et moy, dict Pollio, ie me tais ; ce n'est pas sagesse d'escrire à l'envy de celuy qui peult proscrire » : et avoient raison ; car Dionysius, pour ne pouvoir egualer Philoxenus en la poësie, et Platon en discours, en condamna l'un aux carrieres, et envoya vendre l'aultre esclave en l'isle d'Egine.

CHAPITRE VIII.

De l'art de conferer.

C'est un usage de nostre iustice, d'en condamner aulcuns pour l'advertissement des aultres. De les condamner, parce qu'ils ont failly, ce seroit bestise, comme dict Platon, car ce qui est faict ne se peult desfaire ; mais c'est à fin qu'ils ne faillent plus de mesme, ou qu'on fuye l'exemple de leur faulte : on ne corrige pas celuy qu'on pend ; on corrige les aultres par luy. Ie fois de mesme : mes erreurs sont tantost naturelles et incorrigibles (a) ; mais ce que les honnestes hommes proufitent au public en se faisant imiter, ie le proufiteray à l'adventure à me faire eviter ;

(a) et irremediables, *edit.* de 1595, et de 1635, mais effacé par Montaigne dans l'exemplaire qu'il a corrigé.

Nonne vides Albi ut malè vivat filius? utque
Barrus inops? magnum documentum ne patriam rem
Perdere quis velit; (1)

publiant et accusant mes imperfections, quelqu'un apprendra de les craindre. Les parties que i'estime le plus en moy, tirent plus d'honneur de m'accuser, que de me recommender : voylà pourquoy i'y retumbe, et m'y arreste plus souvent. Mais quand tout est compté, on ne parle iamais de soy, sans perte : les propres condamnations sont tousiours accrues; les louanges, mescrues. Il en peult estre aulcuns de ma complexion, qui m'instruis mieulx par contrarieté que par similitude, et par fuyte que par suyte : à cette sorte de discipline regardoit le vieux Caton, quand il dict « que les sages ont plus à apprendre des fols, que les fols des sages »; et cet ancien ioueur de lyre, que Pausanias recite avoir accoustumé contraindre ses disciples d'aller ouïr un mauvais sonneur, qui logeoit vis à vis de luy, où ils apprinssent à haïr ses desaccords et faulses mesures : l'horreur de la cruauté me reiecte plus avant en la clemence, qu'aulcun patron de clemence ne me sçauroit attirer; un bon escuyer ne redresse pas tant mon assiette, comme faict un procureur, ou un venitien, à cheval; et une mauvaise façon de langage reforme mieulx la mienne, que ne faict la bonne. Touts les iours la sotte contenance d'un aultre m'advertit et m'advise : ce qui poinct, touche et esveille mieulx que ce qui plaist. Ce temps n'est propre qu'à nous amender à reculons; par disconvenance plus (a), que par accord; par difference, que par similitude. Estant peu apprins par les bons exemples, ie me sers

(1) Vois-tu le fils d'Albins comme il a de la peine à subsister, et Barrus qui croupit dans l'indigence? Grands exemples d'où chacun peut apprendre à ne pas dissiper son patrimoine. *Horat.* sat. 4, l. 1, v. 109, et seqq.

(a) plus, que par convenance; par difference, que par accord. *Edit. de* 1595, et de 1635.

des mauvais, desquels la leçon est ordinaire : ie me suis efforcé de me rendre autant agreable, comme i'en voyois de fascheux; aussi ferme, que i'en voyois de mols; aussi doulx, que i'en voyois d'aspres; [aussi bon, que i'en voyois de meschants]: mais ie me proposois des mesures invincibles.

Le plus fructueux et naturel exercice de nostre esprit, c'est, à mon gré, la conference : i'en treuve l'usage plus doulx que d'aulcune aultre action de nostre vie; et c'est la raison pourquoy, si i'estois asture forcé de choisir, ie consentirois plustost, ce crois ie, de perdre la veue, que l'ouïr ou le parler. Les Atheniens, et encores les Romains, conservoient en grand honneur cet exercice en leurs academies : de nostre temps, les Italiens en retiennent quelques vestiges, à leur grand proufit, comme il se veoid par la comparaison de nos entendements aux leurs. L'estude des livres, c'est un mouvement languissant et foible qui n'eschauffe point : là où la conference apprend, et exerce, en un coup. Si ie confere avecques une ame forte et un roide iousteur, il me presse les flancs, me picque à gauche et à dextre; ses imaginations eslancent les miennes : la ialousie, la gloire, la contention, me poulsent et rehaulsent au dessus de moy mesme; et l'unisson est qualité du tout ennuyeuse en la conference. Comme nostre esprit se fortifie par la communication des esprits vigoreux et reglez, il ne se peult dire combien il perd et s'abastardit par le continuel commerce et frequentation que nous avons avecques les esprits bas et maladifs : il n'est contagion qui s'espande comme celle là; ie sçais par assez d'experience combien en vault l'aulne. I'aime à contester et à discourir; mais c'est avecques peu d'hommes, et pour moy : car de servir de spectacle aux grands, et faire à l'envy parade de son esprit et de son caquet, ie treuve que c'est un mestier tres messeant à un homme d'honneur. La sottise est une mauvaise qualité; mais de ne la pouvoir supporter, et s'en despiter et ronger, comme il m'advient, c'est une aultre sorte de maladie qui ne doibt gueres à la sottise en importunité; et est ce qu'à present ie veulx accuser du mien. I'entre en conference et en dispute avecques grande liberté et facilité, d'autant que l'opinion treuve en moy le terrein mal propre à y penetrer et y poulser de haultes racines : nulles propositions m'estonnent, nulle creance me blece, quelque contrarieté qu'elle aye à la mienne ; il n'est si frivole et si extravagante fantasie qui ne me semble bien sortable à la production de l'esprit humain. Nous aultres qui privons nostre iugement du droict de faire des arrests, regardons mollement les opinions diverses; et si nous n'y prestons le iugement, nous y prestons ayseement l'aureille. Où l'un plat est vuide du tout en la balance, ie laisse vaciller l'aultre soubs les songes d'une vieille ; et me semble estre excusable si i'accepte plustost le nombre impair; le ieudy, au prix du vendredy ; si ie m'aime mieulx douziesme ou quatorziesme, que treiziesme, à table ; si ie veois plus volontiers un lievre costoyant que traversant mon chemin, quand ie voyage ; et donne plustost le pied gauche que le droict à chausser. Toutes telles ravasseries, qui sont en credit autour de nous, meritent au moins qu'on les escoute : pour moy, elles emportent seulement l'inanité, mais elles l'emportent. Encores sont, en poids, les opinions vulgaires et casuelles aultre chose que rien, en nature ; et qui ne s'y laisse aller iusques là, tumbe à l'adventure au vice de l'opiniastreté, pour eviter celuy de la superstition. Les contradictions doncques des iugements ne m'offensent ny m'alterent; elles m'esveillent seulement et m'exercent. Nous fuyons la correction : il s'y fauldroit presenter et produire, notamment quand elle vient par forme de conference, non de regence. A chasque opposition, on ne regarde pas si elle est iuste; mais, à tort ou à droict, comment on s'en desfera : au lieu d'y tendre les bras, nous y tendons les griffes. Ie souffrirois estre rudement heurté par mes amis : « Tu es un sot; tu resves ». I'aime, entre les galants hommes, qu'on s'exprime courageusement; que les mots aillent où va la pensee : il nous fault fortifier l'ouïe, et la durcir contre cette tendreur du son cerimonieux des paroles. I'aime une societé et familiarité forte et virile; une amitié qui se flatte en l'aspreté et vigueur de son commerce, comme l'amour ez morsures et esgratigneures sanglantes : elle n'est pas assez vigoreuse et genereuse, si elle n'est querelleuse, si elle est civilisee et artiste, si elle craint le hurt, et a ses allures contrainctes : Neque enim disputari sine reprehensione potest (1). Quand on me contrarie, on esveille mon attention, non pas ma cholere; ie m'advance vers celuy qui me contredict, qui m'instruit : la cause de la verité debvroit estre la cause commune à l'un et à l'aultre. Que respondra il? la passion du courroux luy a desia frappé le iugement; le trouble s'en est saisi avant la raison. Il seroit utile qu'on passast par gageure la decision de nos disputes; qu'il y eust une marque materielle de nos pertes, à fin que nous en teinssions estat; et que mon valet me peust dire : « Il vous cousta l'annee passee cent escus, à vingt fois, d'avoir esté ignorant et opiniastre ». Ie festoye et caresse la verité en quelque main que ie la treuve, et m'y rends alaigrement, et luy tends mes armes vaincues, de loing que ie la veois approcher; et, pourveu qu'on n'y procede d'une trongne trop imperieuse et magistrale, ie preste l'espaule (a) aux reprehensions que l'on faict en mes escripts, et les ai souvent changez plus par raison de civilité, que par raison d'amendement,

(1) Car on ne sauroit disputer sans condamner le sentiment de son adversaire. *Cic.* de finib. bon. et mal. l. 1, c. 8.

(a) Dans l'édition de 1595, Montaigne s'exprime ainsi : « Je prends plaisir à estre reprins, et m'accommode aux accusateurs, souvent plus par raison de civilité », etc. N.

aimant à gratifier et nourrir la liberté de m'advertir, par la facilité de ceder; ouy, à mes despens. Toutesfois il est certes malaysé d'y attirer les hommes de mon temps : ils n'ont pas le courage de corriger, parce qu'ils n'ont pas le courage de souffrir à l'estre; et parlent tousiours avec dissimulation (a) les uns des aultres. Ie prends si grand plaisir d'estre iugé et cogneu, qu'il m'est comme indifferent en quelle des deux formes ie le sois; mon imagination se contredict elle mesme si souvent et condamne, que ce m'est tout un qu'un aultre le face, veu principalement que ie ne donne à sa reprehension que l'auctorité que ie veulx : mais ie romps paille avec celuy qui se tient si hault à la main, comme i'en cognois quelqu'un qui plaint son advertissement s'il n'en est creu, et prend à iniure si on estrive à le suyvre. Ce que Socrates recueuilloit, tousiours riant, les contradictions qu'on faisoit à son discours, on pourroit dire que sa force en estoit cause; et que l'advantage ayant à tumber certainement de son costé, il les acceptoit comme matiere de nouvelle victoire. Mais nous voyons, au rebours, qu'il n'est rien qui nous y rende le sentiment si delicat, que l'opinion de la preeminence, et desdaing de l'adversaire; et que par raison, c'est au foible plustost d'accepter de bon gré les oppositions qui le redressent et rabillent. Ie cherche, à la verité, plus la frequentation de ceulx qui me gourment, que de ceulx qui me craignent : c'est un plaisir fade et nuisible d'avoir affaire à gents qui nous admirent et facent place; Antisthenes commanda à ses enfants « de ne sçavoir iamais gré ny grace à homme qui les louast ». Ie me sens bien plus fier de la victoire que ie gaigne sur moy, quand, en l'ardeur mesme du combat, ie me fois plier soubs la force de la raison de mon adversaire, que ie ne me sens gré de la victoire que ie gaigne sur luy par sa foiblesse : enfin, ie

(a) En presence les uns des aultres. *Edit.* de 1595.

receois et advoue toute sorte d'attainctes qui sont de droict fil, pour foibles qu'elles soient; mais ie suis par trop impatient de celles qui se donnent sans forme. Il me chault peu de la matiere, et me sont les opinions unes, et la victoire du subiect à peu prez indifferente. Tout un iour ie contesteray paisiblement, si la conduicte du debat se suyt avecques ordre: ce n'est pas tant la force et la subtilité que ie demande, comme l'ordre; l'ordre qui se veoid touts les iours aux altercations des bergers et des enfants de boutique, iamais entre nous : s'ils se destracquent, c'est en incivilité; si faisons nous bien: mais leur tumulte et impatience ne les desvoye pas de leur theme; leur propos suyt son cours; s'ils previennent l'un l'aultre, s'ils ne s'attendent pas, au moins ils s'entendent. On respond tousiours trop bien pour moy, si on respond (a) à propos : mais, quand la dispute est trouble et desreglee, ie quite la chose, et m'attache à la forme avecques despit et indiscretion; et me iecte à une façon de debattre, testue, malicieuse et imperieuse, de quoy i'ay à rougir aprez. Il est impossible de traicter de bonne foy avecques un sot; mon iugement ne se corrompt pas seulement à la main d'un maistre si impetueux, mais aussi ma conscience. Nos disputes debvoient estre deffendues et punies comme d'aultres crimes verbaux : quel vice n'esveillent elles et n'amoncellent, tousiours regies et commandees par la cholere? Nous entrons en inimitié, premierement contre les raisons; et puis, contre les hommes. Nous n'apprenons à disputer que pour contredire : et chascun contredisant et estant contredict, il en advient que le fruict du disputer, c'est perdre et aneantir la verité. Ainsi Platon, en sa republique, prohibe cet exercice aux esprits ineptes et mal nays. A quoy faire vous mettez vous en voye de quester ce qui est, avecques celuy qui n'a ny pas ny

(a) à ce que je dis. *Edit. de* 1595.

allure qui vaille? On ne faict point tort au subiect, quand on le quite pour veoir du moyen de le traicter; ie ne dis pas moyen scholastique et artiste, ie dis moyen naturel, d'un sain entendement. Que sera ce enfin? l'un va en orient, l'aultre en occident; ils perdent le principal, et l'escartent dans la presse des incidents; au bout d'une heure de tempeste, ils ne sçavent ce qu'ils cherchent; l'un est bas, l'aultre hault, l'aultre costier; qui se prend à un mot et une similitude; qui ne sent plus ce qu'on luy oppose, tant il est engagé en sa course, et pense à se suyvre, non pas à vous; qui, se trouvant foible de reins, craint tout, refuse tout, mesle dez l'entree et confond le propos, ou, sur l'effort du debat, se mutine à se taire tout plat, par une ignorance despite, affectant un orgueilleux mespris, ou une sottement modeste fuyte de contention: pourveu que cettuy cy frappe, il ne luy chault combien il se descouvre; l'aultre compte ses mots, et les poise pour raisons; celuy là n'y employe que l'advantage de sa voix et de ses poulmons; en voylà un qui conclud contre soy mesme; et cettuy cy qui vous assourdit de prefaces et digressions inutiles; cet aultre s'arme de pures iniures (a), et cherche une querelle d'Allemaigne, pour se desfaire de la societé et conference d'un esprit qui presse le sien; ce dernier ne veoid rien en la raison, mais il vous tient assiegé sur la closture dialectique de ses clauses, et sur les formules de son art. Or qui n'entre en desfiance des sciences, et n'est en doubte s'il s'en peult tirer quelque solide fruict au besoing de la vie, à considerer l'usage que nous en avons?

(a) Montaigne ajoutoit ici : « aimant mieulx estre en querelle « qu'en dispute, se trouvant plus fort de poings que de raisons, « se fiant plus de son poing que de sa langue, ou aimant mieulx « céder par le corps que par l'esprit ; et cherche », etc. Mais il a rayé cette addition sur l'exemplaire corrigé, où elle est néanmoins très lisible, n'étant effacée que par un seul trait horizontal. N.

nihil sanantibus litteris (1). Qui a pris de l'entendement en la logique? où sont ses belles promesses? nec ad meliùs vivendum, nec ad commodiùs disserendum (2). Veoid on plus de barbouillage au caquet des harengieres, qu'aux disputes publicques des hommes de cette profession? I'aimerois mieulx que mon fils apprinst aux tavernes à parler, qu'aux escholes de la parlerie. Ayez un maistre ez arts, conferez avecques luy; que ne nous faict il sentir cette excellence artificielle, et ne ravit les femmes et les ignorants comme nous sommes, par l'admiration de la fermeté de ses raisons, de la beauté de son ordre? que ne nous domine il et persuade comme il veult? un homme si advantageux en matiere et en conduicte, pourquoy mesle il à son escrime les iniures, l'indiscretion et la rage? Qu'il oste son chapperon, sa robbe et son latin, qu'il ne batte pas nos aureilles d'Aristote tout pur et tout crud, vous le prendrez pour l'un d'entre nous, ou pis. Il me semble de cette implication et entrelaceure du langage par où ils nous pressent, qu'il en va comme des ioueurs de passe-passe; leur soupplesse combat et force nos sens, mais elle n'esbransle aulcunement nostre creance : hors ce bastelage, ils ne font rien qui ne soit commun et vil; pour estre plus sçavants, ils n'en sont pas moins ineptes. I'aime et honnore le sçavoir, autant que ceulx qui l'ont; et, en son vray usage, c'est le plus noble et puissant acquest des hommes : mais, en ceulx là (et il en est un nombre infiny de ce genre), qui en establissent leur fondamentale suffisance et valeur, qui se rapportent de leur entendement à leur memoire, sub

(1) De ces lettres, qui ne guérissent de rien. *Senec.* epist. 59.

(2) Elle n'enseigne ni à mieux vivre, ni à raisonner plus pertinemment.

C'est ce qu'Epicure pensoit de la dialectique des stoïciens, au rapport de Cicéron. *De finib.* l. 1, c. 19. C.

4. 6

alienâ umbrâ latentes (1), et ne peuvent rien que par livre; ie le hais, si ie l'ose dire, un peu plus que la bestise. En mon pays, et de mon temps, la doctrine amende assez les bourses, nullement les ames : si elle les rencontre mousses, elle les aggrave et suffoque, masse crue et indigeste; si desliees, elle les purifie volontiers, clarifie et subtilise iusques à l'exinanition. C'est chose de qualité à peu prez indifferente; tresutile accessoire à une ame bien nee, pernicieux à une aultre ame, et dommageable; ou plustost, chose de tresprecieux usage, qui ne se laisse pas posseder à vil prix : en quelque main c'est un sceptre; en quelque aultre, une marotte.

Mais suyvons. Quelle plus grande victoire attendez vous, que d'apprendre à vostre ennemy qu'il ne vous peult combattre? Quand vous gaignez l'advantage de vostre proposition, c'est la verité qui gaigne; quand vous gaignez l'advantage de l'ordre et de la conduicte, c'est vous qui gaignez. Il m'est advis que, en Platon et en Xenophon, Socrates dispute plus en faveur des disputants que en faveur de la dispute, et pour instruire Euthydemus et Protagoras de la cognoissance de leur impertinence, plus que de l'impertinence de leur art : il empoigne la premiere matiere, comme celuy qui a une fin plus utile que de l'esclaircir; à sçavoir, esclaircir les esprits qu'il prend à manier et exercer. L'agitation et la chasse est proprement de nostre gibbier : nous ne sommes pas excusables de la conduire mal et impertinemment; de faillir à la prinse, c'est aultre chose : car

---

(1) Qui se tapissent soubs l'umbre estrangiere. *Senec.* ep. 33. Cette traduction est de Montaigne, et se trouve à la marge de son exemplaire : il ajoutoit même ce que Séneque dit auparavant : *nunquam auctores, semper interpretes :* « iamais aucteurs, tousiours traducteurs. » Mais et la traduction du premier passage, et le texte du second, sont rayés sur ce même exemplaire, dont un grand tiers est écrit de sa propre main. N.

nous sommes nayz à quester la verité ; il appartient de la posseder, à une plus grande puissance ; elle n'est pas, comme disoit Democritus, cachee dans le fonds des abysmes, mais plustost eslevee en haulteur infinie en la cognoissance divine. Le monde n'est qu'une eschole d'inquisition : ce n'est pas à qui mettra dedans, mais à qui fera les plus belles courses. Autant peult faire le sot celuy qui dict vray, que celuy qui dict fauls ; car nous sommes sur la maniere, non sur la matiere, du dire. Mon humeur est de regarder autant à la forme qu'à la substance, autant à l'advocat qu'à la cause, comme Alcibiades ordonnoit qu'on feist ; et touts les iours m'amuse à lire en des aucteurs, sans soing de leur science, y cherchant leur façon, non leur subiect : tout ainsi que ie poursuys la communication de quelque esprit fameux, non pour qu'il m'enseigne, mais pour que ie le cognoisse, [et (a) que le cognoissant, s'il le vault, ie l'imite.] Tout homme peult dire veritablement ; mais dire ordonneement, prudemment et suffisamment, peu d'hommes le peuvent : par ainsi la faulseté qui vient d'ignorance, ne m'offense point ; c'est l'ineptie. I'ay rompu plusieurs marchez qui m'estoient utiles, par l'impertinence de la contestation de ceulx avecques qui ie marchandois. Ie ne m'esmeus pas une fois l'an des faultes de ceulx sur lesquels i'ay puissance ; mais, sur le poinct de la bestise et opiniastreté de leurs allegations, excuses et deffenses asnieres et brutales, nous sommes touts les iours à nous

(a) Cette addition n'est pas dans l'exemplaire corrigé par Montaigne : c'est la leçon de l'édition in-fol. de 1595, et de celle que mademoiselle de Gournay publia en 1635. Je remarque ces sortes d'additions, qui sont d'ailleurs en petit nombre, mais en général assez importantes pour qu'un éditeur exact ne puisse pas se dispenser de les recueillir. Elles prouvent même que Montaigne s'occupoit beaucoup du soin de perfectionner son ouvrage, et qu'il n'étoit pas aussi indifferent à cet égard qu'il veut le paroître. N.

en prendre à la gorge : ils n'entendent ny ce qui se dict ny pour quoy, et respondent de mesme; c'est pour desesperer. Ie ne sens heurter rudement ma teste, que par une aultre teste; et entre plustost en composition avecques le vice de mes gents, qu'avecques leur temerité, importunité, et leur sottise : qu'ils facent moins, pourveu qu'ils soient capables de faire; vous vivez en esperance d'eschauffer leur volonté : mais d'une souche, il n'y a ny qu'esperer, ny que iouïr qui vaille. Or quoy, si ie prends les choses aultrement qu'elles ne sont? Il peult estre : et pourtant i'accuse mon impatience, et tiens, premierement, qu'elle est egualement vicieuse en celuy qui a droict comme en celuy qui a tort; car c'est tousiours un' aigreur tyrannique de ne pouvoir souffrir une forme diverse à la sienne; et puis, qu'il n'est à la verité point de plus grande fadeze et plus constante, que de s'esmouvoir et picquer des fadezes du monde, ny plus heteroclite; car elle nous formalise principalement contre nous; et ce philosophe du temps passé n'eust iamais eu faulte d'occasion à ses pleurs, tant qu'il se feust consideré. Myson, l'un des sept sages, d'une humeur timonienne et democritienne, interrogé, De quoy il rioit tout seul: « De ce mesme que ie ris tout seul », respondit il. Combien de sottises dis ie et responds ie touts les iours, selon moy; et volontiers doncques combien plus frequentes selon aultruy? si ie m'en mords les levres; qu'en doibvent faire les aultres? Somme, il fault vivre entre les vivants, et laisser courre la riviere soubs le pont, sans nostre soing, ou, à tout le moins, sans nostre alteration. De vray, pourquoy sans nous esmouvoir rencontrons nous quelqu'un qui ayt le corps tortu et mal basty; et ne pouvons souffrir le rencontre d'un esprit mal rengé, sans nous mettre en cholere? cette vicieuse aspreté tient plus au iuge qu'à la faulte. Ayons tousiours en la bouche ce mot de Platon : « Ce que ie treuve mal sain, n'est ce pas pour estre moy mesme mal sain? ne suis ie pas moy mesme en coulpe? mon advertissement se peult il pas renverser contre moy »? Sage et divin refrain, qui fouette la plus universelle et commune erreur des hommes. Non seulement les reproches que nous faisons les uns aux aultres, mais nos raisons aussi et nos arguments et matieres controverses, sont ordinairement (a) contournables vers nous, et nous enferrons de nos armes : de quoy l'ancienneté m'a laissé assez de graves exemples. Ce feut ingenieusement bien dict et trez à propos, par celuy qui l'inventa :

> Stercus cuique suum bene olet. (1)

Nos yeulx ne veoient rien en derriere : cent fois du iour, nous nous mocquons de nous sur le subiect de nostre voisin ; et detestons en d'aultres les defaults qui sont en nous plus clairement, et les admirons, d'une merveilleuse impudence et inadvertence. Encores hier ie feus à mesme de veoir un homme d'entendement et gentil personnage se mocquant, aussi plaisamment que iustement, de l'inepte façon d'un aultre qui rompt la teste à tout le monde [du registre] de ses genealogies et alliances, plus de moitié faulses, (ceux là se iectent plus volontiers sur tels sots propos qui ont leurs qualitez plus doubteuses et moins seures); et luy, s'il eust reculé sur soy, se feust trouvé non gueres moins intemperant et ennuyeux à semer et faire valoir les prerogatives de la race de sa femme. Oh importune presumption, de laquelle la femme se veoid armee par les mains de son mary mesme ! S'ils entendoient du latin, il leur fauldroit dire :

> Agesis, hæc non insanit satis suâ sponte; instiga. (2)

Ie n'entends pas que nul n'accuse, qui ne soit net; car

(a) Retorquables à nous. *Edit.* de 1595.

(1) Chacun se complaît dans son ordure. *Espece de proverbe.*

(2) Courage, entête-la bien de cette folie, comme si elle n'y

nul n'accuseroit, voire ny net en mesme sorte de coulpe : mais i'entends que nostre iugement, chargeant sur un aultre, duquel pour lors il est question, ne nous espargne pas d'une interne [et severe] iurisdiction ; c'est office de charité, que, qui ne peult oster un vice en soy, cherche à l'oster ce neantmoins en aultruy où il peult avoir moins maligne et revesche semence. Ny ne me semble response à propos, à celuy qui m'advertit de ma faulte, dire qu'elle est aussi en luy. Quoy pour cela? tousiours l'advertissement est vray et utile. Si nous avions bon nez, nostre ordure nous debvroit plus puïr, d'autant qu'elle est nostre : et Socrates est d'advis (a) que qui se trouveroit coulpable, et son fils, et un estrangier, de quelque violence et iniure, debvroit commencer par soy à se presenter à la condamnation de la iustice, et implorer, pour se purger, le secours de la main du bourreau ; secondement pour son fils, et dernierement pour l'estrangier : si ce precepte prend le ton un peu trop hault ; au moins se doibt il presenter le premier à la punition, de sa propre conscience.

Les sens sont nos propres et premiers iuges, qui n'apperceoivent les choses que par les accidents externes : et n'est merveille, si en toutes les pieces du service de nostre societé, il y a un si perpetuel et universel meslange de cerimonies et apparences superficielles ; si que la meilleure et plus effectuelle part des polices consiste en cela. C'est tousiours à l'homme que nous avons affaire, duquel la condition est merveilleusement corporelle. Que ceulx qui nous ont voulu bastir ces annees passees un exercice de religion si contemplatif et immateriel, ne s'estonnent point s'il s'en treuve qui pensent qu'elle

---

étoit pas assez portée d'elle-même. *Terent.* Andr. act. 4, sc. 2, v. 9.

(a) C'est Platon qui lui fait dire cela dans le *Gorgias*, p. 480, ed. Henr. Steph. C.

feust eschappee et fondue entre leurs doigts, si elle ne tenoit parmy nous comme marque, tiltre et instrument de division et de part, plus que par soy mesme. Comme en la conference, la gravité, la robbe et la fortune de celuy qui parle, donne souvent credit à des propos vains et ineptes; il n'est pas à presumer qu'un monsieur si suivy, si redoubté, n'aye au dedans quelque suffisance aultre que populaire; et qu'un homme à qui on donne tant de commissions et de charges, si desdaigneux et si morguant, ne soit plus habile, que cet aultre qui le salue de si loing et que personne n'employe. Non seulement les mots, mais aussi les grimaces de ces gents là, se considerent et mettent en compte; chascun s'appliquant à y donner quelque belle et solide interpretation. S'ils se rabbaissent à la conference commune, et qu'on leur presente aultre chose qu'approbation et reverence, ils vous assomment de l'auctorité de leur experience; ils ont ouï, ils ont veu, ils ont faict: vous estes accablé d'exemples. Ie leur dirois volontiers, que le fruict de l'experience d'un chirurgien n'est pas l'histoire de ses practiques et se souvenir qu'il a guari quatre empestez et trois goutteux, s'il ne sçait de cet usage tirer de quoy former son iugement, et ne nous sçait faire sentir qu'il en soit devenu plus sage à l'usage de son art : comme en un concert d'instruments, on n'oyt pas un luth, une espinette et la fleute; on oyt une harmonie en globe; l'assemblage et le fruict de tout cet amas. Si les voyages et les charges les ont amendez, c'est à la production de leur entendement de le faire paroistre. Ce n'est pas assez de compter les experiences, il les fault poiser et assortir; et les fault avoir digerees et alambiquees, pour en tirer les raisons et conclusions qu'elles portent. Il ne feut iamais tant d'historiens; bon est il tousiours et utile de les ouïr, car ils nous fournissent tout plein de belles instructions et louables, du magasin de leur memoire; grande partie, certes, au secours de la vie : mais nous ne cherchons pas cela pour cette heure, nous cherchons si ces recitateurs et recueilleurs sont louables eulx-mesmes. Ie hais toute sorte de tyrannie, et la parliere, et l'effectuelle : ie me bande volontiers contre ces vaines circonstances qui pipent nostre iugement par les sens; et, me tenant au guet de ces grandeurs extraordinaires, ay trouvé que ce sont, pour le plus, des hommes comme les aultres :

> Rarus enim fermè sensus communis in illâ
> Fortunâ : (1)

A l'adventure les estime lon et apperceoit moindres qu'ils ne sont, d'autant qu'ils entreprennent plus, et se montrent plus : ils ne respondent point au faix qu'ils ont prins. Il fault qu'il y ait plus de vigueur et de pouvoir au porteur, qu'en la charge : celui qui n'a pas rempli sa force, il vous laisse deviner s'il a encores de la force au delà, et s'il a esté essayé iusques à son dernier poinct; celuy qui succombe à sa charge, il descouvre sa mesure et la foiblesse de ses espaules : c'est pourquoy on veoid tant d'ineptes ames entre les sçavantes, et plus que d'aultres; il s'en feust faict des bons hommes de mesnage, bons marchands, bons artisans; leur vigueur naturelle estoit taillee à cette proportion. C'est chose de grand poids que la science, ils fondent dessoubs : pour estaler et distribuer cette riche et puissante matiere, pour l'employer et s'en ayder, leur engin n'a ny assez de vigueur, ny assez de maniement : elle ne peult qu'en une forte nature; or elles sont bien rares : et les foibles, dict Socrates, corrompent la dignité de la philosophie, en la maniant; elle paroist et inutile et vicieuse quand elle est mal estuyee. Voylà comment ils se gastent et affolent.

---

(1) Car pour l'ordinaire il est rare que les personnes de ce rang aient le sens commun. *Juvenal.* sat. 8, v. 73.

Humani qualis simulator simius oris,
Quem puer arridens pretioso stamine serum
Velavit, nudasque nates ac terga reliquit,
Ludibrium mensis. (1)

A ceulx pareillement qui nous regissent et commandent, qui tiennent le monde en leur main, ce n'est pas assez d'avoir un entendement commun, de pouvoir ce que nous pouvons; ils sont bien loing au dessoubs de nous, s'ils ne sont bien loing au dessus : comme ils promettent plus, ils doibvent aussi plus; et pourtant leur est le silence, non seulement contenance de respect et gravité, mais encores souvent de proufit et de mesnage : car Megabysus, estant allé veoir Apelles en son ouvrouer, feut long temps sans mot dire; et puis commencea à discourir de ses ouvrages : dont il receut cette rude reprimande : « Tandis que tu as gardé silence, tu semblois quelque grande chose, à cause de tes chaisnes et de ta pompe; mais maintenant qu'on t'a ouï parler, il n'est pas iusques aux garsons de ma boutique qui ne te mesprisent (a) ». Ces magnifiques atours, ce grand estat, ne luy permettoient point d'estre ignorant d'une ignorance populaire, et de parler impertinemment de la peincture : il debvoit maintenir, muet, cette externe et presumptifve suffisance. A combien de sottes ames, en mon temps, a servy une mine froide et taciturne, de tiltre de prudence et de capacité! Les dignitez, les charges, se donnent necessairement plus par fortune que par merite; et a lon tort souvent de s'en prendre aux roys : au re-

---

(1) Il en est de ces gens-là comme d'un singe, qu'un enfant, pour se divertir, couvre d'un bel habit de soie, lui laissant les fesses et le derriere tout nud, afin qu'il serve de jouet à la compagnie. *Claudian.* in Eutrop. l. 1, v. 303, et seqq.

(a) Plutarque, au traité des moyens de discerner le flatteur d'avec l'ami. C.

bours, c'est merveille qu'ils y ayent tant d'heur, y ayant si peu d'addresse :

Principis est virtus maxima, nosse suos : (1)

car la nature ne leur a pas donné la veue qui se puisse estendre à tant de peuples, pour en discerner la precellence, et percer nos poictrines où loge la cognoissance de nostre volonté et de nostre meilleure valeur : il fault qu'ils nous trient par coniecture et à tastons, par la race, les richesses, la doctrine, la voix du peuple ; tresfoibles arguments. Qui pourroit trouver moyen qu'on en peust iuger par iustice, et choisir les hommes par raison, establiroit, de ce seul traict, une parfaite forme de police. « Ouy mais, il a mené à poinct ce grand affaire ». C'est dire quelque chose ; mais ce n'est pas assez dire : car cette sentence est iustement receue, « Qu'il ne fault pas iuger les conseils par les evenements ». Les Carthaginois punissoient les mauvais advis de leurs capitaines, encores qu'ils feussent corrigez par une heureuse issue : et le peuple romain a souvent refusé le triumphe à des grandes et tresutiles victoires, parce que la conduicte du chef ne respondoit point à son bonheur. On s'apperceoit ordinairement, aux actions du monde, que la fortune, pour nous apprendre combien elle peult en toutes choses, et qui prend plaisir à rabbattre nostre presumption, n'ayant peu faire les malhabiles, sages, elle les faict heureux, à l'envy de la vertu ; et se mesle volontiers à favoriser les executions où la trame est plus purement sienne : d'où il se veoid touts les iours que les plus simples d'entre nous mettent à fin de tresgrandes besongnes et publicques et privees ; et, comme (a) Siran-

---

(1) La grande habileté d'un prince consiste à connoître les hommes qu'il doit mettre en place. *Martial.* l. 8, epigr. 15, v. ult.

(a) Ou plutôt, *Seiramnes*, voyez Plutarque, au prologue des Dicts notables des anciens rois, princes et capitaines. C.

nez le Persien respondit à ceulx qui s'estonnoient comment ses affaires succedoient si mal, veu que ses propos estoient si sages, « Qu'il estoit seul maistre de ses propos, mais du succez de ses affaires c'estoit la fortune », ceulx cy peuvent respondre de mesme, mais d'un contraire biais. La pluspart des choses du monde se font par elles mesmes;

Fata viam inveniunt; (1)

l'issue auctorise souvent une tresinepte conduicte : nostre entremise n'est quasi qu'une routine, et, plus communement, consideration d'usage et d'exemple, que de raison. Estonné de la grandeur de l'affaire, i'ay aultrefois sceu, par ceulx qui l'avoient mené à fin, leurs motifs et leur addresse ; ie n'y ay trouvé que des advis vulgaires : et les plus vulgaires et usitez sont aussi peultestre les plus seurs et plus commodes à la practique, sinon à la montre. Quoy, si les plus plattes raisons sont les mieulx assises; les plus basses et lasches et les plus battues se couchent mieulx aux affaires? Pour conserver l'auctorité du conseil des roys, il n'est pas besoing que les personnes prophanes y participent, et y veoient plus avant que de la premiere barriere : il se doibt reverer à credit et en bloc, qui en veult nourrir la reputation. Ma consultation esbauche un peu la matiere, et la considere legierement par ses premiers visages : le fort et principal de la besongne, i'ay accoustumé de le resigner au ciel.

Permitto divis cætera. (2)

L'heur et le malheur sont, à mon gré, deux souveraines

---

(1) L'influence de la destinée se montre dans tous les évènements. *Virg. Aeneid.* l. 3, v. 395.

(2) Je me repose sur les dieux de tout le reste. *Horat.* od. 9, l. 1, v. 9.

puissances : c'est imprudence d'estimer que l'humaine prudence puisse remplir le roolle de la fortune ; et vaine est l'entreprinse de celuy qui presume d'embrasser et causes et consequences, et mener par la main le progrez de son faict; vaine surtout aux deliberations guerrieres. Il ne feut iamais plus de circonspection et prudence militaire qu'il s'en veoid parfois entre nous : seroit ce qu'on craind de se perdre en chemin, se reservant à la catastrophe de ce ieu? Ie dis plus, que nostre sagesse mesme et consultation suyt pour la pluspart la conduicte du hazard : ma volonté et mon discours se remue tantost d'un air, tantost d'un aultre; et y a plusieurs de ces mouvements qui se gouvernent sans moy : ma raison a des impulsions et agitations iournalieres et casuelles :

Vertuntur species animorum, et pectora motus
Nunc alios, alios dum nubila ventus agebat,
Concipiunt. (1)

Qu'on regarde qui sont les plus puissants aux villes, et qui font mieulx leurs besongnes, on trouvera, ordinairement, que ce sont les moins habiles : il est advenu aux femmes, aux enfants et aux insensez, de commander des grands estats, à l'egual des plus suffisants princes; et y rencontrent (dict Thucydides) plus ordinairement les grossiers que les subtils : nous attribuons les effects de leur bonne fortune à leur prudence;

Ut quisque fortunâ utitur,
Ita præcellet; atque exinde sapere illum omnes dicimus : (2)

par quoy ie dis bien, en toutes façons, que les evene-

---

(1) L'humeur change; et dans ce moment l'esprit est agité d'une passion, et puis d'une autre, selon que le vent se joue des nues. *Virg. Georg.* l. 1, v. 420, et seqq.

(2) Un homme ne s'éleve et ne réussit dans ce monde, qu'à la faveur de la fortune : et dès lors tout le monde vante son habileté. *Plaut.* in Pseud. act. 2, sc. 3, v. 13.

ments sont maigres tesmoings de nostre prix et capacité.

Or i'estois sur ce poinct, qu'il ne fault que veoir un homme eslevé en dignité : quand nous l'aurions cogneu, trois iours devant, homme de peu, il coule insensiblement en nos opinions une image de grandeur de suffisance; et nous persuadons que croissant de train et de credit, il est creu de merite : nous iugeons de luy, non selon sa valeur, mais à la mode des iectons, selon la prerogative de son reng. Que la chance tourne aussi, qu'il retumbe et se mesle à la presse, chascun s'enquiert avecques admiration de la cause qui l'avoit guindé si hault : « Est-ce luy ? faict-on ; N'y sçavoit il aultre chose quand il y estoit ? Les princes se contentent ils de si peu ? Nous estions vrayement en bonnes mains » ! C'est chose que i'ay veu souvent de mon temps : voire, et le masque des grandeurs qu'on represente aux comedies nous touche aulcunement et nous pipe. Ce que i'adore moy mesme aux roys, c'est la foule de leurs adorateurs : toute inclination et soubmission leur est deue, sauf celle de l'entendement; ma raison n'est pas duicte à se courber et flechir, ce sont mes genoux. Melanthius, interrogé ce qu'il luy sembloit de la tragedie de Dionysius : « Ie ne l'ay, dict il, point veue, tant elle est offusquee de langage » : aussi la pluspart de ceulx qui iugent les discours des grands, debvroient dire : « Ie n'ay point entendu son propos, tant il estoit offusqué de gravité, de grandeur et de maiesté ». Antisthenes suadoit un iour aux Atheniens qu'ils commandassent que leurs asnes feussent aussi bien employez au labourage des terres, comme estoient les chevaulx : sur quoy il luy feut respondu que cet animal n'estoit pas nay à un tel service : « C'est tout un, repliqua il; il n'y va que de vostre ordonnance : car les plus ignorants et incapables hommes que vous employez aux commandements de vos guerres, ne laissent pas d'en devenir incontinent tresdignes, parce que vous les y employez » : à quoy touche l'usage de tant de peuples qui canonizent le roy qu'ils ont faict d'entre eulx, et ne se contentent point de l'honorer, s'ils ne l'adorent. Ceulx de Mexico, depuis que les cerimonies de son sacre sont parachevees, n'osent plus le regarder au visage; ains, comme s'ils l'avoient deïfié par sa royauté, entre les serments qu'ils luy font iurer de maintenir leur religion, leurs loix, leurs libertez, d'estre vaillant, iuste et debonnaire, il iure aussi de faire marcher le soleil en sa lumiere accoustumee, esgoutter les nuees en temps opportun, courir aux rivieres leurs cours, et faire porter à la terre toutes choses necessaires à son peuple. Ie suis divers à cette façon commune; et me desfie plus de la suffisance quand ie la veois accompaignee de grandeur de fortune et de recommendation populaire : il nous fault prendre garde combien c'est de parler à son heure, de choisir son poinct, de rompre le propos, ou le changer, d'une auctorité magistrale, de se deffendre des oppositions d'aultruy par un mouvement de teste, un soubris ou un silence, devant une assistance qui tremble de reverence et de respect. Un homme de monstrueuse fortune, venant mesler son advis à certain legier propos qui se demenoit tout laschement en sa table, commencea iustement ainsi : « Ce ne peult estre qu'un menteur ou ignorant qui dira aultrement que, etc. » Suyvez cette poincte philosophique, un poignard à la main.

Voicy un aultre advertissement duquel ie tire grand usage : c'est Qu'aux disputes et conferences, touts les mots qui nous semblent bons, ne doibvent pas incontinent estre acceptez. La pluspart des hommes sont riches d'une suffisance estrangiere; il peult bien advenir à tel de dire un beau traict, une bonne response et sentence, et la mettre en avant, sans en cognoistre la force. Qu'on ne tient pas tout ce qu'on emprunte, à l'adventure se pourra il verifier par moy mesme. Il n'y fault point tousiours ceder, quelque verité ou beauté qu'elle ayt:

ou il la fault combattre à escient, ou se tirer arriere, soubs couleur de ne l'entendre pas, pour taster de toutes parts comment elle est logee en son aucteur. Il peult advenir que nous nous enferrons, et aydons au coup, oultre sa portee. I'ay aultrefois employé, à la necessité et presse du combat, des revirades qui ont faict faulsee oultre mon desseing et mon esperance : ie ne les donnois qu'en nombre, on les recevoit en poids. Tout ainsi comme, quand ie debats contre un homme vigoreux, ie me plais d'anticiper ses conclusions, ie luy oste la peine de s'interpreter, i'essaye de prevenir son imagination imparfaicte encores et naissante; l'ordre et la pertinence de son entendement m'advertit et menace de loing : de ces aultres ie fois tout le rebours; il ne fault rien entendre que par eulx, ny rien presupposer. S'ils iugent en paroles universelles, « Cecy est bon, Cela ne l'est pas », et qu'ils rencontrent; voyez si c'est la fortune qui rencontre pour eulx : qu'ils circonscrivent et restreignent un peu leur sentence; pour quoy c'est; par où c'est. Ces iugements universels, que ie veois si ordinaires, ne disent rien; ce sont gents qui saluent tout un peuple en foule et en troupe : ceulx qui en ont vraye cognoissance, le saluent et remarquent nommeement et particulierement; mais c'est une hazardeuse entreprinse : d'où i'ay veu, plus souvent que touts les iours, advenir que les esprits foiblement fondez, voulants faire les ingenieux à remarquer en la lecture de quelque ouvrage le poinct de la beauté, arrestent leur admiration, d'un si mauvais chois, qu'au lieu de nous apprendre l'excellence de l'aucteur, ils nous apprennent leur propre ignorance. Cette exclamation est seure, « Voylà qui est beau »! ayant ouï une entiere page de Virgile; par là se sauvent les fins : mais d'entreprendre à le suyvre par espaulettes, et, de iugement exprez et trié, vouloir remarquer par où un bon aucteur se surmonte, par où il se rehaulse, poisant les mots, les phrases, les inventions [et ses diverses vertus, l'une aprez l'aultre] : Ostez vous de là. Videndum est non modò, quid quisque loquatur, sed etiam quid quisque sentiat, atque etiam quâ de causâ quisque sentiat (1). I'oys iournellement dire à des sots des mots non sots ; ils disent une bonne chose : sçachons iusques où ils la cognoissent ; voyons par où ils la tiennent. Nous les aydons à employer ce beau mot et cette belle raison qu'ils ne possedent pas ; ils ne l'ont qu'en garde : ils l'auront produicte à l'adventure et à tastons ; nous la leur mettons en credit et en prix. Vous leur prestez la main ; à quoy faire ? ils ne vous en sçavent nul gré ; et en deviennent plus ineptes : ne les secondez pas, laissez les aller ; ils manieront cette matiere, comme gents qui ont peur de s'eschaulder ; ils n'osent luy changer d'assiette et de iour, ny l'enfoncer : croulez la tant soit peu ; elle leur eschappe ; ils vous la quitent, toute forte et belle qu'elle est : ce sont belles armes ; mais elles sont mal emmanchees. Combien de fois en ay ie veu l'experience ! Or, si vous venez à les esclaircir et confirmer, ils vous saisissent et desrobbent incontinent cet advantage de vostre interpretation : « C'estoit ce que ie voulois dire : voylà iustement ma conception ; si ie ne l'ay ainsin exprimé, ce n'est que faulte de langue ». Souflez. Il fault employer la malice mesme, à corriger cette fiere bestise. Le dogme de Hegesias, « qu'il ne fault ny haïr ny accuser, ains instruire », a de la raison ailleurs ; mais ici, c'est iniustice et inhumanité de secourir et redresser celuy qui n'en a que faire, et qui en vault moins. I'aime à les laisser embourber et empestrer encores plus qu'ils ne sont, et si avant, s'il est possible, qu'enfin ils se recognoissent. La sottise et desreglement de sens n'est

(1) Non seulement il faut prendre garde à ce que chacun dit, mais observer encore ce que chacun juge, et sur quoi ce jugement est fondé. *Cic.* de offic. l. 1, c. 41.

pas chose guarissable par un traict d'advertissement : et pouvons proprement dire de cette reparation, ce que Cyrus respond à celuy qui le presse d'enhorter son ost, sur le poinct d'une battaille : « Que les hommes ne se rendent pas courageux et belliqueux sur le champ par une bonne harangue; non plus qu'on ne devient incontinent musicien, pour ouïr une bonne chanson ». Ce sont apprentissages qui ont à estre faicts avant la main, par longue et constante institution. Nous debvons ce soing aux nostres et cette assiduité de correction et d'instruction; mais d'aller prescher le premier passant, et regenter l'ignorance ou ineptie du premier rencontré, c'est un usage auquel ie veulx grand mal. Rarement le fois ie aux propos mesme qui se passent avecques moy; et quite plustost tout, que de venir à ces instructions reculees et magistrales; mon humeur n'est propre, non plus à parler qu'à escrire pour les principiants : mais aux choses qui se disent en commun, ou entre aultres, pour faulses et absurdes que ie les iuge, ie ne me iecte iamais à la traverse, ny de parole ny de signe. Au demourant rien ne me despite tant en la sottise, que, de quoy elle se plaist plus que aulcune raison ne se peult raisonnablement plaire. C'est malheur, que la prudence vous deffend de vous satisfaire et fier de vous, et vous en envoye tousiours mal content et craintif; là où l'opiniastreté et la temerité remplissent leurs hostes d'esiouïssance et d'asseurance. C'est aux plus malhabiles de regarder les aultres hommes par dessus l'espaule, s'en retournants tousiours du combat pleins de gloire et d'alaigresse; et le plus souvent encores, cette oultrecuidance de langage et gayeté de visage leur donne gaigné, à l'endroict de l'assistance, qui est communement foible et incapable de bien iuger et discerner les vrais advantages. L'obstination et ardeur d'opinion est la plus seure preuve de bestise : est il rien certain, resolu, desdaigneux, contemplatif, grave, serieux, comme l'asne?

Pouvons nous pas mesler au tiltre de la conference et communication les devis poinctus et coupez que l'alaigresse et la privauté introduict entre les amis, gaussants et gaudissants plaisamment et vifvement les uns les aultres? Exercice auquel ma gayeté naturelle me rend assez propre; et s'il n'est aussi tendu et serieux que cet aultre exercice que ie viens de dire, il n'est pas moins aigu et ingenieux, ny moins proufitable, comme il sembloit à Lycurgus. Pour mon regard, i'y apporte plus de liberté que d'esprit; et y ay plus d'heur que d'invention : mais ie suis parfaict en la souffrance; car i'endure la revenche, non seulement aspre, mais indiscrete aussi, sans alteration : et à la charge qu'on me faict, si ie n'ay de quoy repartir brusquement sur le champ, ie ne vois pas m'amusant à suyvre cette poincte, d'une contestation ennuyeuse et lasche, tirant à l'opiniastreté; ie la laisse passer, et, baissant ioyeusement les aureilles, remets d'en avoir ma raison à quelque heure meilleure : n'est pas marchand qui tousiours gaigne. La pluspart changent de visage et de voix où la force leur fault; et, par une importune cholere, au lieu de se venger, accusent leur foiblesse ensemble et leur impatience. En cette gaillardise nous pinceons par fois des chordes secrettes de nos imperfections, lesquelles, rassis, nous ne pouvons toucher sans offense; et nous entradvertissons utilement de nos defaults. Il y a d'aultres ieux de main, indiscrets et aspres, à la françoise, que ie hais mortellement; i'ay la peau tendre et sensible: i'en ay veu en ma vie enterrer deux princes de nostre sang royal. Il faict laid se battre en s'esbattant. Au reste, quand ie veulx iuger de quelqu'un, ie luy demande combien il se contente de soy; iusques où son parler ou sa besongne luy plaist. Ie veulx eviter ces belles excuses, « Ie le feis en me iouant;

Ablatum mediis opus est incudibus istud; (1)

Ie n'y feus pas une heure; Ie ne l'ay reveu depuis ». Or, dis ie, laissons doncques ces pieces; donnez m'en une qui vous represente bien entier, par laquelle il vous plaise qu'on vous mesure : et puis; que trouvez vous le plus beau en vostre ouvrage; est ce ou cette partie, ou cette cy? la grace, ou la matiere, ou l'invention, ou le iugement, ou la science? Car ordinairement ie m'apperceois qu'on fault autant à iuger de sa propre besongne, que de celle d'aultruy, non seulement pour l'affection qu'on y mesle, mais pour n'avoir la suffisance de la cognoistre et distinguer : l'ouvrage, de sa propre force et fortune, peult seconder l'ouvrier oultre son invention et cognoissance, et le devancer. Pour moy, ie ne iuge la valeur d'aultre besongne plus obscurement que de la mienne; et loge les Essais tantost bas, tantost hault, fort inconstamment et doubteusement. Il y a plusieurs livres utiles, à raison de leurs subiects, desquels l'aucteur ne tire aulcune recommendation; et des bons livres, comme des bons ouvrages, qui font honte à l'ouvrier. I'escriray la façon de nos convives et de nos vestements, et l'escriray de mauvaise grace; ie publieray les edicts de mon temps, et les lettres des princes, qui passent ez mains publicques; ie feray un abbregé sur un bon livre, et tout abbregé sur un bon livre est un sot abbregé, lequel livre viendra à se perdre; et choses semblables : la posterité retirera utilité singuliere de telles compositions; moy, quel honneur, si ce n'est de ma bonne fortune? Bonne part des livres fameux sont de cette condition.

Quand ie leus Philippes de Comines, il y a plusieurs annees, tresbon aucteur certes, i'y remarquai ce mot pour non vulgaire : « Qu'il se fault bien garder de faire tant de service à son maistre, qu'on l'empesche

(1) Cet ouvrage a été retiré de dessus le métier, lorsqu'il n'étoit qu'à moitié fait. *Ovid.* trist. l. 1, eleg. 6, v. 29.

d'en trouver la iuste recompense » : ie debvois louer l'invention, non pas luy ; ie la rencontrai en Tacitus, il n'y a pas long temps ; Beneficia eò usque læta sunt, dum videntur exsolvi posse ; ubi multùm antevenere, pro gratiâ odium redditur (1) : et Seneque vigoreusement ; Nam qui putat esse turpe non reddere, non vult esse cui reddat (2) : et Cicero d'un biais plus lasche ; Qui se non putat satisfacere, amicus esse nullo modo potest (3). Le subiect, selon qu'il est, peult faire trouver un homme sçavant et memorieux ; mais, pour iuger en luy les parties plus siennes et plus dignes, la force et beauté de son ame, il fault sçavoir ce qui est sien, et ce qui ne l'est point : et, en ce qui n'est pas sien, combien on luy doibt, en consideration du choix, disposition, ornement et langage qu'il a fourny. Quoy, s'il a emprunté la matiere, et empiré la forme, comme il advient souvent ! Nous aultres, qui avons peu de practique avecques les livres, sommes en cette peine, que quand nous voyons quelque belle invention en un poëte nouveau, quelque fort argument en un prescheur, nous n'osons pourtant les en louer, que nous n'ayons prins instruction, de quelque sçavant, si cette piece leur est propre, ou si elle est estrangiere : iusques lors ie me tiens tousiours sur mes gardes.

Je viens de courre d'un fil l'histoire de Tacitus (ce qui ne m'advient gueres ; il y a vingt ans que ie ne meis en

(1) Les bienfaits inspirent de la reconnoissance aussi longtemps qu'on croit pouvoir s'acquitter ; mais lorsqu'ils excedent de beaucoup les moyens qu'on a de les reconnoître, l'obligation se convertit en haine. *Tacit.* annal. l. 4, c. 18.

(2) Car celui qui trouve honteux de ne pas rendre, voudroit que celui à qui il doit de la reconnoissance n'existât point. *Senec.* epist. 81, sub finem.

(3) Celui qui ne croit pas pouvoir s'acquitter des obligations qu'il vous a ne sauroit être votre ami. *Q. Cic.* de petitione consulatus, c. 9.

livre, une heure de suite); et l'ay faict à la suasion d'un gentilhomme que la France estime beaucoup, tant pour sa valeur propre, que pour une constante forme de suffisance et bonté qui se veoid en plusieurs freres qu'ils sont. Ie ne sçache point d'aucteur qui mesle à un registre publicque tant de consideration des mœurs et inclinations particulieres : et me semble le rebours de ce qu'il luy semble à luy, Que, ayant specialement à suyvre les vies des empereurs de son temps, si diverses et extremes en toute sorte de formes, tant de notables actions que nommeement leur cruauté produisit en leurs subiects, il avoit une matiere plus forte et attirante à discourir et à narrer, que s'il eust eu à dire des battailles et agitations universelles ; si que souvent ie le treuve sterile, courant par dessus ces belles morts, comme s'il craignoit nous fascher de leur multitude et longueur. Cette forme d'histoire est de beaucoup la plus utile : les mouvements publicques despendent plus de la conduicte de la fortune ; les privez, de la nostre. C'est plustost un iugement, que deduction d'histoire ; il y a plus de preceptes que de contes : ce n'est pas un livre à lire, c'est un livre à estudier et apprendre ; il est si plein de sentences, qu'il y en a à tort et à droict ; c'est une pepiniere de discours ethiques et politiques, pour la provision et ornement de ceulx qui tiennent quelque reng au maniement du monde. Il plaide tousiours par raisons solides et vigoreuses, d'une façon poinctue et subtile, suyvant le style affecté du siecle ; ils aimoient tant à s'enfler, qu'où ils ne trouvoyent de la poincte et subtilité aux choses, ils l'empruntoient des paroles. Il ne retire pas mal à l'escrire de Seneque : il me semble plus charnu ; Seneque plus aigu. Son service est plus propre à un estat trouble et malade, comme est le nostre present ; vous diriez souvent qu'il nous peinct, et qu'il nous pince. Ceulx qui doubtent de sa foy, s'accusent assez de luy vouloir mal d'ailleurs. Il a les opinions saines, et pend du bon party aux affaires romaines. Ie me plains un peu toutesfois de quoy il a iugé de Pompeius plus aigrement que ne porte l'advis des gents de bien qui ont vescu et traicté avecques luy; de l'avoir estimé du tout pareil à Marius et à Sylla, sinon d'autant qu'il estoit plus couvert. On n'a pas exempté d'ambition son intention au gouvernement des affaires, ny de vengeance; et ont craint ses amis mesmes que la victoire l'eust emporté oultre les bornes de la raison, mais non pas iusques à une mesure si effrenee : il n'y a rien en sa vie qui nous ayt menacé d'une si expresse cruauté et tyrannie. Encores ne fault il pas contrepoiser le souspeçon, à l'evidence: ainsi ie ne l'en crois pas. Que ses narrations soient naïfves et droictes, il se pourroit à l'adventure argumenter de cecy mesme, Qu'elles ne s'appliquent pas tousiours exactement aux conclusions de ses iugements, lesquels il suyt selon la pente qu'il y a prinse, souvent oultre la matiere qu'il nous montre, laquelle il n'a daigné incliner d'un seul air. Il n'a pas besoing d'excuse d'avoir approuvé la religion de son temps, selon les loix qui luy commandoient, et ignoré la vraye : cela, c'est son malheur, non pas son default. I'ai principalement consideré son iugement, et n'en suis pas bien esclaircy par tout : comme ces mots de la lettre que Tibere vieil et malade envoyoit au senat, « Que vous escriray ie, messieurs, ou comment vous escriray ie, ou que ne vous escriray ie point, en ce temps? les dieux et les deesses me perdent pirement que ie ne me sens touts les iours perir, si ie le sçais »! ie n'apperceois pas pourquoy il les applique si certainement à un poignant remors qui tormente la conscience de Tibere ; au moins lors que i'estois à mesme, ie ne le veis point. Cela m'a semblé aussi un peu lasche, qu'ayant eu à dire qu'il avoit exercé certain honnorable magistrat à Rome, il s'aille excusant que ce n'est point par ostentation qu'il l'a dict : ce traict me semble bas de poil, pour une ame de sa sorte; car le n'oser parler rondement de soy, accuse quelque faulte de cœur:

un iugement roide et haultain, et qui iuge sainement et seurement, il use à toutes mains des propres exemples, ainsi que de chose estrangiere; et tesmoigne franchement de luy, comme de chose tierce. Il fault passer par dessus ces regles populaires de la civilité, en faveur de la verité et de la liberté. I'ose non seulement parler de moy; mais parler seulement de moy: ie fourvoye quand i'escris d'aultre chose, et me desrobbe à mon subiect. Ie ne m'aime pas si indiscretement, et ne suis si attaché et meslé à moy, que ie ne me puisse distinguer et considerer à quartier, comme un voisin, comme un arbre: c'est pareillement faillir de ne veoir pas iusques où on vault, ou d'en dire plus qu'on n'en veoid. Nous debvons plus d'amour à Dieu qu'à nous, et le cognoissons moins; et si en parlons tout nostre saoul. Si ses escripts rapportent aulcune chose de ses conditions, c'estoit un grand personnage, droicturier et courageux, non d'une vertu superstitieuse, mais philosophique et genereuse. On le pourra trouver hardy en ses tesmoignages; comme où il tient qu'un soldat portant un faix de bois, ses mains se roidirent de froid, et se collerent à sa charge, si qu'elles y demeurerent attachees et mortes, s'estants desparties des bras. I'ay accoustumé en telles choses de plier soubs l'auctorité de si grands tesmoings. Ce qu'il dict aussi, que Vespasian, par la faveur du Dieu Serapis, guarit en Alexandrie une femme aveugle, en luy oignant les yeulx de sa salive, et ie ne sçais quel aultre miracle, il le faict par l'exemple et debvoir de touts bons historiens: ils tiennent registre des evenements d'importance. Parmy les accidents publics, sont aussi les bruits et opinions populaires: c'est leur roolle de reciter les communes creances, non pas de les regler; cette part touche les theologiens et les philosophes directeurs des consciences: pourtant tressagement, ce sien compaignon, et grand homme comme luy: equidem plura transcribo, quàm credo; nam nec affirmare sustineo, de quibus dubito, nec subducere quæ accepi (1) : et l'aultre : Hæc neque affirmare neque refellere operæ pretium est, . . . famæ rerum standum est (2). Et escrivant en un siecle auquel la creance des prodiges commenceoit à diminuer, il dict ne vouloir pourtant laisser d'inserer en ses annales et donner pied à chose receue de tant de gents de bien et avecques si grande reverence de l'antiquité : c'est tresbien dict. Qu'ils nous rendent l'histoire, plus selon qu'ils receoivent, que selon qu'ils estiment. Moy qui suis roy de la matiere que ie traicte, et qui n'en doibs compte à personne, ne m'en crois pourtant pas du tout : ie hazarde souvent des boutades de mon esprit, desquelles ie me desfie, et certaines finesses verbales de quoy ie secoue les aureilles ; mais ie les laisse courir à l'adventure. Ie veois qu'on s'honnore de pareilles choses ; ce n'est pas à moy seul d'en iuger. Ie me presente debout et couché ; le devant et le derriere ; à droicte et à gauche, et en touts mes naturels plis. Les esprits, voire pareils en force, ne sont pas tousiours pareils en application et en goust. Voylà ce que la memoire m'en presente en gros, et assez incertainement : touts iugements en gros sont lasches et imparfaicts.

---

(1) J'en rapporte plus que je n'en crois : mais comme je n'aî garde d'assurer les choses dont je doute ; aussi ne puis-je pas supprimer celles que j'ai apprises. *Quint.-Curt.* l. 9, c. 1, de la traduction de Vaugelas.

(2) Ce n'est pas la peine d'affirmer ni de réfuter ces choses :... il faut s'en tenir au bruit qui en court depuis long-temps. *Tit. Liv.* l. 1, in præfat. et l. 7, c. 6.

CHAPITRE IX.

De la vanité.

Il n'en est, à l adventure, aulcune plus expresse que d'en escrire si vainement. Ce que la Divinité nous en a si divinement exprimé debvroit estre soigneusement et continuellement medité par les gents d'entendement. Qui ne veoid que i'ay prins une route par laquelle, sans cesse et sans travail, i'irai autant qu'il y aura d'encre et de papier au monde? Ie ne puis tenir registre de ma vie par mes actions; fortune les met trop bas : ie le tiens par mes fantasies. Si ay ie veu un gentilhomme qui ne communiquoit sa vie, que par les operations de son ventre : vous voyiez chez luy, en montre, un ordre de bassins de sept ou huict iours : c'estoit son estude, ses discours; tout aultre propos luy puoit. Ce sont icy, un peu plus civilement, des excrements d'un vieil esprit, dur tantost, tantost lasche, et tousiours indigeste. Et quand serai ie à bout de representer une continuelle agitation et mutation de mes pensees, en quelque matiere qu'elles tumbent, puisque Diomedes remplit six mille livres, du seul subiect de la grammaire? Que doibt produire le babil, puisque le begayement et desnouement de la langue estouffa le monde d'une si horrible charge de volumes! Tant de paroles pour les paroles seules! O Pythagoras, que n'esconiuras tu cette tempeste! On accusoit un Galba, du temps passé, de ce qu'il vivoit oyseusement : il respondit que « chascun debvoit rendre raison de ses actions, non pas de son seiour ». Il se trompoit, car la iustice a cognoissance et animadversion aussi sur ceulx qui choment. Mais il y debvroit avoir quelque coerction des loix contre les escrivains ineptes et inutiles, comme il y a contre les vagabonds et faineants : on banniroit des mains de nostre peuple, et moy, et cent aultres. Ce n'est pas mocquerie ! l'escrivaillerie semble estre quelque symptome d'un siecle desbordé : quand escrivismes nous tant, que depuis que nous sommes en trouble ? quand les Romains tant, que lors de leur ruyne ? Oultre ce, que l'affinement des esprits, ce n'en est pas l'assagissement, en une police : cet embesongnement oysif naist de ce que chascun se prend laschement à l'office de sa vacation, et s'en desbauche. La corruption du siecle se faict par la contribution particuliere de chascun de nous : les uns y conferent la trahison, les aultres l'iniustice, l'irreligion, la tyrannie, l'avarice, la cruauté, selon qu'ils sont plus puissants : les plus foibles y apportent la sottise, la vanité, l'oysifveté ; desquels ie suis. Il semble que ce soit la saison des choses vaines, quand les dommageables nous pressent : en un temps où le meschamment faire est si commun, de ne faire qu'inutilement il est comme louable. Ie me console que ie seray des derniers sur qui il fauldra mettre la main : ce pendant qu'on pourvoira aux plus pressants, i'auray loy de m'amender ; car il me semble que ce seroit contre raison de poursuyvre les menus inconvenients, quand les grands nous infestent. Et le medecin Philotimus, à un qui luy presentoit le doigt à panser, auquel il recognoissoit, au visage et à l'haleine, un ulcere aux poulmons : « Mon amy, feit il, ce n'est pas à cette heure le temps de t'amuser à tes ongles ». Ie veis pourtant sur ce propos, il y a quelques années, qu'un personnage de qui i'ay la memoire en recommendation singuliere, au milieu de nos grands maulx, qu'il n'y avoit ny loy, ny iustice, ni magistrat qui feist son office non plus qu'à cette heure, alla publier ie ne sçais quelles chestifves reformations sur les habillements, la cuisine et la chicane. Ce sont amusoires de quoy on paist un peuple malmené, pour dire qu'on ne l'a pas du tout mis en oubli. Ces aultres font de mesme, qui s'arrestent à deffendre, à toute instance, des formes de parler, les danses et les ieux, à un peuple abandonné à toute sorte de vices exsecrables. Il n'est pas temps de se laver et decrasser, quand on est attainct d'une bonne fiebvre: c'est à faire aux seuls Spartiates, de se mettre à se peigner et testonner, sur le poinct qu'ils se vont iecter à quelque extreme hasard de leur vie. Quant à moy, i'ay cette aultre pire coustume, que si i'ai un escarpin de travers, ie laisse encores de travers et ma chemise et ma cappe : ie desdaigne de m'amender à demy. Quand ie suis en mauvais estat, ie m'acharne au mal; ie m'abandonne par desespoir, et me laisse aller vers la cheute, et iecte, comme lon dict, le manche aprez la coignee : ie m'obstine à l'empirement, et ne m'estime plus digne de mon soing; ou tout bien, ou tout mal. Ce m'est faveur, que la desolation de cet estat se rencontre à la desolation de mon aage : ie souffre plus volontiers que mes maulx en soient rechargez, que si mes biens en eussent esté troublez. Les paroles que i'exprime au malheur, sont paroles de despit : mon courage se herisse, au lieu de s'applatir; et, au rebours des aultres, ie me treuve plus devot en la bonne qu'en la mauvaise fortune, suyvant le precepte de Xenophon (a), sinon suyvant sa raison; et fois plus volontiers les doulx yeulx au ciel, pour le remercier, que pour le requerir. I'ay plus de soing d'augmenter la santé, quand elle me rit, que ie n'ay de la remettre, quand ie l'ai escartee : les prosperitez me servent de discipline et d'instruction; comme aux aultres, les adversitez et les verges. Comme si la bonne fortune estoit incompatible avecques la bonne conscience, les hommes ne se rendent gents de bien qu'en la mauvaise. Le bonheur m'est un singulier aiguillon à la moderation et modestie : la priere me gaigne, la me-

(a) *Cyroped.* l. 1, c. 6, §. 3.

nace me rebute; la faveur me ploye, la crainte me roidit.

Parmy les conditions humaines, cette cy est assez commune, de nous plaire plus des choses estrangieres que des nostres, et d'aimer le remuement et le changement;

> Ipsa dies ideò nos grato perluit haustu,
> Quòd permutatis hora recurrit equis: (1)

i'en tiens ma part. Ceulx qui suyvent l'aultre extremité, de s'agreer en eulx mesmes; d'estimer ce qu'ils tiennent, au dessus du reste; et de ne recognoistre aulcune forme plus belle que celle qu'ils veoyent; s'ils ne sont plus advisez que nous, ils sont à la verité plus heureux: ie n'envie point leur sagesse, mais ouy leur bonne fortune. Cette humeur avide des choses nouvelles et incogneues, ayde bien à nourrir en moy le desir de voyager; mais assez d'aultres circonstances y conferent: ie me destourne volontiers du gouvernement de ma maison. Il y a quelque commodité à commander, feust ce dans une grange, et à estre obey des siens; mais c'est un plaisir trop uniforme et languissant: et puis, il est, par necessité, meslé de plusieurs pensements tascheux; tantost l'indigence et l'oppression de vostre peuple, tantost la querelle d'entre vos voisins, tantost l'usurpation qu'ils font sur vous, vous afflige;

> Aut verberatæ grandine vineæ,
> Fundusque mendax, arbore nunc aquas
> Culpante, nunc torrentia agros
> Sidera, nunc hiemes iniquas: (2)

---

(1) Le jour même ne nous plaît que parceque le temps le ramene avec un nouvel attelage.

Tiré d'un fragment de Pétrone, dont voici le premier vers,

Nolo ego semper idem capiti suffundere costum.

Voyez *Petron.* varior. p. 525, 526, ann. 1669.

(2) Tantôt les vignes ont été frappées de la grêle; tantôt c'est

et que à peine, en six mois, envoyera Dieu une saison dequoy vostre receveur se contente bien à plain; et que si elle sert aux vignes, elle ne nuise aux prez;

> Aut nimiis torret fervoribus ætherius sol,
> Aut subiti perimunt imbres, gelidæque pruinæ,
> Flabraque ventorum violento turbine vexant: (1)

ioinct le soulier neuf et bien formé, de cet homme du temps passé (a), qui vous blece le pied; et que l'estrangier n'entend pas combien il vous couste, et combien vous prestez à maintenir l'apparence de cet ordre qu'on veoid en vostre famille, et qu'à l'adventure l'achetez vous trop cher. Ie me suis prins tard au mesnage: ceulx que nature avoit fait naistre avant moy m'en ont deschargé long temps; i'avois desia prins un aultre ply, plus selon ma complexion. Toutesfois de ce que i'en ay veu, c'est une occupation plus empeschante que difficile: quiconque est capable d'aultre chose, le sera bien ayseement de celle là. Si ie cherchois à m'enrichir, cette voye me sembleroit trop longue: i'eusse servy les roys; traficque plus fertile que toute aultre. Puisque ie ne pretends acquerir que la reputation de n'avoir rien acquis, non plus que dissipé, conformement au reste de ma vie, impropre à faire bien et à faire mal, et que ie ne cherche qu'à passer; ie le puis faire, Dieu mercy, sans grande attention. Au pis aller, courez tousiours par retrenchement de despense, devant la pauvreté: c'est à quoy ie m'attends, et de me reformer, avant qu'elle m'y force. I'ay estably au demourant, en mon ame, assez de degrez à me passer de moins que ce que i'ay; ie dis, passer avecques con-

---

la pluie, ou la sécheresse, ou de rudes hivers qui ont fait manquer les terres qui promettoient le plus. *Horat.* od. 1, l. 3, v. 29.

(1) La trop grande ardeur du soleil brûle les fruits: ou bien des pluies soudaines, de violentes gelées, et des vents impétueux les détruisent entièrement. *Lucret.* l. 5, v. 216, et seqq.

(a) Voy. Plutarque, vie de Paul Emile.

tentement : *non æstimatione censûs, verùm victu atque cultu, terminatur pecuniæ modus* (1). Mon vray besoing n'occupe pas si iustement tout mon avoir, que, sans venir au vif, fortune n'ait où mordre sur moy. Ma presence, toute ignorante et desdaigneuse qu'elle est, preste grande espaule à mes affaires domestiques : ie m'y employe, mais despiteusement ; ioinct que i'ay cela chez moy, que pour brusler à part la chandelle par mon bout, l'aultre bout ne s'espargne de rien. Les voyages ne me blecent que par la despense, qui est grande et oultre mes forces, ayant accoustumé d'y estre avecques equipage non necessaire seulement, mais encores honneste : il me les en fault faire d'autant plus courts et moins frequents ; et n'y employe que l'escume et ma reserve, temporisant et differant, selon qu'elle vient. Ie ne veulx pas que le plaisir du promener corrompe le plaisir du repos ; au rebours, i'entends qu'ils se nourrissent et favorisent l'un l'aultre. La fortune m'a aydé en cecy, que, puisque ma principale profession en cette vie estoit de la vivre mollement et plustost laschement qu'affaireusement, elle m'a osté le besoing de multiplier en richesses pour pourveoir à la multitude de mes heritiers. Pour un, s'il n'a assez de ce de quoy i'ay eu si plantureusement assez ; à son dam : son imprudence ne merite pas que ie luy en desire davantage. Et chascun, selon l'exemple de (a) Pho-

(1) Ce n'est point le revenu des terres, mais les nécessités de la vie qui doivent régler notre dépense. *Cic.* paradox. 6, c. 2.

(a) Montaigne fait allusion à la réponse que Phocion fit aux envoyés de Philippe, qui, pour l'engager à accepter les présents de ce roi, lui représentoient que ses enfants étant pauvres, ne pourroient pas soutenir la gloire de leur pere. « S'ils me ressemblent, dit-il, mon petit bien de campagne leur suffira pour les nourrir, comme il m'a suffi pour mon avancement : sinon, je ne veux pas entretenir et augmenter leur dissolution, à nos dépens ». *Corn. Nepos*, Phoc. c. 1, C.

cion pourveoid suffisamment à ses enfants, qui leur pourveoid, entant qu'ils ne lui sont dissemblables. Nullement serois ie d'advis du faict de Crates : il laissa son argent chez un banquier, avecques cette condition : « Si ses enfants estoient des sots, qu'il le leur donnast; s'ils estoient habiles, qu'il le distribuast aux plus simples du peuple » : comme si les sots, pour estre moins capables de s'en passer, estoient plus capables d'user des richesses! Tant y a, que le dommage qui vient de mon absence, ne me semble point meriter, pendant que i'auray de quoy le porter, que ie refuse d'accepter les occasions qui se presentent de me distraire de cette assistance penible. Il y a tousiours quelque piece qui va de travers : les negoces, tantost d'une maison, tantost d'une aultre, vous tirassent; vous esclairez toutes choses de trop prez; vostre perspicacité vous nuit icy, comme si faict elle assez ailleurs. Ie me desrobbe aux occasions de me fascher, et me destourne de la cognoissance des choses qui vont mal : et si ne puis tant faire, qu'à toute heure ie ne heurte chez moy en quelque rencontre qui me desplaise; et les fripponneries qu'on me cache le plus, sont celles que ie sçais le mieulx : il en est que, pour faire moins mal, il fault ayder soy mesme à cacher. Vaines poinctures; vaines par fois, mais tousiours poinctures. Les plus menus et grailes empeschements sont les plus perceants : et comme les petites lettres lassent plus les yeulx; aussi nous picquent plus les petits affaires. La tourbe des menus maulx offense plus que la violence d'un, pour grand qu'il soit. A mesure que ces espines domestiques sont drues et desliees, elles nous mordent plus aigu et sans menaces, nous surprenant facilement à l'impourveu. Ie ne suis pas philosophe : les maulx me foulent selon qu'ils poisent, et poisent selon la forme, comme selon la matiere, et souvent plus : i'en ay plus de cognoissance que le vulgaire, si i'ay plus de patience; enfin s'ils ne me blecent, ils m'offensent. C'est chose tendre que la vie, et aysee à troubler. Depuis que i'ay le visage tourné vers le chagrin, nemo enim resistit sibi, cùm cœperit impelli (1), pour sotte cause qui m'y ayt porté, i'irrite l'humeur de ce costé là; qui se nourrit aprez et s'exaspere, de son propre bransle, attirant et emmoncellant une matiere sur aultre de quoy se paistre:

Stillicidi casus lapidem cavat: (2)

ces ordinaires gouttieres me mangent (a). Les inconvenients ordinaires ne sont iamais legiers: ils sont continuels et irreparables, nommeement quand ils naissent des membres du mesnage, continuels et inseparables. Quand ie considere mes affaires de loing et en gros, ie treuve, soit pour n'en avoir la memoire gueres exacte, qu'ils sont allez iusques à cette heure en prosperant, oultre mes comptes et mes raisons: i'en retire, ce me semble, plus qu'il n'y en a; leur bonheur me trahit. Mais suis ie au dedans de la besongne, veois ie marcher toutes ces parcelles?

Tum verò in curas animum diducimus omnes: (3)

mille choses m'y donnent à desirer et craindre. De les abandonner du tout, il m'est tresfacile; de m'y prendre sans m'en peiner, tresdifficile. C'est pitié, d'estre en lieu où tout ce que vous voyez vous embesongne et vous concerne: et me semble iouïr plus gayement les plaisirs d'une maison estrangiere, et y apporter le goust (b) plus

---

(1) Car celui qui est une fois poussé en bas, ne peut plus se retenir. *Senec.* epist. 13.

(2) L'eau qui tombe goutte à goutte.
Perce le plus dur rocher.
Lucret. l. 1, v. 314.

Ces deux vers se trouvent dans l'opéra d'Atis, act. 4, sc. 5.

(a) et m'ulcerent. *Edit.* de 1595, mais effacé par Montaigne dans l'exemplaire corrigé. N.

(3) Alors mille chagrins me déchirent le cœur.
Virg. Aeneid. l. 5, v. 720.

(b) Plus libre et pur. *Edit.* de 1595, mais effacé par Montaigne dans l'exemplaire corrigé. N.

naïf. Diogenes respondit selon moy, à celuy qui luy demanda quelle sorte de vin il trouvoit le meilleur : « L'estrangier », feit il.

Mon pere aimoit à bastir Montaigne où il estoit nay ; et, en toute cette police d'affaires domestiques, i'aime à me servir de son exemple et de ses regles ; et y attacheray mes successeurs autant que ie pourray. Si ie pouvois mieulx pour luy, ie le ferois : ie me glorifie que sa volonté s'exerce encores et agisse par moy. Ia Dieu ne permette que ie laisse faillir entre mes mains aulcune image de vie que ie puisse rendre à un si bon pere ! Ce que ie me suis meslé d'achever quelque vieux pan de mur, et de renger quelque piece de bastiment mal dolé, c'a esté certes regardant plus à son intention qu'à mon contentement ; et accuse ma faineance, de n'avoir passé oultre à parfaire les beaux commencements qu'il a laissez en sa maison, d'autant plus que ie suis en grands termes d'en estre le dernier possesseur, de ma race, et d'y porter la derniere main. Car quant à mon application particuliere, ny ce plaisir de bastir, qu'on dict estre si attrayant, ny la chasse, ny les iardins, ny ces aultres plaisirs de la vie retiree, ne me peuvent beaucoup amuser : c'est chose de quoy ie me veulx mal, comme de toutes aultres opinions qui me sont incommodes ; ie ne me soulcie pas tant de les avoir vigoreuses et doctes, comme ie me soulcie de les avoir aysees et commodes à la vie ; elles sont assez vrayes et saines, si elles sont utiles et agreables. Ceulx qui, m'oyant dire mon insuffisance aux occupations du mesnage, me viennent souffler aux aureilles que c'est desdaing, et que ie laisse de sçavoir les instruments du labourage, ses saisons, son ordre, comment on faict mes vins, comme on ente, et de sçavoir le nom et la forme des herbes et des fruicts, et l'apprest des viandes de quoy ie vis, le nom et le prix des estoffes de quoy ie me habille, pour avoir à cœur quelque plus haulte science, ils me font mourir : cela, c'est sottise, et plustost bestise que gloire; ie m'aimerois mieulx bon escuyer, que bon logicien :

> Quin tu aliquid saltem potiùs quorum indiget usus,
> Viminibus mollique paras detexere iunco? (1)

Nous empeschons nos pensees du general et des causes et conduictes universelles, qui se conduisent tresbien sans nous; et laissons en arriere nostre faict, et Michel, qui nous touche encores de plus prez que l'homme. Or i'arreste bien chez moy le plus ordinairement; mais ie vouldrois m'y plaire plus qu'ailleurs :

> Sit meæ sedes utinam senectæ,
> Sit modus lasso maris, et viarum,
> Militiæque! (2)

ie ne sçais si i'en viendray à bout. Ie vouldrois qu'au lieu de quelque aultre piece de sa succession, mon pere m'eust resigné cette passionnee amour qu'en ses vieux ans il portoit à son mesnage; il estoit bien heureux de ramener ses desirs à sa fortune, et de se sçavoir plaire de ce qu'il avoit : la philosophie politique aura bel accuser la bassesse et sterilité de mon occupation, si i'en puis une fois prendre le goust comme luy. Ie suis de cet advis, Que la plus honnorable vacation est de servir au public et estre utile à beaucoup; fructus enim ingenii et virtutis, omnisque præstantiæ, tum maximus accipitur, quum in proximum quemque confertur (3) : pour mon regard ie m'en

---

(1) Pourquoi ne pas s'occuper plutôt à quelque chose d'utile? à faire des paniers d'osier ou des corbeilles de jonc? *Virg.* eclog. 2, v. 71.

(2) Dieu veuille qu'après tous mes voyages, et les fatigues que j'ai essuyées à la guerre, je trouve moyen d'y passer tranquillement le reste de mes jours! *Horat.* od. 6, l. 2, v. 6.

(3) Car on ne recueille jamais plus de fruit de son esprit, de sa vertu, et de ses bonnes qualités, que lorsqu'on en fait part à ceux qui nous touchent de plus près. *Cic.* de amicit. c. 19.

despars; partie par conscience, car par où ie veois le poids qui touche telles vacations, ie veois aussi le peu de moyen que i'ay d'y fournir, et Platon, maistre ouvrier en tout gouvernement politique, ne laissa de s'en abstenir; partie par poltronerie. Ie me contente de iouïr le monde, sans m'en empresser; de vivre une vie seulement excusable, et qui seulement ne poise ny à moy ny à aultruy. Iamais homme ne se laissa aller plus plainement et plus laschement au soing et gouvernement d'un tiers, que ie ferois, si i'avois à qui. L'un de mes souhaits pour cette heure, ce seroit de trouver un gendre qui sceust appaster commodement mes vieux ans, et les endormir; entre les mains de qui ie deposasse en toute souveraineté la conduicte et usage de mes biens; qu'il en feist ce que i'en fois, et gaignast sur moy ce que i'y gaigne, pourveu qu'il y apportast un courage vrayement recognoissant et amy. Maïs quoy? nous vivons en un monde où la loyauté des propres enfants est incogneue. Qui a la garde de ma bourse en voyage, il l'a pure et sans contrerolle; aussi bien me tromperoit il, en comptant: et si ce n'est un diable, ie l'oblige à bien faire, par une si abandonnee confiance. Multi fallere docuerunt, dum timent falli; et aliis ius peccandi, suspicando, fecerunt (1). La plus commune seureté que ie prends de mes gents, c'est la mescognoissance: ie ne presume les vices (a) qu'aprez les avoir veus; et m'en fie plus aux ieunes, que i'estime moins gastez par mauvais exemple. I'oys plus volontiers dire, au bout de deux mois, que i'ay despendu quatre cents escus, que d'avoir les aureilles battues touts les

(1) Bien des gens ont enseigné à tromper, par la crainte qu'ils ont d'être trompés; et ils ont donné en quelque sorte à d'autres le droit de pécher, en les soupçonnant mal-à-propos d'en avoir l'intention. *Senec.* epist. 3.

(a) qu'aprez que ie les ay veus. *Edit.* de 1695, mais effacé par Montaigne sur l'exemplaire qu'il a corrigé.

soirs, de trois, cinq, sept: si ay ie esté desrobbé aussi peu qu'un aultre, de cette sorte de larrecin. Il est vray que ie preste la main à l'ignorance; ie nourris, à escient, aulcunement trouble et incertaine la science de mon argent : iusques à certaine mesure, ie suis content d'en pouvoir doubter. Il fault laisser un peu de place à la desloyauté ou imprudence de vostre valet : s'il nous en reste en gros de quoy faire nostre effect, cet excez de la liberalité de la fortune, laissons le un peu plus courre à sa mercy; la portion du glanneur. Aprez tout, ie ne prise pas tant la foy de mes gents, comme ie mesprise leur iniure. Oh! le vilain et sot estude, d'estudier son argent, se plaire à le manier, poiser et recompter! c'est par là que l'avarice faict ses approches. Depuis dixhuict ans que ie gouverne des biens, ie n'ay sceu gaigner sur moy de veoir ny tiltres, ny mes principaulx affaires, qui ont necessairement à passer par ma science et par mon soing. Ce n'est pas un mespris philosophique des choses transitoires et mondaines; ie n'ay pas le goust si espuré, et les prise pour le moins ce qu'elles valent : mais certes c'est paresse et negligence inexcusable et puerile. Que ne ferois ie plustost, que de lire un contract? et plustost, que d'aller secouant ces paperasses poudreuses, serf de mes negoces, ou, encores pis, de ceulx d'aultruy, comme font tant de gents à prix d'argent? Ie n'ay rien cher que le soulcy et la peine; et ne cherche qu'à m'anonchalir et avachir. I'estois, ce crois ie, plus propre à vivre de la fortune d'aultruy, s'il se pouvoit sans obligation et sans servitude : et si ne sçais, à l'examiner de prez, si selon mon humeur et mon sort, ce que i'ay à souffrir des affaires, et des serviteurs, et des domestiques, n'a point plus d'abiection, d'importunité et d'aigreur, que n'auroit la suitte d'un homme, nay plus grand que moy, qui me guidast un peu à mon ayse : servitus (1) obe-

(1) L'esclavage, c'est l'assujettissement d'un esprit lâche et

dientia est fracti animi et abiecti, arbitrio carentis suo. Crates feit pis, qui se iecta en la franchise de la pauvreté, pour se desfaire des indignitez et cures de la maison. Cela ne ferois ie pas ; ie hais la pauvreté à pair de la douleur : mais ouy bien, changer cette sorte de vie à une aultre moins brave et moins affaireuse. Absent, ie me despouille de touts tels pensements ; et sentirois moins lors la ruyne d'une tour, que ie ne fois, present, la cheute d'une ardoise. Mon ame se desmesle bien ayseement à part ; mais, en presence, elle souffre, comme celle d'un vigneron : une rene de travers à mon cheval, un bout d'estriviere qui batte ma iambe, me tiendront tout un iour en humeur. I'esleve assez mon courage à l'encontre des inconvenients ; les yeulx, ie ne puis.

Sensus ! ô superi, sensus ! (1)

Ie suis, chez moy, respondant de tout ce qui va mal. Peu de maistres, ie parle de ceulx de moyenne condition comme est la mienne, et, s'il en est, ils sont plus heureux, se peuvent tant reposer sur un second, qu'il ne leur reste bonne part de la charge. Cela oste volontiers quelque chose de ma façon au traictement des survenants ; et en ay peu arrester quelqu'un, par adventure, plus par ma cuisine que par ma grace, comme font les fascheux : et oste beaucoup du plaisir que ie debvrois prendre chez moy de la visitation et assemblee de mes amis. La plus sotte contenance d'un gentilhomme en sa maison, c'est de le veoir empesché du train de sa police, parler à l'aureille d'un valet, en menacer un aultre des yeulx ; elle doibt couler insensiblement, et representer un cours ordinaire : et treuve laid qu'on entretienne ses hostes du traictement qu'on leur faict, autant à

---

rampant, qui n'est point maître de sa propre volonté. *Cic.* paradox. 5, c. 1.

(1) Les sens ! ô dieux, les sens !

l'excuser qu'à le vanter. I'aime l'ordre et la netteté,

> et cantharus et lanx
> Ostendunt mihi me, (1)

au prix de l'abondance; et regarde chez moy exactement à la necessité, peu à la parade. Si un valet se bat chez aultruy, si un plat se verse, vous n'en faites que rire: vous dormez, ce pendant que monsieur renge avecques son maistre d'hostel son faict pour vostre traictement du lendemain. I'en parle selon moy; ne laissant pas, en general, d'estimer combien c'est un doulx amusement, à certaines natures, qu'un mesnage paisible, prospere, conduict par un ordre reglé; et ne voulant attacher à la chose mes propres erreurs et inconvenients, ny desdire Platon, qui estime la plus heureuse occupation à chascun, « Faire ses propres affaires sans iniustice ». Quand ie voyage, ie n'ay à penser qu'à moy, et à l'employte de mon argent; cela se dispose d'un seul precepte: il est requis trop de parties à amasser; ie n'y entends rien. A despendre, ie m'y entends un peu, et à donner iour à ma despense, qui est de vray son principal usage: mais ie m'y attends trop ambitieusement; qui la rend ineguale et difforme, et en oultre immoderee en l'un et l'aultre visage: si elle paroist, si elle sert, ie m'y laisse indiscretement aller; et me resserre autant indiscretement, si elle ne luit, et si elle ne me rit. Qui que ce soit, ou art, ou nature, qui nous imprime cette condition de vivre par la relation à aultruy, nous faict beaucoup plus de mal que de bien: nous nous defraudons de nos propres utilitez, pour former les apparences à l'opinion commune; il ne nous chault pas tant quel soit nostre estre en nous et en effect, comme quel il soit en la cognoissance publicque: les biens mesmes de l'es-

(1) J'aime à voir les verres si bien rincés, et les plats si nets, qu'on puisse s'y mirer. *Horat.* l. 1, epist. 5, v. 23, 24.

prit et la sagesse nous semblent sans fruict, si elle n'est iouïe que de nous, si elle ne se produict à la veue et approbation estrangiere. Il y en a de qui l'or coule à gros bouillons par des lieux soubterrains, imperceptiblement; d'aultres l'estendent tout en lames et en feuilles : si qu'aux uns les liards valent escus, aux aultres le rebours; le monde estimant l'employte et la valeur, selon la montre. Tout soing curieux autour des richesses sent son avarice : leur dispensation mesme, et la liberalité trop ordonnee et artificielle, elles ne valent pas une advertence et solicitude penible : qui veult faire sa despense iuste, la faict estroicte et contraincte. La garde ou l'employte sont, de soy, choses indifferentes, et ne prennent couleur de bien ou de mal, que selon l'application de nostre volonté.

L'aultre cause qui me convie à ces promenades, c'est la disconvenance aux mœurs presentes de nostre estat. Ie me consolerois ayseement de cette corruption, pour le regard de l'interest publicque;

> peioraque sæcula ferri
> Temporibus, quorum sceleri non invenit ipsa
> Nomen et a nullo posuit natura metallo; (1)

mais pour le mien, non : i'en suis en particulier trop pressé; car en mon voisinage, nous sommes tantost, par la longue licence de ces guerres civiles, envieillis en une forme d'estat si desbordee,

> Quippe ubi fas versum atque nefas, (2)

qu'à la verité c'est merveille qu'elle se puisse maintenir:

---

(1) De la corruption, dis-je, de notre siecle qui est plus barbare et plus dur que le siecle de fer : les crimes qu'il nous fait voir, ne pouvant être exprimés par aucun des métaux que la nature a produits. *Juvenal.* sat. 13, v. 28, et seqq.

(2) Car le juste et l'injuste y sont confondus ensemble. *Virg. Georg.* l. 1, v. 504.

Armati terram exercent, semperque recentes
Convectare iuvat prædas, et vivere rapto. (1)

Enfin ie veois, par nostre exemple, que la societé des hommes se tient et se coud, à quelque prix que ce soit; en quelque assiette qu'on les couche, ils s'appilent et se rengent en se remuant et s'entassant : comme des corps mal unis, qu'on empoche sans ordre, treuvent d'eulx mesmes la façon de se ioindre et s'emplacer les uns parmy les aultres, souvent mieulx que l'art ne les eust sceu disposer. Le roy Philippus feit un amas des plus meschants hommes et incorrigibles qu'il peut trouver, et les logea touts en une ville qu'il leur feit bastir, qui en portoit le nom (a) : i'estime qu'ils dresserent, des vices mesmes, une contexture politique entre eulx, et une commode et iuste societé. Ie veois, non une action, ou trois, ou cent, mais des mœurs, en usage commun et receu, si farouches, en inhumanité surtout et desloyauté, qui est pour moy la pire espece des vices, que ie n'ay point le courage de les concevoir sans horreur; et les admire, quasi autant que ie les deteste : l'exercice de ces meschancetez insignes porte marque de vigueur et force d'ame, autant que d'erreur et desreglement. La necessité compose les hommes et les assemble : cette cousture fortuite se forme aprez en loix; car il en a esté d'aussi sauvages qu'aulcune opinion humaine puisse enfanter, qui toutesfois ont maintenu leurs corps avecques autant de santé et longueur de vie que celles de Platon et Aristote sçauroient faire : et certes toutes ces descriptions de police, feinctes par art, se treuvent ridicules et ineptes à mettre en practique. Ces grandes et longues alter-

---

(1) On est tout armé en cultivant la terre, et l'on ne pense qu'à vivre de rapine, et à faire tous les jours de nouveaux pillages. *Virg. Aeneid.* l. 7, v. 748.

(a) Πονηροπολις, ville de scelérats, *Plin.* hist. nat. l. 4, c. 11.

cations, de la meilleure forme de societé, et des regles plus commodes à nous attachér, sont altercations propres seulement à l'exercice de nostre esprit : comme il se treuve ez arts plusieurs subiects qui ont leur essence en l'agitation et en la dispute, et n'ont aulcune vie hors de là. Telle peincture de police seroit de mise en un nouveau monde : mais nous prenons un monde deia faict et formé à certaines coustumes; nous ne l'engendrons pas, comme Pyrrha ou comme Cadmus. Par quelque moyen que nous ayons loy de le redresser et renger de nouveau, nous ne pouvons gueres le tordre de son accoustumé ply, que nous ne rompions tout. On demandoit à Solon, s'il avoit establi les meilleures loix qu'il avoit peu aux Atheniens : « Ouy bien, respondit il, de celles qu'ils eussent receues ». Varro s'excuse de pareil air : « Que s'il avoit tout de nouveau à escrire de la religion, il diroit ce qu'il en croid : mais, estant desia receue et formee, il en dira selon l'usage plus que selon nature ». Non par opinion, mais en verité, l'excellente et meilleure police est à chascune nation celle soubs laquelle elle s'est maintenue : sa forme et commodité essentielle despend de l'usage. Nous nous desplaisons volontiers de la condition presente; mais ie tiens pourtant que d'aller desirant le commandement de peu, en un estat populaire; ou en la monarchie, une aultre espece de gouvernement, c'est vice et folie.

Aime l'estat, tel que tu le veois estre :
S'il est royal, aime la royauté;
S'il est de peu, ou bien communauté,
Aime l' aussi ; car Dieu t'y a faict naistre.

Ainsi en parloit le bon monsieur de Pibrac que nous venons de perdre; un esprit si gentil, les opinions si saines, les mœurs si doulces. Cette perte, et celle qu'en mesme temps nous avons faicte de monsieur de Foix, sont pertes importantes à nostre couronne. Ie ne sçais s'il reste à la France de quoy substituer une aultre couple pareille à ces deux Gascons, en sincerité et en suffisance, pour le conseil de nos roys; c'estoient ames diversement belles, et certes, selon le siecle, rares et belles, chascune en sa forme : mais qui les avoit logees, en cet aage, si disconvenables et si disproportionnees à nostre corruption et à nos tempestes? Rien ne presse un estat, que l'innovation; le changement donne seul forme à l'iniustice et à la tyrannie. Quand quelque piece se desmanche, on peult l'estayer; on peult s'opposer à ce que l'alteration et corruption naturelle à toutes choses ne nous esloingne trop de nos commencements et principes : mais d'entreprendre à refondre une si grande masse, et à changer les fondements d'un si grand bastiment, c'est à faire à ceulx qui pour descrasser effacent, qui veulent amender les defaults particuliers par une confusion universelle, et guarir les maladies par la mort; non tam commutandarum quàm evertendarum rerum cupidi (1). Le monde est inepte à se guarir; il est si impatient de ce qui le presse, qu'il ne vise qu'à s'en desfaire, sans regarder à quel prix. Nous voyons, par mille exemples, qu'il se guarit ordinairement à ses despens. La descharge du mal present n'est pas guarison, s'il n'y a en general amendement de condition : la fin du chirurgien n'est pas de faire mourir la mauvaise chair; ce n'est que l'acheminement de sa cure : il regarde au delà, d'y faire renaistre la naturelle, et rendre la partie à son deu estre. Quiconque propose seulement d'emporter ce qui le masche, il demeure court; car le bien ne succede pas necessairement au mal; un aultre mal luy peult succeder, et pire : comme il adveint aux tueurs de Cesar qui iecterent la chose publicque à tel poinct, qu'ils eurent à se repentir de s'en estre meslez. A plusieurs depuis, iusques à nos siecles, il

(1) Qui ne songent point tant à changer le gouvernement, qu'à le détruire. *Cic.* de offic. l. 2, cap. 1.

est advenu de mesme : les François mes contemporanees sçavent bien qu'en dire. Toutes grandes mutations esbranslent l'estat et le desordonnent. Qui viseroit droict à la guarison, et en consulteroit avant toute œuvre, se refroidiroit volontiers d'y mettre la main. Pacuvius Calavius corrigea le vice de ce proceder, par un exemple insigne : Ses concitoyens estoient mutinez contre leurs magistrats : luy, personnage de grande auctorité en la ville de Capoue, trouva un iour moyen d'enfermer le senat dans le palais ; et convoquant le peuple en la place, leur dict, Que le iour estoit venu auquel en pleine liberté ils pouvoient prendre vengeance des tyrans qui les avoient si long temps oppressez, lesquels il tenoit à sa mercy, seuls et desarmez : feut d'advis qu'au sort on les tirast hors, l'un aprez l'aultre, et de chascun on ordonnast particulierement, faisant sur le champ executer ce qui en seroit decreté; pourveu aussi que tout d'un train ils advisassent d'establir quelque homme de bien en la place du condamné, à fin qu'elle ne demeurast vuide d'officier. Ils n'eurent pas plustost ouï le nom d'un senateur, qu'il s'esleva un cri de mescontentement universel à l'encontre de luy : « Ie veois bien, dict Pacuvius, il fault desmettre cettuy cy; c'est un meschant : ayons en un bon en change ». Ce feut un prompt silence; tout le monde se trouvant bien empesché au chois. Au premier plus effronté qui dict le sien : voylà un consentement de voix encores plus grand à refuser celuy là; cent imperfections et iustes causes de le rebuter. Ces humeurs contradictoires s'estant eschauffees, il adveint encores pis du second senateur, et du tiers : autant de discorde à l'eslection, que de convenance à la desmission. S'estant inutilement lassez à ce trouble, ils commencent, qui deçà, qui delà, à se desrobber peu à peu de l'assemblee, rapportant chascun cette resolution en son ame, Que le plus vieil et mieulx cogneu mal est tousiours plus supportable que le mal recent et inexperimenté. Pour nous veoir bien piteusement agitez, car que n'avons nous faict?

> Eheu! cicatricum et sceleris pudet,
> Fratrumque : quid nos dura refugimus
> Aetas? quid intactum nefasti
> Liquimus? unde manus iuventus
> Metu deorum continuit? quibus
> Pepercit aris? (1)

ie ne vois pas soubdain me resolvant : (2)

> ipsa si velit Salus,
> Servare prorsus non potest hanc familiam :

nous ne sommes pas pourtant, à l'adventure, à nostre dernier periode. La conservation des estats est chose qui vraisemblablement surpasse nostre intelligence : c'est, comme dict Platon, chose puissante, et de difficile dissolution, qu'une civile police; elle dure souvent contre des maladies mortelles et intestines, contre l'iniure des loix iniustes, contre la tyrannie, contre le desbordement et ignorance des magistrats, licence et sedition des peuples. En toutes nos fortunes, nous nous comparons à ce qui est au dessus de nous, et regardons vers ceulx qui sont mieulx : mesurons nous à ce qui est au dessoubs; il n'en est point de si miserable qui ne treuve mille exemples où se consoler. C'est nostre vice, que nous voyons plus mal volontiers ce qui est devant nous, que volontiers ce qui est aprez. Si disoit Solon, « Qui dresseroit un tas de touts les maulx ensemble, qu'il n'est aulcun qui ne choisist

---

(1) Des guerres intestines! des plaies sanglantes! nos freres massacrés! dieux, quelle horreur! Barbares que nous sommes, de quels crimes avons-nous eu honte? Y en a-t-il aucun de si exécrable que nous n'ayons commis? La crainte des dieux a-t-elle pu retenir les mains sacrileges de notre insolente jeunesse? Où sont les autels qu'elle a respectés? *Horat.* od. 35, l. 1, v. 33.

(2) Non, quand la déesse Salus voudroit elle-même sauver cet état, elle ne pourroit en venir à bout. *Terent.* adelph. act. 4, sc. 7, v. 43.

plustost de remporter avecques soy les maulx qu'il a, que de venir à division legitime, avecques touts les aultres hommes, de ce tas de maulx, et en prendre sa quote part ». Nostre police se porte mal : il en a esté pourtant de plus malades, sans mourir. Les dieux s'esbattent de nous à la pelote, et nous agitent à toutes mains :

> Enimverò dii nos homines quasi pilas habent. (1)

Les astres ont fatalement destiné l'estat de Rome pour exemplaire de ce qu'ils peuvent en ce genre : il comprend en soy toutes les formes et adventures qui touchent un estat; tout ce que l'ordre y peult, et le trouble, et l'heur, et le malheur. Qui se doibt desesperer de sa condition, voyant les secousses et mouvements de quoy celuy là feut agité, et qu'il supporta? Si l'estendue de la domination est la santé d'un estat (de quoy ie ne suis aulcunement d'advis, et me plaist Isocrates qui instruit Nicocles non d'envier les princes qui ont des dominations larges, mais qui sçavent bien conserver celles qui leur sont escheues), celuy là ne feut iamais si sain, que quand il feut le plus malade. La pire de ses formes luy feut la plus fortunee : à peine recognoist on l'image d'aulcune police soubs les premiers empereurs; c'est la plus horrible et la plus espesse confusion qu'on puisse concevoir ; toutesfois il la supporta, et y dura, conservant non pas une monarchie resserree en ses limites, mais tant de nations si diverses, si esloingnées, si mal affectionnees, si desordonneement commandees et iniustement conquises :

> nec gentibus ullis
> Commodat in populum, terræ pelagique potentem,
> Invidiam fortuna suam. (2)

---

(1) Paroles de Plaute dans le prologue des Captifs, v. 22, et dont Montaigne rend fort bien le sens avant que de les citer. C.

(2) Sans que la fortune inspirât à aucune nation le dessein de

Tout ce qui bransle ne tumbe pas. La contexture d'un si grand corps tient à plus d'un clou ; il tient mesme par son antiquité : comme les vieux bastiments ausquels l'aage a desrobbé le pied, sans crouste et sans ciment, qui pourtant vivent et se soubtiennent en leur propre poids,

> nec iam validis radicibus hærens,
> Pondere tuta suo est. (1)

Dadvantage, ce n'est pas bien procedé de recognoistre seulement le flanc et le fossé, pour iuger de la seureté d'une place; il fault veoir par où on y peult venir, en quel estat est l'assaillânt : peu de vaisseaux fondent de leur propre poids, et sans violence estrangiere. Or tournons les yeulx par tout; tout croule autour de nous : en touts les grands estats, soit de chrestienté, soit d'ailleurs, que nous cognoissons, regardez y, vous y trouverez une evidente menace de changement et de ruyne:

> Et sua sunt illis incommoda, parque per omnes
> Tempestas. (2)

Les astrologues ont beau ieu à nous advertir, comme ils font, de grandes alterations et mutations prochaines : leurs divinations sont presentes et palpables; il ne fault pas aller au ciel pour cela. Nous n'avons pas seulement à tirer consolation, de cette societé universelle de mal et de menace, mais encores quelque esperance pour la du-

---

ruiner un peuple si puissant sur mer et sur terre. *Lucan.* l. 1, v. 82.

(1) Comme un grand arbre qui, ne tenant plus à la terre par ses racines, se soutient par sa propre pesanteur. *Id.* ibid. v. 138.

(2) Ils ont aussi leurs embarras, et un pareil orage les menace tous.

Dans quelques éditions de Montaigne on a donné mal-à-propos ce vers à Virgile. Coste le croit d'un auteur moderne; et il pourroit bien avoir raison. N.

ree de nostre estat ; d'autant que naturellement rien ne tumbe là où tout tumbe : la maladie universelle est la santé particuliere ; la conformité est qualité ennemie à la dissolution. Pour moy, ie n'en entre point au desespoir, et me semble y veoir des routes à nous sauver :

> Deus hæc fortasse benignâ
> Reducet in sedem vice. (1)

Qui sçait si Dieu vouldra qu'il en advienne comme des corps qui se purgent et remettent en meilleur estat par longues et griefves maladies, lesquelles leur rendent une santé plus entiere et plus nette que celle qu'elles leur avoient osté ? Ce qui me poise le plus, c'est qu'à compter les symptomes de nostre mal, i'en veois autant de naturels, et de ceulx que le ciel nous envoye et proprement siens, que de ceulx que nostre desreglement et l'imprudence humaine y conferent : il semble que les astres mesmes ordonnent que nous avons assez duré et oultre les termes ordinaires. Et cecy aussi me poise, que le plus voisin mal qui nous menace, ce n'est pas alteration en la masse entiere et solide, mais sa dissipation et divulsion : l'extreme de nos craintes.

Encores en ces ravasseries icy crains ie la trahison de ma memoire, que, par inadvertence, elle m'aye faict enregistrer une chose deux fois. Ie hais à me recognoistre, et ne retaste iamais qu'envy ce qui m'est une fois eschappé. Or ie n'apporte icy rien de nouvel apprentissage ; ce sont imaginations communes : les ayant à l'adventure conceues cent fois, i'ay peur de les avoir desia enroollees. La redicte est partout ennuyeuse, feust ce dans Homere ; mais elle est ruyneuse aux choses qui n'ont qu'une montre superficielle et passagiere. Ie me desplais de l'inculcation, voire aux choses utiles, comme

(1) Dieu voudra peut-être encore remettre les choses en bon état. *Horat.* epod. lib. od. 13, v. 10.

en Seneque ; et l'usage de son eschole stoïque me desplaist, de redire sur chasque matiere, tout au long et au large, les principes et presuppositions qui servent en general, et realleguer tousiours de nouveau les arguments et raisons communes et universelles. Ma memoire s'empire cruellement touts les iours ;

> Pocula lethæos ut si ducentia somnos,
> Arente fauce traxerim. (1)

Il fauldra doresnavant, car dieu mercy iusques à cette heure il n'en est pas advenu de faulte, que au lieu que les aultres cherchent temps et occasion de penser à ce qu'ils ont à dire, ie fuye à me preparer, de peur de m'attacher à quelque obligation de laquelle i'aye à despendre. L'estre tenu et obligé me fourvoye, et le despendre d'un si foible instrument qu'est ma memoire. Ie ne lis iamais cette histoire, que ie ne m'en offense d'un ressentiment propre et naturel : Lyncestes, accusé de coniuration contre Alexandre, le iour qu'il feut mené en la presence de l'armee, suyvant la coustume, pour estre ouï en ses deffenses, avoit en sa teste une harangue estudiee, de laquelle, tout hesitant et begayant, il prononcea quelques paroles. Comme il se troubloit de plus en plus, ce pendant qu'il luicte avecques sa memoire et qu'il la retaste, le voylà chargé et tué à coups de pique par les soldats qui luy estoient plus voisins, le tenants pour convaincu : son estonnement et son silence leur servit de confession ; ayant eu en prison tant de loisir de se preparer, ce n'est, à leur advis, plus la memoire qui luy manque ; c'est la conscience qui luy bride la langue et luy oste la force. Vrayement c'est bien dict : le lieu estonne, l'assistance, l'exspectation, lors mesme qu'il n'y va que de l'ambition de bien dire ; que peult on

(1) Comme si, brûlant de soif, j'eusse bu à longs traits de l'eau assoupissante du fleuve d'oubli. *Horat.* epod lib. od. 14, v. 3.

faire, quand c'est une harangue qui porte la vie en consequence? Pour moy, cela mesme, que ie sois lié à ce que i'ay à dire, sert à m'en desprendre. Quand ie me suis commis et assigné entierement à ma memoire, ie pends si fort sur elle, que ie l'accable; elle s'effraye de sa charge. Autant que ie m'en rapporte à elle, ie me mets hors de moy, iusques à essayer ma contenance; et me suis veu quelque iour en peine de celer la servitude en laquelle i'estois entravé : là où mon desseing est de representer, en parlant, une profonde nonchalance d'accent et de visage, et des mouvements fortuites et impremeditez, comme naissants des occasions presentes, aimant aussi cher ne rien dire qui vaille, que de montrer estre venu preparé pour bien dire; chose messeante, sur tout à gents de ma profession, et chose de trop grande obligation à qui ne peult beaucoup tenir. L'apprest donne plus à esperer qu'il ne porte : on se met souvent sottement en pourpoinct, pour ne saulter pas mieulx qu'en saye : nihil est his, qui placere volunt, tam adversarium, quàm exspectatio (1). Ils ont laissé, par escript, de l'orateur Curio, que quand il proposoit la distribution des pieces de son oraison, en trois, ou en quatre, ou le nombre de ses arguments et raisons, il luy advenoit volontiers, ou d'en oublier quelqu'un, ou d'y en adiouster un ou deux de plus. Ie me suis tousiours bien gardé de tumber en cet inconvenient, ayant haï ces promesses et prescriptions, non seulement pour la desfiance de ma memoire, mais aussi pour ce que cette forme retire trop à l'artiste : simpliciora militares decent (2). Baste, que ie me suis meshuy promis

(1) Rien n'est si contraire à ceux qui veulent plaire, que l'idée avantageuse qu'on se fait d'eux par avance. *Cic.* acad. quæst. l. 4, c. 4.

(2) Les militaires doivent avoir un langage et des manieres plus simples. *Quintilian.* inst. orat. l. 11, c. 1, p. 968, edit. Burman.

de ne prendre plus la charge de parler en lieu de respect: car quant à parler en lisant son escript, oultre ce qu'il est (a) monstrueux, il est de grand desadvantage à ceulx qui par nature pouvoient quelque chose en l'action; et de me iecter à la mercy de mon invention presente, encores moins, ie l'ay lourde et trouble, qui ne sçauroit fournir aux soubdaines necessitez et importantes. Laisse, lecteur, courir encores ce coup d'essay, et ce troisiesme alongeail du reste des pieces de ma peincture. I'adiouste, mais ie ne corrige pas: Premierement, parce que celuy qui a hypothequé au monde son ouvrage, ie treuve apparence qu'il n'y aye plus de droict: qu'il die, s'il peult, mieulx ailleurs, et ne corrompe la besongne qu'il a vendue. De telles gents, il ne fauldroit rien acheter qu'aprez leur mort. Qu'ils y pensent bien, avant que de se produire. Qui les haste? Mon livre est tousiours un, sauf qu'à mesure qu'on se met à le renouveller, à fin que l'acheteur ne s'en aille les mains du tout vuides, ie me donne loy d'y attacher, comme ce n'est qu'une marqueterie mal ioincte, quelque embleme (b) supernumeraire; ce ne sont que surpoids qui ne condamnent point la premiere forme, mais donnent quelque prix particulier à chascune des suivantes, par une petite subtilité ambitieuse: de là toutesfois il adviendra facilement qu'il s'y mesle quelque transposition de chronologie, mes contes prenant place selon leur opportunité, non tousiours selon leur aage. Secondement, que, pour mon regard, ie crains de perdre au change: mon entendement ne va pas tousiours avant, il va à reculons aussi; ie ne me desfie gueres moins de mes fantasies, pour estre secondes ou tierces, que premieres, ou presentes, que passees: nous nous corrigeons aussi sottement souvent, comme nous corrigeons les aul-

(a) très inepte. *Edit.* in-fol. de 1595.

(b) Piece de rapport. C'est le sens que lui donne ici Montaigne. C.

tres. Mes premieres publications feurent l'an mil cinq cents quatre vingts : despuis d'un long traict de temps ie suis envieilli, mais (a) assagi ie ne le suis certes pas d'un poulce : Moi, asture, et moi, tantost, sommes bien deux ; mais quand meilleur, ie n'en puis rien dire. Il feroit beau estre vieil, si nous ne marchions que vers l'amendement : c'est un mouvement d'yvrongne, titubant, vertigineux, informe ; ou des ioncs que l'air manie casuellement selon soy. Antiochus avoit vigoreusement escript en faveur de l'academie ; il print sur ses vieux ans un aultre parti : lequel des deux ie suyvisse, seroit (b) pas tousiours suyvre Antiochus ? Aprez avoir estably le doubte, vouloir establir la certitude des opinions humaines, estoit ce pas establir le doubte non la certitude, et promettre, qui luy eust donné encores un aage à durer, qu'il estoit tousiours en termes de nouvelle agitation, non tant meilleure, qu'aultre ? La faveur publicque m'a donné un peu plus de hardiesse que ie n'esperois : mais ce que ie crainds le plus, c'est de saouler ; i'aimerois mieux poindre, que lasser, comme a faict un sçavant homme de mon temps. La louange est tousiours plaisante, de qui, et pour quoy elle vienne : si fault il, pour s'en agreer iustement, estre informé de sa cause ; les imperfections mesme ont leur moyen de se recommender : l'estimation vulgaire et commune se veoid peu heureuse en rencontre ; et, de mon temps, ie suis trompé si les pires escripts ne sont ceulx qui ont gaigné le dessus du vent populaire. Certes ie rends graces à des honnestes hommes qui daignent prendre en bonne part mes foibles efforts : il n'est lieu où les faultes de la façon paroissent tant, qu'en une matiere qui de soy n'a point de recommendation. Ne te prends point à moy, lecteur,

---

(a) Mais ie fois doubte que je sois assagi d'un poulce. *Edit.* de 1595.

(b) Seroit-ce pas. *Edit.* de 1595.

de celles qui se coulent icy par la fantasie ou inadvertence d'aultruy ; chasque main, chasque ouvrier y apporte les siennes : ie ne me mesle, ny d'orthographe, et ordonne seulement qu'ils suyvent l'ancienne, ny de la punctuation ; ie suis peu expert en l'un et en l'aultre. Où ils rompent du tout le sens, ie m'en donne peu de peine, car au moins ils me deschargent : mais où ils en substituent un fauls, comme ils font si souvent, et me destournent à leur conception, ils me ruynent. Toutesfois quand la sentence n'est forte à ma mesure, un honneste homme la doibt refuser pour mienne. Qui cognoistra combien ie suis peu laborieux, combien ie suis faict à ma mode, croira facilement que ie redicterois plus volontiers encores autant d'Essais, que de m'assuiettir à resuyvre ceulx cy pour cette puerile correction.

Ie disois doncques tantost, qu'estant planté en la plus profonde miniere de ce nouveau metal (a), non seulement ie suis privé de grande familiarité avecques gents d'aultres mœurs que les miennes et d'aultres opinions, par lesquelles ils tiennent ensemble d'un nœud (b) qui fuyt à tout aultre nœud ; mais encores ie ne suis pas sans hazard parmy ceulx à qui tout est egualement loisible, et desquels la pluspart ne peult meshuy empirer son marché envers nostre iustice, d'où naist l'extreme degré de licence. Comptant toutes les particulieres circonstances qui me regardent, ie ne treuve homme des nostres à qui la deffense des loix couste, et en gaing cessant, et en dommage emergeant, disent les clercs, plus qu'à moy : et tels font bien les braves de leur chaleur et aspreté, qui font beaucoup moins que moy, en iuste balance. Comme maison de tout temps libre, de grand abord, et officieuse à chascun (car ie ne me suis iamais laissé induire d'en faire un util de guerre, à laquelle

(a) Au milieu de ce que ce siecle a de plus corrompu. C.
(b) qui commande. *Edit.* de 1595.

ie me mesle plus volontiers où elle est la plus esloingnee de mon voisinage), ma maison a merité assez d'affection populaire, et seroit bien malaysé de me gourmander sur mon fumier ; et estime à un merveilleux chef d'œuvre et exemplaire, qu'elle soit encores vierge de sang et de sac, soubs un si long orage, tant de changements et agitations voisines : car à dire vray, il estoit possible, à un homme de ma complexion, d'eschapper à une forme constante et continue, quelle qu'elle feust ; mais les invasions et incursions contraires, et alternations et vicissitudes de la fortune, autour de moy, ont iusqu'à cette heure plus exasperé qu'amolly l'humeur du pays, et me rechargent de dangiers et difficultez invincibles. I'eschappe : mais il me desplaist que ce soit plus par fortune, voire et par ma prudence, que par iustice; et me desplaist d'estre hors la protection des loix, et soubs aultre sauvegarde que la leur. Comme les choses sont, ie vis, plus qu'à demy, de la faveur d'aultruy ; qui est une rude obligation. Ie ne veulx debvoir ma seureté, ny à la bonté et benignité des grands qui s'agreent de ma legalité et liberté, ny à la facilité des mœurs de mes predecesseurs, et miennes ; car quoy ? si i'estois aultre. Si mes deportements et la franchise de ma conversation obligent mes voisins, ou la parenté ; c'est cruauté qu'ils s'en puissent acquiter en me laissant vivre, et qu'ils puissent dire : « Nous lui condonnons la libre continuation du service divin en la chapelle de sa maison, toutes les eglises d'autour estants par nous desertees et ruynees ; et luy condonnons l'usage de ses biens et sa vie, comme il conserve nos femmes et nos bœufs au besoing ». De longue main chez moy, nous avons part à la louange de Lycurgus athenien, qui estoit general depositaire et gardien des bourses de ses concitoyens. Or ie tiens, qu'il fault vivre par droict, et par auctorité; non par recompense, ny par grace. Combien de galants hommes ont mieulx aimé perdre la vie, que la debvoir ! Ie fuys à me soubmettre à toute sorte d'obligation, mais sur tout à celle qui m'attache par debvoir d'honneur. Ie ne treuve rien si cher, que ce qui m'est donné, et ce pour quoy ma volonté demeure hypothequee par tiltre de gratitude; et receois plus volontiers les offices qui sont à vendre : ie crois bien; pour ceulx cy, ie ne donne que de l'argent; pour les aultres, ie me donne moy mesme. Le nœud qui me tient par la loy d'honnesteté, me semble bien plus pressant et plus poisant, que n'est celuy de la contraincte civile : on me garotte plus doulcement par un notaire, que par moy. N'est ce pas raison, que ma conscience soit beaucoup plus engagee à ce en quoy on s'est simplement fié d'elle? ailleurs, ma foy ne doibt rien, car on ne luy a rien presté : qu'on s'ayde de la fiance et asseurance qu'on a prinse hors de moy. I'aimerois bien plus cher rompre la prison d'une muraille et des loix, que de ma parole. Ie suis delicat à l'observation de mes promesses, iusques à la superstition; et les fois en touts subiects volontiers incertaines et conditionnelles. A celles qui sont de nul poids, ie donne poids de la ialousie de ma regle; elle me gehenne et charge de son propre interest : ouy, ez entreprinses toutes miennes et libres, si i'en dis le poinct, il me semble que ie me le prescris, et que le donner à la science d'aultruy, c'est le preordonner à soy; il me semble que ie le promets, quand ie le dis : ainsi i'esvente peu mes propositions. La condamnation que ie fois de moy est plus vifve et plus roide que n'est celle des iuges, qui ne me prennent que par le visage de l'obligation commune; l'estreincte (a) de ma conscience, plus serree et plus severe : ie suys laschement les debvoirs ausquels on m'entraisneroit si ie n'y allois : hoc ipsum ita iustum est quod rectè

(a) Dans l'édition de 1588, où le troisieme livre des Essais parut pour la premiere fois, Montaigne avoit mis, « l'estreincte que ma conscience me donue, est plus serrée et plus severe ». C.

fit, si est voluntarium (1). Si l'action n'a quelque splendeur de liberté, elle n'a point de grace ny d'honneur:

> Quod me ius cogit, vix voluntate impetrent: (2)

où la necessité me tire, i'aime à lascher la volonté; quia quicquid imperio cogitur, exigenti magis, quàm præstanti, acceptum refertur (3). I'en sçais qui suyvent cet air iusques à l'iniustice; donnent plustost qu'ils ne rendent; prestent plustost qu'ils ne payent; font plus escharsement bien à celuy à qui ils en sont tenus. Ie ne vois pas là, mais ie touche contre. I'aime tant à me descharger et desobliger, que i'ay parfois compté à proufit les ingratitudes, offenses et indignitez que i'avois receu de ceulx à qui, ou par nature, ou par accident, i'avois quelque debvoir d'amitié; prenant cette occasion de leur faulte, pour autant d'acquit et descharge de ma debte. Encores que ie continue à leur payer les offices apparents de la raison publicque, ie treuve grande espargne pourtant à faire par iustice ce que ie faisois par affection, et à me soulager un peu de l'attention et solicitude de ma volonté au dedans; est prudentis sustinere ut cursum, sic impetum benevolentiæ (4), laquelle i'ay un peu bien urgente et pressante où ie m'addonne, au moins pour un homme qui ne veult aulcunement estre en presse: et

---

(1) Quelque bonne qu'une action soit en elle-même, elle ne peut être juste, à l'égard de celui qui la fait, que lorsqu'il s'y porte volontairement. *Cic.* de offic. l. 1, c. 9.

(2) Je ne fais guere volontairement les choses à quoi je suis obligé. *Terent.* Adelph. act. 3, sc. 5, v. 44 de l'édition de madame Dacier, Rotterdam, 1717.

(3) Car dans tout ce qui se fait de pure autorité, l'on en est bien plus obligé à celui qui l'ordonne qu'à celui qui l'exécute. *Valer. Maxim.* l. 2, c. 2, num. 6.

(4) Un homme prudent doit savoir modérer l'ardeur de son amitié, comme la fougue de son cheval. *Cic.* de amicit. c. 17.

me sert cette mesnagerie, de quelque consolation aux imperfections de ceulx qui me touchent; ie suis bien desplaisant qu'ils en vaillent moins, mais tant y a que i'en espargne aussi quelque chose de mon application et engagement envers eulx. I'approuve celuy qui aime moins son enfant, d'autant qu'il est teigneux ou bossu, et non seulement quand il est malicieux, mais aussi quand il est malheureux et mal nay (Dieu mesme en a rabbatu cela de son prix et estimation naturelle); pourveu qu'il se porte en ce refroidissement avecques moderation et iustice exacte : en moy, la proximité n'allege pas les defaults, elle les aggrave plustost.

Aprez tout, selon que ie m'entends en la science du bienfaict et de recognoissance, qui est une subtile science et de grand usage, ie ne veois personne plus libre et moins endebté que ie suis iusques à cette heure. Ce que ie doibs, ie le doibs [simplement] aux obligations communes et naturelles : il n'en est point qui soit plus nettement quite d'ailleurs;

nec sunt mihi nota potentum
Munera. (1)

Les princes me donnent prou, s'ils ne m'ostent rien; et me font assez de bien, quand ils ne me font point de mal : c'est tout ce que i'en demande. Oh! combien ie suis tenu à Dieu, de ce qu'il luy a pleu que i'aye receu immediatement de sa grace tout ce que i'ay! qu'il a retenu particulierement à soy toute ma debte! Combien ie supplie instamment sa saincte misericorde, que iamais ie ne doibve un essentiel grammercy à personne! Bien heureuse franchise qui m'a conduict si loing! Qu'ell' acheve! I'essaye (a) à n'avoir exprez besoing de nul; in me omnis

(1) Les présents des grands me sont inconnus. *Virg. Aeneid.* l. 12, v. 519.

(a) Ou, comme il y a dans l'édition in-4°. de 1588, « à n'avoir necessairement besoing de personne ». C.

spes est mihi (1) : c'est chose que chascun peult en soy, mais plus facilement ceulx que Dieu a mis à l'abry des necessitez naturelles et urgentes. Il faict bien piteux et hazardeux, despendre d'un aultre. Nous mesmes, qui est la plus iuste addresse et la plus seure, ne nous sommes pas assez asseurez. Ie n'ay rien mien, que moy; et si en est la possession, en partie, manque et empruntee. Ie me cultive, et en courage, qui est le plus fort, et encores en fortune, pour y trouver de quoy me satisfaire, quand ailleurs tout m'abandonneroit. Eleus Hippias ne se fournit pas seulement de science, pour au giron des muses se pouvoir ioyeusement escarter de toute aultre compaignie au besoing; ny seulement de la cognoissance de la philosophie, pour apprendre à son ame de se contenter d'elle, et se passer virilement des commoditez qui luy viennent du dehors, quand le sort l'ordonne; il feut si curieux, d'apprendre encores à faire sa cuisine, et son poil, ses robbes, ses souliers, ses bragues, pour se fonder en soy autant qu'il pourroit, et soubstraire au secours estrangier. On iouït bien plus librement et plus gayement des biens empruntez, quand ce n'est pas une iouïssance obligee et contraincte par le besoing; et qu'on a, et en sa volonté, et en sa fortune, la force et les moyens de s'en passer. Ie me cognois bien; mais il m'est malaysé d'imaginer nulle si pure liberalité de personne [envers moy], nulle hospitalité si franche et gratuite, qui ne me semblast disgraciee, tyrannique et teincte de reproche, si la necessité m'y avoit enchevestré. Comme le donner est qualité ambitieuse et de prerogative; aussi est l'accepter qualité de soubmission : tesmoing l'iniurieux et querelleux refus que Baiazet feit des presents

(1) C'est sur moi que je fonde toutes mes espérances. *Terent.* Adelph. act. 3, sc. 5, v. 9, de l'édition de M^e. Dacier, citée ci-dessus; Montaigne n'a pris que quelques mots du vers de Térence, où l'on trouve : *In te spes omnis, Hegio, nobis sita est.* N.

que Temir luy envoyoit : et ceulx qu'on offrit, de la part de l'empereur Solyman, à l'empereur de Calicut le meirent en si grand despit, que non seulement il les refusa rudement, disant que ny luy ny ses predecesseurs n'avoient accoustumé de prendre, et que c'estoit leur office de donner; mais en oultre feit mettre en un cul de fosse les ambassadeurs envoyez à cet effect. Quand Thetis, dict Aristote, flatte Iupiter; quand les Lacedemoniens flattent les Atheniens; ils ne vont pas leur refreschissant la memoire des biens qu'ils leur ont faicts, qui est tousiours odieuse, mais la memoire des bienfaicts qu'ils ont receus d'eulx. Ceulx que ie veois si familierement employer tout chascun et s'y engager, ne le feroient pas, [s'ils savouroient comme moy la doulceur d'une pure liberté, et] s'ils poisoient, autant que doibt poiser à un sage homme, l'engageure d'une obligation: elle se paye à l'adventure quelquesfois, mais elle ne se dissoult iamais. Cruel garottage à qui aime affranchir les coudees de sa liberté en touts sens! Mes cognoissants, et au dessus et au dessoubs de moy, sçavent s'ils en ont iamais veu de moins [sollicitant, requerant, suppliant, ny moins] chargeant sur aultruy. Si ie le suis au delà de tout exemple moderne, ce n'est pas grande merveille, tant de pieces de mes mœurs y contribuant; un peu de fierté naturelle, l'impatience du refus, contraction de mes desirs et desseings, inhabileté à toute sorte d'affaires, et, mes qualitez plus favories, l'oysifveté, la franchise; par tout cela, i'ay prins à haine mortelle d'estre tenu ny à aultre, ny par aultre, que moy. I'employe bien vifvement tout ce que ie puis à me passer, avant que i'employe la beneficence d'un aultre, en quelque, ou legiere ou poisante, occasion que ce soit. Mes amis m'importunent estrangement quand ils me requierent de requerir un tiers: et ne me semble gueres moins de coust, desengager celuy qui me doibt, usant de luy, que m'engager envers celuy qui ne me doibt rien. Cette condition ostee, et cett' aultre Qu'ils ne vueillent de moy chose negocieuse et soulcieuse, car i'ay denoncé à tout soing guerre capitale, ie suis commodement facile [et prest] au besoing de chascun. Mais i'ay encores plus fuy à recevoir, que ie n'ay cherché à donner; aussi est il bien plus aysé, selon Aristote. Ma fortune m'a peu permis de bien faire à aultruy; et ce peu qu'elle m'en a permis, elle l'a assez maigrement logé. Si elle m'eust faict naistre pour tenir quelque reng entre les hommes, i'eusse esté ambitieux de me faire aimer, non de me faire craindre ou admirer: l'exprimerai ie plus insolemment? i'eusse autant regardé au plaire qu'au proufiter. Cyrus tressagement, et par la bouche d'un tresbon capitaine et meilleur philosophe encores, estime sa bonté et ses bienfaicts loing au delà de sa vaillance et belliqueuses conquestes: et le premier Scipion, partout où il se veult faire valoir, poise sa debonnaireté et humanité au dessus de son hardiesse et de ses victoires; et a tousiours en la bouche ce glorieux mot, « Qu'il a laissé aux ennemis autant à l'aimer qu'aux amis ». Ie veulx doncques dire que s'il fault ainsi debvoir quelque chose, ce doibt estre à plus legitime tiltre que celuy de quoy ie parle, auquel la loy de cette miserable guerre m'engage; et non d'un si gros debte comme celuy de ma totale conservation: il m'accable. Ie me suis couché mille fois chez moy, imaginant qu'on me trahiroit et assommeroit cette nuict là; composant avecques la fortune, que ce feust sans effroy et sans langueur: et me suis escrié, aprez mon patenostre:

> Impius hæc tam culta novalia miles habebit! (1)

Quel remede? c'est le lieu de ma naissance et de la plus part de mes ancestres; ils y ont mis leur affection et leur nom. Nous nous durcissons à tout ce que nous ac-

(1) Ces terres si bien cultivées seront-elles donc la proie d'un soldat inhumain! *Virg.* eclog. 1, v. 71.

coustumons : et, à une miserable condition comme est la nostre, c'a esté un tresfavorable present de nature que l'accoustumance; qui endort nostre sentiment à la souffrance de plusieurs maulx. Les guerres civiles ont cela de pire que les aultres guerres, de nous mettre chascun en eschauguette en sa propre maison:

Quàm miserum, portâ vitam muroque tueri,
Vixque suæ tutum viribus esse domûs! (1)

c'est grande extremité, d'estre pressé iusques dans son mesnage et repos domestique. Le lieu où ie me tiens est tousiours le premier et le dernier à la batterie de nos troubles, et où la paix n'a iamais son visage entier:

Tum quoque, cùm pax est, trepidant formidine belli. (2)

quoties pacem fortuna lacessit,
Hàc iter est bellis : meliùs, fortuna, dedisses
Orbe sub eoo sedem, gelidaque sub arcto,
Errantesque domos. (3)

Ie tire, parfois, le moyen de me fermir contre ces considerations, de la nonchalance et lascheté : elles nous menent aussi aulcunement à la resolution. Il m'advient souvent d'imaginer avecques quelque plaisir les dangiers mortels, et les attendre : ie me plonge, la teste baissee, stupidement dans la mort, sans la considerer et recognoistre, comme dans une profondeur muette et obs-

---

(1) Quelle misere, de tenir d'une porte et d'une muraille la conservation de sa vie; et d'être à peine en sûreté dans sa propre maison! *Ovid.* trist. l. 4, eleg. 1, v. 69.

(2) Et même en temps de paix, on y est dans une continuelle appréhension de la guerre. *Ovid.* trist. l. 3, eleg. 10, v. 67.

(3) Toutes les fois que la fortune nous ravit la paix, c'est alors que commence la guerre. Ah! que le sort nous eût traités bien plus favorablement s'il eût fixé notre demeure dans l'orient, ou qu'il nous eût fait errer de lieu en lieu sous l'ourse glacée. *Lucan.* l. 1, v. 256, 257.—251, 252.

cure qui m'engloutit d'un sault, et (a) accable en un instant d'un puissant sommeil, plein d'insipidité et indolence. Et en ces morts courtes et violentes, la consequence que i'en preveois me donne plus de consolation, que l'effect, de trouble. Ils disent, Comme la vie n'est pas la meilleure pour estre longue, que la mort est la meilleure pour n'estre pas longue. Ie ne m'estrange pas tant de l'estre mort, comme i'entre en confidence avecques le mourir. Ie m'enveloppe et me tapis en cet orage, qui me doibt aveugler et ravir de furie, d'une charge prompte et insensible. Encores s'il advenoit, comme disent aulcuns iardiniers, que les roses et violettes naissent plus odoriferantes prez des aulx et des oignons, d'autant qu'ils succent et tirent à eulx ce qu'il y a de mauvaise odeur en la terre; aussi que ces depravees natures humassent tout le venin de mon air et du climat, et m'en rendissent d'autant meilleur et plus pur, par leur voisinage; que ie ne perdisse pas tout! Cela n'est pas : mais de cecy il en peult estre quelque chose, Que la bonté est plus belle et plus attrayante quand elle est rare, et que la contrarieté et diversité roidit et resserre en soy le bienfaire, et l'enflamme par la ialousie de l'opposition et par la gloire. Les voleurs, de leur grace, ne m'en veulent pas particulierement : ne fois ie pas moy à eulx; il m'en fauldroit à trop de gents. Pareilles consciences logent, soubs diverse sorte (b) de fortunes; pareille cruauté, desloyauté, volerie; et d'autant pire, qu'elle est plus lasche, plus seure et plus obscure soubs l'umbre des loix. Ie hais moins l'iniure professe, que traistresse; guerriere, que pacifique (c).

(a) et m'estouffe. *Edit.* de 1595.

(b) de robbes. *Edit.* de 1595, mais effacé par Montaigne dans l'exemplaire qu'il a corrigé. N.

(c) et iuridique. *Edit.* de 1595, mais effacé par Montaigne dans l'exemplaire corrigé. N.

Nostre fiebvre est survenue en un corps qu'elle n'a de gueres empiré : le feu y estoit, la flamme s'y est prinse : le bruit est plus grand ; le mal, de peu. Ie responds ordinairement à ceulx qui me demandent raison de mes voyages : « Que ie sçais bien ce que ie fuys, mais non pas ce que ie cherche ». Si on me dict que parmy les estrangiers il y peult avoir aussi peu de santé, et que leurs mœurs ne valent pas mieulx que les nostres ; ie responds premierement, qu'il est malaysé,

> Tam multæ scelerum facies ! (1)

secondement, que c'est tousiours gaing, de changer un mauvais estat, à un estat incertain ; et que les maulx d'aultruy ne nous doibvent pas poindre comme les nostres. Ie ne veulx pas oublier cecy, Que ie ne me mutine iamais tant contre la France, que ie ne regarde Paris de bon œil : elle a mon cœur dez mon enfance : et m'en est advenu, comme des choses excellentes ; plus i'ay veu, depuis, d'aultres villes belles, plus la beauté de cette cy peult et gaigne sur mon affection : ie l'aime par elle mesme, et plus en son estre seul, que rechargee de pompe estrangiere : ie l'aime tendrement, iusques à ses verrues et à ses taches : ie ne suis François que par cette grande cité, grande en peuples, grande en felicité de son assiette ; mais surtout grande et incomparable en varieté, et diversité de commoditez ; la gloire de la France, et l'un des plus nobles ornements du monde. Dieu en chasse loing nos divisions ! Entiere et unie, ie la treuve deffendue de toute aultre violence : ie l'advise, que de touts les partis, le pire sera celuy qui la mettra en discorde ; et ne crainds pour elle, qu'elle mesme ; et crainds pour elle, autant certes que pour aultre piece de cet estat. Tant qu'elle durera, ie n'auray faulte de retraicte où rendre

---

(1) Tant le crime s'est diversement multiplié parmi nous ! *Virg. Georg.* l. 1, v. 506.

mes abbois ; suffisante à me faire perdre le regret de tout' aultre retraicte. Non parce que Socrates l'a dict, mais parce qu'en verité c'est mon humeur, et à l'adventure non sans quelque excez, i'estime touts les hommes mes compatriotes ; et embrasse un Polonois comme un François, postposant cette liaison nationale à l'universelle et commune. Ie ne suis gueres feru de la doulceur d'un air naturel : les cognoissances toutes neufves et toutes miennes me semblent bien valoir ces aultres communes et fortuites cognoissances du voisinage ; les amitiez pures de nostre acquest emportent ordinairement celles ausquelles la communication du climat, ou du sang, nous ioignent. Nature nous a mis au monde libres et desliez ; nous nous emprisonnons en certains destroicts, comme les roys de Perse, qui s'obligeoient de ne boire iamais aultre eau que celle du fleuve de Choaspez, renonceoient, par sottise, à leur droict d'usage en toutes les aultres eaux, et asseichoient, pour leur regard, tout le reste du monde. Ce que Socrates feit sur sa fin, d'estimer une sentence d'exil pire qu'une sentence de mort contre soy, ie ne serai, à mon advis, iamais ny si cassé, ny si estroictement habitué en mon païs, que ie le feisse : ces vies celestes ont assez d'images que i'embrasse par estimation plus que par affection ; et en ont aussi de si eslevees et extraordinaires, que, par estimation mesme, ie ne les puis embrasser, d'autant que ie ne les puis concevoir : cette humeur feut bien tendre à un homme qui iugeoit le monde sa ville ; il est vray qu'il desdaignoit les peregrinations, et n'avoit gueres mis le pied hors le territoire d'Attique. Quoy ? qu'il plaignoit l'argent de ses amis à desengager sa vie ; et qu'il refusa de sortir de prison par l'entremise d'aultruy, pour ne desobeïr aux loix en un temps qu'elles estoient d'ailleurs si fort corrompues : ces exemples sont de la premiere espece pour moy ; de la seconde, sont d'aultres que ie pourrois trouver en ce mesme personnage. Plusieurs de ces rares exemples surpassent la force de mon action : mais aulcunes surpassent encores la force de mon iugement.

Oultre ces raisons, le voyager me semble un exercice proufitable : l'ame y a une continuelle exercitation à remarquer des choses incogneues et nouvelles ; et ie ne sçache point meilleure eschole, comme i'ay dict souvent, à façonner la vie, que de luy proposer incessamment la diversité de tant d'aultres vies, fantasies et usances, et luy faire gouster une si perpetuelle varieté de formes de nostre nature. Le corps n'y est ny oysif, ny travaillé ; et cette moderee agitation le met en haleine. Ie me tiens à cheval sans desmonter, tout choliqueux que ie suis, et sans m'y ennuyer, huict et dix heures,

vires ultra sortemque senectæ : (1)

Nulle saison m'est ennemie, que le chauld aspre d'un soleil poignant ; car les ombrelles, de quoy, depuis les anciens Romains, l'Italie se sert, chargent plus les bras, qu'ils ne deschargent la teste. Ie vouldrois sçavoir quelle industrie c'estoit aux Perses, si anciennement, et en la naissance de la luxure, de se faire du vent frez et des umbrages à leur poste, comme dict Xenophon. I'aime les pluyes et les crottes, comme les cannes. La mutation d'air et de climat ne me touche point ; tout ciel m'est un : ie ne suis battu que des alterations internes que ie produis en moy ; et celles là m'arrivent moins en voyageant. Ie suis mal aysé à esbransler ; mais estant avoyé, ie vois tant qu'on veult : i'estrive autant aux petites entreprinses qu'aux grandes, et à m'equiper pour faire une iournee et visiter un voisin, que pour un iuste voyage. I'ay apprins à faire mes iournees, à l'espaignole, d'une traicte ; grandes et raisonnables iournees : et, aux ex-

1) Au-delà des forces et de la santé ordinaires aux gens de mon âge. *Virg. Aeneid.* l. 6, v. 114.

tremes chaleurs, les passe de nuict, du soleil couchant iusques au levant. L'aultre façon, de repaistre en chemin, en tumulte et haste, pour la disnee, nommeement aux courts iours, est incommode. Mes chevaulx en valent mieulx : iamais cheval ne m'a failly qui a sceu faire avecques moy la premiere iournee. Ie les abbruve partout; et regarde seulement qu'ils aient assez de chemin de reste, pour battre leur eau. La paresse à me lever donne loisir à ceulx qui me suyvent de disner à leur ayse, avant partir : pour moy, ie ne mange iamais trop tard; l'appetit me vient en mangeant, et point aultrement ; ie n'ai point de faim qu'à table.

Aulcuns se plaignent de quoy ie me suis agreé à continuer cet exercice, marié, et vieil. Ils ont tort : il est mieulx temps d'abandonner sa maison, quand on l'a mise en train de continuer sans nous; quand on y a laissé de l'ordre qui ne desmente point sa forme passee : c'est bien plus d'imprudence de s'esloingner, laissant en sa maison une garde moins fidele, et qui ayt moins de soing de pourveoir, à vostre besoing. La plus utile et honnorable science et occupation à une mere de famille, c'est la science du mesnage. I'en veois quelqu'une avare : de mesnagiere, fort peu ; c'est sa maistresse qualité, et qu'on doibt chercher avant toute aultre, comme le seul douaire qui sert à ruyner ou sauver nos maisons. Qu'on ne m'en parle pas : selon que l'experience m'en a apprins, ie requiers d'une femme mariee, au dessus de toute aultre vertu, la vertu œconomique. Ie l'en mets au propre, luy laissant par mon absence tout le gouvernement en main. Ie veois avecques despit, en plusieurs mesnages, monsieur revenir maussade et tout marmiteux du tracas des affaires, environ midy, que madame est encores aprez à se coeffer et attiffer en son cabinet : c'est à faire aux roynes; encores, ne sçais ie : il est ridicule et iniuste que l'oysifveté de nos femmes soit entretenue de nostre sueur et travail. Il n'adviendra, que ie puisse, à personne d'avoir l'usage (a) de mes biens plus liquide que moy, plus quiete et plus quite. Si le mary fournit de matiere, nature mesme veult qu'elles fournissent de forme. Quant aux debvoirs de l'amitié maritale qu'on pense estre interessez par cette absence, ie ne le crois pas. Au rebours, c'est une intelligence qui se refroidit volontiers par une trop continuelle assistance, et que l'assiduité blece. Toute femme estrangiere nous semble honneste femme : et chascun sent, par experience, que la continuation de se veoir ne peult representer le plaisir que l'on sent à se desprendre et reprendre à secousses. Ces interruptions me remplissent d'une amour recente envers les miens, et me redonnent l'usage de ma maison plus doulx : la vicissitude eschauffe mon appetit, vers l'un, et puis vers l'aultre party. Ie sçais que l'amitié a les bras assez longs pour se tenir et se ioindre d'un coing de monde à l'aultre, et specialement cette cy, où il y a une continuelle communication d'offices, qui en reveillent l'obligation et la souvenance. Les stoïciens disent bien qu'il y a si grande colligance et relation entre les sages, que celuy qui disne en France repaist son compaignon en Egypte; et qui estend seulement son doigt où que ce soit, touts les sages qui sont sur la terre habitable en sentent ayde. La iouïssance et la possession appartiennent principalement a l'imagination : elle embrasse plus chauldement ce qu'elle va querir, que ce que nous touchons, et plus continuellement. Comptez vos amusements iournaliers, vous trouverez que vous estes lors plus absent de vostre amy, quand il vous est present : son assistance relasche vostre attention, et donne liberté à vostre pensee de s'absenter à toute heure, pour toute occasion. De Rome en hors, ie tiens et regente ma maison, et les commoditez que i'y ay laissé : ie veois croistre mes

---

(a) de ses biens. *Edit.* de 1595.

murailles, mes arbres et mes rentes, et descroistre, à deux doigts prez comme quand i'y suis :

> Ante oculos errat domus, errat forma locorum. (1)

Si nous ne iouïssons que ce que nous touchons, adieu nos escus quand ils sont en nos coffres; et nos enfants s'ils sont à la chasse. Nous les voulons plus prez. Au iardin, est ce loing? à une demy iournee? quoy, à dix lieues, est ce loing ou prez? Si c'est prez : quoy onze, douze, treize? et ainsi pas à pas. Vrayement, celle qui sçaura prescrire à son mary « Le quantiesme pas finit le prez, et le quantiesme pas donne commencement au loing, » ie suis d'advis qu'elle l'arreste entre deux;

> Excludat iurgia finis. . . . .
> Utor permisso; caudæque pilos ut equinæ
> Paulatim vello, et demo unum, demo etiam unum;
> Dum cadat elusus ratione ruentis acervi. (2)

et qu'elles appellent hardiement la philosophie à leur secours; à qui quelqu'un pourroit reprocher, Puis qu'elle ne veoid ny l'un ny l'aultre bout de la ioincture entre le trop et le peu, le long et le court, le legier et le poisant, le prez et le loing; Puis qu'elle n'en recognoist le commencement ny la fin, Qu'elle iuge bien incertaine-

---

(1) J'ai souvent devant les yeux ma maison et l'image des autres lieux que j'ai quittés.

C'est un vers d'*Ovide* que Montaigne a, ou changé, ou rapporté selon quelque édition de son temps. Celle d'Heinsius porte,

Ante oculos urbisque domus, et forma locorum est.

Trist. l. 3, el. 4, v. 57. C.

(2) Il faut convenir d'un terme, pour s'accorder... Sans quoi je prends ce que vous me donnez; et imitant celui qui arracheroit la queue d'un cheval poil à poil, je retranche une lieue, et puis encore une autre; et ainsi consécutivement, jusqu'à ce que le nombre qu'on avoit marqué d'abord, se trouve réduit à rien. *Horat.* epist. 1, l. 2, v. 38, 45, 46, 47.

ment du milieu : rerum natura nullam nobis dedit cognitionem finium (1). Sont elles pas encores femmes et amies des trespassez, qui ne sont pas au bout de cettuy cy, mais en l'aultre monde ? Nous embrassons et ceulx qui ont esté, et ceulx qui ne sont point encores, non que les absents. Nous n'avons pas faict marché, en nous mariant, de nous tenir continuellement accouez, l'un à l'aultre, comme ie ne sçais quels petits animaulx que nous voyons, ou comme les ensorcelez de Karenty (a), d'une maniere chiennine : et ne doibt une femme avoir les yeulx si gourmandement fichez sur le devant de son mary, qu'elle n'en puisse veoir le derriere, où besoing est. Mais ce mot de ce peintre (b) si excellent de leurs humeurs, seroit il point de mise en ce lieu, pour representer la cause de leurs plainctes ?

> Uxor, si cesses, aut te amare cogitat,
> Aut tete amari, aut potare, aut animo obsequi;
> Et tibi bene esse soli, cùm sibi sit malè : (2)

ou bien seroit ce pas que, de soy, l'opposition et contradiction les entretient et nourrit; et qu'elles s'accommodent assez, pourveu qu'elles vous incommodent ?

En la vraye amitié, de laquelle ie suis expert, ie me donne à mon ami, plus que ie ne le tire à moi. Ie n'aime pas seulement mieulx luy faire bien, que s'il m'en faisoit; mais encores, qu'il s'en fasse, qu'à moy : il m'en faict

---

(1) La nature ne nous a donné aucune connoissance de la fin des choses. *Cic.* acad. quæst. l. 4, c. 29.

(a) C'est Saxon le grammairien qui nous a conservé l'histoire de ces ensorcelés. Voyez le liv. 14 de son hist. de Danemarck. C.

(b) Térence.

(2) Si vous tardez trop à revenir au logis, votre femme s'imagine que vous faites l'amour, ou que vous êtes quelque part à boire et à vous divertir; en un mot, que vous êtes seul à vous amuser, tandis qu'elle se donne bien de la peine. *Terent.* adelph. act. 1, sc. 1 v. 7, et seqq.

lors le plus, quand il s'en faict : et si l'absence luy est ou plaisante ou utile, elle m'est bien plus doulce que sa presence ; et ce n'est pas proprement absence, quand il y a moyen de s'entr'advertir. I'ai tiré aultrefois usage de nostre esloingnement, et commodité : nous remplissions mieulx et estendions la possession de la vie, en nous separant : il vivoit, il iouïssoit, il voyoit pour moy, et moy pour luy, autant plainement que s'il y eust esté : l'une partie demeuroit oysifve quand nous estions ensemble ; nous nous confondions : la separation du lieu rendoit la conionction de nos volontez plus riche. Cette faim insatiable de la presence corporelle accuse un peu la foiblesse en la iouïssance des ames.

Quant à la vieillesse, qu'on m'allegue : au rebours, c'est à la ieunesse à s'asservir aux opinions communes, et se contraindre pour aultruy ; elle peult fournir à touts les deux, au peuple et à soy : nous n'avons que trop à faire à nous seuls. A mesure que les commoditez naturelles nous faillent, soubstenons nous par les artificielles. C'est iniustice d'excuser la ieunesse de suyvre ses plaisirs, et deffendre à la vieillesse d'en chercher. Ieune, ie couvrois mes passions eniouees, de prudence ; vieil, ie desmesle les tristes, de desbauche. Si prohibent les loix platoniques de peregriner avant quarante ans ou cinquante, pour rendre la peregrination plus utile et instructifve : ie consentirois (a) plus volontiers à cet aultre second article des mesmes loix, qui l'interdict aprez les soixante. « Mais en tel aage, vous ne reviendrez iamais d'un si long chemin ». Que m'en chault il ? ie ne

---

(a) Il y a grande apparence que Montaigne avoit écrit, « plus mal volontiers », ou « moins volontiers », vu ce qu'il ajoute immédiatement après, « Mais en tel aage, vous ne reviendrez iamais, etc. » C.

Coste se trompe dans sa conjecture : on trouve « plus volontiers » dans l'exemplaire que Montaigne a corrigé ; et ces deux

l'entreprends, ny pour en revenir, ny pour le parfaire: i'entreprends seulement de me bransler, pendant que le bransle me plaist, et me promene pour me promener. Ceulx qui courent un benefice ou un lievre ne courent pas: ceux là courent, qui courent aux barres, et pour exercer leur course. Mon desseing est divisible partout: il n'est pas fondé en grandes esperances; chasque iournee en faict le bout: et le voyage de ma vie se conduict de mesme. I'ay veu pourtant assez de lieux esloingnez où i'eusse desiré qu'on m'eust arresté. Pourquoy non, si Chrysippus, Cleanthes, Diogenes, Zenon, Antipater, tant d'hommes sages, de la secte plus renfrongnee, abandonnerent bien leur païs sans aulcune occasion de s'en plaindre, et seulement pour la iouïssance d'un aultre air? Certes le plus grand desplaisir de mes peregrinations, c'est que ie n'y puisse apporter cette resolution d'establir ma demeure où ie me plairois; et qu'il me faille tousiours proposer de revenir, pour m'accommoder aux humeurs communes. Si ie craignois de mourir en aultre lieu que celuy de ma naissance; si ie pensois mourir moins à mon ayse, esloingné des miens; à peine sortirois ie hors de France: ie ne sortirois pas sans effroy hors de ma paroisse; ie sens la mort qui me pince continuellement la gorge ou les reins: mais ie suis aultrement faict; elle m'est une par tout: si toutesfois i'avois à choisir, ce seroit, ce crois ie, plustost à cheval, que dans un lict; hors de ma maison, et esloingné des miens. Il y a plus de crevecœur que de consolation à prendre congé de ses amis: i'oublie volontiers ce debvoir de nostre entregent; car des offices de l'amitié, celuy là est le seul desplaisant; et oublierois ainsi volontiers à dire ce grand et eternel adieu. S'il se tire quelque com-

---

mots sont même écrits de sa propre main, et font partie de cette addition: « Ieune, ie couvrois mes passions eniouees, — l'interdict aprez les soixante ». N.

modité de cette assistance, il s'en tire cent incommoditez. I'ay veu plusieurs, mourants bien piteusement, assiegez de tout ce train; cette presse les estouffe. C'est contre le debvoir, et est tesmoignage de peu d'affection et de peu de soing, de vous laisser mourir en repos; l'un tormente vos yeulx, l'aultre vos aureilles, l'aultre la bouche; il n'y a sens, ny membre, qu'on ne vous fracasse. Le cœur vous serre de pitié, d'ouïr les plainctes des amis; et de despit, à l'adventure, d'ouïr d'aultres plainctes feinctes et masquees. Qui a tousiours eu le goust tendre, affoibly; il l'a encores plus : il luy fault, en une si grande necessité, une main doulce, et accommodee à son sentiment, pour le grater iustement où il luy cuit; ou (a) qu'on n'y touche point du tout. Si nous avons besoing de sage femme, à nous mettre au monde; nous avons bien besoing d'un homme encores plus sage, à nous en sortir. Tel, et amy, le fauldroit il acheter bien cherement pour le service d'une telle occasion. Ie ne suis point arrivé à cette vigueur desdaigneuse qui se fortifie en soy mesme, que rien n'ayde, ny ne trouble : ie suis d'un poinct plus bas; ie cherche à conniller, et à me desrobber de ce passage, non par crainte, mais par art. Ce n'est pas mon advis, de faire en cette action preuve ou montre de ma constance. Pour qui? lors cessera tout le droict et l'interest que i'ay à la reputation. Ie me contente d'une mort recueillie en soy, quiete et solitaire, toute mienne, convenable à ma vie retiree et privee : au rebours de la superstition romaine, où lon estimoit malheureux celui qui mouroit sans parler, et qui n'avoit ses plus proches à luy clorre les yeulx. I'ay assez affaire à me consoler, sans avoir à consoler aultruy; assez de pensees en la teste, sans que les circonstances m'en apportent de nouvelles; et assez de

(a) qu'on ne le gratte, etc. *Edit.* de 1595, mais effacé par Montaigne dans l'exemplaire qu'il a corrigé. N.

matiere à m'entretenir, sans l'emprunter. Cette partie n'est pas du roolle de la societé ; c'est l'acte à un seul personnage. Vivons et rions entre les nostres ; allons mourir et rechigner entre les incogneus : on treuve, en payant, qui vous tourne la teste, et qui vous frotte les pieds; qui ne vous presse qu'autant que vous voulez, vous presentant un visage indifferent ; vous laissant vous entretenir et plaindre à vostre mode. Ie me desfais touts les iours, par discours, de cette humeur puerile et inhumaine qui faict que nous desirons d'esmouvoir par nos maulx la compassion et le dueil en nos amis : nous faisons valoir nos inconvenients oultre leur mesure, pour attirer leurs larmes ; et la fermeté que nous louons en chascun à soubtenir sa mauvaise fortune, nous l'accusons et reprochons à nos proches quand c'est en la nostre : nous ne nous contentons pas qu'ils se ressentent de nos maulx, si encores ils ne s'en affligent. Il fault estendre la ioye ; mais retrencher autant qu'on peult la tristesse. Qui se faict plaindre sans raison, est homme pour n'estre pas plainct quand la raison y sera : c'est pour n'estre iamais plainct, que se plaindre tousiours, faisant si souvent le piteux, qu'on ne soit pitoyable à personne. Qui se faict mort, vivant, est subiect d'estre tenu pour vif, mourant. I'en ay veu prendre la chevre, de ce qu'on leur trouvoit le visage frez, et le pouls posé ; contraindre leur ris, parce qu'il trahissoit leur guarison ; et haïr la santé, de ce qu'elle n'estoit pas regrettable : qui bien plus est, ce n'estoient pas femmes. Ie represente mes maladies, pour le plus, telles qu'elles sont, et evite les paroles de mauvais prognostique, et les exclamations composees. Sinon l'alaigresse, au moins la contenance rassise des assistants est propre prez d'un sage malade. Pour se veoir en un estat contraire, il n'entre point en querelle avecques la santé ; il luy plaist de la contempler en aultruy, forte et entiere, et en iouïr au moins par compaignie : pour se sentir fondre contrebas, il ne reiecte pas du tout les pensees de la vie, ny ne fuyt les entretiens communs. Ie veulx estudier la maladie quand ie suis sain: quand elle y est, elle faict son impression assez reelle, sans que mon imagination l'ayde. Nous nous preparons, avant la main, aux voyages que nous entreprenons, et y sommes resolus: l'heure qu'il nous fault monter à cheval, nous la donnons à l'assistance, et, en sa faveur, l'estendons. Ie sens ce proufit inesperé de la publication de mes mœurs, qu'elle me sert aulcunement de regle: il me vient parfois quelque consideration de ne trahir l'histoire de ma vie; cette publicque declaration m'oblige de me tenir en ma route, et à ne desmentir l'image de mes conditions, communement moins desfigurees et contredictes que ne porte la malignité et maladie des iugements d'auiourd'huy. L'uniformité et simplesse de mes mœurs produict bien un visage d'aysee interpretation; mais, parce que la façon en est un peu nouvelle et hors d'usage, elle donne trop beau ieu à la mesdisance. Si est il vray que à qui me veult loyalement iniurier, il me semble fournir bien suffisamment où mordre en mes imperfections advouees et cogneues, et de quoy s'y saouler, sans s'escarmoucher au vent. Si, pour en preoccuper moy mesme l'accusation et la descouverte, il luy semble que ie luy esdente sa morsure, c'est raison qu'il prenne son droict vers l'amplification et extension, l'offense a ses droicts oultre la iustice; et que les vices de quoy ie luy montre des racines chez moy, il les grossisse en arbres; qu'il y employe non seulement ceulx qui me possedent, mais ceulx aussi qui ne font que me menacer, iniurieux vices et en qualité et en nombre; qu'il me batte par là. I'embrasserois franchement l'exemple du philosophe Bion (a): Antigonus le vouloit picquer sur le subiect de son origine: Il luy coupa broche:

(a) Et non pas Dion, comme j'ai trouvé dans toutes mes édi-

« Ie suis, dict-il, fils d'un serf, boucher, stigmatizé, et « d'une putain que mon pere espousa par la bassesse « de sa fortune : touts deux feurent punis pour quelque « mesfaict. Un orateur m'acheta enfant, me trouvant « agreable; et m'a laissé, mourant, touts ses biens : les- « quels ayant transporté en cette ville d'Athenes, ie me « suis addonné à la philosophie. Que les historiens ne « s'empeschent à chercher nouvelles de moy; ie leur en « diray ce qui en est ». La confession genereuse et libre enerve le reproche et desarme l'iniure. Tant y a que, tout compté, il me semble qu'aussi souvent on me loue, qu'on me desprise, oultre la raison : comme il me semble aussi que dez mon enfance, en reng et degré d'honneur, on m'a donné lieu plustost au dessus, qu'au dessoubs, de ce qui m'appartient. Ie me trouverois mieulx en païs auquel ces ordres feussent ou reglez ou mesprisez. Entre les hommes, depuis que l'altercation de la prerogative au marcher ou à se seoir passe trois repliques, elle est incivile. Ie ne crainds point de ceder ou preceder iniquement, pour fuyr à une si importune contestation; et iamais homme n'a eu envie de ma presseance, à qui ie ne l'aye quitee. Oultre ce proufit que ie tire d'escrire de moy, i'en espere cet aultre, que s'il advient que mes humeurs plaisent et accordent à quelque honneste homme, avant que ie meure il recherchera de nous ioindre. Ie luy donne beaucoup de païs gaigné; car tout ce qu'une longue cognoissance et familiarité luy pourroit avoir acquis en plusieurs annees, il le veoid en trois iours en ce registre, et plus seurement et exactement. Plaisante fantasie ! plusieurs choses que ie ne vouldrois dire à personne, ie les dis au peuple; et, sur mes plus secretes

---

tions de Montaigne, aussi bien que dans la traduction angloise. C.

Montaigne a écrit Bion, et non pas Dion : cette derniere leçon est une faute de ses imprimeurs. L'exemplaire qu'il a corrigé ne laisse à cet égard aucun doute. N.

sciences ou pensees, renvoye à une boutique de libraire mes amis plus feaux;

Excutienda damus præcordia. (1)

Si, à si bonnes enseignes, ie sçavois quelqu'un qui me feust propre, certes ie l'irois trouver bien loing; car la doulceur d'une sortable et agreable compaignie ne se peult assez acheter, à mon gré. Oh! un ami (a)! Combien est vraye cette ancienne sentence! « que l'usage en est plus necessaire et plus doulx que des elements de l'eau et du feu ». Pour revenir à mon conte: Il n'y a doncques pas beaucoup de mal de mourir loing, et à part: si estimons nous à debvoir de nous retirer pour des actions naturelles moins disgraciees que cette cy

---

(1) où je leur donne moyen de pénétrer mes plus secretes pensées. *Pers.* sat. 5, v. 22.

(a) C'est la leçon de l'édition de 1588, conservée par Montaigne dans l'exemplaire corrigé de sa main. Mais ce qui mérite d'être observé, c'est que ce passage, aussi remarquable par le grand sens qu'il renferme, que par son extrême précision, ne se trouve point dans les éditions de 1595 et de 1635, publiées par Mlle de Gournay. Au lieu de cette exclamation si touchante: *oh! un ami!* on lit dans ces deux anciennes éditions: *eh qu'est-ce qu'un ami!* Voici tout le passage, qui offre encore quelques autres variantes, mais peu importantes: « Si à si bonnes enseignes « i'eusse sceu quelqu'un qui m'eust esté propre, certes ie l'eusse « esté trouver bien loing; car la doulceur d'une sortable et agrea- « ble compaignie ne se peult assez acheter à mon gré. Eh qu'est « ce qu'un ami! Combien est vraye, etc ». Cette correction, il faut l'avouer, n'est pas heureuse; et le tour que Montaigne a préféré pour rendre la même pensée, ou peut-être celle qu'il avoit alors dans l'esprit, a quelque chose d'obscur et de vague. Toutes les idées fortement conçues, comme tous les sentiments profonds et vrais, ont dans leur énoncé un caractere original qu'on retrouve dans le choix, dans l'ordre même des mots qui en sont l'expression. La leçon de l'édition de 1588 me paroît avoir ce caractere: c'est le jet du moment; c'est le véritable accent d'un

et moins hideuses. Mais encores ceulx qui en viennent là, de traisner languissants un long espace de vie, ne debvroient, à l'adventure, souhaiter d'empescher de leur misere une grande famille : pourtant les Indois, en certaine province, estimoient iuste de tuer celuy qui seroit tumbé en telle necessité ; en une aultre province, ils l'abandonnoient seul à se sauver comme il pourroit. A qui ne se rendent ils enfin ennuyeux et insupportables ? les offices communs n'en vont point iusques là. Vous apprenez la cruauté par force à vos meilleurs amis, durcissant et femme et enfants, par long usage, à ne sentir et plaindre plus vos maulx. Les souspirs de ma cholique n'apportent plus d'esmoy à personne. Et quand nous tirerions quelque plaisir de leur conversation, ce qui n'advient pas tousiours, pour la dis-

---

cœur mélancolique qui sent vivement le prix de l'ami qu'il possede, ou le regret de sa perte. Tout cela disparoît dans le texte des éditions de 1595 et de 1635 : on n'y voit plus ce premier élan d'une ame aimante et tendre, qui peint d'un trait son bonheur ou sa peine, qui consacre, en trois mots d'une simplicité antique, un bel hymne à l'Amitié. Il me semble enfin que Montaigne offre ici la preuve de ce qu'il dit ailleurs ; c'est que « en ses « escripts mesmes, il ne retrouve pas tousiours l'air de sa pre« miere imagination, et qu'il s'eschaulde souvent à corriger, et y « mettre un nouveau sens, pour avoir perdu le premier qui va« loit mieulx ». Montaigne n'est, à cet égard, ni le premier ni le seul qu'on puisse citer pour exemple : combien de littérateurs, de poëtes, de philosophes, doués d'ailleurs d'un grand talent, qui savent faire, et ne savent pas corriger ; qui, exclusivement attachés à certains principes de goût devenus pour eux la mesure exacte et précise du beau et du bon, sacrifient un trait brillant et d'un grand effet pour faire disparoître un léger défaut ; et qui, oubliant que dans l'art d'écrire, de même que dans la plupart des actions et des circonstances de la vie, le mieux est souvent l'ennemi du bien, substituent à une page de verve, à un mot de sentiment, à une expression hardie et qui fait image, le résultat du travail pénible et froid de la réflexion et de la lime ! N.

parité des conditions qui produict ayseement mespris ou envie envers qui que ce soit, n'est ce pas trop d'en abuser tout un aage ? Plus ie les verrois se contraindre de bon cœur pour moy, plus ie plaindrois leur peine. Nous avons loy de nous appuyer, non pas de nous coucher si lourdement, sur aultruy, et nous estayer en leur ruyne ; comme celuy qui faisoit esgorger des petits enfants, pour se servir de leur sang à guarir une sienne maladie ; ou cet aultre à qui on fournissoit des ieunes tendrons à couver la nuict ses vieux membres, et mesler la doulceur de leur haleine à la sienne aigre et poisante. Ie me conseillerois volontiers Venise, pour la retraicte d'une telle condition et foiblesse de vie (a). La decrepitude est qualité solitaire. Ie suis sociable iusques à l'excez ; si me semble il raisonnable que meshuy ie soubstraye de la veue du monde mon importunité, et la couve à moy seul ; que ie m'appile et me recueille en ma coque, comme les tortues. I'apprends à veoir les hommes, sans m'y tenir ; ce seroit oultrage en un pas si pendant : il est temps de tourner le dos à la compaignie. « Mais, en un si long voyage, vous serez arresté miserablement en un caignard (b), où tout vous manquera ». La plus part des choses necessaires, ie les porte

---

(a) Cette phrase ne se trouve que dans l'édition in-4°. de 1588. Je la conserve, parce que Montaigne ne l'a point retranchée de son exemplaire, qui est précisément celui sur les marges duquel il a écrit toutes ses additions, et dont il a même corrigé le texte en une infinité d'endroits, mais dans lequel il a laissé subsister plusieurs fautes d'orthographe, de ponctuation, et des erreurs de noms, qu'un peu plus d'attention de sa part auroit aisément fait disparoître. En général il n'a guere corrigé que les fautes qui se rouvoient dans les pages auxquelles il a fait des additions plus ou moins importantes. A l'égard des feuillets où il n'avoit rien à ajouter ou à retrancher, il les a revus avec assez de négligence. N.

(b) En un coin. *Caignard* en ce sens est un mot gascon. C.

quand et moy : et puis, nous ne sçaurions eviter la fortune, si elle entreprend de nous courre sus. Il ne me fault rien d'extraordinaire, quand ie suis malade : ce que nature ne peult en moy, ie ne veulx pas qu'un bolus le face. Tout au commencement de mes fiebvres et des maladies qui m'atterrent, entier encores et voisin de la santé, ie me reconcilie à Dieu par les derniers offices chrestiens ; et m'en treuve plus libre et deschargé, me semblant en avoir d'autant meilleure raison de la maladie. De notaire et de conseil, il m'en fault moins que de medecins. Ce que ie n'auray estably de mes affaires, tout sain, qu'on ne s'attende point que ie le face malade. Ce que ie veulx faire pour le service de la mort, est tousiours faict ; ie n'oserois le delayer d'un seul iour (a) : et, s'il n'y a rien de faict, c'est à dire, Ou que le doubte m'en aura retardé le chois, car parfois c'est bien choisir de ne choisir pas, Ou que tout à faict ie n'auray rien voulu faire.

I'escris mon livre à peu d'hommes, et à peu d'annees. Si c'eust esté une matiere de duree, il l'eust fallu commettre à un langage plus ferme. Selon la variation continuelle qui a suivy le nostre iusques à cette heure, qui peult esperer que sa forme presente soit en usage d'icy à cinquante ans ? il escoule touts les iours de nos

---

(a) Ce que Montaigne dit ici, qu'il n'oseroit différer d'un seul jour ce qu'il veut faire pour le service de la mort, il le pensoit très sincèrement, comme il paroît par ce qu'il fit un peu avant que de mourir, et dont voici le récit tiré mot pour mot d'un commentaire sur la coutume de Bordeaux, par Bernard Anthone, dans l'article des testaments : « Feu Montaigne, auteur des Essais, « dit-il, sentant approcher la fin de ses jours, se leva du lit en « chemise, prenant sa robe de chambre, ouvrit son cabinet, fit « appeler tous ses valets et autres légataires, et leur paya les légats « qu'il leur avoit laissés dans son testament, prévoyant la diffi« culté que feroient ses héritiers à payer ses légats ». C.

mains ; et, depuis que ie vis, s'est alteré de moitié. Nous disons qu'il est asture parfaict : autant en dict du sien chasque siecle. Ie n'ay garde de l'en tenir là, tant qu'il fuyra et se difformera comme il faict. C'est aux bons et utiles escripts de le clouer à eulx ; et ira son credit selon la fortune de nostre estat : pourtant ne crains ie point d'y inserer plusieurs articles privez qui consument leur usage entre les hommes qui vivent auiourd'huy, et qui touchent la particuliere science d'aulcuns qui y verront plus avant que de la commune intelligence. Ie ne veulx pas, aprez tout, comme ie veois souvent agiter la memoire des trespassez, qu'on aille debattant : « Il iugeoit, il vivoit ainsin : Il vouloit cecy : S'il eust parlé sur sa fin, il eust dict, il eust donné : Ie le cognoissois mieulx que tout aultre ». Or, autant que la bienseance me le permet, ie fois icy sentir mes inclinations et affections ; mais plus librement et plus volontiers le fois ie de bouche à quiconque desire en estre informé. Tant y a, qu'en ces memoires, si on y regarde, on trouvera que i'ai tout dict, ou tout designé : ce que ie ne puis exprimer, ie le montre au doigt ;

> Verùm animo satis hæc vestigia parva sagaci
> Sunt, per quæ possis cognoscere cætera tutè : (1)

Ie ne laisse rien à desirer et deviner de moy. Si on doibt s'en entretenir, ie veulx que ce soit veritablement et iustement : ie reviendrois volontiers de l'aultre monde, pour desmentir celuy qui me formeroit aultre que ie n'estois, feust ce pour m'honnorer. Des vivants mesme, ie sens qu'on parle tousiours aultrement qu'ils ne sont : et, si à toute force ie n'eusse maintenu un ami que i'ay

---

(1) Mais à un esprit pénétrant ces petits traits seront plus que suffisants pour lui faire connoître le reste que je n'ai point dit. *Lucret.* l. 1, v. 403.

perdu (a), on me l'eust deschiré en mille contraires visages.

Pour achever de dire mes foibles humeurs, i'advoue qu'en voyageant ie n'arrive gueres en logis où il ne me passe par la fantasie si i'y pourray estre et malade, et mourant, à mon ayse. Ie veulx estre logé en lieu qui me soit bien particulier, sans bruit, non (b) sale, ou fumeux, ou estouffé. Ie cherche à flatter la mort par ces frivoles circonstances; ou, pour mieulx dire, à me descharger de tout aultre empeschement, à fin que ie n'aye qu'à m'attendre à elle, qui me poisera volontiers assez, sans aultre recharge. Ie veulx qu'elle ayt sa part à l'aysance et commodité de ma vie : c'en est un grand lopin, et d'importance; et espere meshuy qu'il ne desmentira pas le passé. La mort a des formes plus ayseеs les unes que les aultres, et prend diverses qualitez selon la fantasie de chascun : entre les naturelles, celle qui vient d'affoiblissement et appesantissement me semble molle et doulce : entre les violentes, i'imagine plus malayseement un precipice, qu'une ruyne qui m'accable; et un coup trenchant d'une espee, qu'une arquebusade; et eusse plustost beu le bruvage de Socrates, que de me frapper comme Caton; et, quoy que ce soit un, si sent mon imagination difference, comme de la mort à la vie, à me iecter dans une fournaise ardente, ou dans le canal d'une platte riviere : Tant sottement nostre crainte regarde plus au moyen qu'à l'effect! Ce n'est qu'un instant; mais il est de tel poids, que ie donnerois volontiers plusieurs iours de ma vie pour le passer à ma mode. Puisque la fantasie d'un chascun treuve du plus et du moins, en son aigreur; puisque chascun a quelque chois entre les formes de mourir, essayons un peu plus avant d'en

(a) Etienne de la Boëtie. Voyez le chapitre *de l'amitié* cidessus, l. 1, c. 27. N.

(b) Maussade. *Edit.* de 1595, mais effacé par Montaigne.

trouver quelqu'une deschargee de tout desplaisir. Pourroit on pas la rendre encores voluptueuse, comme les commourants (a) d'Antonius et de Cleopatra? Ie laisse à part les efforts que la philosophie et la religion produisent, aspres et exemplaires : mais entre les hommes de peu, il s'en est trouvé, comme un Petronius, et un Tigellinus à Rome, engagez à se donner la mort, qui l'ont comme endormie par la mollesse de leurs apprests; ils l'ont faicte couler et glisser parmy la lascheté de leurs passetemps accoustumez, entre des garses et bons compaignons; nul propos de consolation, nulle mention de testament, nulle affectation ambitieuse de constance, nul discours de leur condition future; parmy les ieux, les festins, facecies, entretiens communs et populaires, et la musique, et des vers amoureux. Ne sçaurions nous imiter cette resolution, en plus honneste contenance? Puisqu'il y a des morts bonnes aux fols, bonnes aux sages; trouvons en qui soient bonnes à ceulx d'entre deux. Mon imagination m'en presente quelque visage facile, et, puisqu'il fault mourir, desirable. Les tyrans romains pensoient donner la vie au criminel à qui ils donnoient le chois de sa mort. Mais Theophraste, philosophe si delicat, si modeste, si sage, a il pas esté forcé, par la raison, d'oser dire ce vers latinisé par Ciceron,

> Vitam regit fortuna, non sapientia? (1)

Combien ayde la fortune à la facilité du marché de ma vie, me l'ayant logee en tel poinct, qu'elle ne faict meshuy ny besoing à nul, ny empeschement : c'est une condition que i'eusse acceptee en toutes les saisons de mon aage;

(a) C'est-à-dire, pour parler avec Amyot, « La bande de ceulx qui veulent mourir ensemble ». Voyez Plutarque dans la vie de Marc Antoine. C.

(1) Ce n'est pas la sagesse, mais la fortune, qui gouverne la vie des hommes. *Cic.* tusc. quæst. l. 5, c. 9.

mais en cette occasion de trousser mes bribes et de plier bagage, ie prends plus particulierement plaisir à ne faire gueres ny de plaisir ny de desplaisir à personne en mourant. Elle a, d'un' artiste compensation, faict que ceulx qui peuvent pretendre quelque materiel fruict de ma mort, en receoivent d'ailleurs, conioinctement, une materielle perte. La mort s'appesantit souvent en nous, de ce qu'elle poise aux aultres; et nous interesse de leur interest, quasi autant que du nostre; et plus et tout (a) parfois. En cette commodité de logis que ie cherche, ie n'y mesle pas la pompe et l'amplitude, ie la hais plustost; mais certaine proprieté simple, qui se rencontre plus souvent aux lieux où il y a moins d'art, et que nature honnore de quelque grace toute sienne: Non ampliter sed munditer convivium. Plus salis quàm sumptûs (1). Et puis, c'est à faire à ceulx que les affaires entraisnent en plein hyver par les Grisons, d'estre surprins en chemin en cette extremité : moy, qui le plus souvent voyage pour mon plaisir, ne me guide pas si mal : s'il faict laid à droicte, ie prends à gauche; si ie me treuve mal propre à monter à cheval, ie m'arreste; et faisant ainsi, ie ne veois à la verité rien qui ne soit aussi plaisant et commode que ma maison : il est vray que ie treuve la superfluité tousiours superflue, et remarque de l'empeschement en la delicatesse mesme et

(a) Et plus aussi quelquefois. —*Et tout*, signifie en cet endroit *aussi*. Les paysans d'autour de Paris disent *itou*, qu'on emploie encore dans le burlesque pour imiter leur langage. C.

(1) Un festin plutôt propre qu'abondant, où il y ait plus d'agrément que de dépense.

Ces dernieres paroles, *plus salis quàm sumptûs*, sont de Cornelius Nepos, dans la vie de Pomponius Atticus, c. 13. Pour les autres, *non ampliter sed munditer convivium*, Montaigne les a tirées d'un ancien poëte, et les a adaptées à son sujet dans un sens tout contraire à celui qu'elles ont dans l'original. C.

en l'abondance. Ay ie laissé quelque chose à veoir derriere moy, i'y retourne; c'est tousiours mon chemin: ie ne trace aulcune ligne certaine, ny droicte ny courbe. Ne treuve ie point, où ie vois, ce qu'on m'avoit dict, comme il advient souvent que les iugements d'aultruy ne s'accordent pas aux miens, et les ai trouvez le plus souvent faulx; ie ne plainds pas ma peine, i'ay apprins que ce qu'on disoit n'y est point. I'ay la complexion du corps libre, et le goust commun, autant qu'homme du monde: la diversité des façons d'une nation à aultre ne me touche que par le plaisir de la varieté: chasque usage a sa raison. Soyent des assiettes d'estain, de bois, de terre; bouilly ou rosty; beurre, ou huyle, de noix, ou d'olive; chauld ou froid, tout m'est un; et si un, que, vieillissant, i'accuse cette genereuse faculté, et aurois besoing que la delicatesse et le chois arrestast l'indiscretion de mon appetit, et parfois soulageast mon estomach. Quand i'ay esté ailleurs qu'en France, et que, pour me faire courtoisie, on m'a demandé si ie voulois estre servy à la françoise, ie m'en suis mocqué, et me suis tousiours iecté aux tables les plus espesses d'estrangiers. I'ay honte de veoir nos hommes enyvrez de cette sotte humeur De s'effaroucher des formes contraires aux leurs: il leur semble estre hors de leur element, quand ils sont hors de leur village; où qu'ils aillent, ils se tiennent à leurs façons, et abominent les estrangieres. Retrouvent ils un compatriote en Hongrie, ils festoyent cette adventure; les voylà à se rallier, et à se recoudre ensemble, à condamner tant de mœurs barbares qu'ils veoyent: pourquoy non barbares, puis qu'elles ne sont françoises? Encores sont ce les plus habiles qui les ont recogneues pour en mesdire. La pluspart ne prennent l'aller que pour le venir: ils voyagent couverts et resserrez, d'une prudence taciturne et incommunicable, se deffendant de la contagion d'un air incogneu. Ce que ie dis de ceulx là me ramentoit, en chose semblable, ce que i'ay parfois apperceu en aulcuns de nos ieunes courtisans : ils ne tiennent qu'aux hommes de leur sorte ; nous regardent comme gents de l'aultre monde, avecques desdaing, ou pitié. Ostez leur les entretiens des mysteres de la court, ils sont hors de leur gibbier ; aussi neufs pour nous et mal habiles, comme nous sommes à eulx. On dict bien vray, qu'un honneste homme, c'est un homme meslé. Au rebours, ie peregrine tressaoul de nos façons ; non pour chercher des Gascons en Sicile, i'en ay assez laissé au logis : ie cherche des Grecs plustost, et des Persans ; i'accointe ceulx là, ie les considere ; c'est là où ie me preste, et où ie m'employe. Et qui plus est, il me semble que ie n'ay rencontré gueres de manieres qui ne vaillent les nostres : ie couche de peu ; car à peine ay ie perdu mes girouettes de veue. Au demourant, la pluspart des compaignies fortuites que vous rencontrez en chemin, ont plus d'incommodité que de plaisir : ie ne m'y attache point, moins asteure que la vieillesse me particularise et sequestre aulcunement des formes communes. Vous souffrez pour aultruy, ou aultruy pour vous : l'un et l'aultre inconvenient est poisant ; mais le dernier me semble encores plus rude. C'est une rare fortune, mais de soulagement inestimable, d'avoir un honneste homme, d'entendement ferme, et de mœurs conformes aux vostres, qui aime à vous suyvre : i'en ay eu faulte extreme en touts mes voyages. Mais une telle compaignie, il la fault avoir choisie et acquise dez le logis. Nul plaisir n'a saveur pour moy sans communication : il ne me vient pas seulement une gaillarde pensee en l'ame, qu'il ne me fasche de l'avoir produicte seul, et n'ayant à qui l'offrir. Si cum hac exceptione detur sapientia, ut illam inclusam teneam, nec enuntiem, reiiciam (1) : l'aultre l'avoit

(1) Je refuserois la sagesse, dit Séneque, si elle m'étoit donnée à condition que je la tinsse renfermée sans la communiquer à personne. *Epist.* 6.

monté d'un ton au dessus : si contigerit ea vita sapienti, ut omnium rerum affluentibus copiis, quamvis omnia quæ cognitione digna sunt summo otio secum ipse consideret, et contempletur ; tamen, si solitudo tanta sit, ut hominem videre non possit, excedat è vitâ (1). L'opinion d'Archytas m'agree, « qu'il feroit desplaisant, au ciel mesme, et à se promener dans ces grands et divins corps celestes, sans l'assistance d'un compaignon ». Mais il vault mieulx encores estre seul, qu'en compaignie ennuyeuse et inepte. Aristippus s'aimoit à vivre estrangier par tout :

Me si fata meis paterentur ducere vitam
Auspiciis, (2)

ie choisirois à la passer le cul sur la selle,

visere gestiens,
Quâ parte debacchentur ignes,
Quâ nebulæ, pluviique rores. (3)

« Avez vous pas des passe temps plus aysez ? De quoy avez vous faulte ? Vostre maison est elle pas en bel air et sain, suffisamment fournie, et capable plus que suffisamment ? La maiesté royale y a peu plus d'une fois en sa pompe. Vostre famille n'en laisse elle pas en reglement plus au dessoubs d'elle, qu'elle n'en a au dessus

---

(1) Si le sage, dit Cicéron, se trouvoit dans l'abondance de toutes choses, jouissant d'un parfait loisir qui lui donnât moyen d'observer et de contempler tout ce qui mérite le plus d'être connu, mais dans une si grande solitude qu'il ne pût jamais voir personne, sans doute il renonceroit à la vie. *Cicero*, de offic. l. 1, c. 43.

(2) Si le destin me permettoit de passer la vie selon mon goût. *Aeneid.* l. 4, v. 340.

(3) Charmé d'aller voir les régions qui sont brûlées des ardeurs du soleil, et celles où regne la pluie et les frimas. *Horat.* od. 3, l. 3, v. 54, et seqq.

en eminence? Y a il quelque pensee locale qui vous ulcere, extraordinaire, indigestible,

> Quæ te nunc coquat et vexet sub pectore fixa? (1)

Où cuidez vous pouvoir estre sans empeschement et sans destourbier? nunquam simpliciter fortuna indulget (2). Voyez doncques qu'il n'y a que vous qui vous empeschez : et vous vous suyvrez par tout, et vous plaindrez par tout; car il n'y a satisfaction çà bas, que pour les ames ou brutales ou divines. Qui n'a du contentement à une si iuste occasion, où pense il le trouver? A combien de milliers d'hommes arreste une telle condition que la vostre le but de leurs souhaits? Reformez vous seulement; car en cela vous pouvez tout : là où vous n'avez droict que de patience envers la fortune; nulla placida quies est, nisi quam ratio composuit (3) ».

Ie veois la raison de cet advertissement, et la veois tresbien : mais on auroit plustost faict, et plus pertinemment, de me dire en un mot : « Soyez sage ». Cette resolution est oultre la sagesse; c'est son ouvrage et sa production : ainsi faict le medecin, qui va criaillant aprez un pauvre malade languissant, « qu'il se resiouïsse »: il luy conseilleroit un peu moins ineptement s'il luy disoit : « Soyez sain ». Pour moy, ie ne suis qu'homme de (a) la basse forme. C'est un precepte salutaire, certain et d'aysee intelligence, « Contentez vous du vostre »; c'est à dire, de la raison : l'execution pourtant n'en est non plus aux plus sages qu'en moy. C'est une parole

(1) qui vous tourmente, et vous ronge l'esprit? *Ennius*, cité par Cicéron dès le commencement de son traité *de la vieillesse.*

(2) Les faveurs de la fortune sont toujours mêlées de quelque amertume. *Quint.-Curt.* l. 4, c. 14.

(3) Il n'y a de vraie tranquillité que celle qu'a produit la raison. *Senec.* epist. 56.

(a) de la commune sorte: *Edit.* de 1595, mais effacé par Montaigne dans l'exemplaire qu'il a corrigé.

populaire, mais elle a une terrible estendue : que ne comprend elle? Toutes choses tumbent en discretion et modification. Ie sçais bien qu'à le prendre à la lettre, ce plaisir de voyager porte tesmoignage d'inquietude et d'irresolution : aussi sont ce nos maistresses qualitez et predominantes. Ouy, ie le confesse, ie ne veois rien seulement en songe et par souhait, où ie me puisse tenir : la seule varieté me paye, et la possession de la diversité; au moins si quelque chose me paye. A voyager, cela mesme me nourrit, que ie me puis arrester sans interest, et que i'ay où m'en divertir commodement. I'aime la vie privee, parce que c'est par mon chois que ie l'aime, non par disconvenance à la vie publicque, qui est à l'adventure autant selon ma complexion. I'en sers plus gaiement mon prince, parce que c'est par libre eslection de mon iugement et de ma raison, sans obligation particuliere; et que ie n'y suis pas reiecté ny contrainct pour estre irrecevable à tout aultre party, et mal voulu : ainsi du reste. Ie hais les morceaux que la necessité me taille : toute commodité me tiendroit à la gorge, de laquelle seule i'aurois à despendre :

> Alter remus aquas, alter mihi radat arenas. (1)

Une seule chorde ne m'arreste iamais assez. Il y a de la vanité, dites vous, en cet amusement? Mais où non? et ces beaux preceptes sont vanité; et vanité toute la sagesse; Dominus novit cogitationes sapientium, quoniam vanæ sunt (2). Ces exquises subtilitez ne sont propres qu'au presche : ce sont discours qui nous veulent envoyer touts bastez en l'aultre monde. La vie est un mouvement materiel et corporel; action imparfaicte de sa propre

---

(1) Je veux toujours toucher l'eau d'une rame, et de l'autre le sable. *Propert.* eleg. 3, l. 3, v. 23.

(2) Le Seigneur connoît que les pensées des sages ne sont que vanité. *Ps.* 93, v. 11. Et 1. *Corinth.* c. 3, 20.

essence, et desreglee : ie m'employe à la servir selon elle.

Quisque suos patimur manes. (1)

Sic est faciendum, ut contra naturam universam nihil contendamus; eâ tamen conservatâ, propriam sequamur (2). A quoy faire ces poinctes eslevees de la philosophie, sur lesquelles aulcun estre humain ne se peult rasseoir? et ces regles, qui excedent nostre usage et nostre force? Ie veois souvent qu'on nous propose des images de vie, lesquelles, ny le proposant, ny les auditeurs, n'ont aulcune esperance de suyvre, ny, qui plus est, envie. De ce mesme papier où il vient d'escrire l'arrest de condamnation contre un adultere, le iuge en desrobbe un lopin pour en faire un poulet à la femme de son compaignon : celle à qui vous viendrez de vous frotter illicitement, criera plus asprement tantost, en vostre presence mesme, à l'encontre d'une pareille faulte de sa compaigne, que ne feroit Porcie : et tel condamne les hommes à mourir pour des crimes qu'il n'estime point faultes. I'ay veu, en ma ieunesse, un galant homme presenter d'une main au peuple des vers excellents et en beauté et en desbordement; et de l'aultre main, en mesme instant, la plus quereleuse reformation theologienne de quoy le monde se soit desieuné il y a long temps. Les hommes vont ainsin : on laisse les loix et preceptes suyvre leur voye; nous en tenons une aultre, non par desreglement de mœurs seulement, mais par opinion souvent, et par iugement contraire. Sentez lire un discours de philosophie; l'invention, l'eloquence, la

---

(1) Nous avons chacun nos passions particulieres. *Aeneid.* l. 6, v. 743.

(2) Nous devons nous conduire de telle sorte que, sans jamais contredire ce que la nature exige généralement de tous les hommes, nous nous conformions chacun au caractere qui nous est propre. *Cic.* de offic. l. 1, c. 31.

pertinence, frappe incontinent vostre esprit, et vous esmeut : il n'y a rien qui chatouille ou poigne vostre conscience; ce n'est pas à elle qu'on parle. Est il pas vray? Si disoit Ariston, « que ny une estuve ny une leçon n'est d'aulcun fruict si elle ne nettoye et ne decrasse » (a). On peult s'arrester à l'escorce; mais c'est aprez qu'on en a retiré la mouëlle : comme, aprez avoir avalé le bon vin d'une belle coupe, nous en considerons les graveures et l'ouvrage. En toutes les chambrees de la philosophie ancienne, cecy se trouvera, qu'un mesme ouvrier y publie des regles de temperance, et publie ensemble des escripts d'amour et desbauche (b) : et Xenophon, au giron de Clinias, escrivit contre (c) la volupté aristippique. Ce n'est pas qu'il y ayt une conversion miraculeuse qui les agite à ondees : mais c'est que Solon se represente tantost soy mesme, tantost en forme de legislateur; tantost il parle pour la presse, tantost pour soy; et prend pour soy les regles libres et naturelles, s'asseurant d'une santé ferme et entiere :

Curentur dubii medicis maioribus ægri. (1)

Antisthenes permet au sage d'aimer, et faire à sa mode ce qu'il treuve estre opportun, sans s'attendre aux loix : d'autant qu'il a meilleur advis qu'elles, et plus de cognoissance de la vertu. Son disciple Diogene disoit, « Opposer aux perturbations, la raison; à fortune, la confidence; aux loix, nature ». Pour les estomachs tendres, il fault des ordonnances contrainctes et artificielles ; les bons estomachs suyvent simplement les prescriptions de leur naturel appetit : ainsi font nos medecins, qui mangent

(a) Plutarque, dans son traité, intitulé, Comment il faut ouïr.

(b) Voyez ci-dessus, l. 3, c. 5, p. 330, tome 3, de cette édition.

(c) la vertu. *Ed.* de 1595 et de 1635.

(1) Que les malades qui sont en danger implorent le secours des plus habiles médecins. *Juvenal.* sat. 13, v. 124.

le melon et boivent le vin frez, ce pendant qu'ils tiennent leur patient obligé au syrop et à la panade. « Ie ne sçais quels livres, disoit la courtisanne Laïs, quelle sapience, quelle philosophie; mais ces gents là battent aussi souvent à ma porte, que aulcuns aultres ». D'autant que nostre licence nous porte tousiours au delà de ce qui nous est loisible et permis, on a estrecy, souvent oultre la raison universelle, les preceptes et loix de nostre vie:

> Nemo satis credit tantum delinquere, quantum
> Permittas. (1)

Il seroit à desirer qu'il y eust plus de proportion du commandement, à l'obeïssance : et semble la visee iniuste, à laquelle on ne peult atteindre. Il n'est si homme de bien, qu'il mette à l'examen des loix toutes ses actions et pensees, qui ne soit pendable dix fois en sa vie; voire tel qu'il seroit tresgrand dommage et tresiniuste de punir et de perdre :

> Ole, quid ad te,
> De cute quid faciat ille vel illa suâ? (2)

et tel pourroit n'offenser point les loix, qui n'en meriteroit point la louange d'homme de vertu, et que la philosophie feroit tresiustement fouetter : Tant cette relation est trouble et ineguale! Nous n'avons garde d'estre gents de bien selon Dieu; nous ne le sçaurions estre selon nous : l'humaine sagesse n'arriva iamais aux debvoirs qu'elle s'estoit elle mesme prescripts; et, si elle y estoit arrivee, elle s'en prescriroit d'aultres au delà, où elle aspirast tousiours et pretendist : Tant nostre estat

---

(1) Nous ne croyons jamais avoir poussé la licence assez loin, lorsque nous n'avons été que jusqu'où l'on nous permet d'aller. *Juvenal.* sat. 14, v. 233.

(2) Que t'importe, Olus, de quelle maniere celui-ci ou celle-là dispose de sa personne? *Martial.* l. 7, epigr. 10, v. 1, 2.

est ennemy de consistance ! L'homme s'ordonne à soy mesme d'estre necessairement en faulte : il n'est gueres fin de tailler son obligation, à la raison d'un aultre estre que le sien : à qui prescript il ce qu'il s'attend que personne ne face? luy est il iniuste de ne faire point ce qu'il luy est impossible de faire? Les loix qui nous condamnent à ne pouvoir pas, nous accusent elles mesmes de ne pouvoir pas. (a)

Au pis aller, cette difforme liberté de se presenter à deux endroicts, et les actions d'une façon, les discours de l'aultre, soit loisible à ceulx qui disent les choses : mais elle ne le peult estre à ceulx qui se disent eulx mesmes, comme ie fois; il fault que i'aille de la plume comme des pieds. La vie commune doibt avoir conference aux aultres vies : la vertu de Caton estoit vigoreuse, oultre la mesure (b) de son siecle ; et à un homme qui se mesloit de gouverner les aultres, destiné au service commun, il se pourroit dire que c'estoit une iustice, sinon iniuste, au moins vaine et hors de saison. Mes mœurs mesmes, qui ne disconviennent de celles qui courent, à peine de la largeur d'un poulce, me rendent pourtant aulcunement farouche à mon aage et inassociable. Ie ne sçais pas si ie me treuve desgousté, sans raison, du monde que ie hante; mais ie sçais bien que ce seroit sans raison si ie me plaignois qu'il feust desgousté de moy, puisque ie le suis de luy. La vertu assignee aux affaires du monde est une vertu à plusieurs plis, encoigneures et coudes, pour s'appliquer et ioindre à l'humaine foiblesse; meslee et artificielle, non droicte, nette, constante, ny purement innocente. Les annales reprochent iusques à cette heure à quelqu'un de nos

---

(a) Nous condamnent de ce que nous ne pouvons pas. *Edit.* de 1595.

(b) la raison. *Edit.* de 1595, mais effacé par Montaigne dans l'exemplaire qu'il a corrigé.

roys, de s'estre trop simplement laissé aller aux consciencieuses persuasions de son confesseur : les affaires d'estat ont des preceptes plus hardis :

Exeat aulâ,
Qui vult esse pius. (1)

I'ay aultrefois essayé d'employer au service des maniements publicques les opinions et regles de vivre, ainsi rudes, neufves, impolies ou impollues, comme ie les ay nees chez moy, ou rapportees de mon institution, et desquelles ie me sers, sinon si commodement, au moins seurement, en particulier; une vertu scholastique et novice : ie les y ay trouvees ineptes et dangereuses. Celuy qui va en la presse, il fault qu'il gauchisse, qu'il serre ses coudes, qu'il recule, ou qu'il advance, voire qu'il quite le droict chemin, selon ce qu'il rencontre; qu'il vive non tant selon soy, que selon aultruy, non selon ce qu'il se propose, mais selon ce qu'on luy propose, selon le temps, selon les hommes, selon les affaires. Platon dict que qui eschappe, brayes nettes, du maniement du monde, c'est par miracle qu'il en eschappe ; et dict aussi, que quand il ordonne son philosophe chef d'une police, il n'entend pas le dire d'une police corrompue, comme celle d'Athenes, et encores bien moins comme la nostre, envers lesquelles la sagesse mesme perdroit son latin : comme un' herbe, transplantee en solage fort divers à sa condition, se conforme bien plustost à iceluy, qu'elle ne le reforme à soy. Ie sens que si i'avois à me dresser tout à faict à telles occupations, il m'y fauldroit beaucoup de changement et de rabillage. Quand ie pourrois cela sur moy; et pourquoy ne le pourrois ie avecques le temps et le soing? ie ne le vouldrois pas. De ce peu que ie me suis essayé en cette vacation, ie m'en suis d'autant desgousté : ie me sens fumer en l'ame, parfois,

(1) Quitte la cour, si tu veux être juste.
Lucan. l. 8, v. 493, 494.

aulcunes tentations vers l'ambition; mais ie me bande et obstine au contraire :

At tu, Catulle, obstinatus obdura. (1)

On ne m'y appelle gueres, et ie m'y convie aussi peu : la liberté et l'oysifveté, qui sont mes maistresses qualitez, sont qualitez diametralement contraires à ce mestier là. Nous ne sçavons pas distinguer les facultez des hommes ; elles ont des divisions et bornes malaysees à choisir et delicates : de conclure, par la suffisance d'une vie particuliere, quelque suffisance à l'usage publicque, c'est mal conclu : tel se conduict bien, qui ne conduict pas bien les aultres ; et faict des Essais, qui ne sçauroit faire des effects : tel dresse bien un siege, qui dresseroit mal une battaille ; et discourt bien en privé, qui harangueroit mal un peuple ou un prince : voire, à l'adventure, est ce plustost tesmoignage à celuy qui peult l'un, de ne pouvoir point l'aultre, qu'aultrement. Ie treuve que les esprits haults ne sont de gueres moins aptes aux choses basses, que les bas esprits aux haultes. Estoit il à croire que Socrates eust apresté aux Atheniens matiere de rire à ses despens, pour n'avoir oncques sceu computer les suffrages de sa tribu, et en faire rapport au conseil ? certes la veneration en quoy i'ay les perfections de ce personnage, merite que sa fortune fournisse, à l'excuse de mes principales imperfections, un si magnifique exemple. Nostre suffisance est detaillee à menues pieces : la mienne n'a point de latitude, et si est chestifve en nombre. Saturninus (a), à ceulx qui luy avoient deferé tout commandement : « Compaignons, feit il, vous avez

---

(1) Ferme, Catulle; tiens bon jusqu'à la fin. *Catull.* carm. 8, v. 19.

(a) Un des trente tyrans qui s'éleverent du temps de l'empereur Gallien. C.

perdu un bon capitaine, pour en faire un mauvais general d'armee ». (a)

Qui se vante, en un temps malade comme cettuy cy, d'employer au service du monde une vertu naïfve et sincere; ou il ne la cognoist pas, les opinions se corrompants avecques les mœurs, (de vray, oyez la leur peindre, oyez la pluspart se glorifier de leurs deportements, et former leurs regles, au lieu de peindre la vertu, ils peignent l'iniustice toute pure et le vice, et la presentent ainsi faulse à l'institution des princes); ou s'il la cognoist, il se vante à tort, et, quoy qu'il die, faict mille choses de quoy sa conscience l'accuse. Ie croirois volontiers Seneca, de l'experience qu'il en feit en pareille occasion, pourveu qu'il m'en voulust parler à cœur ouvert. La plus honnorable marque de bonté, en une telle necessité, c'est recognoistre librement sa faulte et celle d'aultruy; appuyer, et retarder de sa puissance, l'inclination vers le mal; suyvre envy cette pente; mieulx esperer, et mieulx desirer. I'apperceois, en ces desmembrements de la France et divisions où nous sommes tumbez, chascun se travailler à deffendre sa cause, mais, iusques aux meilleurs, avecques desguisement et mensonge : qui en escriroit rondement, en escriroit temerairement et vicieusement. Le plus iuste party, si est ce encores le membre d'un corps vermoulu et verreux; mais d'un tel corps, le membre moins malade s'appelle sain, et à bon droict, d'autant que nos qualitez n'ont tiltre qu'en la comparaison : l'innocence civile se mesure selon les lieux et saisons. I'aimerois bien à veoir en Xenophon une telle louange d'Agesilaus (b) : estant

(a) Commilitones, bonum ducem perdidistis, et malum principem fecistis. *Trebellii Pollionis* triginta tyranni, p. 314, t. 2. Hist. August. script. edit. varior. Lugdun. Batav. 1671.

(b) Montaigne auroit pu l'y voir dans la vie d'Agésilaüs par ce philosophe. c. 3, §. 4. C.

prié par un prince voisin avecques lequel il avoit aultrefois esté en guerre, de le laisser passer en ses terres; il l'octroya, luy donnant passage à travers le Peloponnese; et non seulement ne l'emprisonna ou empoisonna, le tenant à sa mercy, mais l'accueillit courtoisement, suyvant l'obligation de sa promesse, sans luy faire offense. A ces humeurs là, ce ne seroit rien dire : ailleurs et en aultre temps, il se fera compte de la franchise et magnanimité d'une telle action : ces babouins capettes (a) s'en feussent mocquez ; si peu retire l'innocence spartaine à la françoise. Nous ne laissons pas d'avoir des hommes vertueux ; mais c'est selon nous. Qui a ses mœurs establies en reglement au dessus de son siecle; ou qu'il torde et esmousse ses regles ; ou, ce que ie luy conseille plustost, qu'il se retire à quartier, et ne se mesle point de nous : qu'y gaigneroit il?

Egregium sanctumque virum si cerno, bimembri
Hoc monstrum puero, et miranti iam sub aratro
Piscibus inventis, et fœtæ comparo mulæ. (1)

On peult regretter les meilleurs temps, mais non pas fuyr aux presents : on peult desirer aultres magistrats, mais il fault, ce nonobstant, obeïr à ceulx icy ; et, à l'ad-

---

(a) *Capette* signifie proprement un écolier du college de Montaigu à Paris. Ces écoliers furent nommés Capettes à cause des petits manteaux qu'ils portoient, nommés capes. Et comme on les traitoit fort durement, tant à l'égard de la table que de la discipline, c'étoient ordinairement de si pauvres génies, que le mot de capette fut employé pour désigner un écolier du caractere le plus méprisable, un sot, un impertinent écolier. C.

(1) Vois-je un homme sincere et irréprochable ; c'est un monstre de nature : c'est un enfant qui a deux têtes : j'en suis aussi surpris que si un paysan labourant la terre, y pêchoit des poissons, ou que si une mule alloit pouliner. *Juvenal.* sat. 13, v. 64, et seqq.

venture, y a il plus de recommendation d'obeïr aux mauvais qu'aux bons. Autant que l'image des loix receues et anciennes de cette monarchie reluira en quelque coing; m'y voylà planté : si elles viennent par malheur à se contredire et empescher entr'elles, et produire deux parts, de choix doubteux et difficile; mon eslection sera volontiers d'eschapper et me desrobber à cette tempeste: nature m'y pourra prester ce pendant la main, ou les hazards de la guerre. Entre Cesar et Pompeius, ie me feusse franchement declaré : mais entre ces trois voleurs (a) qui veinrent depuis, ou il eust fallu se cacher, ou suyvre le vent: ce que i'estime loisible quand la raison ne guide plus.

Quò diversus abis ? (1)

Cette farcisseure est un peu hors de mon theme : ie m'esgare ; mais plustost par licence que par mesgarde : mes fantasies se suyvent, mais parfois c'est de loing; et se regardent, mais d'une veue oblique. I'ay passé les yeulx sur tel dialogue de Platon (b), miparty d'une fantastique bigarrure; le devant à l'amour, tout le bas à la rhetorique : ils ne craignent point ces muances ; et ont une merveilleuse grace à se laisser ainsi rouler au vent, ou à le sembler. Les noms de mes chapitres n'en embrassent pas tousiours la matiere ; souvent ils la denotent seulement par quelque marque : comme ces aultres tiltres, l'Andrie, l'Eunuche; ou ces aultres noms, Sylla, Cicero, Torquatus. I'aime l'allure poëtique, à saults et à gambades : c'est un' art, comme dict Platon, legiere, volage, demoniacle. Il est des ouvrages en Plutarque où il oublie son theme ; où le propos de son argument ne se treuve que par incident, tout estouffé en matiere

---

(a) Octave, Marc-Antoine, et Lepidus. C.

(1) Où vas-tu t'égarer ? *Virg. Aeneid.* l. 5, v. 166.

(b) Le Phedre. C.

estrangiere : voyez ses allures au Daimon de Socrates (a). O Dieu ! que ces gaillardes escapades, que cette variation a de beauté ; et plus lors, que plus elle retire au nonchalant et fortuite ! C'est l'indiligent lecteur qui perd mon subiect, non pas moy : il s'en trouvera tousiours en un coing quelque mot qui ne laisse pas d'estre bastant, quoyqu'il soit serré. Ie vois au change, indiscrettement et tumultuairement : mon style et mon esprit vont vagabondant de mesme. Il fault avoir un peu de folie, qui ne veult avoir plus de sottise, disent et les preceptes de nos maistres, et encores plus leurs exemples. Mille poëtes traisnent et languissent à la prosaïque : mais la meilleure prose ancienne, et ie la seme ceans indifferemment pour vers, reluit partout de la vigueur et hardiesse poëtique, et represente l'air de sa fureur. Il luy fault certes quiter la maistrise et preeminence en la parlerie : c'est l'originel langage des dieux. Le poëte, dict Platon, assis sur le trepied des muses, verse, de furie, tout ce qui luy vient en la bouche, comme la gargouille d'une fontaine, sans le ruminer et poiser, et luy eschappe des choses de diverse couleur, de contraire substance, et d'un cours rompu : luy mesme est tout poëtique : et la vieille theologie, poësie, disent les sçavants ; et la premiere philosophie. I'entends que la matiere se distingue soy mesme : elle montre assez où elle se change, où elle conclud, où elle commence, où elle se reprend, sans l'entrelacer de paroles de liaison et de cousture, introduictes pour le service des aureilles foibles ou nonchalantes ; et sans me gloser moy mesme. Qui est celuy qui n'aime mieulx n'estre pas leu, que de l'estre en dormant ou en fuyant : *nihil est tam utile, quod in transitu prosit* (1). Si prendre des livres,

(a) Traité de Plutarque qui porte ce titre.

(1) Il n'y a point d'ouvrage si utile, qu'il puisse faire du bien en passant. *Senec.* epist. 2.

estoit les apprendre; et si les veoir, estoit les regarder; et les parcourir, les saisir : i'aurois tort de me faire du tout si ignorant que ie dis. Puisque ie ne puis arrester l'attention du lecteur par le poids; manco male (1) s'il advient que ie l'arreste par mon embrouilleure. « Voire-mais, il se repentira par aprez de s'y estre amusé». C'est mon (a); mais il s'y sera tousiours amusé. Et puis, il est des humeurs comme cela, à qui l'intelligence porte desdaing; qui m'en estimeront mieulx de ce qu'ils ne sçauront ce que ie dis : ils concluront la profondeur de mon sens, par l'obscurité; laquelle, à parler en bon escient, ie hais bien fort, et l'eviterois, si ie me sçavois eviter. Aristote se vante en quelque lieu de l'affecter : Vicieuse affectation! Parce que la coupure si frequente des chapitres, de quoy i'usois au commencement, m'a semblé rompre l'attention avant qu'elle soit nee et la dissouldre, desdaignant s'y coucher pour si peu et se recueillir, ie me suis mis à les faire plus longs, qui requierent de la proposition et du loisir assigné. En telle occupation, à qui on ne veult donner une seule heure, on ne veult rien donner : et ne faict on rien pour celuy pour qui on ne faict qu'aultre chose faisant. Ioinct qu'à l'adventure ay ie quelque obligation particuliere à ne dire qu'à demy, à dire confusement, à dire discordamment. I'avois à dire que ie veulx mal à cette raison troublefeste; et que ces proiects extravagants qui travaillent la vie, et ces opinions si fines, si elles ont de la verité, ie la treuve trop chere et trop incommode. Au rebours, ie m'employe à faire valoir la vanité mesme et l'asnerie, si elle m'apporte du plaisir; et me laisse aller aprez mes inclinations naturelles sans les contrerooller de si prez.

---

(1) Et bien, c'est toujours autant de gagné, s'il advient en effet que je l'arrête, etc. C.

(a) Sans doute; mais il n'aura pas laissé de s'y amuser. C.

I'ay veu ailleurs des maisons ruynees, et des statues, et du ciel, et de la terre : ce sont tousiours des hommes. Tout cela est vray; et si pourtant ne sçaurois reveoir si souvent le tumbeau de cette ville si grande et si puissante, que ie ne l'admire et revere. Le soing des morts nous est en recommendation : or i'ay esté nourry, dez mon enfance, avecques ceulx icy; i'ay eu cognoissance des affaires de Rome, long temps avant que ie l'aye eue de ceulx de ma maison : ie sçavois le Capitole et son plan, avant que ie sçeusse le Louvre; et le Tibre avant la Seine. I'ay eu plus en teste les conditions et fortunes de Lucullus, Metellus et Scipion, que ie n'ay d'aulcuns hommes des nostres : ils sont trespassez; si est bien mon pere aussi entierement qu'eulx, et s'est esloingné de moy et de la vie, autant en dixhuict ans, que ceux là ont faict en seize cents, duquel pourtant ie ne laisse pas d'embrasser et practiquer la memoire, l'amitié et societé, d'une parfaicte union et tresvifve. Voire, de mon humeur, ie me rends plus officieux envers les trespassez : ils ne s'aydent plus; ils en requierent, ce me semble, d'autant plus mon ayde. La gratitude est là iustement en son lustre; le bienfaict est moins richement assigné où il y a retrogradation et reflexion. Arcesilaus visitant Ctesibius malade, et le trouvant en pauvre estat, luy fourra tout bellement, sous le chevet du lict, de l'argent qu'il luy donnoit; et en le luy celant, luy donnoit, en oultre, quitance de luy en sçavoir gré. Ceulx qui ont merité de moy de l'amitié et de la recognoissance, ne l'ont iamais perdue pour n'y estre plus; ie les ay mieulx payez, et plus soigneusement, absents et ignorants : ie parle plus affectueusement de mes amis, quand il n'y a plus de moyen qu'ils le sçachent. Or i'ay attaqué cent querelles pour la deffense de Pompeius, et pour la cause de Brutus; cette accointance dure encores entre nous : les choses presentes mesmes, nous ne les tenons que par la fantasie. Me trouvant inutile à ce siecle, ie me reiecte à cet aultre; et en suis si embabouïné, que l'estat de cette vieille Rome, libre, iuste et florissante (car ie n'en aime ny la naissance, ny la vieillesse), m'interesse et me passionne : par quoy ie ne sçaurois reveoir si souvent l'assiette de leurs rues et de leurs maisons, et ces ruynes profondes iusques aux antipodes, que ie ne m'y amuse. Est ce par nature, ou par erreur de fantasie, que la veue des places que nous sçavons avoir esté hantees et habitees par personnes desquelles la memoire est en recommendation, nous esmeut aulcunement plus qu'ouïr le recit de leurs faicts, ou lire leurs escripts? Tanta vis admonitionis inest in locis!... Et id quidem in hac urbe infinitum; quacumque enim ingredimur, in aliquam historiam vestigium ponimus (1). Il me plaist de considerer leur visage, leur port et leurs vestements: ie remasche ces grands noms entre les dents, et les fois retentir à mes aureilles : ego illos veneror, et tantis nominibus semper assurgo (2). Des choses qui sont en quelque partie grandes et admirables, i'en admire les parties mesmes communes : ie les veisse volontiers deviser, promener et souper. Ce seroit ingratitude de mespriser les reliques et images de tant d'honnestes hommes et si valeureux, lesquels i'ay veu vivre et mourir, et qui nous donnent tant de bonnes instructions par leur exemple, si nous les sçavions suyvre. Et puis, cette mesme Rome que nous voyons merite qu'on l'aime: confederee de si long temps, et par tant de tiltres, à nostre couronne; seule ville commune et universelle : le magistrat souverain qui y commande est recogneu

---

(1) Tant les lieux sont propres à ranimer nos idées!... Il s'en trouve une infinité de tels dans cette ville; car par-tout où l'on met le pied, on marche, pour ainsi dire, sur quelque histoire mémorable. *Cic.* de finib. bon. et mal. l. 5, c. 1 et 2, edit. Davis.

(2) J'honore ces grands hommes, et ne prononce jamais leurs noms qu'avec un singulier respect. *Senec.* epist. 64, in fine.

pareillement ailleurs : c'est la ville metropolitaine de toutes les nations chrestiennes ; l'Espaignol et le François, chascun y est chez soy ; pour estre des princes de cet estat, il ne fault qu'estre de chrestienté, où qu'elle soit. Il n'est lieu çà bas que le ciel ait embrassé avecques telle influence de faveur et telle constance ; sa ruyne mesme est glorieuse et enflee :

Laudandis pretiosior ruinis : (1)

encores retient elle, au tumbeau, des marques et image d'empire : ut palàm sit uno in loco gaudentis opus esse naturæ (2). Quelqu'un se blasmeroit, et se mutineroit en soy mesme, de se sentir chatouiller d'un si vain plaisir : nos humeurs ne sont pas trop vaines, qui sont plaisantes ; quelles qu'elles soient qui contentent constamment un homme capable de sens commun, ie ne sçaurois avoir le cœur de le plaindre. Ie doibs beaucoup à la fortune, de quoy iusques à cette heure, elle n'a rien faict contre moy (a) oultrageux, au moins au delà de ma portee. Seroit ce pas sa façon, de laisser en paix ceulx de qui elle n'est point importunee ?

Quanto quisque sibi plura negaverit,
Ab dîs plura feret : nîl cupientium
Nudus castra peto....
Multa petentibus
Desunt multa. (3)

---

(1) Ses merveilleuses ruines en rehaussent le prix. *Sidonii Apollinaris* carm. 23, cui titulus Narbo, ad Consentium, v. 62.

(2) De sorte qu'il paroît visiblement qu'en ce lieu la nature a pris un singulier plaisir à son ouvrage. C'est un passage *de Pline*, où ce naturaliste parle des beautés de la Campanie. *Hist. nat.* l. 3, c. 5, §. 6, ed. Hard. 1723. C.

(a) d'oultrageux. *Edition* de 1595.

(3) Plus un homme se refuse de choses à lui-même, plus les dieux lui en donnent. Tout pauvre que je suis, je me jette dans le parti de ceux qui ne desirent rien.... A qui souhaite beaucoup

Si elle continue, elle m'en envoyera trescontent et satisfaict :

nihil supra
Deos lacesso. (1)

Mais gare le heurt! il en est mille qui rompent au port. Ie me console ayseement de ce qui adviendra icy, quand ie n'y seray plus : les choses presentes m'embesongnent assez :

Fortunæ cætera mando : (2)

aussi n'ay ie point cette forte liaison qu'on dict attacher les hommes à l'advenir, par les enfants qui portent leur nom et leur honneur; et en doibs desirer à l'adventure d'autant moins, s'ils sont si desirables. Ie ne tiens que trop au monde et à cette vie, par moy mesme : ie me contente d'estre en prinse de la fortune par les circonstances proprement necessaires à mon estre, sans luy alonger par ailleurs sa iurisdiction sur moy; et n'ay iamais estimé qu'estre sans enfants, feust un default qui deust rendre la vie moins complete et moins contente: la vacation sterile a bien aussi ses commoditez. Les enfants sont du nombre des choses qui n'ont pas fort de quoy estre desirees, notamment à cette heure qu'il seroit si difficile de les rendre bons; bona iam nec nasci licet, ita corrupta sunt semina (3); et si ont iustement de quoy estre regrettees, à qui les perd aprez les avoir acquises. Celuy qui me laissa ma maison en charge, prognostiquoit que ie la deusse ruyner, regardant à mon humeur si peu casaniere. Il se trompa : me voycy comme

---

de choses, il lui en manque toujours beaucoup. *Horat.* od. 16, l. 3, v. 21, 22, 23, 42, 43.

(1) Je ne demande rien de plus aux dieux. *Horat.* od. 18, l. 2, v. 11, 12.

(2) Je laisse le reste à la disposition du sort. *Ovid.* metamorph. l. 2, v. 140.

(3) Les germes sont si gâtés, qu'il ne peut à présent rien naître de bon.

i'y entray, si non un peu mieulx ; sans office pourtant et sans benefice. Au demourant, si la fortune ne m'a faict aulcune offense violente et extraordinaire, aussi n'a elle pas, de grace : tout ce qu'il y a de ses dons chez nous, il y est plus de cent ans avant moy; ie n'ay particulierement aulcun bien essentiel et solide que ie doibve à sa liberalité. Elle m'a faict quelques faveurs venteuses, honnoraires et titulaires, sans substance; et me les a aussi à la verité, non pas accordees, mais offertes, Dieu sçait, à moi qui suis tout materiel, qui ne me paye que de la realité, ençores bien massifve; et qui, si ie l'osois confesser, ne trouverois l'avarice gueres moins excusable, que l'ambition; ny la douleur moins evitable, que la honte; ny la santé moins desirable, que la doctrine; ou la richesse, que la noblesse. Parmy ses faveurs vaines, ie n'en ay point qui plaise tant à cette niaise humeur qui s'en paist chez moy, qu'une Bulle authentique de bourgeoisie romaine, qui me feut octroyee dernierement que i'y estois, pompeuse en sceaux et lettres dorees; et octroyee avecques toute gracieuse liberalité. Et parce qu'elles se donnent en divers style, plus ou moins favorable; et, qu'avant que i'en eusse veu, i'eusse esté bien ayse qu'on m'en eust montré un formulaire, ie veulx, pour satisfaire à quelqu'un, s'il s'en treuve malade de pareille curiosité à la mienne, la transcrire icy en sa forme :

Quod Horatius Maximus, Martius Cecius, Alexander Mutus, almae urbis Conservatores, de illustrissimo viro Michaële Montano, equite sancti Michaëlis, et à cubiculo regis christianissimi, romanâ civitate donando, ad Senatum retulerunt; S. P. Q. R. de eâ re ita fieri censuit.

Cum veteri more et instituto, cupidè illi semper studiosèque suscepti sint, qui virtute ac nobilitate praestantes, magno reipublicae nostrae usui atque ornamento fuissent, vel esse aliquando possent : Nos, maiorum nostrorum exemplo atque auctoritate permoti, praeclaram hanc consuetudinem nobis imitandam ac servandam fore censemus. Quamobrem cùm illustrissimus Michaël Montanus, eques sancti Michaëlis, et à cubiculo regis christianissimi, Romani nominis studiosissimus, et familiae laude atque splendore, et propriis virtutum meritis, dignissimus sit, qui summo Senatûs Populique Romani iudicio ac studio in romanam civitatem adsciscatur; placere Senatui P. Q. R. illustrissimum Michaëlem Montanum, rebus omnibus ornatissimum, atque huic inclyto Populo charissimum, ipsum posterosque in romanam civitatem adscribi, ornarique omnibus et praemiis et honoribus, quibus illi fruuntur qui cives patriciique Romani nati aut iure optimo facti sunt. In quo censere Senatum P. Q. R. se non tam illi ius civitatis largiri, quàm debitum tribuere, neque magis beneficium dare quàm ab ipso accipere, qui, hoc civitatis munere accipiendo, singulari civitatem ipsam ornamento atque honore affecerit. Quamquidem S. C. auctoritatem iidem Conservatores per Senatûs P. Q. R. Scribas in acta referri atque in Capitolii curiâ servari, privilegiumque huiusmodi fieri, solitoque urbis sigillo communiri, curârunt. Anno ab urbe conditâ CXↃ CCC XXXI; post Christum natum M. D. LXXXI. III idus Martii.

HORATIUS FUSCUS, sacri S. P. Q. R. Scriba.
VINCENT. MARTHOLUS, sacri S. P. Q. R. Scriba.

N'estant bourgeois d'aulcune ville, ie suis bien ayse de l'estre de la plus noble qui fêut et qui sera oncques.

Si les aultres se regardoient attentifvement, comme ie fois, ils se trouveroient, comme ie fois, pleins d'inanité et de fadeze. De m'en desfaire, ie ne puis, sans me desfaire moy mesme. Nous en sommes tout confits, tant les uns que les aultres : mais ceulx qui le sentent en ont un peu meilleur compte; encores, ne sçais ie.

Cette opinion et usance commune, de regarder ailleurs qu'à nous, a bien pourveu à nostre affaire; c'est un obiect plein de mescontentement; nous n'y voyons que misere et vanité : pour ne nous desconforter, nature a reiecté bien à propos l'action de nostre veue, au dehors. Nous allons en avant à vau l'eau; mais de rebrousser vers nous nostre course, c'est un mouvement penible : la mer se brouille et s'empesche ainsi, quand elle est repoulsee à soy. Regardez, dict chascun, les bransles du ciel; regardez au public, à la querelle de cettuy là, au pouls d'un tel, au testament de cet aultre; somme, regardez tousiours, hault ou bas, ou à costé, ou devant, ou derriere vous. C'estoit un commandement paradoxe, que nous faisoit anciennement ce dieu à Delphes, Regardez dans vous; recognoissez vous; tenez vous à vous : vostre esprit et vostre volonté qui se consomme ailleurs, ramenez la en soy : vous vous escoulez, vous vous respandez; appilez vous; soubstenez vous : on vous trahit, on vous dissipe, on vous desrobbe à vous. Veois tu pas que ce monde tient toutes ses vues contrainctes au dedans, et ses yeulx ouverts à se contempler soy mesme? C'est tousiours vanité pour toy, dedans et dehors : mais elle est moins vanité, quand elle est moins estendue. Sauf toy, ô homme, disoit ce dieu, chasque chose s'estudie la premiere, et a, selon son besoing, des limites à ses travaulx et desirs. Il n'en est une seule si vuide et necessiteuse que toy, qui embrasses l'univers. Tu es le scrutateur, sans cognoissance; le magistrat, sans iurisdiction; et, aprez tout, le badin de la farce.

CHAPITRE X.

De mesnager sa volonté.

Au prix du commun des hommes, peu de choses me touchent, ou pour mieulx dire, me tiennent; car c'est raison qu'elles touchent, pourveu qu'elles ne nous possedent. I'ay grand soing d'augmenter, par estude et par discours, ce privilege d'insensibilité qui est naturellement bien advancé en moy : i'espouse, et me passionne par consequent de peu de choses. I'ay la veue claire, mais ie l'attache à peu d'obiects ; le sens, delicat et mol; mais l'apprehension et l'application, ie l'ay dure et sourde. Ie m'engage difficilement : autant que ie puis, ie m'employe tout à moy ; et en ce subiect mesme, ie briderois pourtant et soubstiendrois volontiers mon affection, qu'elle ne s'y plonge trop entiere, puisque c'est un subiect que ie possede à la mercy d'aultruy, et sur lequel la fortune a plus de droict que ie n'ai : de maniere que, iusques à la santé, que i'estime tant, il me seroit besoing de ne la pas desirer et m'y addonner si furieusement, que i'en treuve les maladies importables. On se doibt moderer entre la haine de la douleur et l'amour de la volupté ; et ordonne Platon une moyenne route de vie entre les deux. Mais aux affections qui me distrayent de moy et attachent ailleurs, à celles là certes m'oppose ie de toute ma force. Mon opinion est Qu'il se fault prester à aultruy, et ne se donner qu'à soy mesme. Si ma volonté se trouvoit aysee à s'hypothequer et à s'appliquer, ie n'y durerois pas; ie suis trop tendre, et par nature et par usage :

fugax rerum, securaque in otia natus. (1)

Les debats contestez et opiniastrez qui donneroient enfin advantage à mon adversaire, l'yssue qui rendroit honteuse ma chaulde poursuitte, me rongeroit, à l'adventure, bien cruellement : si ie mordois à mesme, comme font les aultres, mon ame n'auroit iamais la force de porter les alarmes et esmotions qui suyvent ceulx qui embrassent tant ; elle seroit incontinent disloquee par cette agitation intestine. Si quelquesfois on m'a poulsé au maniement d'affaires estrangieres, i'ay promis de les prendre en main, non pas au poulmon et au foye ; de m'en charger, non de les incorporer ; de m'en soigner, ouy ; de m'en passionner, nullement : i'y regarde, mais ie ne les couve point. I'ay assez à faire à disposer et renger la presse domestique que i'ai dans mes entrailles et dans mes veines, sans y loger et me fouler d'une presse estrangiere ; et suis assez interessé de mes affaires essenciels, propres et naturels, sans en convier d'aultres forains. Ceulx qui sçavent combien ils se doibvent, et de combien d'offices ils sont obligez à eulx, treuvent que nature leur a donné cette commission pleine assez, et nullement oysifve : « Tu as bien largement affaire chez toy, ne t'esloingne pas ». Les hommes se donnent à louage : leurs facultez ne sont pas pour eulx, elles sont pour ceulx à qui ils s'asservissent ; leurs locataires sont chez eulx, ce ne sont pas eulx. Cette humeur commune ne me plaist pas. Il fault mesnager la liberté de nostre ame, et ne l'hypothequer qu'aux occasions iustes, lesquelles sont en bien petit nombre, si nous iugeons sainement. Voyez les gents apprins à se laisser emporter et saisir, ils le font partout, aux petites choses comme aux grandes, à ce qui ne les touche point, comme à ce qui les

(1) Ennemi des affaires, et né pour mener une vie aisée et tranquille. *Ovid.* trist. l. 3, eleg. 2, v. 9.

touche : ils s'ingerent indifferemment où il y a de la besongne et de l'obligation; et sont sans vie, quand ils sont sans agitation tumultuaire : In negotiis sunt, negotii causâ (1) : ils ne cherchent la besongne que pour embesongnement. Ce n'est pas qu'ils veuillent aller, tant comme c'est qu'ils ne se peuvent tenir : ne plus ne moins qu'une pierre esbranslee en sa cheute, qui ne s'arreste iusqu'à tant qu'elle se couche. L'occupation est, à certaine maniere de gents, marque de suffisance et de dignité : leur esprit cherche son repos au bransle, comme les enfants au berceau : ils se peuvent dire autant serviables à leurs amis, comme importuns à eulx mesmes. Personne ne distribue son argent à aultruy, chascun y distribue son temps et sa vie : il n'est rien de quoy nous soyons si prodigues, que de ces choses là, desquelles seules l'avarice nous seroit utile et louable. Ie prends une complexion toute diverse : ie me tiens sur moy, et communement desire mollement ce que ie desire; et desire peu; m'occupe et embesongne de mesme rarement et tranquillement. Tout ce qu'ils veulent et conduisent, ils le font de toute leur volonté et vehemence. Il y a tant de mauvais pas, que, pour le plus seur, il fault un peu legierement et superficiellement couler ce monde; (a) il le fault glisser, non pas s'y enfoncer. La volupté mesme est douloureuse en sa profondeur :

incedis per ignes
Suppositos cineri doloso. (2)

Messieurs de Bordeaux m'esleurent maire de leur ville,

---

(1) *Senec.* epist. 22. Montaigne a traduit ce passage après l'avoir cité.

(a) et le glisser, non pas l'enfoncer. *Edit.* de 1595.

(2) Vous marchez sur un feu caché sous des cendres perfides. *Horat.* od. 1, l. 2, v. 7.

estant esloingné de France (a); et encores plus esloingné d'un tel pensement. Ie m'en excusai : mais on m'apprint que i'avois tort, le commandement du roy s'y interposant aussi. C'est une charge qui doibt sembler d'autant plus belle, qu'elle n'a ny loyer ny gaing aultre que l'honneur de son execution. Elle dure deux ans : mais elle peult estre continuee par seconde eslection ; ce qui advient tresrarement : elle le feut à moy; et ne l'avoit esté que deux fois auparavant, quelques annees y avoit, à monsieur de Lanssac, et freschement à monsieur de Biron, mareschal de France, en la place duquel ie succeday; et laissai la mienne à monsieur de Matignon aussi mareschal de France : brave (b) de si noble assistance;

uterque bonus pacis bellique minister. (1)

La fortune voulut part à ma promotion, par cette particuliere circonstance qu'elle y meit du sien, non vaine du tout : car Alexandre desdaigna les ambassadeurs corinthiens qui luy offroyent la bourgeoisie de leur ville; mais quand ils veinrent à luy deduire comme Bacchus et Hercules estoyent aussi en ce registre, il les en remercia gracieusement. A mon arrivee, ie me deschiffray fidelement et consciencieusement tout tel que ie me sens estre ; sans memoire, sans vigilance, sans experience et sans vigueur ; sans haine aussi, sans ambition, sans avarice et sans violence : à ce qu'ils feussent informez et instruicts de ce qu'ils avoient à attendre de mon service. Et parce que la cognoissance de feu mon pere les avoit seule incitez à cela, et l'honneur de sa memoire, ie leur adioustai bien clairement que ie serois tresmarry que chose quelconque feist autant d'impression en ma

---

(a) Lorsqu'il étoit à Venise, dit M. de Thou. C.

(b) glorieux : *Edit.* de 1595, mais effacé par Montaigne. N.

(1) Tous deux experts aux affaires de la paix et de la guerre. *Virg. Aeneid.* l. 11, v. 658.

volonté, comme avoient faict aultresfois en la sienne leurs affaires, et leur ville, pendant qu'il l'avoit en gouvernement, en ce lieu mesme auquel ils m'avoyent appellé. Il me souvenoit de l'avoir veu vieil, en mon enfance, l'ame cruellement agitee de cette tracasserie publicque, oubliant le doulx air de sa maison où la foiblesse des ans l'avoit attaché long temps avant, et son mesnage, et sa santé; et mesprisant certes sa vie, qu'il y cuida perdre, engagé pour eulx à des longs et penibles voyages. Il estoit tel; et luy partoit cette humeur d'une grande bonté de nature : il ne feut iamais ame plus charitable et populaire. Ce train, que ie loue en aultruy, ie n'aime point à le suyvre; et ne suis pas sans excuse. Il avoit ouï dire qu'il se falloit oublier pour le prochain; que le particulier ne venoit en aulcune consideration au prix du general. La pluspart des regles et preceptes du monde prennent ce train, de nous poulser hors de nous, et chasser en la place, à l'usage de la societé publicque: ils ont pensé faire un bel effect de nous destourner et distraire de nous, presupposants que nous n'y teinssions que trop et d'une attache trop naturelle; et n'ont espargné rien à dire pour cette fin; car il n'est pas nouveau aux sages, de prescher les choses comme elles servent, non comme elles sont. La verité a ses empeschements, incommoditez et incompatibilitez avecques nous : il nous fault souvent tromper, à fin que nous ne nous trompions; et ciller nostre veue, eslourdir nostre entendement, pour le dresser et amender : imperiti enim iudicant, et qui frequenter in hoc ipsum fallendi sunt, ne errent (1). Quand ils nous ordonnent d'aimer, avant nous, trois, quatre et cinquante degrez de choses, ils representent

(1) Car, comme les ignorants se donnent la liberté de juger, il faut souvent les tromper pour les empêcher de tomber dans l'erreur. *Quintil.* instit. orat. l. 2, c. 17, p. 166 edit. cum notis varior.

l'art des archers qui, pour arriver au poinct, vont prenant leur visee grande espace au dessus de la bute : pour dresser un bois courbe, on le recourbe au rebours. l'estime qu'au temple de Pallas, comme nous voyons en toutes aultres religions, il y avoit des mysteres apparents pour estre montrez au peuple; et d'aultres mysteres plus secrets et plus haults, pour estre montrez seulement à ceulx qui en estoient profez : il est vraysemblable qu'en ceulx cy se treuve le vrai poinct de l'amitié que chascun se doibt; non une amitié faulse qui nous faict embrasser la gloire, la science, la richesse et telles choses, d'une affection principale et immoderee, comme membres de nostre estre; ny une amitié molle et indiscrette, en laquelle il advient ce qui se veoid au lierre, qu'il corrompt et ruyne la paroy qu'il accole; mais une amitié salutaire et reglee, egualement utile et plaisante. Qui en sçait les debvoirs, et les exerce, il est vraiement du cabinet des muses; il a attainct le sommet de la sagesse humaine et de nostre bonheur : cettuy cy, sçachant exactement ce qu'il se doibt, treuve dans son roolle, qu'il doibt appliquer à soy l'usage des aultres hommes et du monde; et, pour ce faire, contribuer à la societé publicque les debvoirs et offices qui le touchent. Qui ne vit aulcunement à aultruy, ne vit gueres à soy : qui sibi amicus est, scito hunc amicum omnibus esse (1). La principale charge que nous ayons, c'est à chascun sa conduicte; et est ce pour quoy nous sommes icy. Comme qui oublieroit de bien et sainctement vivre ; et penseroit estre quite de son debvoir, en y acheminant et dressant les aultres, ce seroit un sot : tout de mesme, qui abbandonne, en son propre, le sainement et gayement vivre, pour en servir aultruy, prend à mon gré un mauvais et desnaturé party.

---

(1) Comptez que celui qui est ami de soi-même, l'est aussi de tous les hommes. *Senec.* epist. 6. Ce sont les derniers mots. C.

Ie ne veulx pas qu'on refuse, aux charges qu'on prend, l'attention, les pas, les paroles, et la sueur, et le sang au besoing :

> Non ipse pro charis amicis,
> Aut patriâ, timidus perire : (1)

mais c'est par emprunt, et accidentalement; l'esprit se tenant tousiours en repos et en santé; non pas sans action, mais sans vexation, sans passion. L'agir simplement luy couste si peu, qu'en dormant mesme il agit: mais il luy fault donner le bransle avecques discretion; car le corps receoit les charges qu'on luy met sus, iustement selon qu'elles sont; l'esprit les estend et les appesantit souvent à ses despens, leur donnant la mesure que bon luy semble. On faict pareilles choses, avecques divers efforts et differente contention de volonté; l'un va bien sans l'aultre : car combien de gents se hazardent touts les iours aux guerres, de quoy il ne leur chault; et se pressent aux dangiers des battailles, des quelles la perte ne leur troublera pas le voisin sommeil? tel en sa maison, hors de ce dangier qu'il n'oseroit avoir regardé, est plus passionné de l'yssue de cette guerre, et en a l'ame plus travaillee, que n'a le soldat qui y employe son sang et sa vie. I'ay peu me mesler des charges publicques, sans me despartir de moy, de la largeur d'une ongle; et me donner à aultruy, sans m'oster à moy. Cette aspreté et violence de desirs empesche plus qu'elle ne sert à la conduicte de ce qu'on entreprend; nous remplit d'impatience envers les evenements ou contraires ou tardifs, et d'aigreur et de souspeçon envers ceulx avecques qui nous negocions. Nous ne conduisons iamais bien la chose de la quelle nous sommes possedez et conduicts :

(1) Tout prêt moi-même à mourir pour mes amis, ou pour ma patrie. *Horat.* od. 9, l. 4, v. 51, 52.

Malè cuncta ministrat
Impetus. (1)

Celuy qui n'y employe que son iugement et son addresse, il y procede plus gayement; il feint, il ploye, il differe, tout à son ayse, selon le besoing des occasions; il fault d'attaincte, sans torment et sans affliction, prest et entier pour une nouvelle entreprinse; il marche tousiours la bride à la main. En celuy qui est enyvré de cette intention violente et tyrannique, on veoid, par necessité, beaucoup d'imprudence et d'iniustice : l'impetuosité de son desir l'emporte; ce sont mouvements temeraires, et, si fortune n'y preste beaucoup, de peu de fruict. La philosophie veult qu'au chastiement des offenses receues, nous en distrayons la cholere; non à fin que la vengeance en soit moindre, ains, au rebours, à fin qu'elle en soit d'autant mieulx assenee et plus poisante, à quoy il luy semble que cette impetuosité porte empeschement. Non seulement la cholere trouble; mais, de soy, elle lasse aussi les bras de ceulx qui chastient; ce feu estourdit et consomme leur force : comme en la precipitation, festinatio tarda est (2), la hastiveté se donne elle mesme la iambe, s'entrave et s'arreste, ipsa se velocitas implicat (3). Pour exemple, selon ce que i'en veois par usage ordinaire, l'avarice n'a point de plus grand destourbier que soy mesme : plus elle est tendue et vigoreuse, moins elle en est fertile; communement elle attrappe plus promptement les richesses, masquee d'une image de liberalité. Un gentilhomme, treshomme de bien et mon amy, cuida

---

(1) Tout ce que la passion conduit, est mal conduit. *Stace*, dans sa Thébaïde, l. 10, v. 704, 705.

(2) Trop de hâte produit du retardement. *Quinte-Curce*, l. 9, c. 9, num. 12.

(3) *Senec*. epist. 44. Ces paroles terminent l'épître. Montaigne, qui les cite un peu autrement qu'elles ne sont dans Séneque, les traduit exactement, avant que de les citer. C.

brouiller la santé de sa teste, par une trop passionnee attention et affection aux affaires d'un prince, son maistre : lequel maistre s'est ainsi peinct soy mesme à moy, « Qu'il veoid le poids des accidents, comme un aultre; mais qu'à ceulx qui n'ont point de remede, il se resoult soubdain à la souffrance; aux aultres, aprez y avoir ordonné les provisions necessaires, ce qu'il peult faire promptement par la vivacité de son esprit, il attend en repos ce qui s'en peult ensuyvre ». De vray, ie l'ay veu à mesme, maintenant une grande nonchalance et liberté d'actions et de visage au travers de bien grands affaires et bien espineux : ie le treuve plus grand et plus capable en une mauvaise, qu'en une bonne fortune; ses pertes luy sont plus glorieuses que ses victoires, et son dueil que son triumphe. Considerez qu'aux actions mesmes qui sont vaines et frivoles, au ieu des eschecs, de la paulme, et semblables, cet engagement aspre et ardent d'un desir impetueux iecte incontinent l'esprit et les membres à l'indiscretion et au desordre ; on s'esblouït, on s'embarrasse soy mesme : celuy qui se porte plus modereement envers le gaing et la perte, il est tousiours chez soy ; moins il se picque et passionne au ieu, il le conduict d'autant plus advantageusement et seurement. Nous empeschons, au demourant, la prinse et la serre de l'ame, à luy donner tant de choses à saisir : les unes, il les luy fault seulement presenter, les aultres attacher, les aultres incorporer : elle peult veoir et sentir toutes choses, mais elle ne se doibt paistre que de soy; et doibt estre instruicte de ce qui la touche proprement, et qui proprement est de son avoir et de sa substance. Les loix de nature nous apprennent ce que iustement il nous fault : Aprez que les sages nous ont dict que selon elle personne n'est indigent, et que chascun l'est selon l'opinion, ils distinguent ainsi subtilement les desirs qui viennent d'elle, de ceulx qui viennent du desreglement de nostre fantasie : ceulx des quels on veoid le bout sont siens ; ceulx qui fuyent devant nous, et des quels nous ne pouvons ioindre la fin, sont nostres : la pauvreté des biens est aysee à guarir ; la pauvreté de l'ame, impossible :

> Nam si, quod satis est homini, id satis esse potesset,
> Hoc sat erat : nunc, quum hoc non est, quî credimu' porrò
> Divitias ullas animum mi explere potesse ? (1)

Socrates, voyant porter en pompe par sa ville grande quantité de richesses, ioyaux et meubles de prix : « Combien de choses, dict-il (a), ie ne desire point » ! Metrodorus vivoit du poids de douze onces par iour ; Epicurus, à moins : Metroclez dormoit, en hyver, avecques les moutons ; en esté, aux cloistres des eglises : Sufficit ad id natura, quod poscit (2) : Cleanthes vivoit de ses mains ; et se vantoit que Cleanthes, s'il vouloit, nourriroit encores un aultre Cleanthes. Si ce que nature exactement et originellement nous demande pour la conservation de nostre estre, est trop peu (comme de vray combien ce l'est ; et combien à bon compte nostre vie se peult maintenir, il ne se doibt exprimer mieulx que par cette consideration, Que c'est si peu, qu'il eschappe la prinse et le choc de la fortune par sa petitesse), dispensons nous de quelque chose plus oultre ; appellons encores nature, l'usage et condition de chascun de nous ; taxons nous, traictons nous à cette mesure ; estendons nos appartenances et nos comptes iusques là, car iusques là il me semble bien que nous avons quelque excuse. L'accous-

---

(1) Car si l'homme pouvoit se contenter de ce qui lui suffit véritablement, il seroit maître de son bonheur : mais comme il n'en est rien, pourquoi croirois-je que les plus grandes richesses pourroient me satisfaire ? *Lucilius*, l. 5, apud Nonium Marcellum, c. 5, §. 98.

(a) Quàm multa non desidero. *Cic.* tusc. quæst. l. 5, c. 32.

(2) La nature pourvoit à ce qu'elle exige nécessairement. *Senec.* epist. 90, p. 407 edit. cum not. varior.

tumance est une seconde nature, et non moins puissante. Ce qui manque à ma coustume, ie tiens qu'il me manque; et i'aimerois presque egualement qu'on m'ostast la vie, que si on me l'essimoit et retrenchoit bien loing de l'estat auquel ie l'ai vescue si long temps. Ie ne suis plus en termes d'un grand changement, ny de me iecter à un nouveau train et inusité, non pas mesme vers l'augmentation. Il n'est plus temps de devenir aultre : et comme ie plaindrois quelque grande adventure qui me tumbast à cette heure entre mains, de ce qu'elle ne seroit venue en temps que i'en peusse iouïr;

> Quo mihi fortuna; si non conceditur uti? (1)

ie me plaindrois de mesme de quelque acquest interne. Il vault quasi mieulx iamais, que si tard, devenir honneste homme et bien entendu à vivre, lorsqu'on n'a plus de vie. Moy, qui m'en vois, resignerois facilement à quelqu'un qui veinst, ce que i'apprends de prudence pour le commerce du monde : moustarde aprez disner. Ie n'ay que faire du bien du quel ie ne puis rien faire: à quoy la science, à qui n'a plus de teste? C'est iniure et desfaveur de fortune, de nous offrir des presents qui nous remplissent d'un iuste despit de nous avoir failly en leur saison : ne me guidez plus, ie ne puis plus aller : de tant de membres qu'a la suffisance, la patience nous suffit : donnez la capacité d'un excellent dessus au chantre qui a les poulmons pourris, et d'eloquence à l'heremite relegué aux deserts d'Arabie. Il ne fault point d'art à la cheute : la fin se treuve de soy, au bout de chasque besongne. Mon monde est failly, ma forme est vuidee : ie suis tout du passé, et suis tenu de l'auctoriser et d'y conformer mon yssue. Ie veulx dire cecy [par maniere d'exemple :] Que l'eclipsement nouveau des dix iours

---

(1) A quoi bon tout ce bien là, si je ne puis en faire usage? *Horat.* epist. 5, l. 1, v. 12.

du pape, m'ont prins si bas, que ie ne m'en puis bonnement accoustrer : je suis des annees ausquelles nous comptions aultrement. Un si ancien et long usage me vendique et rappelle à soy ; ie suis contrainct d'estre un peu heretique par là : incapable de nouvelleté, mesme correctifve. Mon imagination, en despit de mes dents, se iecte tousiours dix iours plus avant ou plus arriere, et grommelle à mes aureilles : « Cette regle touche ceulx qui ont à estre ». Si la santé mesme, si sucree, vient à me retrouver par boutades, c'est pour me donner regret, plustost que possession, de soy : ie n'ay plus où la retirer. Le temps me laisse : sans luy rien ne se possede. Oh ! que ie ferois peu d'estat de ces grandes dignitez eslectifves, que ie veois au monde; qui ne se donnent qu'aux hommes prests à partir; ausquelles on ne regarde pas tant combien deuement on les exercera, que combien peu longuement on les exercera ; dez l'entree on vise à l'yssue. Somme, me voicy aprez à achever cet homme; non à en refaire un aultre. Par long usage, cette forme m'est passee en substance, et fortune en nature. Ie dis doncques que chascun d'entre nous foiblets, est excusable d'estimer sien ce qui est comprins soubs cette mesure ; mais aussi, au delà de ces limites, ce n'est plus que confusion : c'est la plus large estendue que nous puissions octroyer à nos droicts. Plus nous amplifions nostre besoing et possession, d'autant plus nous engageons nous aux coups de la fortune et des adversitez. La carriere de nos desirs doibt estre circonscripte et restreincte à un court limite des commoditez les plus proches et contiguës ; et doibt, en oultre, leur course se manier, non en ligne droicte qui face bout ailleurs, mais en rond duquel les deux poinctes se tiennent et terminent en nous par un brief contour. Les actions qui se conduisent sans cette reflexion, s'entend voisine reflexion et essencielle, comme sont celles des avaricieux, des ambitieux, et tant d'aultres qui courent de pointe, des quels la course les emporte tousiours devant eulx; ce sont actions erronees et maladifves.

La pluspart de nos vacations sont farcesques; Mundus universus exercet histrioniam (1). Il fault iouer deuement nostre roolle, mais comme roolle d'un personnage emprunté : du masque et de l'apparence, il n'en fault pas faire une essence reelle; ny de l'estrangier, le propre: nous ne sçavons pas distinguer la peau, de la chemise; c'est assez de s'enfariner le visage, sans s'enfariner la poictrine. I'en veois qui se transforment et se transsubstancient en autant de nouvelles figures et de nouveaux estres, qu'ils entreprennent de charges; et qui se prelatent iusques au foye et aux intestins, et entraisnent leur office iusques en leur garderobbe : ie ne puis leur apprendre à distinguer les bonnetades qui les regardent, de celles qui regardent leur commission, ou leur suitte, ou leur mule; tantum se fortunæ permittunt, etiam ut naturam dediscant (2) : ils enflent et grossissent leur ame et leur discours naturel, selon la haulteur de leur siege magistral. Le maire, et Montaigne, ont tousiours esté deux, d'une separation bien claire. Pour estre advocat ou financier, il n'en fault pas mescognoistre la fourbe qu'il y a en telles vacations : un honneste homme n'est pas comptable du vice ou sottise de son mestier, et ne doibt pourtant en refuser l'exercice; c'est l'usage de son païs, et il y a du proufit: il fault vivre du monde, et s'en prevaloir, tel qu'on le treuve. Mais le iugement d'un empereur doibt estre au dessus de son empire, et le veoir et considerer comme accident estrangier : et lui, doibt sçavoir iouïr de soy à part, et se communiquer

(1) Tout le monde joue la comédie. C'est un passage tiré d'un fragment *de Pétrone*, *apud Sarisberiens.* l. 3, c. 8, où l'on lit, totus mundus exercet histrionem, *ou* histriniam. C.

(2) Ils s'entêtent si fort de leur fortune, qu'ils en oublient les sentiments de la nature. *Quint. Curt.* l. 3, c. 2, num. 18.

comme Iacques et Pierre, au moins à soy mesme. Ie ne sçais pas m'engager si profondement et si entier: quand ma volonté me donne à un party, ce n'est pas d'une si violente obligation, que mon entendement s'en infecte. Aux presents brouillis de cet estat, mon interest ne m'a faict mescognoistre ny les qualitez louables en nos adversaires, ny celles qui sont reprochables en ceulx que i'ai suyvis. Ils adorent tout ce qui est de leur costé: moy ie n'excuse pas seulement la pluspart des choses que ie veois au mien : un bon ouvrage ne perd pas ses graces, pour plaider contre ma cause. Hors le nœud du debat, ie me suis maintenu en equanimité et pure indifference, neque extra necessitates belli, præcipuum odium gero (1). De quoy ie me gratifie d'autant, que ie veois communement faillir au contraire : utatur motu animi, qui uti ratione non potest (2). Ceulx qui allongent leur cholere et leur haine au delà des affaires, comme faict la pluspart, montrent qu'elle leur part d'ailleurs, et de cause particuliere : tout ainsi comme, à qui estant guary de son ulcere la fiebvre demeure encores, montre qu'elle avoit un aultre principe plus caché. C'est qu'ils n'en ont point à la cause, en commun, et entant qu'elle blece l'interest de touts et de l'estat; mais luy en veulent seulement en ce qu'elle leur masche en privé : voylà pourquoy ils s'en picquent de passion particuliere, et au delà de la iustice et de la raison publicque, non tam omnia universi, quàm ea, quæ ad quemque pertinent, singuli carpebant (3). Ie veulx que l'advantage soit pour nous; mais ie ne forcene point, s'il ne

---

(1) Et hors les nécessités de la guerre, je ne veux aucun mal à l'ennemi.

(2) Que celui qui ne peut pas prendre la raison pour guide, s'abandonne à la fougue de ses passions. *Cic.* tuscul. quæst. l. 4, c. 25. Voyez ci-dessus, l. 3, c. 1, p. 238 du tome 3.

(3) Toutes ces personnes ne songeoient pas tant à censurer les choses en gros, qu'ils s'attachoient chacun en particulier à trou-

l'est. Ie me prends fermement au plus sain des partis; mais ie n'affecte pas qu'on me remarque specialement ennemi des aultres, et oultre la raison generale. I'accuse merveilleusement cette vicieuse forme d'opiner : « Il est de la ligue; car il admire la grace de monsieur de Guise: L'activeté du roy de Navarre l'estonne; il est huguenot: Il treuve cecy à dire aux mœurs du roy; il est seditieux en son cœur » : et ne concedai pas au magistrat mesme qu'il eust raison de condamner un livre, pour avoir logé entre les meilleurs poëtes de ce siecle un heretique. N'oserions nous dire d'un voleur, qu'il a belle greve? faut il, si elle est putain, qu'elle soit aussi punaise? Aux siecles plus sages, revoqua on le superbe tiltre de Capitolinus qu'on avoit auparavant donné à Marcus Manlius comme conservateur de la religion et liberté publicque? estouffa on la memoire de sa liberalité et de ses faicts d'armes, et recompenses militaires octroyees à sa vertu, parce qu'il affecta depuis la royauté, au preiudice des loix de son pays? S'ils ont prins en haine un advocat, l'endemain il leur devient ineloquent. I'ay touché ailleurs le zele qui poulsa des gents de bien à semblables faultes. Pour moy, ie sçais bien dire, « Il faict meschamment cela; et vertueusement cecy ». De mesme, aux prognosticques ou evenements sinistres des affaires, ils veulent que chascun en son party soit aveugle et hebeté; que nostre persuasion et iugement serve, non à la verité, mais au proiect de nostre desir. Ie fauldrois plustost vers l'aultre extremité : tant ie crains que mon desir me suborne; ioinct, que ie me desfie un peu tendrement des choses que ie souhaitte.

I'ai veu, de mon temps, merveilles en l'indiscrette et prodigieuse facilité des peuples à se laisser mener et manier la creance et l'esperance, où il a pleu et servi à leurs

---

ver à redire aux choses qui les intéressoient personnellement. *Tit. Liv.* l. 34, c. 36.

chefs, par dessus cent mescomptes les uns sur les aultres, par dessus les phantosmes et les songes. Ie ne m'estonne plus de ceulx que les singeries d'Apollonius et de Mahumet embufflerent. Leur sens et entendement est entierement estouffé en leur passion : leur discretion n'a plus d'aultre chois, que ce qui leur rit et qui conforte leur cause. I'avois remarqué souverainement cela au premier de nos partis fiebvreux; cet aultre qui est nay depuis, en l'imitant, le surmonte : par où ie m'advise que c'est une qualité inseparable des erreurs populaires; aprez la premiere qui part, les opinions s'entrepoulsent, suyvant le vent, comme les flots; on n'est pas du corps, si on s'en peult desdire, si on ne vague le train commun. Mais certes on faict tort aux partis iustes quand on les veult secourir de fourbes; i'y ai tousiours contredict : ce moyen ne porte qu'envers les testes malades; envers les saines, il y a des voyes plus seures, et non seulement plus honnestes, à maintenir les courages et excuser les accidents contraires. Le ciel n'a point veu un si poisant desaccord que celuy de Cesar et de Pompeius, ny ne verra pour l'advenir : toutesfois il me semble recognoistre en ces belles ames une grande moderation de l'un envers l'aultre; c'estoit une ialousie d'honneur et de commandement, qui ne les emporta pas à haine furieuse et indiscrette, sans malignité et sans detraction : en leurs plus aigres exploicts, ie descouvre quelque demourant de respect et de bienvueillance; et iuge ainsi, que, s'il leur eust esté possible, chascun d'eulx eust désiré de faire son affaire sans la ruyne de son compaignon, plustost qu'avecques sa ruyne. Combien aultrement il en va de Marius et de Sylla! Prenez y garde. Il ne fault pas se precipiter si esperduement aprez nos affections et interests. Comme estant ieune, ie m'opposois au progrez de l'amour que ie sentois trop advancer sur moy, et m'estudiois qu'il ne me feust si agreable qu'il veinst à me forcer enfin et captiver du tout à sa mercy : i'en use de mesme à toutes aultres occasions où ma volonté se prend avecques trop d'appetit; ie me penche à l'opposite de son inclination, comme ie la veois se plonger, et enyvrer de son vin : ie fuys à nourrir son plaisir si avant que ie ne l'en puisse plus r'avoir sans perte sanglante. Les ames qui par stupidité ne veoient les choses qu'à demy, iouïssent de cet heur, que les nuisibles les blecent moins : c'est une ladrerie spirituelle qui a quelque air de santé, et telle santé que la philosophie ne mesprise pas du tout; mais pourtant ce n'est pas raison de la nommer sagesse, ce que nous faisons souvent. Et de cette maniere se mocqua quelqu'un anciennement de Diogenes qui alloit embrassant en plein hyver, tout nud, une image de neige pour l'essay de sa patience : celuy là le rencontrant en cette desmarche : « As tu grand froid à cette heure »? luy dict il » « Du tout point », respond Diogenes. « Or, suyvit l'aultre : que penses tu donc faire de difficile et d'exemplaire à te tenir là »? Pour mesurer la constance, il fault necessairement sçavoir la souffrance. Mais les ames qui auront à veoir les evenements contraires et les iniures de la fortune en leur profondeur et aspreté, qui auront à les poiser et gouster selon leur aigreur naturelle et leur charge, qu'elles employent leur art à se garder d'en enfiler les causes, et en destournent les advenues : que feit le roy Cotys : Il paya liberalement la belle et riche vaisselle qu'on luy avoit presentee; mais parce qu'elle estoit singulierement fragile, il la cassa incontinent luy mesme, pour s'oster de bonne heure une si aysee matiere de courroux contre ses serviteurs. Pareillement, i'ay volontiers evité de n'avoir mes affaires confus; et n'ay cherché que mes biens feussent contigus à mes proches et ceulx à qui i'ai à me ioindre d'une estroicte amitié; d'où naissent ordinairement matieres d'alienation et dissention. I'aimois aultresfois les ieux hazardeux des chartes et dez : ie m'en suis desfaict il y a long temps, pour cela seulement, que quelque bonne mine que ie feisse en ma perte, ie ne laissois pas d'en avoir, au dedans, de la picqueure. Un homme d'honneur qui doibt sentir un desmentir et une offense iusques au cœur, qui n'est pour prendre une (a) sottise en payement et consolation de sa perte, qu'il evite le progrez des affaires doubteux et des altercations contentieuses. Ie fuys les complexions tristes et les hommes hargneux, comme les empestez ; et aux propos que ie ne puis traicter sans interest et sans esmotion, ie ne m'y mesle, si le debvoir ne m'y force : meliùs non incipient, quàm desinent (1). La plus seure façon est doncques, Se preparer avant les occasions. Ie sçais bien qu'aulcuns sages ont prins aultre voye, et n'ont pas craint de se harper et engager iusques au vif à plusieurs obiects : ces gents là s'asseurent de leur force, soubs laquelle ils se mettent à couvert en toute sorte de succez ennemis, faisant luicter les maulx par la vigueur de la patience :

> velut rupes, vastum quæ prodit in æquor,
> Obvia ventorum furiis, expostaque ponto,
> Vim cunctam atque minas perfert cœlique marisque,
> Ipsa immota manens. (2)

N'attaquons pas ces exemples ; nous n'y arriverions point. Ils s'obstinent à veoir resoluement, et sans se troubler, la ruyne de leur pays qui possedoit et commandoit toute leur volonté : pour nos ames communes, il y a trop d'effort et trop de rudesse à cela. Caton en abandonna la plus noble vie qui feut oncques : à nous aultres petits,

---

(a) mauvaise excuse. *Edition* de 1595.

(1) Il y a moins d'inconvénient à ne pas s'y engager, qu'à les pousser jusqu'au bout. *Senec.* ep. 72, in fine.

(2) Semblables à un rocher élevé au-dessus des eaux de la mer, qui, exposé à la fureur des vents et des flots, essuie tous les efforts et toutes les menaces du ciel et de la mer, restant lui-même immobile. *Virg. Aeneid.* l. 10, v. 693, et seqq.

il fault fuyr l'orage de plus loing ; il fault pourveoir au sentiment, non à la patience ; et eschever aux coups que nous ne sçaurions parer. Zenon, voyant approcher Chremonidez, ieune homme qu'il aimoit, pour se seoir auprez de luy, se leva soubdain : et Cleanthes luy en demandant la raison : « I'entends, dict-il, que les medecins ordonnent le repos principalement, et deffendent l'esmotion à toutes tumeurs ». Socrates ne dict point : « Ne vous rendez pas aux attraicts de la beauté; soustenez la, efforcez vous au contraire ». « Fuyez la, faict il, courez hors de sa veue et de son rencontre, comme d'une poison puissante qui s'eslance et frappe de loing ». Et son bon disciple (a), feignant ou recitant, mais, à mon advis, recitant plustost que feignant, les rares perfections de ce grand Cyrus, le faict desfiant de ses forces à porter les attraicts de la divine beauté de cette illustre Panthee sa captifve, et en commettant la visite et garde à un aultre qui eust moins de liberté que luy. Et le sainct Esprit, de mesme, ne nos inducas in tentationem (1) : nous ne prions pas que nostre raison ne soit combattue et surmontee par la concupiscence; mais qu'elle n'en soit pas seulement essayee; que nous ne soyons conduicts en estat où nous ayons seulement à souffrir les approches, solicitations, et tentations du peché; et supplions nostre Seigneur de maintenir nostre conscience tranquille, plainement et parfaictement delivree du commerce du mal. Ceulx qui disent avoir raison de leur passion vindicatifve, ou de quelqu'aultre espece de passion penible, disent souvent vray comme les choses sont, mais non pas comme elles feurent; ils parlent à nous, lors que les causes de leur erreur sont nourries et advancees par eulx mesmes : mais reculez plus arriere,

(a) Xénophon dans sa *Cyropédie*, l. 1, c. 3, §. 3, 4, 5, 6.

(1) Matth. c. 6, v. 13. Montaigne paraphrase ce passage après l'avoir cité.

rappellez ces causes à leur principe; là, vous les prendrez sans vert. Veulent ils que leur faulte soit moindre, pour estre plus vieille; et que d'un iniuste commencement la suite soit iuste? Qui desirera du bien à son païs comme moy, sans s'en ulcerer ou maigrir, il sera desplaisant, mais non pas transi, de le veoir menaceant ou sa ruyne ou une duree non moins ruyneuse : pauvre vaisseau, que les flots, les vents, et le pilote, tirassent à si contraires desseings;

in tam diversa, magister,
Ventus, et unda, trahunt. (1)

Qui ne bee point aprez la faveur des princes, comme aprez chose de quoy il ne se sçauroit passer, ne se picque pas beaucoup de la froideur de leur recueil et de leur visage, ny de l'inconstance de leur volonté : qui ne couve point ses enfants, ou ses honneurs, d'une propension esclave, ne laisse pas de vivre commodement aprez leur perte : qui faict bien, principalement pour sa propre satisfaction, ne s'altere gueres pour veoir les hommes iuger de ses actions contre son merite. Un quart d'once de patience pourveoid à tels inconvenients. Ie me treuve bien de cette recepte; me rachetant des commencements, au meilleur compte que ie puis ; et me sens avoir eschappé par son moyen beaucoup de travail et de difficultez. Avecques bien peu d'effort, i'arreste ce premier bransle de mes esmotions ; et abandonne le subiect qui me commence à poiser, et avant qu'il m'emporte. Qui n'arreste le partir, n'a garde d'arrester la course : qui ne sçait leur fermer la porte, ne les chassera pas, entrees : qui ne peult venir à bout du commencement, ne viendra pas à bout de la fin; ny n'en soubstiendra la cheute,

(1) Montaigne a traduit ces mots latins avant que de les citer. Je ne sais d'où il les a pris. Dans une des dernieres éditions des Essais on les donne à Buchanan, mais sans renvoyer à aucun ouvrage de ce savant Ecossois. C.

qui n'en a peu soubstenir l'esbranslement : etenim ipsæ se impellunt, ubi semel a ratione discessum est ; ipsaque sibi imbecillitas indulget, in altumque provehitur imprudens, nec reperit locum consistendi (1). Ie sens à temps les petits vents qui me viennent taster et bruire au dedans, avantcoureurs de la tempeste : animus, multo antequam opprimatur, quatitur (2) :

ceu flamina prima
Cùm deprensa fremunt sylvis, et cæca volutant
Murmura, venturos nautis prodentia ventos : (3)

à combien de fois me suis ie faict une bien evidente iniustice, pour fuyr le hazard de la recevoir encores pire des iuges aprez un siecle d'ennuys, et d'ordes et viles practiques, plus ennemies de mon naturel que n'est la gehenne et le feu ? convenit à litibus quantùm licet, et nescio an paulò plus etiam quàm licet, abhorrentem esse : est enim non modò liberale, paululùm nonnunquam de suo iure decedere, sed interdum etiam fructuosum (4). Si nous estions bien sages, nous nous debvrions resiouïr et vanter, ainsi que i'ouïs un iour bien naïfvement un enfant de grande maison faire feste à chascun, de quoy sa mere

(1) Car les passions se précipitent elles-mêmes, dès qu'on a une fois quitté le parti de la raison; et la foiblesse, toujours portée à se flatter, s'avance imprudemment en pleine mer, sans pouvoir trouver où s'arrêter. *Cic.* tusc. quæst. l. 4, c. 18.

(2) L'esprit est frappé très long-temps avant que d'être abattu. J'ignore la source de ce passage qu'on ne trouve point dans l'edit. de 1595, et qui, si i'en juge par le style, pourroit bien être de Seneque. N.

(3) Comme lorsque le vent commence à fraîchir dans les forêts, et à y exciter un petit murmure, les nautonniers en prévoient un orage tout prêt à éclater. *Virg Aeneid.* l. 10, v. 97, et seqq.

(4) On doit abhorrer les procès, et faire, pour les éviter, tout ce qui est raisonnablement possible; et je ne sais même s'il ne faut point aller un peu au-delà : car il est non seulement honnête, mais souvent même utile, de relâcher quelque chose de ses droits. *Cic.* de offic. l. 2, c. 18.

venoit de perdre son procez, comme sa toux, sa fiebvre, ou aultre chose d'importune garde. Les faveurs mesmes que la fortune pouvoit m'avoir donné, parentez et accointances envers ceulx qui ont souveraine auctorité en ces choses là, i'ay beaucoup faict, selon ma conscience, de fuyr instamment de les employer au preiudice d'aultruy, et de ne monter, par dessus leur droicte valeur, mes droicts. Enfin i'ay tant faict par mes iournees, à la bonne heure le puisse ie dire, que me voycy encores vierge de procez, qui n'ont pas laissé de se convier plusieurs fois à mon service, par bien iuste tiltre, s'il m'eust pleu d'y entendre; et vierge de querelles : i'ay, sans offense de poids, passifve ou actifve, escoulé tantost une longue vie, et sans avoir ouï pis que mon nom : Rare grace du ciel ! Nos plus grandes agitations ont des ressorts et causes ridicules : combien encourut de ruyne nostre dernier duc de Bourgoigne, pour la querelle d'une charretee de peaux de mouton (a) ! et l'engraveure d'un cachet, feut ce pas la premiere et maistresse cause du plus horrible croulement (b) que cette machine aye oncques souffert? car Pompeius et Cesar ce ne sont que les reiectons et la suitte des deux aultres : et i'ay veu de mon temps les plus sages testes de ce royaume, assemblees avecques grande cerimonie et publicque despense, pour des traictez et accords desquels la vraye decision despendoit cependant en toute souveraineté des devis du cabinet des dames, et inclination de quelque femmelette. Les poëtes ont bien entendu cela, qui ont mis, pour une pomme, la Grece et l'Asie à feu et à sang. Regardez pour quoy celuy là s'en va courre fortune de son honneur et de sa vie à tout

---

(a) On peut voir sur cela les mémoires de Philippe de Comines, l. 5, c. 1. C.

(b) De la guerre civile entre Marius et Sylla. Voyez Plutarque dans la vie de Marius, de la version d'Amyot. C.

son espee et son poignard ; qu'il vous die d'où vient la source de ce debat ; il ne le peult faire sans rougir : Tant l'occasion en est vaine et frivole ! A l'enfourner, il n'y va que d'un peu d'advisement : mais depuis que vous estes embarqué, toutes les chordes tirent ; il y faict besoing de grandes provisions bien plus difficiles et importantes. De combien il est plus aysé de n'y entrer pas, que d'en sortir ! Or, il fault proceder au rebours du roseau, qui produict une longue tige et droicte, de la premiere venue ; mais aprez, comme s'il s'estoit allangui et mis hors d'haleine, il vient à faire des nœuds frequents et espez, comme des pauses qui montrent qu'il n'a plus cette premiere vigueur et constance : il fault plustost commencer bellement et froidement ; et garder son haleine et ses vigoreux eslans au fort et perfection de la besongne. Nous guidons les affaires, en leurs commencements, et les tenons à nostre mercy ; mais, par aprez, quand ils sont esbranslez, ce sont eulx qui nous guident et emportent, et avons à les suyvre. Pourtant n'est ce pas à dire que ce conseil m'ayt deschargé de toute difficulté, et que ie n'aye eu de la peine souvent à gourmer et brider mes passions : elles ne se gouvernent pas tousiours selon la mesure des occasions, et ont leurs entrees mesmes souvent aspres et violentes. Tant y a, qu'il s'en tire une belle espargne, et du fruict ; sauf pour ceulx qui, au bien faire, ne se contentent de nul fruict si la reputation en est à dire : car, à la verité, un tel effect n'est en compte qu'à chascun en soy ; vous en estes plus content, mais non plus estimé, vous estant reformé avant que d'estre en danse et que la matiere feust en veue. Toutesfois aussi, non en cecy seulement, mais en touts aultres debvoirs de la vie, la route de ceulx qui visent à l'honneur est bien diverse à celle que tiennent ceulx qui se proposent l'ordre et la raison. I'en treuve qui se mettent inconsidereement et furieusement en lice, et s'alentissent en la course. Comme Plutarque dict, que ceulx qui, par le vice de la mauvaise honte, sont mols et faciles à accorder quoy qu'on leur demande, sont faciles aprez à faillir de parole et à se desdire : pareillement qui entre legierement en querelle, est subiect d'en sortir aussi legierement. Cette mesme difficulté qui me garde de l'entamer, m'inciteroit d'y tenir ferme, quand ie serois esbranslé et eschauffé. C'est une mauvaise façon : depuis qu'on y est, il fault aller, ou crever. « Entreprenez froidement, disoit Bias, mais poursuivez chauldement ». De faulte de prudence, on retumbe en faulte de cœur, qui est encores moins supportable. La pluspart des accords de nos querelles du iour d'hui sont honteux et menteurs : nous ne cherchons qu'à sauver les apparences, et trahissons ce pendant et desadvouons nos vrayes intentions ; nous plastrons le faict. Nous sçavons comment nous l'avons dict et en quel sens, et les assistants le sçavent, et nos amis à qui nous avons voulu faire sentir nostre advantage : c'est aux despens de nostre franchise, et de l'honneur de nostre courage, que nous desadvouons nostre pensee, et cherchons des connillieres en la faulseté, pour nous accorder ; nous nous desmentons nous mesmes, pour sauver un desmentir que nous avons donné (a). Il ne fault pas regarder si vostre action ou vostre parole peult avoir aultre interpretation ; c'est vostre vraye et sincere interpretation qu'il fault meshuy maintenir, quoy qu'il vous couste. On parle à vostre vertu et à vostre conscience ; ce ne sont parties à mettre en masque : laissons ces vils moyens et ces expedients à la chicane du palais. Les excuses et reparations que ie veois faire touts les iours pour purger l'indiscretion, me semblent plus laides que l'indiscretion mesme. Il vauldroit mieulx l'offenser encores un coup, que de s'offenser soy mesme en faisant telle

(a) à un'autre. *Edit.* de 1595, mais effacé par Montaigne dans l'exemplaire qu'il a corrigé. N.

amende à son adversaire. Vous l'avez bravé, esmeu de cholere; et vous l'allez rappaiser et flatter, en vostre froid et meilleur sens : ainsi vous vous soubmettez plus que vous ne vous estiez advancé. Ie ne treuve aulcun dire si vicieux à un gentilhomme, comme le desdire me semble luy estre honteux, quand c'est un desdire qu'on luy arrache par auctorité; d'autant que l'opiniastreté luy est plus excusable que la pusillanimité. Les passions me sont autant aysees à eviter, comme elles me sont difficiles à moderer : exscinduntur faciliùs animo, quàm temperantur (1). Qui ne peult attaindre à cette noble impassibilité stoïque, qu'il se sauve au giron de cette mienne stupidité populaire : ce que ceux là faisoyent par vertu, ie me duis à le faire par complexion. La moyenne region loge les tempestes : les deux extremes, des hommes philosophes, et des hommes ruraux, concurrent en tranquillité et en bonheur :

> Fœlix qui potuit rerum cognoscere causas,
> Atque metus omnes et inexorabile fatum
> Subiecit pedibus, strepitumque Acherontis avari !
> Fortunatus et ille deos qui novit agrestes,
> Panaque, Sylvanumque senem, Nymphasque sorores ! (1)

De toutes choses les naissances sont foibles et tendres : pourtant fault il avoir les yeulx ouverts aux commencements; car comme lors, en sa petitesse, on n'en descouvre pas le dangier; quand il est accreu, on n'en descouvre plus le remede. I'eusse rencontré un million de

(1) On les arrache plus aiseement de l'ame qu'on ne les bride. Cette traduction est de Montaigne : elle se trouve sur l'exemplaire corrigé de sa main; mais il l'a effacée. N.

(2) Heureux celui qui a pu pénétrer les secrets de la nature, et se mettre au-dessus des craintes d'un destin inexorable, et du bruit menaçant de l'avare Achéron ! Heureux aussi celui qui connoît les dieux champêtres, Pan, le vieux Sylvain, et les Nymphes leurs sœurs ! *Virg. Georg.* l. 2, v. 490.

traverses touts les iours plus malaysees à digerer, au cours de l'ambition, qu'il ne m'a esté malaysé d'arrester l'inclination naturelle qui m'y portoit :

iure perhorrui
Latè conspicuum tollere verticem. (1)

Toutes actions publicques sont subiectes à incertaines et diverses interpretations ; car trop de testes en iugent. Aulcuns disent de cette mienne occupation de ville, (et ie suis content d'en parler un mot, non qu'elle le vaille, mais pour servir de montre de mes mœurs en telles choses), que ie m'y suis porté en homme qui s'esmeut trop laschement, et d'une affection languissante : et ils ne sont pas du tout esloingnez d'apparence. I'essaye à tenir mon ame et mes pensees en repos, cùm semper naturâ, tum etiam ætate iam quietus (2); et si elles se desbauchent parfois à quelque impression rude et penetrante, c'est, à la verité, sans mon conseil. De cette langueur naturelle, on ne doibt pourtant tirer aulcune preuve d'impuissance, car faulte de soing, et faulte de sens, ce sont deux choses ; et moins, de mescognoissance et d'ingratitude envers ce peuple, qui employa touts les plus extremes moyens qu'il eust en ses mains à me gratifier, et avant m'avoir cogneu, et aprez ; et feit bien plus pour moy, en me redonnant ma charge, qu'en me la donnant premierement. Ie luy veulx tout le bien qui se peult ; et certes, si l'occasion y eust esté, il n'est rien que i'eusse espargné pour son service. Ie me suis esbranslé pour luy, comme ie fois pour moy. C'est un bon peuple, guerrier et genereux, capable pourtant d'obeïssance et discipline, et de servir à quelque bon

---

(1) Ce n'est pas sans raison que j'ai craint de paroître dans un poste fort élevé. *Horat.* od. 16, l. 3, v. 18.

(2) Ayant toujours été tranquille de ma nature, et l'étant plus à présent par un effet de l'âge. *Q. Cicero*, de petit. cons. c. 2.

usage, s'il y est bien guidé. Ils disent aussi cette mienne vacation s'estre passee sans marque et sans trace. Il est bon : on accuse ma cessation en un temps où quasi tout le monde estoit convaincu de trop faire. I'ay un agir trepignant où la volonté me charrie ; mais cette poincte est ennemye de perseverance. Qui se vouldra servir de moy, selon moy, qu'il me donne des affaires où il fasse besoing de vigueur et de liberté, qui ayent une conduicte droicte et courte, et encores hazardeuse; i'y pourray quelque chose : s'il la fault longue, subtile, laborieuse, artificielle et tortue, il fera mieulx de s'addresser à quelque aultre. Toutes charges importantes ne sont pas difficiles : i'estois preparé à m'embesongner plus rudement un peu, s'il en eust esté grand besoing ; car il est en mon pouvoir de faire quelque chose plus que ie ne fois, et que ie n'aime à faire. Ie ne laissai, que ie sçache, aulcun mouvement que le debvoir requist en bon escient de moi. I'ay facilement oublié ceulx que l'ambition mesle au debvoir et couvre de son tiltre; ce sont ceulx qui le plus souvent remplissent les yeulx et les aureilles, et contentent les hommes : non pas la chose, mais l'apparence les paye ; s'il n'oyent du bruict, il leur semble qu'on dorme. Mes humeurs sont contradictoires aux humeurs bruyantes ; i'arresterois bien un trouble, sans me troubler; et chastierois un desordre, sans alteration : ai ie besoing de cholere et d'inflammation? ie l'emprunte, et m'en masque. Mes mœurs sont mousses, plustost fades, qu'aspres. Ie n'accuse pas un magistrat qui dorme, pourveu que ceulx qui sont soubs sa main dorment quand et luy : les loix dorment de mesme. Pour moy, ie loue une vie glissante, sombre et muette : neque submissam et abiectam, neque se efferentem (1) : ma fortune le veult ainsi. Ie suis nay d'une famille qui a

(1) Egalement éloignée de la bassesse, et d'un insolent orgueil. *Cic.* de offic. l. 1, c. 34.

coulé sans esclat et sans tumulte, et, de longue memoire, particulierement ambitieuse de preud'hommie. Nos hommes sont si formez à l'agitation et ostentation, que la bonté, la moderation, l'equabilité, la constance, et telles qualitez quietes et obscures, ne se sentent plus: les corps raboteux se sentent; les polis se manient imperceptiblement : la maladie se sent; la santé, peu ou point; ny les choses qui nous oignent, au prix de celles qui nous poignent. C'est agir pour sa reputation et proufit particulier, non pour le bien, de remettre à faire en la place ce qu'on peult faire en la chambre du conseil; et en plein midy, ce qu'on eust faict la nuict precedente; et d'estre ialoux de faire soy mesme ce que son compaignon faict aussi bien : ainsi faisoyent aulcuns chirurgiens de Grece les operations de leur art sur des eschaffauds à la vue des passants, pour en acquerir plus de practique et de chalandise. Ils iugent que les bons reglements ne se peuvent entendre qu'au son de la trompette. L'ambition n'est pas un vice de petits compaignons, et de tels efforts que les nostres. On disoit à Alexandre, « Vostre pere vous lairra une grande domination, aysee et pacifique »: ce garson estoit envieux des victoires de son pere, et de la iustice de son gouvernement; il n'eust pas voulu iouïr l'empire du monde, mollement et paisiblement. Alcibiades, en Platon, aime mieulx mourir, ieune, beau, riche, noble, sçavant, [tout cela] par excellence, que de s'arrester en l'estat de cette condition : cette maladie est, à l'adventure, excusable en une ame si forte et si plaine. Quand ces ametes naines et chestifves s'en vont embabouinant, et pensent espandre leur nom, pour avoir iugé à droict un affaire, ou continué l'ordre des gardes d'une porte de ville, ils en montrent d'autant plus le cul, qu'ils esperent en haulser la teste. Ce menu bien faire n'a ne corps ne vie; il va s'esvanouïssant en la premiere bouche; et ne se promene que d'un carrefour de rue à l'aultre : entretenez en hardiement vostre fils et vostre valet, comme cet ancien, qui n'ayant aultre auditeur de ses louanges, et consent de sa valeur, se bravoit avecques sa chambriere, en s'escriant : « O Perrette, le galant et suffisant homme de maistre que tu as »! Entretenez vous en vous mesme, au pis aller; comme un conseiller de ma cognoissance, ayant desgorgé une battelee de paragraphes, d'une extreme contention, et pareille ineptie, s'estant retiré de la chambre du conseil au pissoir du palais, feut ouï marmotant entre les dents, tout consciencieusement: « Non nobis, Domine, non nobis; sed nomini tuo da gloriam (1) ». Qui ne peult d'ailleurs, si se paye de sa bourse. La renommee ne se prostitue pas à si vil compte : les actions rares et exemplaires, à qui elle est deue, ne souffriroient pas la compaignie de cette foule innumerable de petites actions iournalieres. Le marbre eslevera vos tiltres, tant qu'il vous plaira, pour avoir faict rapetasser un pan de mur, ou descrotter un ruisseau publicque; mais non pas les hommes qui ont du sens. Le bruit ne suyt pas toute bonté, si la difficulté et estrangeté n'y est ioincte : voire ny la simple estimation n'est deue à toute action qui naist de la vertu, selon les stoïciens; et ne veulent qu'on sçache seulement gré à celuy qui par temperance s'abstient d'une vieille chassieuse. Ceulx qui ont cogneu les admirables qualitez de Scipion l'africain, refusent la gloire que Panaetius luy attribue d'avoir esté abstinent de dons, comme gloire non tant sienne propre, comme de tout son siecle. Nous avons les voluptez sortables à nostre fortune; n'usurpons pas celles de la grandeur : les nostres sont plus naturelles; et d'autant plus solides et seures, qu'elles sont plus basses. Puisque ce n'est par conscience, au moins par ambition, refusons l'ambition : desdaignons cette faim de renom-

(1) Non point à nous, Seigneur, non point à nous; mais à ton nom la gloire en soit donnée. *Ps.* 113, v. 1.

mee et d'honneur, basse et belistresse, qui nous le faict coquiner de toute sorte de gents, *quæ est ista laus, quæ possit è macello peti?* (1), par moyens abiects, et à quelque vil prix que ce soit : c'est deshonneur d'estre ainsin honnoré. Apprenons à n'estre non plus avides, que nous ne sommes capables, de gloire. De s'enfler de toute action utile et innocente, c'est à faire à gents à qui elle est extraordinaire et rare : ils la veulent mettre, pour le prix qu'elle leur couste. A mesure qu'un bon effect est plus esclatant, ie rabbats de sa bonté le souspeçon en quoy i'entre qu'il soit produict plus pour estre esclatant, que pour estre bon : estalé, il est à demy vendu. Ces actions là ont bien plus de grace qui eschappent de la main de l'ouvrier, nonchalamment et sans bruict, et que quelque honneste homme choisit aprez, et r'esleve de l'umbre, pour les poulser en lumiere à cause d'elles mesmes. *Mihi quidem laudabiliora videntur omnia, quæ sine venditatione et sine populo teste fiunt* (2), dict le plus glorieux homme du monde. Ie n'avois qu'à conserver, et durer, qui sont effects sourds et insensibles : l'innovation est de grand lustre; mais elle est interdicte en ce temps, où nous sommes pressez, et n'avons à nous deffendre que des nouvelletez. L'abstinence de faire est souvent aussi genereuse que le faire; mais elle est moins au iour : et ce peu que ie vaulx, est quasi tout de cette espece. En somme, les occasions en cette charge ont suyvi ma complexion; de quoy ie leur sçais tresbon gré : est il quelqu'un qui desire estre malade pour veoir

---

(1) Quelle est cette louange, qu'on peut acheter au marché? *Cic.* de fin. bon. et mal. l. 2, c. 15.

(2) Pour moi, toutes les choses que je trouve les plus louables, ce sont celles qui se font sans ostentation, et dont on n'a point le peuple pour témoin, dit Cicéron, que Montaigne appelle ici « le plus glorieux homme du monde ». *Tusc. Quæst.* l. 2, c. 25. Edit. Davis. C.

son medecin en besongne? et fauldroit il pas fouetter le medecin qui nous desireroit la peste, pour mettre son art en practique? Ie n'ay point eu cett' humeur inique et assez commune, de desirer que le trouble et maladie des affaires de cette cité rehaulsast et honnorast mon gouvernement : i'ay presté de bon cœur l'espaule à leur aysance et facilité. Qui ne me vouldra sçavoir gré de l'ordre, de la doulce et muette tranquillité qui a accompaigné ma conduicte; au moins ne peut il me priver de la part qui m'en appartient, par le tiltre de ma bonne fortune. Et ie suis ainsi faict, que i'aime autant estre heureux, que sage; et debvoir mes succez purement à la grace de Dieu, qu'à l'entremise de mon operation. I'avois assez disertement publié au monde mon insuffisance en tels maniements publicques : i'ay encores pis que l'insuffisance; c'est qu'elle ne me desplaist gueres, et que ie ne cherche gueres à la guarir, veu le train de vie que i'ai desseigné. Ie ne me suis, en cette entremise, non plus satisfaict à moy mesme; mais à peu prez i'en suis arrivé à ce que ie m'en estois promis : et si ay de beaucoup surmonté ce que i'en avois promis à ceulx à qui i'avois à faire; car ie promets volontiers un peu moins de ce que ie puis et de ce que i'espere tenir. Ie m'asseure n'y avoir laissé ny offense ny haine : d'y laisser regret et desir de moy, ie sçais à tout le moins bien cela, que ie ne l'ay pas fort affecté :

mene huic confidere monstro!
Mene salis placidi vultum, fluctusque quietos
Ignorare!

(1) Moi, que je me fie à ce monstre! Que je puisse oublier qu'on auroit tort de se reposer sur le calme apparent de cette mer trompeuse! *Virg. Aeneid.* l. 5, v. 849.

CHAPITRE XI.

Des boiteux.

Il y a deux ou trois ans, qu'on accourcit l'an de dix iours en France. Combien de changements (a) debvoient suyvre cette reformation ! ce feut proprement remuer le ciel et la terre à la fois : ce neantmoins, il n'est rien qui bouge de sa place ; mes voisins treuvent l'heure de leurs semences, de leur recolte, l'opportunité de leurs negoces, les iours nuisibles et propices, au mesme poinct iustement où ils les avoient assignez de tout temps : ny l'erreur ne se sentoit en nostre usage ; ny l'amendement ne s'y sent : Tant il y a d'incertitude par tout ! tant nostre appercevance est grossiere, obscure et obtuse ! On dict que ce reglement se pouvoit conduire d'une façon moins incommode, soubstrayant, à l'exemple d'Auguste, pour quelques annees, le iour du bissexte, qui, ainsi comme ainsin, est un iour d'empeschement et de trouble, iusques à ce qu'on feust arrivé à satisfaire exactement ce debte ; ce que mesme on n'a pas faict par cette correction, et demeurons encores en arrerages de quelques iours : et si, par mesme moyen, on pouvoit prouveoir à l'advenir, ordonnant qu'aprez la revolution de tel ou tel nombre d'annees, ce iour extraordinaire seroit tousiours eclipsé ; si que nostre mescompte ne pourroit d'ores en avant exceder vingt et quatre heures. Nous n'avons aultre compte du temps, que les ans : il y a tant de siecles que le monde s'en sert ; et si c'est une mesure que nous n'avons encores achevé d'arrester, et telle, que nous doubtons touts les iours quelle

(a) doibvent. *Edit.* de 1595, mais effacé par Montaigne. N.

forme les aultres nations luy ont diversement donné, et quel en estoit l'usage. Quoy, ce que disent aulcuns, que les cieux se compriment vers nous en vieillissant et nous iectent en incertitude des heures mesme et des iours? et des mois, ce que dict Plutarque, qu'encores de son temps l'astrologie n'avoit sceu borner le mouvement de la lune? Nous voylà bien accommodez, pour tenir registre des choses passees!

Ie ravassois presentement, comme ie fois souvent, sur ce Combien l'humaine raison est un instrument libre et vague. Ie veois ordinairement que les hommes, aux faicts qu'on leur propose, s'amusent plus volontiers à en chercher la raison, qu'à en chercher la verité. Ils laissent là les choses, et s'amusent à traicter les causes: Plaisants causeurs! La cognoissance des causes (a) appartient seulement à celuy qui a la conduicte des choses; non à nous, qui n'en avons que la souffrance, et qui en avons l'usage parfaictement plein [et accompli] selon nostre nature sans en penetrer l'origine et l'essence; ny le vin n'en est plus plaisant à celuy qui en sçait les facultez premieres: Au contraire, et le corps et l'ame interrompent et alterent le droict qu'ils ont de l'usage du monde [et de soy mesme], y meslant l'opinion de science: [les effects nous touchent; mais les moyens, nullement]. Le determiner et le sçavoir, comme le donner, appartient à la regence et à la maistrise; à l'inferiorité, subiection et apprentissage, appartient le iouïr, l'accepter. Revenons à nostre coustume. Ils passent par dessus les effects, mais ils en examinent curieusement les consequences: ils commencent ordinairement ainsi: « Comment est ce que cela se faict »? « Mais, se faict il »? fauldroit il dire. Nostre discours est capable d'estoffer cent aultres mondes, et d'en trouver les principes et la contexture; il ne luy fault ny matiere ny baze:

(a) touche. *Edition* de 1595.

laissez le courre ; il bastit aussi bien sur le vuide que sur le plein, et de l'inanité que de matiere ;

dare pondus idonea fumo. (1)

Ie treuve, quasi partout, qu'il fauldroit dire : « Il n'en est rien » ; et employerois souvent cette response : mais ie n'ose ; car ils crient que c'est une desfaicte produicte de foiblesse d'esprit et d'ignorance, et me fault ordinairement basteler, par compaignie, à traicter des subiects et contes frivoles que ie mescrois entierement : ioinct qu'à la verité, il est un peu rude et querelleux de nier tout sec une proposition de faict ; et peu de gents faillent, notamment aux choses malaysees à persuader, d'affermer qu'ils l'ont veue, ou d'alleguer des tesmoings desquels l'auctorité arreste nostre contradiction. Suyvant cet usage, nous sçavons les fondements et les moyens de mille choses qui ne feurent oncques ; et s'escarmouche le monde en mille questions, desquelles et le Pour et le Contre est fauls. Ita finitima sunt falsa veris :... ut in præcipitem locum non debeat se sapiens committere (2).

La verité et le mensonge ont leurs visages conformes ; le port, le goust, et les allures pareilles : nous les regardons de mesme œil. Ie treuve que nous ne sommes pas seulement lasches à nous deffendre de la piperie ; mais que nous cherchons et convions à nous y enferrer : nous aimons à nous embrouiller en la vanité, comme conforme à nostre estre. I'ay veu la naissance de plusieurs miracles de mon temps : encores qu'ils s'estouffent en naissant, nous ne laissons pas de preveoir le train qu'ils eussent prins, s'ils eussent vescu

---

(1) Prêt a donner du poids à des choses de peu de valeur. *Pers.* sat. 5, v. 20.

(2) Le faux approche si fort du vrai, ... que le sage ne doit pas s'engager dans le précipice par des décisions trop expresses. *Cic.* acad. quæst. l. 4, c. 21.

leur aage; car il n'est que de trouver le bout du fil, on en desvide tant qu'on veult; et y a plus loing de rien à la plus petite chose du monde, qu'il n'y a de celle là, iusques à la plus grande. Or les premiers qui sont abbruvez de ce commencement d'estrangeté, venant à semer leur histoire, sentent, par les oppositions qu'on leur faict, où loge la difficulté de la persuasion, et vont calfeutrant cet endroict de quelque piece faulse: oultre ce, que, insitâ hominibus libidine alendi de industriâ rumores (1), nous faisons naturellement conscience de rendre ce qu'on nous a presté, sans quelque usure et accession de nostre creu. L'erreur particuliere faict premierement l'erreur publicque; et, à son tour aprez, l'erreur publicque faict l'erreur particuliere. Ainsi va tout ce bastiment, s'estoffant et formant de main en main; de maniere que le plus esloingné tesmoing en est mieulx instruict que le plus voisin; et le dernier informé, mieulx persuadé que le premier. C'est un progrez naturel: car quiconque croit quelque chose, estime que c'est ouvrage de charité de la persuader à un aultre; et, pour ce faire, ne craind point d'adiouster, de son invention, autant qu'il veoid estre necessaire en son conte, pour suppleer à la resistance et au default qu'il pense estre en la conception d'aultruy. Moy mesme, qui fois singuliere conscience de mentir, et qui ne me soulcie gueres de donner creance et auctorité à ce que ie dis, m'apperceois toutesfois, aux propos que i'ay en main, qu'estant eschauffé, ou par la resistance d'un aultre, ou par la propre chaleur de la narration, ie grossis et enfle mon subiect par voix, mouvements, vigueur et force de paroles, et encores par extension et amplification, non sans interest de la verité naïfve: mais ie le fois en condition pourtant, qu'au premier qui me ramene, et qui me demande

(1) par la passion qui porte naturellement les hommes à donner cours à des bruits incertains. *Tit. Liv.* l. 28, c. 24.

la verité nue et crue, ie quite soubdain mon effort, et la luy donne sans exaggeration, sans emphase et remplissage. La parole vifve et bruyante, comme est la mienne ordinaire, s'emporte volontiers à l'hyperbole. Il n'est rien à quoy communement les hommes soyent plus tendus, qu'à donner voye à leurs opinions : où le moyen ordinaire nous fault, nous y adioustons le commandement, la force, le fer et le feu. Il y a du malheur d'en estre là, que la meilleure touche de la verité ce soit la multitude des croyants, en une presse où les fols surpassent de tant les sages en nombre. Quasi verò quidquam sit tam valdè, quàm nihil sapere, vulgare (1). Sanitatis patrocinium est, insanientium turba (2). C'est chose difficile de resouldre son iugement contre les opinions communes : la premiere persuasion, prinse du subiect mesme, saisit les simples ; de là elle s'espand aux habiles soubs l'auctorité du nombre et ancienneté des tesmoignages. Pour moy, de ce que ie n'en croirois pas un, ie n'en croirois pas cent uns ; et ne iuge pas les opinions par les ans. Il y a peu de temps que l'un de nos princes, en qui la goutte avoit perdu un beau naturel et une alaigre composition, se laissa si fort persuader au rapport qu'on faisoit des merveilleuses operations d'un presbtre qui par la voye des paroles et des gestes guarissoit toutes maladies, qu'il feit un long voyage pour l'aller trouver, et, par la force de son apprehension, persuada et endormit ses iambes pour quelques heures, si qu'il en tira du service qu'elles avoient desapprins luy faire il y avoit long temps. Si la fortune eust laissé emmonceler cinq ou six telles adventures, elles estoient capables de mettre ce miracle en nature. On trouva, depuis, tant de sim-

(1) Comme s'il y avoit rien de si commun que de mal juger des choses. *Cic.* de divinat. l. 2, c. 39.

(2) Plaisante sagesse qui n'est autorisée que par une foule de sots, dit S. Augustin. *De civitate Dei*, l. 6, c. 10.]

plesse et si peu d'art en l'architecte de tels ouvrages, qu'on le iugea indigne d'aulcun chastiement : comme si feroit on de la pluspart de telles choses, qui les recognoistroit en leur giste. Miramur ex intervallo fallentia (1) : nostre veue represente ainsi souvent de loing des images estranges qui s'esvanouïssent en s'approchant; nunquam ad liquidum fama perducitur (2). C'est merveille de combien vains commencements et frivoles causes naissent ordinairement si fameuses impressions ! Cela mesme en empesche l'information; car, pendant qu'on cherche des causes et des fins fortes et poisantes et dignes d'un si grand nom, on perd les vrayes; elles eschappent de nostre veue par leur petitesse : et, à la verité, il est requis un bien prudent, attentif et subtil inquisiteur en telles recherches, indifferent, et non preoccupé. Iusques à cette heure, touts ces miracles et evenements estranges se cachent devant moy. Ie n'ay veu monstre et miracle au monde, plus exprez que moy mesme : on s'apprivoise à toute estrangeté par l'usage et le temps ; mais plus ie me hante et me cognois, plus ma difformité m'estonne, moins ie m'entends en moy.

Le principal droict d'advancer et produire tels accidents, est reservé à la fortune. Passant avant hier dans un village, à deux lieues de ma maison, ie trouvay la place encores toute chaulde d'un miracle qui venoit d'y faillir : par lequel le voisinage avoit esté amusé plusieurs mois ; et commenceoient les provinces voisines de s'en esmouvoir et y accourir à grosses troupes de toutes qualitez. Un ieune homme du lieu s'estoit ioué à contrefaire, une nuict, en sa maison, la voix d'un esprit, sans

---

(1) Nous admirons les choses qui nous imposent par leur éloignement. *Senec.* epist. 118, p. 586, où il y a, « major pars miratur ex intervallo fallentia ». C.

(2) Jamais la renommée ne rapporte exactement les choses comme elles sont. *Quint. Curt.* l. 9, c. 2, num. 13.

penser à aultre finesse qu'à iouïr d'un badinage present : cela luy ayant un peu mieulx succedé qu'il n'esperoit, pour estendre sa farce à plus de ressorts, il y associa une fille de village, du tout stupide et niaise; et feurent trois enfin, de mesme aage et pareille suffisance : et de presches domestiques en feirent des presches publicques, se cachants sous l'autel de l'eglise, ne parlants que de nuict, et deffendants d'y apporter aulcune lumiere. De paroles qui tendoient à la conversion du monde, et menace du iour du iugement, car ce sont subiects soubs l'auctorité et reverence desquels l'imposture se tapit plus ayseement, ils veinrent à quelques visions et mouvements si niais et si ridicules, qu'à peine y a il rien si grossier au ieu des petits enfants. Si toutesfois la fortune y eust voulu prester un peu de faveur, qui sçait iusques où se feust accreu ce bastelage? Ces pauvres diables sont à cette heure en prison; et porteront volontiers la peine de la sottise commune, et ne sçais si quelque iuge se vengera sur eulx de la sienne. On veoid clair en cette cy qui est descouverte : mais en plusieurs choses de pareille qualité, surpassant nostre cognoissance, ie suis d'advis que nous soubstenons nostre iugement, aussi bien à reiecter qu'à recevoir. Il s'engendre beaucoup d'abus au monde, ou, pour le dire plus hardiement, touts les abus du monde s'engendrent, de ce qu'on nous apprend à craindre de faire profession de nostre ignorance, et que nous sommes tenus d'accepter tout ce que nous ne pouvons refuter : nous parlons de toutes choses par preceptes et resolution. Le style, à Rome, portoit que cela mesme qu'un tesmoing deposoit pour l'avoir veu de ses yeulx, et ce qu'un iuge ordonnoit de sa plus certaine science, estoit conceu en cette forme de parler, « Il me semble ». On me faict haïr les choses vraysemblables, quand on me les plante pour infaillibles : i'aime ces mots, qui amollissent et moderent la temerité de nos propositions : « A l'adventure, Aulcunement, Quelque, On dict, Ie pense », et semblables : et si i'eusse eu à dresser des enfants, ie leur eusse tant mis en la bouche cette façon de respondre, enquesteuse, non resolutifve : « Qu'est ce à dire ? Ie ne l'entends pas, Il pourroit estre, Est il vray » ? qu'ils eussent plustost gardé la forme d'apprentis à soixante ans, que de representer les docteurs à dix ans, comme ils font. Qui veult guarir de l'ignorance, il fault la confesser. Iris est fille de Thaumantis : l'admiration est fondement de toute philosophie ; l'inquisition, le progrez ; l'ignorance, le bout. Voire dea, il y a quelque ignorance forte et genereuse qui ne doibt rien en honneur et en courage à la science : ignorance pour laquelle concevoir il n'y a pas moins de science que pour concevoir la science. Ie veis en mon enfance un procez que Corras, conseiller de Thoulouse feit imprimer, d'un accident estrange ; de deux hommes qui se presentoient l'un pour l'aultre. Il me souvient (et ne me souvient aussi d'aultre chose) qu'il me sembla avoir rendu l'imposture de celuy qu'il iugea coulpable, si merveilleuse et excedant de si loing nostre cognoissance et la sienne qui estoit iuge, que ie trouvai beaucoup de hardiesse en l'arrest qui l'avoit condamné à estre pendu. Recevons quelque forme d'arrest qui die, « La cour n'y entend rien » : plus librement et ingenuement que ne feirent les Areopagites ; lesquels, se trouvants pressez d'une cause qu'ils ne pouvoient desvelopper, ordonnerent que les parties en viendroient à cent ans. Les sorcieres de mon voisinage courent hazard de leur vie, sur l'advis de chasque nouvel aucteur qui vient donner corps à leurs songes. Pour accommoder les exemples que la divine parole nous offre de telles choses, trescertains et irrefragables exemples, et les attacher à nos evenements modernes, puisque nous n'en voyons ny les causes ny les moyens, il y fault aultre engin que le nostre : il appartient, à l'adventure, à ce seul trespuissant tesmoignage de nous dire, « Cettuy cy en est, et celle là ; et non, cet aultre ». Dieu en doibt estre creu, c'est vrayement bien raison ; mais non pourtant un d'entre nous qui s'estonne de sa propre narration (et necessairement il s'en estonne s'il n'est hors de sens), soit qu'il l'employe au faict d'aultruy, soit qu'il l'employe contre soy mesme. Ie suis lourd, et me tiens un peu au massif et au vraysemblable, evitant les reproches anciens, maiorem fidem homines adhibent iis quæ non intelligunt. — Cupidine humani ingenii, libentius obscura creduntur (1). Ie veois bien qu'on se courrouce ; et me deffend on d'en doubter, sur peine d'iniures exsecrables : Nouvelle façon de persuader ! Pour Dieu mercy, ma creance ne se manie pas à coups de poing. Qu'ils gourmandent ceulx qui accusent de faulseté leur opinion ; ie ne l'accuse que de difficulté et de hardiesse, et condamne l'affirmation opposite, egualement avecques eulx, sinon si imperieusement : videantur sanè ; non affirmentur modò (2). Qui establit son discours par braverie et commandement, montre que la raison y est foible. Pour une altercation verbale et scholastique, qu'ils ayent autant d'apparence que leurs contradicteurs ; mais en la consequence effectuelle qu'ils en tirent, ceulx cy ont bien de l'advantage. A tuer les gents, il fault une clarté lumineuse et nette ; et est nostre vie trop reelle et essentielle, pour garantir ces accidents supernaturels et fan-

---

(1) Les hommes ajoutent plus de foi à ce qu'ils n'entendent point. — L'esprit humain se porte naturellement à croire plus volontiers les choses obscures. *Tacit.* hist. l. 1, c. 22.

De ces deux passages, le second seul est de Tacite, et Coste a eu tort de les confondre et d'attribuer toute cette citation à ce grand historien, qui certes n'auroit jamais écrit le premier passage, dont le style ne ressemble pas au sien. N.

(2) Que ces choses soient proposées comme vraisemblables, à la bonne heure : pourvu qu'on ne les donne point pour indubitables. *Cic.* acad. quæst. l. 4, c. 27.

tastiques. Quant aux drogues et poisons, ie les mets hors de mon compte; ce sont homicides, et de la pire espece: toutesfois en cela mesme, on dict qu'il ne fault pas tousiours s'arrester à la propre confession de ces gents icy, car on leur a veu parfois s'accuser d'avoir tué des personnes qu'on trouvoit saines et vivantes. En ces aultres accusations extravagantes, ie dirois volontiers que c'est bien assez qu'un homme, quelque recommendation qu'il aye, soit creu de ce qui est humain : de ce qui est hors de sa conception, et d'un effect supernaturel, il en doibt estre creu lors seulement qu'une approbation supernaturelle l'a auctorisé. Ce privilege qu'il a pleu à Dieu donner à aulcuns de nos tesmoignages, ne doibt pas estre avily et communiqué legierement. I'ay les aureilles battues de mille tels contes : « Trois le veirent un tel iour, en levant : Trois le veirent lendemain, en occident : à telle heure, tel lieu, ainsi vestu » : certes ie ne m'en croirois pas moy mesme. Combien treuve ie plus naturel et plus vraysemblable que deux hommes mentent, que ie ne fois qu'un homme, en douze heures, passe quand et les vents, d'orient en occident? combien plus naturel, que nostre entendement soit emporté de sa place par la volubilité de nostre esprit detraqué, que cela, qu'un de nous soit envolé sur un balay, au long du tuyau de sa cheminee, en chair et en os, par un esprit estrangier? Ne cherchons pas des illusions du dehors et incogneues, nous qui sommes perpetuellement agitez d'illusions domestiques et nostres. Il me semble qu'on est pardonnable de mescroire une merveille, autant au moins qu'on peult en destourner et elider la verification par voye non merveilleuse : et suys l'advis de S. Augustin, « Qu'il vault mieulx pencher vers le doubte que vers l'asseurance, ez choses de difficile preuve et dangereuse creance ». Il y a quelques annees que ie passay par les terres d'un prince souverain, lequel en ma faveur, et pour rabbattre mon incredulité, me feit cette grace de me faire veoir en sa presence, en lieu particulier, dix ou douze prisonniers de ce genre, et une vieille entre aultres, vrayement bien sorciere en laideur et deformité, tresfameuse de longue main en cette profession. Ie veis et preuves et libres confessions et ie ne sçais quelle marque insensible sur cette miserable vieille; et m'enquis, et parlai tout mon saoul, y apportant la plus saine attention que ie peusse; et ne suis pas homme qui me laisse gueres garotter le iugement par preoccupation. Enfin, et en conscience, ie leur eusse plustost ordonné de l'ellebore que de la cigue; captisque res magis mentibus, quàm consceleratis, similis visa (1): la iustice a ses propres corrections pour telles maladies. Quant aux oppositions et arguments que des honnestes hommes m'ont faict, et là, et souvent ailleurs, ie n'en ay point senty qui m'attachent, et qui ne souffrent solution tousiours plus vraysemblable que leurs conclusions. Bien est vray que les preuves et raisons qui se fondent sur l'experience et sur le faict, celles là, ie ne les desnoue point; aussi n'ont elles point de bout : ie les trenche souvent, comme Alexandre son nœud. Aprez tout, c'est mettre ses coniectures à bien hault prix, que d'en faire cuire un homme tout vif.

On recite par divers exemples, (et Praestantius (a), de son pere) que assopy et endormy bien plus lourdement que d'un parfaict sommeil, il fantasia estre iument, et servir de sommier à des soldats : et ce qu'il fantasioit, il l'estoit. Si les sorciers songent ainsi materiellement; si les songes se peulvent ainsi parfois incorporer en effects; encores ne crois ie pas que nostre volonté en feust tenue à la iustice : ce que ie dis, comme celuy qui n'est ny iuge ny conseiller des roys, ny s'en estime de

(1) Car le tout me parut plutôt un effet de folie que de malice. *Tit. Liv.* l. 8, c. 18.

(a) Voyez la cité de Dieu de S. Augustin, l. 18, c. 18.

bien loing digne, ains homme du commun, nay et voué à l'obeïssance de la raison publicque, et en ses faicts, et en ses dicts. Qui mettroit mes resveries en compte, au preiudice de la plus chestifve loy de son village, ou opinion, ou coustume, il se feroit grand tort, et encores autant à moy; car, en ce que ie dis, ie ne pleuvis aultre certitude, sinon que c'est ce que lors i'en avois en ma pensee, pensee tumultuaire et vacillante. C'est par maniere de devis que ie parle de tout, et de rien par maniere d'advis; nec me pudet, ut istos, fateri nescire quod nesciam (1): ie ne serois pas si hardy à parler, s'il m'appartenoit d'en estre creu; et feut ce que ie respondis à un grand qui se plaignoit de l'aspreté et contention de mes enhortements. Vous sentant bandé et preparé d'une part, ie vous propose l'aultre, de tout le soing que ie puis, pour esclaircir vostre iugement, non pour l'obliger. Dieu tient vos courages, et vous fournira de chois. Ie ne suis pas si presumptueux, de desirer seulement que mes opinions donnassent pente à chose de telle importance : ma fortune ne les a pas dressees à si puissantes et si eslevees conclusions. Certes, i'ay non seulement des complexions en grand nombre, mais aussi des opinions assez, desquelles ie desgousterois volontiers mon fils, si i'en avois. Quoy? si les plus vrayes ne sont pas tousiours les plus commodes à l'homme: Tant il est de sauvage composition!

A propos, ou hors de propos, il n'importe; on dict en Italie, en commun proverbe, que celuy là ne cognoist pas Venus en sa parfaicte doulceur, qui n'a couché avecques la boiteuse. La fortune ou quelque particulier accident ont mis il y a long temps ce mot en la bouche du peuple : et se dict des masles comme des femelles; car la royne des Amazones respondit, au Scythe qui

---

(1) Et je n'ai pas honte, comme eux, d'avouer que j'ignore ce que je ne sais point. *Cic.* tusc. quæst. l. 1, c. 25.

la convioit à l'amour, αριστα χολος οιφει (a), le boiteux le faict le mieulx. En cette republicque feminine, pour fuyr la domination des masles, elles les stropioient dez l'enfance, bras, iambes et aultres membres qui leur donnoient advantage sur elles, et se servoient d'eulx à ce seulement à quoy nous nous servons d'elles par deçà. I'eusse dict que le mouvement detraqué de la boiteuse apportast quelque nouveau plaisir à la besongne, et quelque poincte de doulceur à ceulx qui l'essayent; mais ie viens d'apprendre que mesme la philosophie ancienne en a decidé : elle dict que les iambes et cuisses des boiteuses, ne recevant à cause de leur imperfection l'aliment qui leur est deu, il en advient que les parties genitales qui sont au dessus, sont plus plaines, plus nourries et vigoreuses; ou bien que ce default empeschant l'exercice, ceulx qui en sont entachez dissipent moins leurs forces, et en viennent plus entiers aux ieux de Venus : qui est aussi la raison pour quoy les Grecs descrioient les tisserandes, d'estre plus chauldes que les aultres femmes, à cause du mestier sedentaire qu'elles font, sans grand exercice du corps. De quoy ne pouvons nous raisonner à ce prix là? De celles icy ie pourrois aussi dire que ce tremoussement que leur ouvrage leur donne ainsin assises, les esveille et sollicite, comme faict les dames le croulement et tremblement de leurs coches. Ces exemples servent ils pas à ce que ie disois au commencement : Que nos raisons anticipent souvent l'effect, et ont l'estendue de leur iurisdiction, si infinie, qu'elles iugent et s'exercent en l'inanité mesme et au non estre? Oultre la flexibilité de nostre invention à forger des raisons

(a) Montaigne traduit ce passage grec après l'avoir cité. Erasme, dans ses Adages, n'a pas oublié le proverbe *Claudus optimè virum agit :* mais il ne dit point d'ou il l'a pris. On le trouve dans le Scholiaste de Théocrite sur l'Idylle 4, v. 62, et dans Michel Apostolius, proverb. centur. 4, num. 43. C

à toutes sortes de songes, nostre imagination se treuve pareillement facile à recevoir des impressions de la faulseté, par bien frivoles apparences; car par la seule auctorité de l'usage ancien et publicque de ce mot, ie me suis aultresfois faict accroire avoir receu plus de plaisir d'une femme, de ce qu'elle n'estoit pas droicte, et mis cela (a) en recepte de ses graces.

Torquato Tasso, en la comparaison qu'il faict de la France à l'Italie (b), dict avoir remarqué cela, que nous avons les iambes plus grailes que les gentilshommes italiens, et en attribue la cause à ce que nous sommes continuellement à cheval : qui est celle mesme de laquelle Suetone tire une toute contraire conclusion; car il dict, au rebours, que Germanicus avoit grossi les siennes par continuation de ce mesme exercice. Il n'est rien si soupple et erratique que nostre entendement; c'est le soulier de Theramenes (c), bon à touts pieds : et il est double et divers; et les matieres doubles et diverses. « Donne moy une dragme d'argent », disoit un philosophe cynique à Antigonus : « Ce n'est pas present de roy », respondit il : « Donne moy doncques un talent ». « Ce n'est pas present pour cynique. »

> Seu plures calor ille vias et cæca relaxat
> Spiramenta, novas veniat quà succus in herbas :
> Seu durat magis, et venas astringit hiantes;
> Ne tenues pluviæ, rapidive potentia solis
> Acrior, aut boreæ penetrabile frigus adurat. (1)

(a) au compte. *Edit.* de 1595, mais effacé par Montaigne dans l'exemplaire qu'il a corrigé. N.

(b) Paragone dell' Italia alla Francia, p. 11. Nella parte prima delle rime e prose del sig. *Torq. Tasso*, in Ferrara, an. 1585. C.

(c) Voyez Erasme sur le proverbe *Theramenis cothurnus*, auquel Montaigne fait allusion. C.

(1) Souvent, dit Virgile, il est bon de mettre le feu aux campagnes, et d'en faire brûler le chaume inutile; « soit parceque

Ogni medaglia ha il suo riverso. (1)

c Voylà pourquoy Clitomachus disoit anciennement que Carneades avoit surmonté les labeurs de Hercules, pour avoir arraché des hommes le consentement, c'est à dire, l'opinion et la temerité de iuger. Cette fantasie de Carneades, si vigoreuse, nasquit à mon advis anciennement de l'impudence de ceulx qui font profession de sçavoir, et de leur oultrecuidance desmesuree. On meit Esope en vente, avecques deux aultres esclaves : l'acheteur s'enquit du premier ce qu'il sçavoit faire; celuy là, pour se faire valoir, respondit monts et merveilles, qu'il sçavoit et cecy et cela : le deuxiesme en respondit de soy autant ou plus : quand ce feut à Esope, et qu'on luy eut aussi demandé ce qu'il sçavoit faire : « Rien, dict il, car ceulx cy ont tout preoccupé : ils sçavent tout ». Ainsin est il advenu en l'eschole de la philosophie : la fierté de ceulx qui attribuoient à l'esprit humain la capacité de toutes choses, causa en d'aultres, par despit et par emulation, cette opinion, qu'il n'est capable d'aulcune chose : les uns tiennent en l'ignorance cette mesme extremité que les aultres tiennent en la science, à fin qu'on ne puisse nier que l'homme ne soit immoderé partout; et qu'il n'a point d'arrest, que celuy de la necessité, et impuissance d'aller oultre.

---

cette chaleur ouvre les pores de la terre et débouche ces canaux imperceptibles par où le suc se communique aux plantes; soit parceque le feu la resserre, et en ferme les ouvertures, par où l'on empêche que les pluies ne s'y insinuent avec trop d'abondance, ou que la chaleur trop ardente du soleil, ou la violence du froid ne la desseche ». *Virg. Georg.* l. 1, v. 89.

(1) Toute médaille a son revers.

CHAPITRE XII.

De la physionomie.

Quasi toutes les opinions que nous avons sont prinses par auctorité et à credit : il n'y a point de mal; nous ne sçaurions pirement choisir, que par nous, en un siecle si foible. Cette image des discours de Socrates que ses amis nous ont laissee, nous ne l'approuvons que pour la reverence de l'approbation publicque; ce n'est pas par nostre cognoissance : ils ne sont pas selon nostre usage. S'il naissoit, à cette heure, quelque chose de pareil, il est peu d'hommes qui le prisassent. Nous n'appercevons les graces que poinctues, bouffies, et enflees d'artifice : celles qui coulent soubs la naïfveté et la simplicité, eschappent ayseement à une veue grossiere comme est la nostre; elles ont une beauté delicate et cachee; il fault la veue nette, et bien purgee, pour descouvrir cette secrette lumiere. Est pas la naïfveté, selon nous, germaine à la sottise, et qualité de reproche? Socrates faict mouvoir son ame d'un mouvement naturel et commun; ainsi dict un païsan, ainsi dict une femme : il n'a iamais en la bouche, que cochers, menuisiers, savetiers et massons : ce sont inductions et similitudes tirees des plus vulgaires et cogneues actions des hommes; chascun l'entend. Soubs une si vile forme, nous n'eussions iamais choisi la noblesse et splendeur de ses conceptions admirables, nous qui estimons plates et basses toutes celles que la doctrine ne r'esleve, qui n'appercevons la richesse qu'en montre et en pompe. Nostre monde n'est formé qu'à l'ostentation : les hommes ne s'enflent que de vent; et se manient à bonds, comme les balons. Cettuy cy ne se propose point des vaines fantasies : sa fin feut, Nous fournir de choses et de preceptes qui reellement et plus ioinctement servent à la vie ;

servare modum, finemque tenere,
Naturamque sequi. (1)

Il feut aussi tousiours un et pareil, et se monta, non par (a) saillies, mais par complexion, au dernier poinct de vigueur ; ou, pour mieulx dire, il ne monta rien, mais ravalla plustost et ramena à son poinct originel et naturel, et luy soubmeit la vigueur, les aspretez et les difficultez ; car en Caton, on veoid bien à clair que c'est une allure tendue bien loing au dessus des communes ; aux braves exploicts de sa vie, et en sa mort, on le sent tousiours monté sur ses grands chevaulx : cettuy ci ralle à terre, et, d'un pas mol et ordinaire, traicte les plus utiles discours, et se conduict, et à la mort, et aux plus espineuses traverses qui se puissent presenter, au train de la vie humaine. Il est bien advenu, que le plus digne homme d'estre cogneu et d'estre presenté au monde pour exemple, ce soit celuy du quel nous ayons plus certaine cognoissance : il a esté esclairé par les plus clairvoyants hommes qui feurent oncques ; les tesmoings que nous avons de luy sont admirables en fidelité et en suffisance. C'est grand cas, d'avoir peu donner tel ordre aux pures imaginations d'un enfant, que, sans les alterer ou estirer, il en ayt produict les plus beaux effects de nostre ame : il ne la represente ny eslevee ny riche ; il ne la represente que saine, mais certes d'une bien alaigre et nette santé. Par ces vulgaires ressorts et naturels, par ces fantasies ordinaires et communes, sans s'esmouvoir et sans se picquer, il dressa non seulement les plus reglees, mais les plus haultes et vigoreuses creances, actions et mœurs, qui feurent oncques. C'est luy qui

(1) Etre réglé dans ses actions, avoir un but déterminé, et suivre la nature. *Lucan.* l. 2, v. 381, 382.

(a) par boutades, *Edit.* de 1595, mais effacé par Montaigne.

ramena du ciel, où elle perdoit son temps, la sagesse humaine, pour la rendre à l'homme, où est sa plus iuste et plus laborieuse besongne et plus utile. Voyez le plaider devant ses iuges; voyez par quelles raisons il esveille son courage aux hazards de la guerre; quels arguments fortifient sa patience contre la calomnie, la tyrannie, la mort, et contre la teste de sa femme : il n'y a rien d'emprunté de l'art et des sciences; les plus simples y recognoissent leurs moyens et leur force; il n'est possible d'aller plus arriere et plus bas. Il a faict grand' faveur à l'humaine nature, de montrer combien elle peult d'elle mesme.

Nous sommes, chascun, plus riches que nous ne pensons; mais on nous dresse à l'emprunt et à la queste; on nous duict à nous servir plus de l'aultruy, que du nostre. En aulcune chose l'homme ne sçait s'arrester au poinct de son besoing : de volupté, de richesse, de puissance, il en embrasse plus qu'il n'en peult estreindre; son avidité est incapable de moderation. Ie treuve qu'en curiosité de sçavoir, il en est de mesme : il se taille de la besongne bien plus qu'il n'en peult faire, et bien plus qu'il n'en a affaire, estendant l'utilité du sçavoir, autant qu'est sa matiere : ut omnium rerum, sic litterarum quoque, intemperantiâ laboramus (1) : et Tacitus a raison de louer la mere d'Agricola, d'avoir bridé en son fils un appetit trop bouillant de science. C'est un bien, à le regarder d'yeulx fermes, qui a, comme les aultres biens des hommes, beaucoup de vanité et foiblesse propre et naturelle, et d'un cher coust. L'employte (a) en est bien plus hazardeuse que de toute aultre viande ou boisson; car, au reste, ce que nous avons acheté, nous l'emportons au logis, en quelque vaisseau; et là, avons loy d'en exa-

---

(1) Nous donnons dans l'excès par rapport aux lettres, comme à l'égard de toute autre chose. *Senec.* epist. 106, in fine.

(a) L'acquisition. *Edition* de 1595.

miner la valeur, combien, et à quelle heure, nous en prendrons : mais les sciences, nous ne les pouvons d'arrivee mettre en aultre vaisseau qu'en nostre ame ; nous les avallons en les achetant, et sortons du marché ou infects desià, ou amendez : il y en a qui ne font que nous empescher et charger, au lieu de nourrir ; et telles encores, qui soubs tiltre de nous guarir, nous empoisonnent. I'ai prins plaisir de veoir, en quelque lieu, des hommes, par devotion, faire vœu d'ignorance, comme de chasteté, de pauvreté, de penitence : c'est aussi chastrer nos appetits desordonnez, d'esmousser cette cupidité qui nous espoinçonne à l'estude des livres, et priver l'ame de cette complaisance voluptueuse qui nous chatouille par l'opinion de science ; et est richement accomplir le vœu de pauvreté, d'y ioindre encores celle de l'esprit. Il ne nous fault gueres de doctrine pour vivre à nostre ayse : et Socrates nous apprend qu'elle est en nous, et la maniere de l'y trouver et de s'en ayder. Toute cette nostre suffisance, qui est au delà de la naturelle, est à peu prez vaine et superflue ; c'est beaucoup si elle ne nous charge et trouble plus qu'elle ne nous sert : paucis opus est litteris ad mentem bonam (1) : ce sont des excez fiebvreux de nostre esprit, instrument brouillon et inquiete. Recueillez vous ; vous trouverez en vous les arguments de la nature contre la mort, vrays, et les plus propres à vous servir à la necessité : ce sont ceulx qui font mourir un païsan, et des peuples entiers, aussi constamment qu'un philosophe. Feusse ie mort moins alaigrement avant qu'avoir veu les Tusculanes? i'estime que non : et, quand ie me treuve au propre, ie sens que ma langue s'est enrichie ; mon courage, de rien ; il est comme nature me le forgea, et se targue pour le conflict, [non que] d'une marche populaire et commune :

---

(1) L'on n'a pas besoin de beaucoup de science pour être bon et raisonnable. *Senec.* epist. 106, sub fin.

les livres m'ont servy non tant d'instruction, que d'exercitation. Quoy, si la science, essayant de nous armer de nouvelles deffenses contre les inconvenients naturels, nous a plus imprimé en la fantasie leur grandeur et leur poids, qu'elle n'a ses raisons et subtilitez à nous en couvrir? Ce sont voirement subtilitez, par où elle nous esveille souvent bien vainement : les aucteurs mesmes plus serrez et plus sages, voyez autour d'un bon argument, combien ils en sement d'aultres legiers, et, qui y regarde de prez, incorporels; ce ne sont qu'arguties verbales, qui nous trompent : mais d'autant que ce peult estre utilement, ie ne les veulx pas aultrement esplucher; il y en a ceans assez de cette condition, en divers lieux, ou par emprunt, ou par imitation. Si se fault il prendre un peu garde, de n'appeller pas force, ce qui n'est que gentillesse; et ce qui n'est que aigu, solide; ou bon, ce qui n'est que beau; quæ magis gustata, quàm potata, delectant (1) : tout ce qui plaist, ne paist pas, ubi non ingenii sed animi negotium agitur. (2)

A veoir les efforts que Seneque se donne pour se preparer contre la mort; à le veoir suer d'ahan pour se roidir et pour s'asseurer, et se debattre si long temps en cette perche, i'eusse esbranslé sa reputation, s'il ne l'eust, en mourant, trez vaillamment maintenue. Son agitation si ardente, si frequente, montre qu'il estoit chauld, et impetueux luy mesme, magnus animus remissiùs loquitur, et securiùs.... non est alius ingenio, alius animo color (3), il le fault convaincre à ses despens; et montre aulcunement

---

(1) Choses qui plaisent plus au goût, qu'à l'estomac. *Cic.* tusc. quæst. l. 5, c. 5.

(2) lorsqu'il n'est pas question de perfectionner l'esprit, mais d'améliorer l'ame. *Senec.* epist. 75.

(3) Un homme qui a l'ame grande parle d'une maniere plus indifférente et plus tranquille.... L'esprit et le cœur ne sont point opposés l'un à l'autre. *Senec.* epist. 115, 114, circa init.

qu'il estoit pressé de son adversaire. La façon de Plutarque, d'autant qu'elle est plus desdaigneuse et plus destendue, elle est, selon moy, d'autant plus virile et persuasifve : ie croirois ayseement que son ame avoit les mouvements plus asseurez et plus reglez. L'un, plus vif (a), nous picque et eslance en sursault; touche plus l'esprit : l'aultre, plus rassis (b), nous informe, establit et conforte constamment; touche plus l'entendement. Celuy là ravit nostre iugement : cettuy cy le gaigne. I'ay veu pareillement d'aultres escripts, encores plus reverez, qui en la peincture du conflict qu'ils soubstiennent contre les aiguillons de la chair, les representent si cuisants, si puissants et invincibles, que nous mesmes, qui sommes de la voierie du peuple, avons autant à admirer l'estrangeté et vigueur incogneue de leur tentation, que leur resistance. A quoy faire nous allons nous gendarmant par ces efforts de la science? Regardons à terre : les pauvres gents que nous y voyons espandus, la teste penchante aprez leur besongne, qui ne sçavent ny Aristote ny Caton, ny exemple ny precepte; de ceulx là tire nature touts les iours des effects de constance et de patience, plus purs et plus roides que ne sont ceulx que nous estudions si curieusement en l'eschole : combien en veois ie ordinairement qui mescognoissent la pauvreté; combien qui desirent la mort, ou qui la passent sans alarme et sans affliction? Celuy là qui fouït mon iardin, il a ce matin enterré son pere ou son fils. Les noms mesme, de quoy ils appellent les maladies, en addoulcissent et amollissent l'aspreté : la Phthisie, c'est la toux pour eulx; la Dysenterie, devoyement d'estomach; un Pleurésis, c'est un morfondement : et selon qu'ils les nomment doulcement, ils les supportent aussi; elles sont bien griefves, quand elles rompent leur travail

(a) plus aigu. *Edit.* de 1595, mais effacé par Montaigne.

(b) plus solide. *Edit.* de 1595, mais effacé par Montaigne.

ordinaire; ils ne s'allictent que pour mourir. Simplex illa et aperta virtus in obscuram et solertem scientiam versa est (1).

I'escrivois cecy environ le temps qu'une forte charge de nos troubles se croupit plusieurs mois, de tout son poids, droict sur moy : i'avois, d'une part, les ennemis à ma porte; d'aultre part, les picoreurs, pires ennemis, non armis, sed vitiis certatur (2); et essayois toute sorte d'iniures militaires, à la fois :

Hostis adest dextrâ lævâque à parte timendus,
Vicinoque malo terret utrumque latus. (3)

Monstrueuse guerre ! les aultres agissent au dehors; cette cy encores contre soy, se ronge et se desfaict par son propre venin. Elle est de nature si maligne et ruyneuse, qu'elle se ruyne quand et quand le reste, et se deschire et despece de rage. Nous la voyons plus souvent se dissouldre par elle mesme, que par disette d'aulcune chose necessaire ou par la force ennemie. Toute discipline la fuyt : elle vient guarir la sedition, et en est pleine; veult chastier la desobeïssance, et en montre l'exemple; et, employee à la deffense des loix, faict sa part de rebellion à l'encontre des siennes propres. Où en sommes nous ! nostre medecine porte infection !

Nostre mal s'empoisonne
Du secours qu'on luy donne.

exsuperat magis, ægrescitque medendo. (4)

Omnia fanda, nefanda, malo permista furore,
Iustificam nobis mentem avertêre deorum. (5)

---

(1) Cette vertu simple et naïve a été changée en une science obscure et artificieuse. *Senec.* epist. 95, p. 458. Edit. varior.

(2) Ce n'est pas à force ouverte qu'on nous attaque, mais par les voies les plus lâches et les plus injustes.

(3) A droite et à gauche j'ai des ennemis redoutables, qui sont tout prêts à me détruire. *Ovid.* de Ponto, el. 3, l. 1, v. 57.

(4) Les remedes ne font qu'aigrir le mal. *Aeneid.* L. 12, v. 46.

(5) Les désordres qui regnent parmi nous, où le bien et le mal,

En ces maladies populaires, on peult distinguer, sur le commencement, les sains, des malades; mais quand elles viennent à durer, comme la nostre, tout le corps s'en sent, et la teste et les talons : aulcune partie n'est exempte de corruption; car il n'est air qui se hume si goulument, qui s'espande et penetre, comme faict la licence. Nos armees ne se lient et tiennent plus que par ciment estrangier : des François on ne sçait plus faire un corps d'armee constant et reglé. Quelle honte! il n'y a qu'autant de discipline que nous en font veoir des soldats empruntez! Quant à nous, nous nous conduisons à discretion, et non pas du chef, chascun selon la sienne; il a plus à faire au dedans qu'au dehors : c'est au commandant de suyvre, courtizer et plier, à luy seul d'obeïr; tout le reste est libre et dissolu. Il me plaist de veoir combien il y a de lascheté et de pusillanimité en l'ambition; par combien d'abiection et de servitude il luy fault arriver à son but : mais cecy me desplaist il, de veoir des natures debonnaires, et capables de iustice, se corrompre touts les iours au maniement et commandement de cette confusion. La longue souffrance engendre la coustume; la coustume, le consentement et l'imitation. Nous avions assez d'ames mal nees, sans gaster les bonnes et genereuses : si que, si nous continuons, il restera malayseement à qui fier la santé de cet estat, au cas que fortune nous la redonne :

Hunc saltem everso iuvenem succurrere seclo
Ne prohibete! (1)

Qu'est devenu cet ancien precepte? que les soldats ont

---

le juste et l'injuste, se trouvent hardiment confondus ensemble, nous ont privés de la protection divine. *Catull.* carm. 62, de Nuptiis Pelei et Thetidos, v. 405.

(1) N'empêchez pas du moins que ce jeune homme n'assiste l'état sur le penchant de sa ruine! *Virg. Georg.* l. 1, v. 500.

Si je ne me trompe, Montaigne veut parler ici de Henri de

plus à craindre leur chef, que l'ennemy : et ce merveilleux exemple? qu'un pommier s'estant trouvé enfermé dans le pourpris du camp de l'armee romaine, elle feut veue landemein en desloger, laissant au possesseur le compte entier de ses pommes, meures et delicieuses (a). I'aimerois bien que nostre ieunesse, au lieu du temps qu'elle employe à des peregrinations moins utiles, et apprentissages moins honnorables, elle le meist, moitié à veoir de la guerre sur mer, soubs quelque bon capitaine commandeur de Rhodes; moitié à recognoistre la discipline des armees turkesques, car elle a beaucoup de differences, et d'advantages sur la nostre : cecy en est, que nos soldats deviennent plus licencieux aux expeditions; là, plus retenus et craintifs; car les offenses ou larrecins sur le menu peuple, qui se punissent de bastonnades en la paix, sont capitales en guerre; pour un œuf prins sans payer, ce sont, de compte prefix, cinquante coups de baston; pour toute aultre chose, tant legiere soit elle, non necessaire à la nourriture, on les empale, ou decapite sans deport. Ie me suis estonné, en l'histoire de Selim, le plus cruel conquerant qui feut oncques, veoir, que lors qu'il subiugua l'Aegypte, les (b) admirables iardins qui sont autour de la ville de Damas, en abondance de delicatesse, resterent vierges des mains

---

Bourbon, roi de Navarre, qui devenu roi de France, après la mort de Henri III, non seulement sauva l'état, qu'il avoit assisté pendant la vie de ce prince, mais le rendit plus florissant et plus redoutable qu'il n'avoit été depuis long-temps. C.

(a) C'est ce que rapporte Frontin, au sujet de l'armée de M. Scaurus, *Stratag.* l. 4, c. 3, num. 13. C.

(b) Dans l'édition de 1595, Montaigne s'exprime ainsi : « les « beaux iardins d'autour de la ville de Damas, touts ouverts, « et en terre de conqueste, son armée campant sur le lieu mesme, « feurent laissez vierges des mains des soldats, parce qu'ils n'a- « voient pas eu le signe de piller ». N.

de ses soldats; touts ouverts et non clos comme ils sont.

Mais est il quelque mal en une police, qui vaille estre combattu par une drogue si mortelle? non pas, disoit Favonius, l'usurpation de la possession tyrannique d'un estat. Platon, de mesme, ne consent pas qu'on face violence au repos de son païs, pour le guarir, et n'accepte pas l'amendement [qui trouble et hazarde tout, et] qui couste le sang et ruyne des citoyens; establissant l'office d'un homme de bien, en ce cas, de laisser tout là, seulement de prier Dieu qu'il y porte sa main extraordinaire; et semble sçavoir mauvais gré à Dion son grand amy, d'y avoir un peu aultrement procedé. I'estois Platonicien de ce costé là, avant que ie sceusse qu'il y eust de Platon au monde. Et si ce personnage doibt purement estre refusé de nostre consorce, luy qui, par la sincerité de sa conscience, merita envers la faveur divine de penetrer si avant en la chrestienne lumiere au travers des tenebres publicques du monde de son temps, ie ne pense pas qu'il nous siese bien de nous laisser instruire à un payen combien c'est d'impieté de n'attendre de Dieu nul secours simplement sien, et sans nostre cooperation! Ie doubte souvent, si, entre tant de gents qui se meslent de telle besongne, nul s'est rencontré d'entendement si imbecille, à qui on aye en bon escient persuadé Qu'il alloit vers la reformation, par la derniere des difformations; Qu'il tiroit vers son salut, par les plus expresses causes que nous ayons de trescertaine damnation; Que, renversant la police, le magistrat et les loix, en la tutelle des quelles Dieu l'a colloqué, desmembrant sa mere et en donnant à ronger les pieces à ses anciens ennemis, remplissant des haines parricides les courages fraternels, appellant à son ayde les diables et les furies, il puisse apporter secours à la sacrosaincte doulceur et iustice de la parole divine. L'ambition, l'avarice, la cruauté, la vengeance, n'ont point assez de propre et naturelle impetuosité; amorsons les et les attisons par le glorieux tiltre de iustice et devotion. Il ne se peult imaginer un pire visage des choses, qu'où la meschanceté vient à estre legitime, et prendre, avecques le congé du magistrat, le manteau de la vertu : nihil in speciem fallacius, quàm prava religio, ubi deorum numen prætenditur sceleribus (1) : l'extreme espece d'iniustice, selon Platon, c'est que, ce qui est iniuste soit tenu pour iuste. Le peuple y souffrit bien largement lors, non les dommages presents seulement,

undique totis
Usque adeò turbatur agris, (2)

mais les futurs aussi : les vivants y eurent à patir; si eurent ceulx qui n'estoient encores nays : on le pilla, et moy par consequent, iusques à l'esperance, luy ravissant tout ce qu'il avoit à s'apprester à vivre pour longues annees :

Quæ nequeunt secum ferre aut abducere, perdunt;
Et cremat insontes turba scelesta casas.
Muris nulla fides, squalent populatibus agri. (3)

Oultre cette secousse, i'en souffris d'aultres: i'encou-

---

(1) Rien n'a une plus belle mais plus trompeuse apparence, qu'une mauvaise religion, lorsque le nom des dieux lui sert de prétexte pour autoriser le crime. *Tit. Liv.* l. 39, c. 16.

(2) Tant les désordres qui paroissent de tous côtés dans la campagne sont grands! *Virg.* eclog. 1, v. 11.

(3) Car ces brigands détruisent ce qu'ils ne peuvent point emporter ou emmener avec eux. Ils n'épargnent pas les cabanes des paysans, qu'ils réduisent en cendres. — Les murailles ne mettent point à couvert de leurs insultes; et l'on ne voit que ruine et désolation dans les champs.

Les deux premiers vers sont d'Ovide. *Trist.* eleg. 10, liv. 3, vers. 65. J'ignore la source du troisieme. N.

rus les inconvenients que la moderation apporte en telles maladies : ie feus pelaudé à toutes mains ; au Gibelin i'estois Guelphe; au Guelphe, Gibelin : quelqu'un de mes poëtes dict bien cela, mais ie ne sçais où c'est. La situation de ma maison, et l'accointance des hommes de mon voisinage, me presentoient d'un visage ; ma vie et mes actions, d'un aultre. Il ne s'en faisoit point des accusations formees, car il n'y avoit où mordre ; ie ne desempare iamais les loix, et qui m'eust recherché, m'en eust deu de reste : c'estoient suspicions muettes qui couroient soubs main, ausquelles il n'y a iamais faulte d'apparence, en un meslange si confus, non plus que d'esprits ou envieux ou ineptes. I'ayde ordinairement aux presumptions iniurieuses que la fortune seme contre moy, par une façon que i'ay, dez tousiours, de fuyr à me iustifier, excuser et interpreter ; estimant que c'est mettre ma conscience en compromis, de plaider pour elle ; perspicuitas enim argumentatione elevatur (1) : et, comme si chascun voyoit en moy aussi clair que ie fois, au lieu de me tirer arriere de l'accusation, ie m'y advance, et la rencheris plustost par une confession ironique et mocqueuse, si ie ne m'en tais tout à plat, comme de chose indigne de response. Mais ceulx qui le prennent pour une trop haultaine confiance ne m'en veulent gueres moins [de mal], que ceulx qui le prennent pour foiblesse d'une cause indeffensible ; nommeement les grands, envers lesquels faulte de soubmission est l'extreme faulte, rudes à toute iustice qui se cognoist, qui se sent, non desmise, humble et suppliante : i'ay souvent heurté à ce pilier. Tant y a que, de ce qui m'adveint lors, un ambitieux s'en feust pendu ; si eust faict un avaricieux. Ie n'ay soing quelconque d'acquerir ;

(1) Car l'argumentation affoiblit l'évidence.
Cic. de natur. deor. l. 3, c. 4.

> Sit mihi, quod nunc est, etiam minus, ut mihi vivam
> Quod superest ævi, si quid superesse volent dî : (1)

mais les pertes qui me viennent par l'iniure d'aultruy, soit larrecin, soit violence, me pincent environ comme un homme malade et gehenné d'avarice. L'offense a, sans mesure, plus d'aigreur que n'a la perte. Mille diverses sortes de maulx accoururent à moy à la file : ie les eusse plus gaillardement soufferts à la foule. Ie pensay desià, entre mes amis, à qui ie pourrois commettre une vieillesse necessiteuse et disgraciee : aprez avoir rodé les yeulx par tout, ie me trouvai en pourpoinct. Pour se laisser tumber à plomb, et de si hault, il fault que ce soit entre les bras d'une affection solide, vigoreuse et fortunee : elles sont rares, s'il y en a. Enfin ie cogneus que le plus seur estoit de me fier à moy mesme de moy et de ma necessité ; et, s'il m'advenoit d'estre froidement en la grace de la fortune, que ie me recommendasse de plus fort à la mienne, m'attachasse, regardasse de plus prez à moy. En toutes choses les hommes se iectent aux appuis estrangiers, pour espargner les propres, seuls certains et seuls puissants, qui sçait s'en armer : chascun court ailleurs, et à l'advenir, d'autant que nul n'est arrivé à soy. Et me resolus que c'estoient utiles inconvenients : d'autant, Premierement, qu'il fault advertir à coups de fouet les mauvais disciples, quand la raison n'y peult assez ; comme, par le feu et violence des coings, nous ramenons un bois tortu, à sa droicture. Ie me presche, il y a si long temps, de me tenir à moy, et separer des choses estrangieres : toutesfois, ie tourne encores tousiours les yeulx à costé ; l'inclination, un mot favo-

(1) Que les dieux me laissent jouir paisiblement du peu que j'ai, et même de moins, le reste de mes jours, s'ils veulent bien m'en accorder encore quelques uns. *Horat.* epist. 18, l. 1, v. 107, et seq.

rable d'un grand, un bon visage, me tente : Dieu sçait s'il en est cherté en ce temps, et quel sens il porte! i'ois encores, sans rider le front, les subornements qu'on me faict pour me tirer en place marchande; et m'en deffends si mollement, qu'il semble que ie souffrisse plus volontiers d'en estre vaincu. Or à un esprit si indocile, il fault des bastonnades; et fault rebattre et reserrer, à bons coups de mail, ce vaisseau qui se desprend, se descoust, qui s'eschappe et desrobbe de soy. Secondement, que cet accident me servoit d'exercitation pour me preparer à pis; si moy, qui, et par le benefice de la fortune, et par la condition de mes mœurs, esperois estre des derniers, venois à estre, des premiers, attrappé de cette tempeste; m'instruisant de bonne heure à contraindre ma vie, et la renger pour un nouvel estat. La vraye liberté c'est pouvoir toute chose sur soy : potentissimus est qui se habet in potestate (1). En un temps ordinaire et tranquille, on se prepare à des accidents moderez et communs : mais en cette confusion, où nous sommes depuis trente ans, tout homme françois, soit en particulier, soit en general, se veoid à chasque heure sur le poinct de l'entier renversement de sa fortune; d'autant fault il tenir son courage fourny de provisions plus fortes et vigoreuses. Sçachons gré au sort de nous avoir faict vivre en un siecle non mol, languissant, ny oysif : tel qui ne l'eust esté par aultre moyen, se rendra fameux par son malheur. Comme ie ne lis gueres ez histoires ces confusions des aultres estats, que ie n'aye regret de ne les avoir peu mieulx considerer, present : ainsi faict ma curiosité, que ie m'aggree aulcunement de veoir de mes yeulx ce notable spectacle de nostre

(1) Celui-là est très puissant qui se maintient en sa propre puissance. *Senec.* epist 90, p. 413. Edit. varior. Je cite la page, parceque cette épître est fort longue; et j'en use ainsi dans les mêmes occasions. N.

mort publicque, ses symptomes et sa forme; et, puisque ie ne la puis retarder, suis content d'estre destiné à y assister, et m'en instruire. Si cherchons nous avidement de recognoistre, en umbre mesme, et en la fable des theatres, la montre des ieux tragiques de l'humaine fortune : ce n'est pas sans compassion de ce que nous oyons, mais nous nous plaisons d'esveiller nostre desplaisir, par la rareté de ces pitoyables evenements. Rien ne chatouille, qui ne pince. Et les bons historiens fuyent, comme un' eau dormante et mer morte, les narrations calmes, pour regaigner les seditions, les guerres, où ils sçavent que nous les appellons. Ie doubte si ie puis assez honnestement advouer à combien vil prix du repos et tranquillité de ma vie, ie l'ay plus de moitié passee en la ruyne de mon païs. Ie me donne un peu trop bon marché de patience, ez accidents qui ne me saisissent au propre; et, pour me plaindre à moy, regarde non tant ce qu'on m'oste, que ce qui me reste de sauve, et dedans et dehors. Il y a de la consolation à eschever tantost l'un, tantost l'aultre, des maulx qui nous guignent de suitte, et assenent ailleurs autour de nous : aussi, qu'en matiere d'interests publicques, à mesure que mon affection est plus universellement espandue, elle en est plus foible; ioinct que (a) certes, à peu prez, tantùm ex publicis malis sentimus, quantùm ad privatas res pertinet (1); et que la santé d'où nous partismes estoit telle, qu'elle soulage elle mesme le regret que nous en debvrions avoir. C'estoit santé, mais non qu'à la comparaison de la maladie qui l'a suyvie; nous ne sommes cheus de gueres hault : la corruption et le brigandage qui est en dignité et en ordre, me semble le moins supportable; on nous vole

(a) qu'il est vray à demy. *Edit.* de 1595.

(1) des maux publics nous n'en ressentons que ce qui concerne notre intérêt particulier. *Tit. Liv.* dans le discours qu'il prête à Annibal, l. 30, c. 44.

moins iniurieusement dans un bois, qu'en lieu de seureté. C'estoit une ioincture universelle de membres gastez en particulier à l'envy les uns des aultres, et, la pluspart, d'ulceres envieillis, qui ne recevoient plus ny ne demandoient guarison. Ce croulement doncques m'anima certes plus qu'il ne m'atterra, à l'aide de ma conscience, qui se portoit non paisiblement seulement, mais fierement; et ne trouvois en quoi me plaindre de moy. Aussi, comme Dieu n'envoye iamais non plus les maulx que les biens touts purs aux hommes, ma santé teint bon ce temps là, oultre son ordinaire; et, ainsi que sans elle ie ne puis rien, il est peu de choses que ie ne puisse avecques elle. Elle me donna moyen d'esveilier toutes mes provisions, et de porter la main au devant de la playe qui eust passé volontiers plus oultre : et esprouvai, en ma patience, que i'avois quelque tenue contre la fortune; et qu'à me faire perdre mes arçons, il falloit un grand heurt. Ie ne le dis pas pour l'irriter à me faire une charge plus vigoreuse : ie suis son serviteur; ie luy tends les mains : Pour Dieu, qu'elle se contente ! Si ie sens ses assauts ? si fais. Comme ceulx que la tristesse accable et possede se laissent pourtant par intervalles tastonner à quelque plaisir, et leur eschappe un soubsrire : ie puis aussi assez sur moy pour rendre mon estat ordinaire paisible et deschargé d'ennuyeuse imagination; mais ie me laisse pourtant, à boutades, surprendre des morsures de ces malplaisantes pensees, qui me battent pendant que ie m'arme pour les chasser ou pour les luicter.

Voicy un aultre rengregement de mal qui m'arriva à la suitte du reste : Et dehors et dedans ma maison, ie feus accueilli d'une peste, vehemente au prix de toute aultre : car, comme les corps sains sont subiects à plus griefves maladies, d'autant qu'ils ne peuvent estre forcez que par celles là ; aussi mon air tressalubre, où, d'aulcune memoire, la contagion, bien que voisine, n'avoit sceu prendre pied, venant à s'empoisonner, produisit des effects estranges :

> Mista senum et iuvenum densantur funera, nullum
> Sæva caput Proserpina fugit : (1)

i'eus à souffrir cette plaisante condition, que la veue de ma maison m'estoit effroyable ; tout ce qui y estoit, estoit sans garde, et à l'abandon de qui en avoit envie. Moy, qui suis si hospitalier, feus en trespenible queste de retraicte pour ma famille ; une famille esgaree, faisant peur à ses amis et à soy mesme, et horreur où qu'elle cherchast à se placer : ayant à changer de demeure, soubdain qu'un de la troupe commenceoit à se douloir du bout du doigt ; toutes maladies sont alors prinses pour peste, on ne se donne pas le loysir de les recognoistre. Et c'est le bon, que selon les regles de l'art, à tout dangier qu'on approche, il fault estre quarante iours en transe de ce mal : l'imagination vous exerceant ce pendant à sa mode, et enfiebvrant vostre santé mesme. Tout cela m'eust beaucoup moins touché, si ie n'eusse eu à me ressentir de la peine d'aultruy, et servir six mois miserablement de guide à cette caravane ; car ie porte en moy mes preservatifs, qui sont, resolution et souffrance. L'apprehension ne me presse gueres, laquelle on craint particulierement en ce mal ; et si, estant seul, ie l'eusse voulu prendre, c'eust esté une fuyte bien plus gaillarde et plus esloingnee : c'est une mort qui ne me semble des pires ; elle est communement courte, d'estourdissement, sans douleur, consolee par la condition publicque, sans cerimonie, sans dueil, sans presse. Mais quant au monde des environs, la centiesme partie des ames ne se peut sauver :

---

(1) Les jeunes et les vieux meurent pêle-mêle en un même jour : et nul mortel n'échappe à l'inexorable Proserpine. *Horat.* od. 28, l. 1, v. 19.

Videas desertaque regna
Pastorum, et longè saltus lateque vacantes. (1)

En ce lieu, mon meilleur revenu est manuel; ce que cent hommes travailloient pour moy, chome pour long temps. Or lors, quel exemple de resolution ne veismes nous en la simplicité de tout ce peuple? Generalement, chascun renonceoit au soing de la vie : les raisins demeurerent suspendus aux vignes, le bien principal du païs ; touts indifferemment se preparants et attendants la mort, à ce soir, ou au lendemain, d'un visage et d'une voix si peu effrayee, qu'il sembloit qu'ils eussent compromis à cette necessité, et que ce feust une condamnation universelle et inevitable. Elle est tousiours telle : mais à combien peu tient la resolution au mourir? la distance et difference de quelques heures, la seule consideration de la compaignie, nous en rend l'apprehension diverse. Voyez ceulx cy : pour ce qu'ils meurent en mesme mois, enfants, ieunes, vieillards, ils ne s'estonnent plus, ils ne se pleurent plus. I'en veis qui craignoient de demeurer derriere, comme en une horrible solitude : et n'y cogneus communement aultre soing que des sepultures ; il leur faschoit de veoir les corps espars emmy les champs, à la mercy des bestes, qui y peuplerent incontinent. Comment les fantasies humaines se descoupent! les Neorites, nation qu'Alexandre subiugua, iectent les corps des morts au plus profond de leurs bois, pour y estre mangez : seule sepulture estimee entr'eulx heureuse. Tel, sain, faisoit desià sa fosse : d'aultres s'y couchoient encores vivants ; et un manœuvre des miens, à tout ses mains et ses pieds, attira sur soy la terre, en mourant. Estoit ce pas s'abrier pour s'endormir plus à son ayse, d'une entreprinse en haulteur aulcunement pareille à

(1) Vous auriez vu les campagnes, et les bois, changés en de vastes déserts. *Virg. Georg.* l. 3, v. 476.

celle des soldats romains qu'on trouva, aprez la iournee de Cannes, la teste plongee dans des trous qu'ils avoient faicts et comblez de leurs mains en s'y suffoquant? Somme, toute une nation feut incontinent, par usage, logee en une marche qui ne cede en roideur à aulcune resolution estudiee et consultee. La pluspart des instructions de la science à nous encourager, ont plus de montre que de force, et plus d'ornement que de fruict. Nous avons abandonné nature, et luy voulons apprendre sa leçon; elle qui nous menoit si heureusement et si seurement : et cependant les traces de son instruction, et ce peu, qui, par le benefice de l'ignorance, reste de son image empreint en la vie de cette tourbe rustique d'hommes impolis, la science est contraincte de l'aller touts les iours empruntant pour en faire patron, à ses disciples, de constance, d'innocence et de tranquillité. Il faict beau veoir, Que ceulx cy, pleins de tant de belles cognoissances, ayent à imiter cette sotte simplicité, et à l'imiter aux premieres actions de la vertu; et Que nostre sapience apprenne, des bestes mesmes, les plus utiles enseignements aux plus grandes et necessaires parties de nostre vie, comme il nous fault vivre et mourir, mesnager nos biens, aimer et eslever nos enfants, entretenir iustice : singulier tesmoignage de l'humaine maladie; et Que cette raison, qui se manie à nostre poste, trouvant tousiours quelque diversité et nouvelleté, ne laisse chez nous aulcune trace apparente de la nature; et en ont faict les hommes, comme les parfumiers de l'huile; ils l'ont sophistiquee de tant d'argumentations et de discours appellez du dehors, qu'elle en est devenue variable et particuliere à chascun, et a perdu son propre visage, constant et universel, et nous fault en chercher tesmoignage des bestes, non subiect à faveur, corruption, ny à diversité d'opinions : car il est bien vray qu'elles mesmes ne vont pas tousiours exactement dans la route de nature; mais ce qu'elles en desvoyent, c'est si peu que vous en appercevez tousiours l'orniere : tout ainsi que les chevaulx qu'on mene en main font bien des bonds et des escapades, mais c'est à la longueur de leurs longes, et suyvent ce neantmoins tousiours les pas de celuy qui les guide; et comme l'oiseau prend son vol, mais soubs la bride de sa filiere. Exilia, tormenta, bella, morbos, naufragia meditare : ..... ut nullo sis malo tiro (1) : à quoy nous sert cette curiosité de preoccuper touts les inconvenients de l'humaine nature, et nous preparer avecques tant de peine à l'encontre de ceulx mesme qui n'ont, à l'adventure, point à nous toucher? parem passis tristitiam facit, pati posse (2), non seulement le coup, mais le vent et le pet, nous frappe (a); ou, comme les plus fiebvreux, car certes c'est fiebvre, aller dez à cette heure vous faire donner le fouet, parce qu'il peult advenir que fortune vous le fera souffrir un iour; et prendre vostre robbe fourree dez la S. Iean, parce que vous en aurez besoing à Noël? Iectez vous en l'experience (b) des maulx qui vous peuvent arriver, nommeement des plus extremes; esprouvez vous là, disent ils; asseurez vous là : Au rebours, le plus facile et plus naturel seroit en descharger mesme sa pensee : ils ne viendront pas assez tost; leur vray estre ne nous dure

---

(1) Représentez-vous d'avance l'exil, la torture, les guerres, les maladies, les naufrages,....afin que nul accident ne vous paroisse nouveau, et que vous y soyez tout préparé. *Senec.* epist. 91, 107.

(2) Lorsque nous nous supposons en danger de souffrir un mal, nous sentons le même déplaisir que ceux qui l'ont déja souffert. *Seneca,* epistolâ 74, pag. 280 editionis cum notis variorum.

(a) Non ad ictum tantùm exagitamur, sed ad crepitum. *Senec. ibidem.*

(b) de touts les maulx. *Edit.* de 1595, mais effacé par Montaigne, dans l'exemplaire qu'il a corrigé. N.

pas assez, il fault que nostre esprit les estende et alonge, et qu'avant la main il les incorpore en soy et s'en entretienne, comme s'ils ne poisoient pas raisonnablement à nos sens. « Ils poiseront assez, quand ils y seront, dict un des maistres, non de quelque tendre secte, mais de la plus dure ; cependant favorise toy; crois ce que tu aimes le mieulx : que te sert il d'aller recueillant et prevenant ta malefortune; et de perdre le present, par la crainte du futur; et estre, dez cette heure, miserable, parce que tu le doibs estre avecques le temps »? Ce sont ses mots (a). La science nous faict volontiers un bon office, de nous instruire bien exactement des dimensions des maulx!

Curis acuens mortalia corda! (1)

ce seroit dommage, si partie de leur grandeur eschappoit à nostre sentiment et cognoissance! Il est certain qu'à la pluspart la preparation à la mort a donné plus de torment que n'a faict la souffrance. Il feut iadis veritablement dict, et par un bien iudicieux aucteur, Minùs afficit sensus fatigatio, quàm cogitatio (2). Le sentiment de la mort presente nous anime parfois, de soy mesme, d'une prompte resolution de ne plus eviter chose du tout inevitable : plusieurs gladiateurs se sont veus, au temps passé, aprez avoir couardement combattu, avaller courageusement la mort, offrant leur gosier au fer de l'ennemy, et le conviant. La veue de la mort à venir a besoing d'une fermeté lente, et difficile par consequent à fournir. Si vous ne sçavez pas mourir, ne vous chaille; nature vous en informera sur le champ, plainement et suffisam-

---

(a) *Séneque*, épît. 13.

(1) Par des soucis cuisants nous aiguisant l'esprit!

Virg. Georg. l. 1, v. 123.

(2) Nos sens sont moins frappés de la souffrance que de la crainte du mal. *Quintil.* inst. orat. l. 1, c. 12.

ment; elle fera exactement cette besongne pour vous : n'en empeschez vostre soing:

> Incertam frustrà, mortales, funeris horam
> Quæritis, et quâ sit mors aditura viâ.
>
> Pœna minor certam subitò perferre ruinam;
> Quod timeas, gravius sustinuisse diù (1)

Nous troublons la vie, par le soing de la mort; et la mort, par le soing de la vie : l'une nous ennuye; l'aultre nous effraye. Ce n'est pas contre la mort que nous nous preparons, c'est chose trop momentanee; un quart d'heure de passion, sans consequence, sans nuisance, ne merite pas des preceptes particuliers : à dire vray, nous nous preparons contre les preparations de la mort. La philosophie nous ordonne d'avoir la mort tousiours devant les yeulx, de la preveoir et considerer avant le temps; et nous donne, aprez, les regles et les precautions pour prouveoir à ce que cette prevoyance et cette pensee ne nous blece : ainsi font les medecins qui nous iectent aux maladies, afin qu'ils ayent où employer leurs drogues et leur art. Si nous n'avons sceu vivre, c'est iniustice de nous apprendre à mourir, et difformer la fin de son tout : si nous avons sceu vivre constamment et tranquillement, nous sçaurons mourir de mesme. Ils s'en vanteront tant qu'il leur plaira, tota philosophorum vita commentatio mortis est (2); mais il m'est advis que c'est bien le bout, non pourtant le but, de la vie; c'est sa fin, son extremité, non pourtant son obiect; elle doibt estre

---

(1) Pauvres mortels, vous cherchez en vain le moment incertain du trépas, et par où la mort viendra vous trouver.... Il y a moins de peine à souffrir d'abord le coup fatal, que d'être tourmenté long-temps auparavant de la crainte d'en être frappé.

Les deux premiers vers sont de Properce, l. 2, eleg. 27, v. 1, 2. J'ignore la source des deux autres.

(2) Toute la vie des philosophes est une étude de la mort. *Cic.* tusc. quæst. l. 1, c. 30.

elle mesme à soy sa visee, son desseing; son droict estude est se regler, se conduire, se souffrir. Au nombre de plusieurs aultres offices, que comprend ce general et principal chapitre de Sçavoir vivre, est cet article de Sçavoir mourir, et des plus legiers, si nostre crainte ne luy donnoit poids.

A les iuger par l'utilité, et par la verité naïfve, les leçons de la simplicité ne cedent gueres à celles que nous presche la doctrine; au contraire. Les hommes sont divers en goust et en force : il les fault mener à leur bien selon eulx, et par routes diverses.

Quo me cumque rapit tempestas, deferor hospes. (1)

Ie ne veis iamais païsan de mes voisins entrer en cogitation de quelle contenance et asseurance il passeroit cette heure derniere : nature luy apprend à ne songer à la mort, que quand il se meurt; et lors, il y a meilleure grace qu'Aristote, lequel la mort presse doublement, et par elle, et par une si longue (a) prevoyance : pourtant feut ce l'opinion de César, que la moins (b) pourpensee mort estoit la plus heureuse et plus deschargee : plus dolet quàm necesse est, qui antè dolet quàm necesse est (2). L'aigreur de cette imagination naist de nostre curiosité : nous nous empeschons tousiours ainsi, voulants devancer et regenter les prescriptions naturelles. Ce n'est

---

(1) Sans m'engager dans une route particuliere, je me laisse conduire au gré du vent. *Horat.* epist. 1, l. 1, v. 15.

(a) Premeditation : *Edit.* de 1595, mais effacé par Montaigne dans l'exemplaire corrigé. N.

(b) Premeditee, *édit.* in-fol. de 1595. Notez que cette leçon, qu'on trouve aussi dans l'édit. in-4°. de 1588, a été rayée par Montaigne dans l'exemplaire corrigé; et qu'il a écrit au dessus et entre lignes *pourpensee* : cela confirme ce que j'ai remarqué ailleurs. Voyez t. 3, p. 96, note (b), et ci-après, p. 223. N.

(2) Celui qui s'afflige avant qu'il soit nécessaire, s'afflige plus qu'il n'est nécessaire. *Senec.* epist. 98.

qu'aux docteurs d'en disner plus mal, touts sains, et se renfrongner de l'image de la mort : le commun n'a besoing ny de remede, ny de consolation, qu'au [heurt et au] coup ; et n'en considere que autant iustement qu'il en souffre. Est ce pas ce que nous disons, que la stupidité et faulte d'apprehension du vulgaire, luy donne cette patience aux maulx presents, et cette profonde nonchalance des sinistres accidents futurs ; que leur ame, pour estre crasse et obtuse, est moins penetrable et agitable ? Pour Dieu ! s'il est ainsi, tenons d'oresenavant eschole de bestise : c'est l'extreme fruict que les sciences nous promettent, auquel cette cy conduict si doulcement ses disciples. Nous n'aurons pas faulte de bons regents, interpretes de la simplicité naturelle ; Socrates en sera l'un : car, de ce qu'il m'en souvient, il parle environ en ce sens, aux iuges qui deliberent de sa vie : « I'ay (a) « peur, messieurs, si ie vous prie de ne me faire mou« rir, que ie m'enferre en la delation de mes accusa« teurs, qui est, Que ie fois plus l'entendu que les aul« tres, comme ayant quelque cognoissance plus cachee « des choses qui sont au dessus et au dessoubs de nous. « Ie sçais que ie n'ay ny frequenté, ny recogneu la « mort, ny n'ay veu personne qui ayt essayé ses qualitez, « pour m'en instruire. Ceulx qui la craignent, presup« posent la cognoistre : quant à moy, ie ne sçais ny « quelle elle est, ny quel il faict en l'aultre monde. A l'ad« venture est la mort chose indifferente, à l'adventure « desirable. Il est à croire pourtant, si c'est une trans« migration d'une place à aultre, qu'il y a de l'amende« ment, d'aller vivre avecques tant de grands person« nages trespassez, et d'estre exempt d'avoir plus affaire « à iuges iniques et corrompus : si c'est un aneantisse« ment de nostre estre, c'est encores amendement d'en« trer en une longue et paisible nuict ; nous ne sentons

---

(a) Ceci est extrait de l'apologie de Socrate, dans Platon. C.

« rien de plus doulx en la vie qu'un repos et sommeil « tranquille et profond, sańs songes. Les choses que ie « sçais estre mauvaises, comme d'offenser son prochain, « et desobeïr au superieur, soit Dieu, soit homme, ie « les evite soigneusement : celles des quelles ie ne sçais « si elles sont bonnes ou mauvaises, ie ne les sçaurois « craindre. Si ie m'en vois mourir, et vous laisse en vie, « les dieux seuls voyent à qui, de vous ou de moy, il en « ira mieulx. Par quoy, pour mon regard, vous en ordon- « nerez comme il vous plaira. Mais, selon ma façon de « conseiller les choses iustes et utiles, ie dis bien que « pour vostre conscience vous ferez mieulx de m'eslar- « gir, si vous ne voyez plus avant que moy en ma cause; « et, iugeant selon mes actions passees, et publicques et « privees, selon mes intentions, et selon le proufit que « tirent touts les iours de ma conversation tant de nos « citoyens et ieunes et vieux, et le fruict que ie vous fois « à touts, vous ne pouvez deuement vous descharger en- « vers mon merite, qu'en ordonnant que ie sois nourry, « attendu ma pauvreté, au Prytanee, aux despens pu- « blicques, ce que souvent ie vous ay veu, à moindre « raison, octroyer à d'aultres. Ne prenez pas à obstina- « tion ou desdaing, que, suyvant la coustume, ie n'aille « vous suppliant et esmouvant à commiseration. I'ay des « amis et des parents, n'estant, comme dict Homere, en- « gendré ny de bois, ny de pierre, non plus que les « aultres, capables de se presenter avecques des larmes « et le dueil; et ay trois enfants esplorez, de quoy vous « tirer à pitié : mais ie ferois honte à nostre ville, en « l'aage que ie suis, et en telle reputation de sagesse « que m'en voycy en prevention, de m'aller desmettre « à si lasches contenances. Que diroit on des aultres « Atheniens? I'ay tousiours admonesté ceulx qui m'ont « ouï parler, de ne racheter leur vie par une action des- « honneste; et, aux guerres de mon païs, à Amphipolis, « à Potidee, à Delie, et aultres où ie me suis trouvé, i'ay

« montré, par effects, combien i'estois loing de garantir « ma seureté par ma honte. Dadvantage, i'interesserois « vostre debvoir, et vous convierois à choses laides; car « ce n'est pas à mes prieres de vous persuader, c'est aux « raisons pures et solides de la iustice. Vous avez iuré « aux dieux d'ainsi vous maintenir : il sembleroit que « ie vous voulsisse souspeçonner et recriminer de ne croire « pas qu'il y en aye : et moy mesme tesmoignerois contre « moy, de ne croire point en eulx comme ie doibs, me « desfiant de leur conduicte, et ne remettant purement « en leurs mains mon affaire. Ie m'y fie du tout; et tiens « pour certain qu'ils feront en cecy, selon qu'il sera plus « propre à vous et à moy : les gents de bien, ny vivants, « ny morts, n'ont aulcunement à se craindre des dieux ». Voylà pas un playdoyer sec et sain, mais quand et quand naïf et bas, d'une haulteur inimaginable, veritable, franc et iuste, au delà de tout exemple; et employé en quelle necessité? Vrayement ce feut raison qu'il le preferast à celuy que ce grand orateur Lysias avoit mis par escript pour luy; excellemment façonné au style iudiciaire, mais indigne d'un si noble criminel. Eust on ouï de la bouche de Socrates une voix suppliante? cette superbe vertu eust elle calé au plus fort de sa montre? et sa riche et puissante nature eust elle commis à l'art sa deffense; et, en son plus hault essay, renoncé à la verité et naïfveté, ornements de son parler, pour se parer du fard des figures, et feinctes d'un' oraison apprinse? Il feit tressagement, et selon luy, de ne corrompre une teneur de vie incorruptible et une si saincte image de l'humaine forme, pour alonger d'un an sa decrepitude, et trahir l'immortelle memoire de cette fin glorieuse. Il debvoit sa vie, non pas à soy, mais à l'exemple du monde : seroit ce pas dommage publicque qu'il l'eust achevee d'un' oysifve et obscure façon? Certes, une si nonchalante et molle consideration de sa mort meritoit que la posterité la considerast d'autant plus pour luy; ce qu'elle feit : et il n'y a rien en la iustice si iuste, que ce que la fortune ordonna pour sa recommendation ; car les Atheniens eurent en telle abomination ceulx qui en avoient esté cause, qu'on les fuyoit comme personnes excommuniees ; on tenoit pollu tout ce à quoy ils avoient touché ; personne à l'estuve ne lavoit avecques eulx, personne ne les saluoit ny accointoit ; si qu'enfin ne pouvant plus porter cette haine publicque, ils se pendirent eulx mesmes (a). Si quelqu'un estime que parmy tant d'aultres exemples que i'avois à choisir pour le service de mon propos, ez dicts de Socrates, i'aye mal trié cettuy cy ; et qu'il iuge ce discours estre eslevé au dessus des opinions communes : ie l'ay faict à escient ; car ie iuge aultrement ; et tiens que c'est un discours, en reng et en naïfveté, bien plus arriere et plus bas que les opinions communes. Il represente, en une hardiesse inartificielle et niaise, en une securité puerile, la pure et premiere impression et ignorance de nature : car il est croyable que nous avons naturellement crainte de la douleur ; mais non de la mort, à cause d'elle : c'est une partie de nostre estre, non moins essentielle que le vivre. A quoy faire nous en auroit nature engendré la haine et l'horreur, veu qu'elle luy tient reng de tresgrande utilité pour nourrir la succession et vicissitude de ses ouvrages ? et qu'en cette republicque universelle, elle sert plus de naissance et d'augmentation, que de perte ou ruyne ?

sic rerum summa novatur, (1)

mille animas una necata dedit, (2)

la defaillance d'une vie est le passage à mille aultres vies. Nature a empreint aux bestes le soing d'elles et de

---

(a) Tout ceci est copié fidèlement d'un traité de Plutarque, intitulé *de l'envie et de la haine*. C.

(1) Ainsi toutes choses se renouvellent. *Lucret*. l. 2, v. 74.

(2) *Ovid.* de fastis, l. 1, v. 380, où ce poëte parle des abeilles

leur conservation : elles vont iusques là, de craindre leur empirement, de se heurter et blecer, que nous les enchevestrons et battons, accidents subiects à leur sens et experience ; mais que nous les tuons, elles ne le peuvent craindre, ny n'ont la faculté d'imaginer et conclure la mort : si dict on encores qu'on les veoid, non seulement la souffrir gayement, la pluspart des chevaulx hennissent en mourant, les cygnes la chantent; mais de plus, la rechercher à leur besoing, comme portent plusieurs exemples des elephants. Oultre ce, la façon d'argumenter de la quelle se sert icy Socrates, est elle pas admirable egualement en simplicité et en vehemence? Vrayement il est bien plus aysé de parler comme Aristote, et vivre comme César, qu'il n'est aysé de parler et vivre comme Socrates : là, loge l'extreme degré de perfection et de difficulté; l'art n'y peult ioindre. Or nos facultez ne sont pas ainsi dressees; nous ne les essayons, ny ne les cognoissons; nous nous investissons de celles d'aultruy, et laissons chomer les nostres : comme quelqu'un pourroit dire de moy, que i'ay seulement faict icy un amas de fleurs estrangieres, n'y ayant fourny du mien que le filet à les lier. Certes i'ai donné à l'opinion publicque, que ces parements empruntez m'accompaignent, mais ie n'entends pas qu'ils me couvrent et qu'ils me cachent : c'est le rebours de mon desseing, qui ne veulx faire montre que du mien et de ce qui est mien par nature; et si ie m'en feusse creu, à tout hazard i'eusse parlé tout fin seul. Ie m'en charge de plus fort touts les iours, oultre ma proposition et ma forme premiere, sur la fantasie du siecle et (a) enhortements d'aultruy. S'il me messied à moy, comme ie le crois;

---

qui naissent, à ce qu'il croit, de la carcasse d'un bœuf mort, qu'on a laissé pourrir. Montaigne a traduit ce passage après l'avoir cité. C.

(a) par oysifveté. *Edit.* de 1595.

n'importe, il peult estre utile à quelque aultre. Tel allegue Platon et Homere, qui ne les veid oncques : et moy, ay prins des lieux assez, ailleurs qu'en leur source. Sans peine et sans suffisance, ayant mille volumes de livres autour de moy en ce lieu où i'escris, i'emprunteray presentement, s'il me plaist, d'une douzaine de tels ravaudeurs, gents que ie ne feuillette gueres, de quoy esmailler le traicté de la Physionomie : il ne fault que l'epistre liminaire d'un Allemand pour me farcir d'allegations. Et nous allons quester par là une friande gloire, à piper le sot monde! Ces pastissages de lieux communs, de quoy tant de gents mesnagent leur estude, ne servent gueres qu'à subiects communs, et servent à nous montrer, non à nous conduire : ridicule fruict de la science, que Socrates exagite si plaisamment contre Euthydemus. I'ay veu faire des livres de choses ny iamais estudiees ny entendues; l'aucteur commettant à divers de ses amis sçavants la recherche de cette cy et de cette aultre matiere à le bastir, se contentant, pour sa part, d'en avoir proiecté le desseing, et empilé par son industrie ce fagot de provisions incogneues : au moins est sien l'encre et le papier. Cela, c'est, en conscience, acheter ou emprunter un livre, non pas le faire; c'est apprendre aux hommes, non qu'on sçait faire un livre, mais, ce de quoy ils pouvoient estre en doubte, qu'on ne le sçait pas faire. Un president se vantoit, où i'estois, d'avoir amoncelé deux cents tant de lieux estrangiers en un sien arrest presidental : en le preschant à chascun, il me sembla effacer la gloire qu'on luy en donnoit : Pusillanime et absurde vanterie, à mon gré, pour un tel subiect et telle personne! Ie fois le contraire; et, parmy tant d'emprunts, ie suis bien ayse d'en pouvoir desrobber quelqu'un, le desguisant et difformant à nouveau service : au hazard que ie laisse dire que c'est par faulte d'avoir entendu son naturel usage, ie luy donne quelque particuliere addresse de ma main, à ce qu'ils en soyent d'autant moins purement estrangiers. Ceulx cy mettent leurs larrecins en parade et en compte; aussi ont ils plus de credit aux loix que moy : nous aultres naturalistes, estimons qu'il y aye grande et incomparable preference de l'honneur de l'invention, à l'honneur de l'allegation. Si i'eusse voulu parler par science, i'eusse parlé plustost; i'eusse escript du temps plus voisin de mes estudes, que i'avois plus d'esprit et de memoire; et me feusse plus fié à la vigueur de cet aage là, qu'à cettuy cy, si i'eusse voulu faire mestier d'escrire : dadvantage (a), telle faveur gracieuse que la fortune peult m'avoir offerte par l'entremise de cet ouvrage, eust lors rencontré une plus propre saison. Deux de mes cognoissants, grands hommes en cette faculté, ont perdu par moitié, à mon advis, d'avoir refusé de se mettre au iour à quarante ans, pour attendre les soixante. La maturité a ses defaults, comme la verdeur, et pires; et autant est la vieillesse incommode à cette nature de besongne, qu'à toute aultre : quiconque met sa decrepitude soubs la presse, faict folie, s'il espere en espreindre des humeurs qui ne sentent le disgracié, le resveur et l'assopy; nostre esprit se constipe et (b) se croupit en vieillissant. Ie dis pompeusement et opulemment l'ignorance, et dis la science maigrement et piteusement; accessoirement cette cy et accidentalement, celle là expressement et principalement : et ne traicte à poinct nommé de rien, que du rien; ni d'aulcune science, que de celle de l'inscience. I'ay choisi le temps où ma vie,

---

(a) Dans l'édition in-fol. de 1595, Montaigne s'exprime ainsi : Et quoy, si cette faveur gracieuse que la fortune m'a nagueres « offerte par l'entremise de cet ouvrage, m'eust pu rencontrer en « telle saison, au lieu de celle cy, où elle est egualement desirable « à posseder, et preste à perdre? Deux etc. » La leçon que j'ai suivie dans le texte est de la propre main de Montaigne. Voyez, sur ces leçons autographes, les notes, p. 96, t. 3, et ci-après, p. 223. N.

(b) s'espessit : *Edit.* de 1595, mais effacé par Montaigne dans l'exemplaire corrigé. N.

que i'ay à peindre, ie l'ay toute devant moy; ce qui en reste tient plus de la mort : et de ma mort seulement, si ie la rencontrois babillarde, comme font d'aultres, donnerois ie encores volontiers advis au peuple, en deslogeant.

Socrates a esté un exemplaire parfaict en toutes grandes qualitez. I'ay despit qu'il eust rencontré un corps et un visage si vilain, comme ils disent, et disconvenable à la beauté de son ame; luy si amoureux et si affolé de la beauté : nature luy feit iniustice. Il n'est rien plus vraysemblable que la conformité et relation du corps à l'esprit. Ipsi animi, magni refert quali in corpore locati sint : multa enim è corpore existunt, quæ acuant mentem; multa, quæ obtundant (1); cettuy cy parle d'une laideur desnaturee, et difformité de membres : mais nous appellons laideur aussi, une mesadvenance au premier regard, qui loge principalement au visage, et souvent nous desgouste par bien legieres causes; d'un teint, d'une tache, d'une rude contenance, de quelque cause inexplicable, sur des membres bien ordonnez et entiers. La laideur qui revestoit un'ame tresbelle en la Boëtie, estoit de ce predicament : cette laideur superficielle, qui est pourtant tresimperieuse, est de moindre preiudice à l'estat de l'esprit, et a peu de certitude en l'opinion des hommes. L'aultre, qui d'un plus propre nom s'appelle difformité, plus substancielle, porte plus volontiers coup iusques au dedans : non pas tout soulier de cuir bien lissé, mais tout soulier bien formé, montre l'interieure forme du pied : Comme Socrates disoit de la sienne (a), qu'elle en accusoit iustement autant en

---

(1) Il importe beaucoup dans quel corps l'ame soit logée : car plusieurs qualités corporelles servent à aiguiser l'esprit; et plusieurs autres à l'émousser. *Cic.* tusc. quæst. l. 1, c. 33.

(a) Dans l'édition in-4°. de 1588, imprimée à Paris chez Abel l'Angelier, on lit *de sa laideur.* On a mis dans les suivan-

son ame, s'il ne l'eust corrigee par institution. Mais, en le disant, ie tiens qu'il se mocquoit, suyvant son usage : et iamais ame si excellente, ne se feit elle mesme. Ie ne puis dire assez souvent combien i'estime la beauté qualité puissante et advantageuse : il l'appelloit, « une courte tyrannie »; et Platon, « le privilege de nature ». Nous n'en avons point qui la surpasse en credit : elle tient le premier reng au commerce des hommes ; elle se presente au devant ; seduict et preoccupe nostre iugement, avecques grande auctorité et merveilleuse impression. Phryné perdoit sa cause entre les mains d'un excellent advocat, si, ouvrant sa robbe, elle n'eust corrompu ses iuges par l'esclat de sa beauté. Et ie treuve que Cyrus, Alexandre, Cesar, ces trois maistres du monde, ne l'ont pas oubliee à faire leurs grands affaires ; n'a pas le premier Scipion. Un mesme mot embrasse en grec (a) le bel et le bon : et le sainct Esprit appelle souvent bons, ceulx qu'il veult dire beaux. Ie maintiendrois volontiers le reng des biens,

---

tes, *de la sienne :* paroles moins distinctes, et dont le rapport ne se présente pas aisément à l'esprit. C.

La correction dont Coste se plaint ici est de Montaigne : il a rayé sur l'exemplaire corrigé de sa main *sa laideur*, et il a écrit au-dessus *la sienne;* c'est donc évidemment la vraie leçon : car on peut douter que les variantes de l'édition de 1595, soient effectivement de Montaigne, puisque nous n'avons pas la copie sur laquelle elle a été imprimée ; mais il n'en est pas de même de l'exemplaire de l'édition in-4°. de 1588, qu'il a corrigé : ce livre, un des monuments les plus précieux, en ce genre, qu'il y ait en Europe, subsiste encore ; les marges de chaque page sont chargées, en tous sens, de corrections et d'additions écrites de la propre main de l'auteur ; en un mot, c'est en quelque sorte le manuscrit autographe des Essais : considération grave, et qui donne, aux différentes leçons qu'on trouve dans ce précieux exemplaire, une autorité incontestable. N.

(a) Καλος κ'αγαθος, d'où nous est venu *bel et bon*, qui est encore d'usage en françois, mais dans le style familier. C.

selon que portoit la chanson que Platon dict avoir esté triviale, prinse de quelque ancien poëte : « la Santé, la Beauté, la Richesse ». Aristote dict, Aux beaux appartenir le droict de commander : et, quand il en est de qui la beauté approche celle des images des dieux, Que la veneration leur est pareillement deue : à celuy qui luy demandoit pourquoi plus long temps et plus souvent on hantoit les beaux : « Cette demande, feit il, n'appartient à estre faicte que par un aveugle ». La pluspart et les plus grands philosophes payerent leur escholage, et acquirent la sagesse, par l'entremise et faveur de leur beauté. Non seulement aux hommes qui me servent, mais aux bestes aussi, ie la considere à deux doigts prez de la bonté. Si me semble il que ce traict et façon de visage, et ces lineaments, par lesquels on argumente aulcunes complexions internes et nos fortunes à venir, est chose qui ne loge pas bien directement et simplement soubs le chapitre de beauté et de laideur : non plus que toute bonne odeur et serenité d'air n'en promet pas la santé; ny toute espesseur et puanteur, l'infection, en temps pestilent. Ceulx qui accusent les dames de contredire leur beauté par leurs mœurs, ne rencontrent pas tousiours : car en une face qui ne sera pas trop bien composee, il peult loger quelque air de probité et de fiance; comme, au rebours, i'ay leu parfois, entre deux beaux yeulx, des menaces d'une nature maligne et dangereuse. Il y a des physionomies favorables; et, en une presse d'ennemis victorieux, vous choisirez incontinent parmy des hommes incogneus, l'un plustost que l'aultre, à qui vous rendre et fier vostre vie, et non proprement par la consideration de la beauté. C'est une foible garantie que la mine; toutesfois elle a quelque consideration : et si i'avois à les fouetter, ce seroit plus rudement les meschants qui desmentent et trahissent les promesses que nature leur avoit plantees au front; ie punirois plus aigrement la malice, en une apparence debonnaire. Il semble qu'il y ayt aulcuns visages heureux, d'aultres malencontreux : et crois qu'il y a quelque art à distinguer les visages debonnaires, des niais ; les severes, des rudes ; les malicieux, des chagrins ; les desdaigneux, des melancholiques, et telles aultres qualitez voisines. Il y a des beautez, non fieres seulement, mais aigres ; il y en a d'aultres doulces, et, encores au delà, fades : d'en prognostiquer les adventures futures, ce sont matieres que ie laisse indecises.

I'ay prins, comme i'ay dict ailleurs, bien simplement et cruement, pour mon regard, ce precepte ancien : que « Nous ne sçaurions faillir à suyvre nature » : que le souverain precepte, c'est de « Se conformer à elle ». Ie n'ay pas corrigé, comme Socrates, par force de la raison, mes complexions naturelles, et n'ay aulcunement troublé, par art, mon inclination : ie me laisse aller, comme ie suis venu ; ie ne combats rien ; mes deux maistresses pieces vivent, de leur grace, en paix et bon accord : mais le laict de ma nourrice a esté, Dieu merci ! mediocrement sain et temperé. Diray ie cecy en passant ? que ie veois tenir en plus de prix qu'elle ne vault, qui est seule quasi en usage entre nous, certaine image de preud'hommie scholastique, serve des preceptes, contraincte soubs l'esperance et la crainte. Ie l'aime telle que les loix et religions non facent, mais parfacent et auctorisent ; qui se sente de quoy se soubstenir sans ayde ; nee en nous de ses propres racines, par la semence de la raison universelle, empreinte en tout homme non desnaturé. Cette raison, qui redresse Socrates de son vicieux ply, le rend obeïssant aux hommes et aux dieux qui commandent en sa ville, courageux en la mort, non parce que son ame est immortelle, mais parce qu'il est mortel. Ruineuse instruction à toute police, et bien plus dommageable qu'ingenieuse et subtile, qui persuade aux peuples la religieuse creance suffire seule, et sans les mœurs, à contenter la divine iustice! l'usage nous faict veoir une distinction enorme entre la devotion, et la conscience. I'ay (a) un port favorable et en forme et en interpretation;

> Quid dixi, habere me? Imò habui, Chreme: (1)
> Heu tantùm attriti corporis ossa vides: (2)

et qui faict une contraire montre à celle de Socrates. Il m'est souvent advenu que, sur le simple credit de ma presence et de mon air, des personnes qui n'avoient aulcune cognoissance de moy, s'y sont grandement fiees, soit pour leurs propres affaires, soit pour les miennes; et en ay tiré, ez païs estrangiers, des faveurs singulieres et rares. Mais ces deux experiences valent, à l'adventure, que ie les recite particulierement: Un quidam delibera de surprendre ma maison et moy: son art feut d'arriver seul à ma porte, et d'en presser un peu instamment l'entree. Ie le cognoissois de nom; et avois occasion de me fier de luy, comme de mon voisin et aulcunement mon allié: ie luy feis ouvrir, comme ie fois à chascun. Le voicy tout effroyé, son cheval hors d'haleine, fort harassé. Il m'entreteint de cette fable: « Qu'il venoit d'estre rencontré à une demie lieue de là par un sien ennemy, lequel ie cognoissois aussi, et avois ouï parler de leur querelle; que cet ennemy luy avoit merveilleusement chaussé les esperons; et qu'ayant esté surprins en desarroy, et plus foible en nombre, il s'estoit iecté à ma porte à sauveté; qu'il estoit en grand' peine de ses gents, lesquels il disoit tenir pour morts ou prins ». I'essayai tout naïfvement de le conforter, asseurer et refreschir. Tantost aprez, voylà quatre ou cinq de ses

---

(a) une apparence. *Edit.* de 1595.

(1) Que dis-je là, j'ai? Je devois dire, j'avois. *Terent.* Heautontim. act. 1, sc. 1, v. 42.

(2) Car, hélas! vous ne voyez plus en moi qu'un corps sec et décharné.—Je ne sais d'où Montaigne a tiré le second vers. C.

soldats qui se presentent, en mesme contenance et effroy, pour entrer; et puis d'aultres, et d'aultres encores aprez, bien equippez et bien armez, iusques à vingt cinq ou trente, feignants avoir leur ennemy aux talons. Ce mystere commenceoit à taster ma souspeçon : ie n'ignorois pas en quel siecle ie vivois, combien ma maison pouvoit estre enviee; et avois plusieurs exemples d'aultres de ma cognoissance à qui il estoit mesadvenu de mesme. Tant y a, que, trouvant qu'il n'y avoit point d'acquest d'avoir commencé à faire plaisir, si ie n'achevois, et ne pouvant me desfaire sans tout rompre, ie me laissai aller au party le plus naturel et le plus simple, comme ie fois tousiours, commandant qu'ils entrassent. Aussi, à la verité, ie suis peu desfiant et souspeçonneux de ma nature; ie penche volontiers vers l'excuse et l'interpretation plus doulce; ie prends les hommes selon le commun ordre; et ne crois pas ces inclinations perverses et desnaturees, si ie n'y suis forcé par grand tesmoignage, non plus que les monstres et miracles : et suis homme, en oultre, qui me commets volontiers à la fortune, et me laisse aller à corps perdu entre ses bras; de quoy iusques à cette heure i'ai eu plus d'occasion de me louer que de me plaindre, et l'ay trouvee et plus advisee, et plus amie de mes affaires, que ie ne suis. Il y a quelques actions en ma vie, desquelles on peult iustement nommer la conduicte difficile, ou, qui vouldra, prudente : de celles là mesmes, posez que la tierce partie soit du mien, certes les deux tierces sont richement à elle. Nous faillons, ce me semble, en ce que nous ne nous fions pas assez au ciel de nous, et pretendons plus de nostre conduicte, qu'il ne nous appartient; pourtant fourvoyent si souvent nos desseings : il est ialoux de l'estendue que nous attribuons aux droicts de l'humaine prudence, au preiudice des siens; et nous les raccourcit d'autant que nous les amplifions. Ceulx cy se teinrent à cheval, dans ma court; le chef avecques moy en ma salle, qui n'avoit voulu qu'on establast son cheval, disant avoir à se retirer incontinent qu'il auroit eu nouvelles de ses hommes. Il se veid maistre de son entreprinse : et n'y restoit sur ce poinct que l'execution. Souvent depuis il a dict, car il ne craignoit pas de faire ce conte, que mon visage et ma franchise luy avoient arraché la trahison des poings. Il remonta à cheval, ses gents ayants continuellement les yeulx sur luy, pour veoir quel signe il leur donneroit, bien estonnez de le veoir sortir, et abandonner son advantage. Une aultre fois, me fiant à ie ne sçais quelle trefve qui venoit d'estre publiee en nos armees, ie m'acheminai à un voyage, par païs estrangement chatouilleux. Ie ne feus pas si tost esventé, que voylà trois ou quatre cavalcades de divers lieux pour m'attraper : l'une me ioignit à la troisiesme iournee, où ie feus chargé par quinze ou vingt gentilshommes masquez, suivis d'une ondee d'argoulets. Me voylà prins et rendu, retiré dans l'espez d'une forest voisine, desmonté, devalizé, mes cofres fouillez, ma boite prinse, chevaulx et esquipage desparti (a) à nouveaux maistres. Nous feusmes long temps à contester dans ce hallier, sur le faict de ma rençon, qu'ils me tailloient si haulte, qu'il paroissoit bien que ie ne leur estois gueres cogneu. Ils entrerent en grande contestation de ma vie. De vray, il y avoit plusieurs circonstances qui me menaceoient du dangier où i'en estois.

Tunc animis opus, Aenea, tunc pectore firmo. (1)

Ie me mainteins tousiours, sur le tiltre de ma trefve, à leur quiter seulement le gaing qu'ils avoient faict de ma despouille, qui n'estoit pas à mespriser, sans promesse d'aultre rençon. Aprez deux ou trois heures que nous eusmes esté là, et qu'ils m'eurent faict monter sur un

---

(a) dispersé. *Edit.* de 1595, mais effacé par Montaigne dans l'exemplaire qu'il a corrigé. N.

(1) C'est alors qu'il fallut montrer de la résolution et une véritable intrépidité. *Virg. Aeneid.* l. 6, v. 261.

cheval qui n'avoit garde de leur eschapper, et commis ma conduicte particuliere à quinze ou vingt arquebuziers, et dispersé mes gents à d'aultres, ayant ordonné qu'on nous menast prisonniers diverses routes, et moy desià acheminé à deux ou trois arquebuzades de là,

Iam prece Pollucis iam Castoris imploratâ : (1)

voicy une soubdaine et tresinopinee mutation qui leur print. Ie veis revenir à moy le chef, avecques paroles plus doulces : se mettant en peine de rechercher en la trouppe mes hardes escartees, et m'en faisant rendre, selon qu'il s'en pouvoit recouvrer, iusques à ma boite. Le meilleur present qu'ils me feirent, ce feut enfin ma liberté : le reste ne me touchoit gueres en ce temps là. La vraye cause d'un changement si nouveau, et de ce r'advisement sans aulcune impulsion apparente, et d'un repentir si miraculeux, en tel temps, en une entreprinse pourpensee et deliberee, et devenue iuste par l'usage, (car d'arrivee ie leur confessai ouvertement le party duquel i'estois, et le chemin que ie tenois), certes, ie ne sçais pas bien encores quelle elle est. Le plus apparent qui se demasqua, et me feit cognoistre son nom, me redict lors plusieurs fois, que ie debvois cette delivrance à mon visage, liberté et fermeté de mes paroles, qui me rendoient indigne d'une telle mesadventure, et me demanda asseurance d'une pareille. Il est possible que la bonté divine se voulust servir de ce vain instrument pour ma conservation : Elle me deffendit encores l'endemain d'aultres pires embusches, desquelles ceulx cy mesme m'avoient adverty. Le dernier est encores en pieds, pour en faire le conte : le premier feut tué il n'y a pas long temps.

Si mon visage ne respondoit pour moy, si on ne lisoit en mes yeulx et en ma voix la simplicité de mon inten-

(1) Après avoir imploré le secours de Castor et de Pollux. *Catull.* carm. 66, v. 65.

tion, ie n'eusse pas duré sans querelle et sans offense, si long temps, avecques cette indiscrette liberté de dire à tort et à droict ce qui me vient en fantasie, et iuger temerairement des choses. Cette façon peult paroistre, avecques raison, incivile et mal accommodee à nostre usage; mais oultrageuse et malicieuse, ie n'ay veu personne qui l'en ayt iugee; ne qui se soit picqué de ma liberté, s'il l'a receue de ma bouche : les paroles redictes ont, comme aultre son, aultre sens. Aussi ne hais ie personne; et suis si lasche à offenser, que, pour le service de la raison mesme, ie ne le puis faire, et, lorsque l'occasion m'a convié aux condamnations criminelles, i'ay plustost manqué à la iustice : ut magis peccari nolim, quàm satis animi ad vindicanda peccata habeam (1). On reprochoit, dict on, à Aristote, d'avoir esté trop misericordieux envers un meschant homme : « I'ay esté, de vray, dict il, misericordieux envers l'homme, non envers la meschanceté ». Les iugements ordinaires s'exasperent à la vengeance, par l'horreur du mesfaict : cela mesme refroidit le mien; l'horreur du premier meurtre m'en faict craindre un second; et la (a) haine de la premiere cruauté m'en faict (b) haïr toute imitation. A moy, qui ne suis qu'escuyer de trefles, peult toucher ce qu'on disoit de Charillus roy de Sparte : « Il ne sçauroit estre bon; puis qu'il n'est pas mauvais aux meschants » : ou bien ainsi, car Plutarque le presente en ces deux sortes, comme mille aultres choses, diversement et contrairement : « Il fault bien qu'il soit bon, puis qu'il l'est aux meschants mesmes ». De mesme qu'aux actions legitimes

---

(1) Car je suis plus fâché de la faute commise, que je n'ai de courage pour en faire le châtiment. *Tit. Liv.* l. 29, c. 21. Cet historien dit que tel est le naturel de certaines gens : *Naturâ insitum quibusdam esse, ut magis peccari nolint*, etc. C.

(a) la laideur. *Edit.* de 1595.

(b) abhorrer. *Ibid.*

ie me fasche de m'y employer quand c'est envers ceulx qui s'en desplaisent ; aussi, à dire verité, aux illegitimes, ie ne fois pas assez de conscience de m'y employer, quand c'est envers ceulx qui y consentent.

CHAPITRE XIII.

De l'experience.

Il n'est desir plus naturel que le desir de cognoissance. Nous essayons touts les moyens qui nous y peuvent mener ; quand la raison nous fault, nous y employons l'experience,

> Per varios usus artem experientia fecit,
> Exemplo monstrante viam, (1)

qui est un moyen [de beaucoup] plus foible (a) et moins digne : mais la verité est chose si grande, que nous ne debvons desdaigner aulcune entremise qui nous y conduise. La raison a tant de formes, que nous ne sçavons à laquelle nous prendre : l'experience n'en a pas moins ; la consequence que nous voulons tirer de la (b) ressemblance des evenements est mal seure, d'autant qu'ils sont tousiours dissemblables. Il n'est aulcune qualité si universelle, en cette image des choses, que la diversité

---

(1) C'est par différentes épreuves, que l'expérience a produit l'art : l'exemple d'autrui nous y servant de guide. *Manil.* l. 1, v. 59, 60. Edit. Paris. 1786.

(a) et plus vile : *Edit.* de 1595, mais effacé par Montaigne dans l'exemplaire qu'il a corrigé.

(b) de la conférence. *Edit.* de 1595. Le mot *conférence* est rayé par Montaigne dans l'exemplaire qu'il a corrigé, et il a écrit au-dessus *ressemblance :* on retrouve néanmoins *conférence* dans l'édition in-fol. de 1595. Voyez à ce sujet la note de la page 223, de ce vol. et celle de la p. 96, du tom. 3. N.

et varieté. Et les Grecs, et les Latins, et nous, pour le plus exprez exemple de similitude, nous servons de celuy des œufs : toutesfois il s'est trouvé des hommes, et notamment un en Delphes, qui recognoissoit des marques de difference entre les œufs, si qu'il n'en prenoit iamais l'un pour l'aultre; et y ayant plusieurs poules, sçavoit iuger de laquelle estoit l'œuf (a). La dissimilitude s'ingere d'elle mesme en nos ouvrages : nul art peult arriver à la similitude; ny Perrozet, ny aultre, ne peult si soigneusement polir et blanchir l'envers de ses chartes, qu'aulcuns ioueurs ne les distinguent, à les veoir seulement couler par les mains d'un aultre. La ressemblance ne faict pas tant, un; comme la difference faict, aultre. Nature s'est obligee à ne rien faire aultre, qui ne feust dissemblable. Pourtant, l'opinion de celuy là ne me plaist gueres, qui pensoit, par la multitude des loix, brider l'auctorité des iuges, en leur taillant leurs morceaux; il ne sentoit point qu'il y a autant de liberté et d'estendue à l'interpretation des loix, qu'à leur façon : et ceux là se mocquent, qui pensent appetisser nos debats et les arrester, en nous r'appellant à l'expresse parole de la bible; d'autant que nostre esprit ne treuve pas le champ moins spacieux à contrerooller le sens d'aultruy qu'à representer le sien, et, comme s'il y avoit moins d'animosité et d'aspreté, à gloser qu'à inventer. Nous voyons combien il se trompoit; car nous avons en France plus de loix que tout le reste du monde ensemble, et plus qu'il n'en fauldroit à regler touts les mondes d'Epicurus; ut olim flagitiis, sic nunc legibus labo-

---

(a) Cicéron, d'où Montaigne doit avoir tiré cet exemple, dit qu'il s'est trouvé à Délos plusieurs personnes qui, nourrissant un grand nombre de poules pour le profit, avoient accoutumé de dire, en voyant un œuf, laquelle de ces poules l'avoit pondu. *Acad. quæst.* l. 4, c. 18. C.

ramus (1) : et si avons tant laissé à opiner et decider à nos iuges, qu'il ne feut iamais liberté si puissante et si licencieuse. Qu'ont gaigné nos legislateurs à choisir cent mille especes et faicts particuliers, et y attacher cent mille loix? ce nombre n'a aulcune proportion avecques l'infinie diversité des actions humaines; la multiplication de nos inventions n'arrivera pas à la variation des exemples : adioustez y en cent fois autant; il n'adviendra pas pourtant que, des evenements à venir, il s'en treuve aulcun qui, en tout ce grand nombre de milliers d'evenements choisis et enregistrez, en rencontre un auquel il se puisse ioindre et apparier si exactement, qu'il n'y reste quelque circonstance et diversité qui requiere diverse consideration de iugement. Il y a peu de relation de nos actions, qui sont en perpetuelle mutation, avecques les loix fixes et immobiles : les plus desirables, ce sont les plus rares, plus simples, et generales ; et encores crois ie qu'il vauldroit mieulx n'en avoir point du tout, que de les avoir en tel nombre que nous avons. Nature les donne tousiours plus heureuses que ne sont celles que nous nous donnons : tesmoing la peincture de l'aage doré des poëtes, et l'estat où nous voyons vivre les nations qui n'en ont point d'aultres : en voylà (a), qui pour touts iuges employent en leurs causes le premier passant qui voyage le long de leurs montaignes ; et ces aultres eslisent, le iour du marché, quelqu'un d'entr'eulx qui sur le champ decide touts leurs procez. Quel dangier y auroit il que les plus sages vuidassent

(1) A présent, nous sommes plus tourmentés par les lois, que nous ne l'avions été autrefois par les vices. *Tacit.* annal. l. 3, c. 25.

(a) Montaigne veut parler, selon toutes les apparences, de la république de Saint-Marin, petite république, enclavée dans les états du pape, qui n'a de pays qu'une montagne, et qui choisit toujours pour juge un étranger. C.

ainsi les nostres, selon les occurrences, et à l'œil, sans obligation d'exemple et de consequence? A chasque pied, son soulier. Le roy Ferdinand, envoyant des colonies aux Indes, prouveut sagement qu'on n'y menast aulcuns escholiers de la iurisprudence, de crainte que les procez ne peuplassent en ce nouveau monde, comme estant science, de sa nature, generatrice d'altercation et division : iugeant avecques Platon que « C'est une mauvaise provision de païs, que iurisconsultes et medecins ». Pourquoi est ce que nostre langage commun, si aysé à tout aultre usage, devient obscur et non intelligible en contract et testament; et que celuy qui s'exprime si clairement, quoy qu'il die et escrive, ne treuve en cela aulcune maniere de se declarer qui ne tumbe en doubte et contradiction? si ce n'est que les princes de cet art, s'appliquants d'une peculiere attention à trier des mots solennes et former des clauses artistes, ont tant poisé chasque syllabe, espluché si primement chasque espece de cousture, que les voylà enfrasquez et embrouillez en l'infinité des figures, et si menues partitions, qu'elles ne peuvent plus tumber soubs aulcun reglement et prescription, ny aulcune certaine intelligence : confusum est quidquid usque in pulverem sectum est (1). Qui a veu des enfants, essayants de renger à certain nombre une masse d'argent vif; plus ils le pressent et pestrissent, et s'estudient à le contraindre à leur loy, plus ils irritent la liberté de ce genereux metal; il fuyt à leur art, et se va menuisant et esparpillant, au delà de tout compte : c'est de mesme; car en subdivisant ces subtilitez, on apprend aux hommes d'accroistre les doubtes; on nous met en train d'estendre et diversifier les difficultez; on les alonge, on les disperse. En semant les questions et les retaillant, on faict fructifier et foisonner le monde en incertitude et en que-

(1) Tout ce qu'on met en poudre devient confus. *Senec.* epist. 89, non procul ab init. p. 395. Edit. cum notis varior.

relle; comme la terre se rend fertile, plus elle est esmiee et profondement remuee : Difficultatem facit doctrina (1). Nous doubtions sur Ulpian, et redoubtons encores sur Bartolus et Baldus. Il falloit effacer la trace de cette diversité innumerable d'opinions; non point s'en parer, et en entester la posterité. Ie ne sçais qu'en dire; mais il se sent, par experience, que tant d'interpretations dissipent la verité et la rompent. Aristote a escript pour estre entendu : s'il ne l'a peu, moins le fera un moins habile; et un tiers, que celuy qui traicte sa propre imagination. Nous ouvrons la matiere, et l'espandons en la destrempant; d'un subiect nous en faisons mille, et retumbons, en multipliant et subdivisant, à l'infinité des atomes d'Epicurus. Iamais deux hommes ne iugerent pareillement de mesme chose : et est impossible de veoir deux opinions semblables exactement, non seulement en divers hommes, mais en mesme homme à diverses heures. Ordinairement ie treuve à doubter en ce que le commentaire n'a daigné toucher; ie brunche plus volontiers en païs plat : comme certains chevaulx que ie cognois, qui choppent plus souvent en chemin uny.

Qui ne diroit que les gloses augmentent les doubtes et l'ignorance, puisqu'il ne se veoid aulcun livre, soit humain, soit divin, sur qui le monde s'embesongne, duquel l'interpretation face tarir la difficulté? le centiesme commentaire le renvoye à son suyvant, plus espineux et plus scabreux que le premier ne l'avoit trouvé : quand est il convenu entre nous, « ce livre en a assez, il n'y a meshuy plus que dire »? Cecy se veoid mieulx en la chicane : On donne auctorité de loy à infinis docteurs, infinis arrests, et à autant d'interpretations; Trouvons

---

(1) C'est la doctrine qui produit les difficultés. *Quintil.* inst. orat. l. 10, c. 3. Montaigne cite bien les propres paroles de Quintilien, mais dans un sens tout différent de celui qu'elles ont dans cet auteur. C.

nous pourtant quelque fin au besoing d'interpreter? s'y veoid il quelque progrez et advancement vers la tranquillité? nous fault il moins d'advocats et de iuges, que lors que cette masse de droict estoit encores en sa premiere enfance? Au contraire, nous obscurcissons et ensepvelissons l'intelligence; nous ne la descouvrons plus qu'à la mercy de tant de clostures et barrieres. Les hommes mescognoissent la maladie naturelle de leur esprit: il ne faict que fureter et quester, et va sans cesse tournoyant, bastissant, et s'empestrant en sa besongne, comme nos vers à soye, et s'y estouffe; mus in pice (1): il pense remarquer de loing ie ne sçais quelle apparence de clarté et verité imaginaire; mais, pendant qu'il y court, tant de difficultez luy traversent la voye, d'empeschements et de nouvelles questes, qu'elles l'esgarent et l'enyvrent: non gueres aultrement qu'il adveint aux chiens d'Esope, lesquels descouvrant quelque apparence de corps mort flotter en mer, et ne le pouvant approcher, entrepreindrent de boire cette eau, d'asseicher le passage, et s'y estouffarent. A quoy se rencontre ce qu'un Crates disoit des escripts de Heraclitus, « qu'ils avoient besoing d'un lecteur bon nageur », à fin que la profondeur et poids de sa doctrine, ne l'engloutist et suffoquast. Ce n'est rien que foiblesse particuliere, qui nous faict contenter de ce que d'aultres ou que nous mesmes avons trouvé en cette chasse de cognoissance; un plus habile ne s'en contentera pas: il y a tousiours place pour un suyvant, ouy et pour nous mesmes, et route par ailleurs. Il n'y a point de fin en nos inquisitions: nostre fin est en l'aultre monde. C'est signe de racourciement d'esprit, quand il se contente; ou [signe] de lasseté. Nul esprit genereux ne s'arreste en soy; il pretend tousiours, et va oultre ses forces; il a

(1) C'est une souris poissée, qui s'englue d'autant plus qu'elle se donne de mouvement pour se dépêtrer.

des eslans au delà de ses effects : s'il ne s'advance, et ne se presse, et ne s'accule, et ne se chocque [et tournevire], il n'est vif qu'à demy; ses poursuites sont sans terme et sans forme; son aliment, c'est admiration, chasse, ambiguité : ce que declaroit assez Apollo, parlant tousiours à nous doublement, obscurement et obliquement; ne nous repaissant pas, mais nous amusant et embesongnant. C'est un mouvement irregulier, perpetuel, sans patron et sans but : ses inventions s'eschauffent, se suyvent, et s'entreproduisent l'une l'aultre :

Ainsi veoid on, en un ruisseau coulant,
Sans fin l'une eau, aprez l'aultre roulant;
Et tout de reng, d'un eternel conduict,
L'une suit l'aultre, et l'une l'aultre fuyt.
Par cette cy celle là est poulsee,
Et cette cy par l'aultre est devancee :
Tousiours l'eau va dans l'eau; et tousiours est ce
Mesme ruisseau, et tousiours eau diverse. (a)

Il y a plus affaire à interpreter les interpretations, qu'à interpreter les choses; et plus de livres sur les livres, que sur aultre subiect : nous ne faisons que nous entregloser. Tout formille de commentaires : d'aucteurs, il en est grand' cherté. Le principal et plus fameux sçavoir de nos siecles, est ce pas sçavoir entendre les sçavants? est ce pas la fin commune et derniere de touts estudes? Nos opinions s'entent les unes sur les aultres; la premiere sert de tige à la seconde, la seconde à la tierce : nous eschellons ainsi de degré en degré; et advient de là que le plus hault monté a souvent plus d'honneur

(a) Ces vers, qui sont d'Etienne de la Boëtie, se trouvent dans une piece adressée à Marguerite de Carle, à l'occasion d'une traduction, en vers françois, des plaintes de l'héroïne Bradamante, dans *l'Orlando furioso*, chant 32. Traduction que la Boëtie fit à la priere de cette Marguerite de Carle, qui fut ensuite sa femme. C.

que de merite, car il n'est monté que d'un grain sur les espaules du penultime.

Combien souvent, et sottement à l'adventure, ay ie estendu mon livre à parler de soy? sottement, quand ce ne seroit que pour cette raison, qu'il me debvoit souvenir de ce que ie dis des aultres qui en font de mesme, « Que ces œillades si frequentes à leur ouvrage, tesmoignent que le cœur leur frissonne de son amour; et les rudoyements mesmes desdaigneux de quoy ils le battent, que ce ne sont que mignardises et affeteries d'une faveur maternelle »; suyvant Aristote, à qui et se priser et se mespriser naissent souvent de pareil air d'arrogance. Car mon excuse, « Que ie doibs avoir en cela plus de liberté que les aultres, d'autant qu'à poinct nommé i'escris de moy et de mes escripts, comme de mes aultres actions; Que mon theme se renverse en soy » : ie ne sçais si chascun la prendra.

I'ai veu en Allemaigne que Luther a laissé autant de divisions et d'altercations sur le doubte de ses opinions, et plus, qu'il n'en esmeut sur les Escriptures sainctes. Nostre contestation est verbale : Ie demande que c'est que Nature, Volupté, Cercle, et Substitution; la question est de paroles; et se paye de mesme. Une pierre c'est Un corps : mais qui presseroit, « Et corps qu'est-ce »? « Substance »; « et substance (a), quoy »? ainsi de suitte acculeroit enfin le respondant au bout de son Calepin. On eschange un mot pour un aultre mot, et souvent plus incogneu : ie sçais mieulx que c'est qu'Homme, que ie ne sçais que c'est Animal, ou Mortel ou Raisonnable. Pour satisfaire à un doubte, ils m'en donnent

---

(a) Locke a fait voir démonstrativement que nous n'avons aucune idée claire et précise de ce que nous appelons *substance*. Voyez son Essai philosophique concernant l'entendement humain, l. 1, c. 4, §. 18, l. 2, c. 23, §. 2, etc. C.

trois ; c'est la teste de Hydra. Socrates demandoit à Menon (a), « Que c'estoit que vertu ». « Il y a, dict Menon, vertu d'homme et de femme, de magistrat et d'homme privé, d'enfant et de vieillard ». « Voicy qui va bien, s'escria Socrates : Nous estions en cherche d'une vertu; tu nous en apportes un exaim ». Nous communiquons une question ; on nous en redonne une ruchée. Comme nul evenement et nulle forme ressemble entierement à une aultre ; aussi ne differe l'une de l'aultre entierement : ingenieux meslange de nature. Si nos faces n'estoient semblables, on ne sçauroit discerner l'homme de la beste ; si elles n'estoient dissemblables, on ne sçauroit discerner l'homme de l'homme : toutes choses se tiennent par quelque similitude ; tout exemple cloche ; et la relation qui se tire de l'experience est tousiours defaillante et imparfaicte. On ioinct toutesfois les comparaisons par quelque bout : ainsi servent les loix, et s'assortissent ainsin à chascun de nos affaires par quelque interpretation destournee, contraincte et biaise.

Puisque les loix ethiques qui regardent le debvoir particulier de chascun en soy, sont si difficiles à dresser, comme nous voyons qu'elles sont ; ce n'est pas merveille si celles qui gouvernent tant de particuliers le sont dadvantage. Considerez la forme de cette iustice qui nous regit ; c'est un vray tesmoignage de l'humaine imbecillité : Tant il y a de contradiction et d'erreur ! Ce que nous trouvons faveur et rigueur en la iustice, et y en trouvons tant,

---

(a) Dans toutes mes éditions de Montaigne il y a *Memnon*, au lieu de *Menon*, personnage d'un dialogue de Platon, intitulé *Menon ;* où se trouve précisément ce que Montaigne fait dire ici à Menon et à Socrate. C.

Cette faute se trouve aussi dans l'exemplaire corrigé de la propre main de Montaigne : mais ce n'est pas la seule qu'il ait laissé subsister dans cet exemplaire, d'ailleurs si précieux à tant d'égards. N.

que ie ne sçais si l'entredeux s'y treuve si souvent, ce sont parties maladifves, et membres iniustes du corps mesme et essence de la iustice. Des païsans viennent de m'advertir en haste qu'ils ont laissé presentement en une forest qui est à moy, un homme meurtry de cent coups, qui respire encores, et qui leur a demandé de l'eau par pitié, et du secours pour le soublever : disent qu'ils n'ont osé l'approcher, et s'en sont fuys, de peur que les gents de la iustice ne les y attrapassent, et, comme il se faict de ceulx qu'on rencontre prez d'un homme tué, ils n'eussent à rendre compte de cet accident, à leur totale ruyne; n'ayant ny suffisance, ny argent, pour deffendre leur innocence. Que leur eusse ie dict? il est certain que cet office d'humanité les eust mis en peine. Combien avons nous descouvert d'innocents avoir esté punis, ie dis sans la coulpe des iuges; et combien en y a il eu que nous n'avons pas descouverts? Cecy est advenu de mon temps : Certains sont condamnez à la mort pour un homicide; l'arrest, sinon prononcé, au moins conclu et arresté. Sur ce poinct, les iuges sont advertis, par les officiers d'une cour subalterne voisine, qu'ils tiennent quelques prisonniers, lesquels advouent disertement cet homicide, et apportent à tout ce faict une lumiere indubitable. On delibere si pourtant on doibt interrompre et differer l'execution de l'arrest donné contre les premiers : on considere la nouvelleté de l'exemple, et sa consequence pour accrocher les iugements; que la condamnation est iuridiquement passee; les iuges privez de repentance. Somme, ces pauvres diables sont consacrez aux formules de la iustice. Philippus (1), ou quelque aultre, prouveut à un pareil inconvenient, en cette maniere : Il avoit condamné

(1) C'est bien exactement Philippe, roi de Macédoine; voyez les *Apophthegmes* de Plutarque. Mais Montaigne a un peu changé les circonstances. C.

en grosses amendes un homme envers un aultre, par un iugement resolu. La verité se descouvrant quelque temps aprez, il se trouva qu'il avoit iniquement iugé. D'un costé estoit la raison de la cause; de l'aultre costé la raison des formes iudiciaires : il satisfeit aulcunement à toutes les deux, laissant en son estat la sentence, et recompensant, de sa bourse, l'interest du condamné. Mais il avoit affaire à un accident reparable : les miens feurent pendus irreparablement. Combien ay ie veu de condamnations, plus crimineuses que le crime! Tout cecy me faict souvenir de ces anciennes opinions : « Qu'il est force de faire tort en detail, qui veult faire droict en gros; et iniustice en petites choses, qui veult venir à chef de faire iustice ez grandes : Que l'humaine iustice est formee au modele de la medecine, selon laquelle tout ce qui est utile est aussi iuste et honneste : Et de ce que tiennent les stoïciens, que nature mesme procede contre iustice en la pluspart de ses ouvrages : Et de ce que tiennent les cyrenaïques, qu'il n'y a rien iuste de soy; que les coustumes et loix forment la iustice : Et les theodoriens, qui treuvent iuste au sage le larrecin, le sacrilege, toute sorte de paillardise, s'il cognoist qu'elle luy soit proufitable ». Il n'y a remede : i'en suis là, comme Alcibiades (a), que ie ne me representeray iamais, que ie puisse, à homme qui decide de ma teste, où mon honneur et ma vie despende de l'industrie et soing de mon procureur plus que de mon innocence. Ie me hazarderois à une telle iustice, qui me recogneust du bien faict, comme du mal faict; où i'eusse autant à esperer, qu'à craindre : l'indemnité n'est pas monnoye suffisante à un homme qui faict mieulx que de ne faillir point. Nostre iustice ne nous presente que l'une de ses

---

(a) Qui disoit qu'en pareil cas il ne se fieroit pas à sa propre mere. Plutarque, dans la vie d'Alcibiade, version d'Amyot. C.

mains, et encores la gauche; quiconque il soit, il en sort avecques perte.

En la Chine, duquel royaume la police et les arts, sans commerce et cognoissance des nostres, surpassent nos exemples en plusieurs parties d'excellence, et duquel l'histoire m'apprend combien le monde est plus ample et plus divers, que ny les anciens ny nous ne penetrons, les officiers deputez par le prince pour visiter l'estat de ses provinces, comme ils punissent ceulx qui malversent en leur charge, ils remunerent aussi, de pure liberalité, ceulx qui s'y sont bien portez oultre la commune sorte et oultre la necessité de leur debvoir : on s'y presente, non pour se garantir seulement, mais pour y acquerir; ny simplement pour estre payé, mais pour y estre aussi estrené.

Nul iuge n'a encores, Dieu mercy, parlé à moy comme iuge, pour quelque cause que ce soit, ou mienne ou tierce, ou criminelle ou civile : nulle prison m'a receu, non pas seulement pour m'y promener; l'imagination m'en rend la veue, mesme du dehors, desplaisante. Ie suis si affady aprez la liberté, que qui me deffendroit l'accez de quelque coing des Indes, i'en vivrois aulcunement plus mal à mon ayse : et tant que ie trouveray terre, ou air ouvert ailleurs, ie ne croupiray en lieu où il me faille cacher. Mon Dieu! que mal pourrois ie souffrir la condition où ie veois tant de gents, clouez à un quartier de ce royaume, privez de l'entree des villes principales, et des courts, et de l'usage des chemins publicques, pour avoir querellé nos loix! Si celles que ie sers me menaceoient seulement le bout du doigt, ie m'en irois incontinent en trouver d'aultres, où que ce feust. Toute ma petite prudence, en ces guerres civiles où nous sommes, s'employe à ce qu'elles n'interrompent ma liberté d'aller et venir. Or les loix se maintiennent en credit, non parce qu'elles sont iustes, mais parce qu'elles sont loix : c'est le fondement mystique de leur auctorité, elles n'en ont point d'aultre; qui bien leur sert. Elles sont souvent faictes par des sots; plus souvent par des gents qui, en haine d'egualité, ont faulte d'equité; mais tousiours par des hommes, aucteurs vains et irresolus. Il n'est rien si lourdement et largement faultier, que les loix; ny si ordinairement. Quiconque leur obeït parce qu'elles sont iustes, ne leur obeït pas iustement par où il doibt. Les nostres françoises prestent aulcunement la main, par leur desreglement et deformité, au desordre et corruption qui se veoid en leur dispensation et execution : le commandement est si trouble et inconstant, qu'il excuse aulcunement et la desobeïssance, et le vice de l'interpretation, de l'administration et de l'observation. Quel que soit doncques le fruict que nous pouvons avoir de l'experience, à peine servira beaucoup à nostre institution celle que nous tirons des exemples estrangiers, si nous faisons si mal nostre proufit de celle que nous avons de nous mesmes, qui nous est plus familiere, et, certes, suffisante à nous instruire de ce qu'il nous fault. Ie m'estudie plus qu'aultre subiect : c'est ma metaphysique, c'est ma physique.

> Quâ Deus hanc mundi temperet arte domum;
> Quâ venit exoriens, quâ deficit, unde coactis
> Cornibus in plenum menstrua luna redit;
> Unde salo superant venti, quid flamine captet
> Eurus, et in nubes unde perennis aqua;
> Sit ventura dies mundi quæ subruat arces,
>
> Quærite quos agitat mundi labor : (1)

en cette université, ie me laisse ignoramment et negli-

(1) Vous qui brûlez d'envie de pénétrer les secrets de la nature, cherchez par quel moyen Dieu gouverne le monde; où se leve la lune, par où elle vient à disparoître, et comment elle retourne tous les mois dans son plein; d'où partent les vents qui dominent sur la mer; ce que produit celui du midi;

gemment manier à la loy generale du monde ; ie la sçauray assez, quand ie la sentiray : ma science ne luy sauroit faire changer de route : elle ne se diversifiera pas pour moy ; c'est folie de l'esperer, et plus grand' folie de s'en mettre en peine, puis qu'elle est necessairement semblable, publicque et commune. La bonté et capacité du Gouverneur nous doibt, à pur et à plein, descharger du soing de son gouvernement : les inquisitions et contemplations philosophiques ne servent que d'aliment à nostre curiosité. Les philosophes, avecques grand' raison, nous renvoyent aux regles de nature ; mais elles n'ont que faire de si sublime cognoissance : ils les falsifient, et nous presentent son visage peinct, trop hault en couleur et trop sophistiqué, d'où naissent tant de divers pourtraicts d'un subiect si uniforme. Comme elle nous a fourny de pieds, à marcher ; aussi a elle de prudence, à nous guider en la vie : prudence non tant ingenieuse, robuste et pompeuse, comme celle de leur invention ; mais, à l'advenant, facile, [quiete] et salutaire, et qui faict tresbien ce que l'aultre dict, en celuy qui a l'heur de sçavoir l'employer naïfvement et ordonneement, c'est à dire naturellement. Le plus simplement se commettre à nature, c'est s'y commettre le plus sagement. Oh ! que c'est un doulx et mol chevet, et sain, que l'ignorance et l'incuriosité, à reposer une teste bien faicte ! i'aimerois mieulx m'entendre bien en moy, qu'en Ciceron (a). De l'experience que i'ay de moy, ie treuve assez de quoy me faire sage, si i'estois bon

---

d'où viennent les eaux dont les nuées sont incessamment chargées ; et s'il y aura un jour auquel tout l'univers sera détruit.

Les six premiers vers sont de Properce, eleg. 5, l. 3, v. 26, et seqq. Le second passage est de Lucain, Pharsal. l. 1, v. 417.

(a) l'édition de 1588 porte : *qu'en Platon*, dont Montaigne a effacé le nom pour y substituer celui de Cicéron qu'il estimoit moins. N.

escholier : qui remet en sa memoire l'excez de sa cholere passee, et iusques où cette fiebvre l'emporta, veoid la laideur de cette passion, mieulx que dans Aristote, et en conceoit une haine plus iuste : qui se souvient des maulx qu'il a courus, de ceulx qui l'ont menacé, des legieres occasions qui l'ont remué d'un estat à aultre, se prepare par là aux mutations futures, et à la recognoissance de sa condition. La vie de Cesar n'a point plus d'exemple que la nostre pour nous; et emperiere, et populaire, c'est tousiours une vie que touts accidents humains regardent. Escoutons y seulement; nous nous disons tout ce de quoy nous avons principalement besoing : qui se souvient de s'estre tant et tant de fois mescompté de son propre iugement, est il pas un sot de n'en entrer pour iamais en desfiance? Quand ie me treuve convaincu, par la raison d'aultruy, d'une opinion faulse, ie n'apprends pas tant ce qu'il m'a dict de nouveau, et cette ignorance particuliere, ce seroit peu d'acquest; comme en general i'apprends ma debilité et la trahison de mon entendement : d'où ie tire la reformation de toute la masse. En toutes mes aultres erreurs, ie fois de mesme; et sens de cette regle grande utilité à la vie : ie ne regarde pas l'espece et l'individu, comme une pierre où i'aye brunché; i'apprends à craindre mon allure partout, et m'attends à la regler. D'apprendre qu'on a dict ou faict une sottise, ce n'est rien que cela : il fault apprendre qu'on n'est qu'un sot; instruction bien plus ample et importante. Les fauls pas que ma memoire m'a faict si souvent, lors mesme qu'elle s'asseure le plus de soy, ne se sont pas inutilement perdus : elle a beau me iurer à cette heure et m'asseurer, ie secoue les aureilles; la premiere opposition qu'on faict à son tesmoignage, me met en suspens, et n'oserois me fier d'elle en chose de poids, ny la garantir sur le faict d'aultruy : et n'estoit que ce que ie fois par faulte de memoire, les aultres le font encores plus souvent par faulte de foy, ie prendrois tousiours, en chose de faict, la verité, de la bouche d'un aultre, plustost que de la mienne. Si chascun espioit de prez les effects et circonstances des passions qui le regentent, comme i'ay faict de celle à qui i'estois tumbé en partage, il les verroit venir, et rallentiroit un peu leur impetuosité et leur course : elles ne nous saultent pas tousiours au collet d'un prinsault ; il y a de la menace et des degrez :

> Fluctus uti primo cœpit cùm albescere vento,
> Paulatim sese tollit mare, et altiùs undas
> Erigit, inde imo consurgit ad æthera fundo. (1)

Le iugement tient chez moy un siege magistral, au moins il s'en efforce soigneusement ; il laisse mes appetits aller leur train, et la haine, et l'amitié, voire et celle que ie me porte à moy mesme, sans s'en alterer et corrompre : s'il ne peult reformer les aultres parties selon soy, au moins ne se laisse il pas difformer à elles ; il faict son ieu à part. L'advertissement à chascun « De se cognoistre », doibt estre d'un important effect, puisque ce Dieu de science et de lumiere (a) le feit planter au front de son temple, comme comprenant tout ce qu'il avoit à nous conseiller : Platon dict aussi que prudence n'est aultre chose que l'execution de cette ordonnance ; et Socrates le verifie par le menu, en Xenophon. Les difficultez et l'obscurité ne s'apperceoivent en chascune science, que par ceulx qui y ont entree ; car encores fault il quelque degré d'intelligence, à pouvoir remarquer qu'on ignore ; et fault poulser à une porte, pour sçavoir qu'elle nous

(1) C'est ainsi qu'après que les flots de la mer ont commencé de blanchir d'écume, les vagues, grossissant peu à peu, s'élevent toujours de plus en plus ; alors la mer agitée jusqu'au fond s'élance à la hauteur des nues. *Virg. Aeneid.* l. 7, v. 528, et seqq.

(a) Apollon.

est close : d'où naist cette platonique subtilité, que « Ny ceulx qui sçavent n'ont à s'enquerir, d'autant qu'ils sçavent; Ny ceulx qui ne sçavent, d'autant que pour s'enquerir il fault sçavoir de quoy on s'enquiert ». Ainsin en cette cy « De se cognoistre soy mesme », ce que chascun se veoid si resolu et satisfaict, ce que chascun y pense estre suffisamment entendu, signifie que chascun n'y entend rien du tout; comme Socrates apprend à Euthydeme, en Xenophon. Moy, qui ne fois aultre profession, y treuve une profondeur et varieté si infinie, que mon apprentissage n'a aultre fruict que de me faire sentir combien il me reste à apprendre. A ma foiblesse si souvent recogneue ie doibs l'Inclination que i'ay à la modestie, à l'obeïssance des creances qui me sont prescriptes, à une constante froideur et moderation d'opinions, et la Haine de cette arrogance importune et querelleuse se croyant et fiant toute à soy, ennemie capitale de discipline et de verité. Oyez les regenter : les premieres sottises qu'ils mettent en avant, c'est au style qu'on establit les religions et les loix. *Nihil est turpius, quàm cognitioni et perceptioni assertionem approbationemque præcurrere* (1). Aristarchus disoit qu'anciennement, à peine se trouva il sept sages au monde; et que, de son temps, à peine se trouvoit il sept ignorants : aurions nous pas plus de raison, que luy, de le dire en nostre temps? L'affirmation et l'opiniastreté sont signes exprez de bestise : Cettuy cy aura donné du nez à terre cent fois pour un iour; le voylà sur ses ergots aussi resolu et entier que devant : vous diriez qu'on luy a infus, depuis, quelque nouvelle ame et vigueur d'entendement, et qu'il luy advient comme à cet ancien fils de la

---

(1) Rien n'est plus honteux que de faire marcher l'assertion et la décision avant la perception et la connoissance. *Cic.* acad. quæst. l. 1, c. 13, edit. Davis.

terre, qui reprenoit nouvelle fermeté et se renforceoit par sa cheute;

> cui, cùm tetigere parentem,
> Iam defecta vigent renovato robore membra : (1)

ce testu indocile pense il pas reprendre un nouvel esprit, pour reprendre une nouvelle dispute? C'est par mon experience, que i'accuse l'humaine ignorance; qui est, à mon advis, le plus seur party de l'eschole du monde. Ceulx qui ne la veulent conclure en eulx, par un si vain exemple que le mien, ou que le leur, qu'ils la recognoissent par Socrates, le maistre des maistres : car le philosophe Antisthenes, à ses disciples, « Allons, disoit il, vous et moy ouïr Socrates : là ie seray disciple avecques vous » : et, soubstenant ce dogme de sa secte stoïque, « que la vertu suffisoit à rendre une vie plainement heureuse et n'ayant besoing de chose quelconque »; « sinon de la force de Socrates », adioustoit il.

Cette longue attention que i'employe à me considerer, me dresse à iuger aussi passablement des aultres; et est peu de choses de quoy ie parle plus heureusement et excusablement : il m'advient souvent de veoir et distinguer plus exactement les conditions de mes amis, qu'ils ne font eulx mesmes; i'en ay estonné quelqu'un par la pertinence de ma description, et l'ay adverty de soy. Pour m'estre, dez mon enfance, dressé à mirer ma vie dans celle d'aultruy, i'ay acquis une complexion studieuse en cela; et, quand i'y pense, ie laisse eschapper autour de moy peu de choses qui y servent, contenances, humeurs, discours. I'estudie tout : ce qu'il me fault fuyr, ce qu'il me fault suyvre. Ainsin à mes amis, ie descouvre, par leurs productions, leurs inclinations internes; non

(1) Dont les membres défaillants reprenoient une nouvelle vigueur, dès qu'ils avoient touché leur mere. *Lucan*. l. 4, v. 599, et seq.

pour renger cette infinie varieté d'actions, si diverses et si decoupees, à certains genres et chapitres, et distribuer distinctement mes partages et divisions, en classes et regions cogneues ;

> Sed neque quàm multæ species, et nomina quæ sint,
> Est numerus. (1)

Les sçavants parlent, et denotent leurs fantasies, plus specifiquement et par le menu : moy, qui n'y veois qu'autant que l'usage m'en informe, sans regle, presente generalement les miennes, et à tastons ; comme en cecy, ie prononce ma sentence par articles descousus, ainsi que de chose (a) qui ne se peult dire à la fois et en bloc : la relation et la conformité ne se treuvent point en telles ames que les nostres, basses et communes. La sagesse est un bastiment solide et entier, dont chasque piece tient son reng, et porte sa marque : sola sapientia in se tota conversa est (2). Ie laisse aux artistes, et ne sçais s'ils en viennent à bout en chose si meslee, si menue et fortuite, de renger en bandes cette infinie diversité de visages, et arrester nostre inconstance, et la mettre par ordre. Non seulement ie treuve malaysé d'attacher nos actions les unes aux aultres; mais, chascune à part soy, ie treuve malaysé de la designer proprement par quelque qualité principale : tant elles sont doubles, et bigarrées, à divers lustres. Ce qu'on remarque pour rare au roy de Macedoine, Perseus, « Que son esprit, ne s'attachant à aulcune condition (b), alloit errant par tout genre de vie, et re-

---

(1) car on n'en sauroit dire tous les noms, ni désigner toutes les especes. *Virg. Georg.* l. 2, v. 103, où Virgile parle de toutes les especes de raisins qu'on ne sauroit nommer ni compter. C.

(a) c'est chose qui. *Edit.* de 1595.

(2) Il n'y a que la sagesse qui soit toute renfermée en elle-même. *Cic.* de fin. bon. et mal. l. 3, c. 7.

(b) C'est le caractere que lui donne Tite-Live. « Nulli fortunæ, *dit-il,* adhærebat animus, per omnia genera vitæ errans uti

presentant des mœurs si essorees et vagabondes qu'il n'estoit cogneu, ny de luy ny d'aultres, quel homme ce feut », me semble à peu prez convenir à tout le monde; et, par dessus touts, i'ay veu quelque aultre, de sa taille, à qui cette conclusion s'appliqueroit plus proprement encores, ce crois ie : Nulle assiette moyenne; s'emportant tousiours de l'un à l'aultre extreme par occasions indivinables; nulle espece de train, sans traverse et contrarieté merveilleuse; nulle faculté simple : si que le plus vraysemblablement qu'on en pourra feindre un iour, ce sera Qu'il affectoit et estudioit de se rendre cogneu par estre mescognoissable. Il faict besoing des aureilles bien fortes, pour s'ouïr franchement iuger : et, parce qu'il en est peu qui le puissent souffrir sans morsure, ceulx qui se hazardent de l'entreprendre envers nous, nous montrent un singulier effect d'amitié; car c'est aimer sainement, d'entreprendre à blecer et offenser pour proufiter. Ie treuve rude, de iuger celuy là en qui les mauvaises qualitez surpassent les bonnes : Platon ordonne trois parties à qui veult examiner l'ame d'un aultre, Science, Bienvueillance, Hardiesse.

Quelquesfois on me demandoit à quoy i'eusse pensé estre bon, qui se feust advisé de se servir de moy pendant que i'en avois l'aage;

> Dum melior vires sanguis dabat, æmula necdum
> Temporibus geminis canebat sparsa senectus :

à rien, feis ie : et m'excuse volontiers de ne sçavoir faire chose qui m'esclave à aultruy. Mais i'eusse dict ses

---

nec sibi, nec aliis, quinam homo esset, satis constaret ». l. 41, c. 20.

(1) Lorsque, plus vigoureux, je sentois le sang bouillir dans mes veines, et que la vieillesse ennemie n'avoit point encore blanchi mes cheveux et diminué mes forces. *Virg. Aeneid.* l. 5, v. 415.

veritez à mon maistre, et eusse contreroollé ses mœurs, s'il eust voulu : non en gros, par leçons scholastiques que ie ne sçais point, et n'en veois naistre aulcune vraye reformation en ceulx qui les sçavent; mais les observant pas à pas, à toute opportunité, et en iugeant à l'œil, piece à piece, simplement et naturellement; luy faisant veoir quel il est en l'opinion commune; m'opposant à ses flatteurs. Il n'y a nul de nous qui ne valust moins que les roys, s'il estoit ainsi continuellement corrompu, comme ils sont, de cette canaille de gents : comment, si Alexandre, ce grand et roy et philosophe, ne s'en peut deffendre? I'eusse eu assez de fidelité, de iugement et de liberté, pour cela. Ce seroit un office sans nom, aultrement il perdroit son effect et sa grace; et est un roolle qui ne peult indifferemment appartenir à touts : car la verité mesme n'a pas ce privilege d'estre employee à toute heure et en toute sorte; son usage, tout noble qu'il est, a ses circonscriptions et limites. Il advient souvent, comme le monde est, qu'on la lasche à l'aureille du prince, non seulement sans fruict, mais dommageablement, et encores iniustement : et ne me fera lon pas accroire qu'une saincte remontrance ne puisse estre appliquee vicieusement; et que l'interest de la substance ne doibve souvent ceder à l'interest de la forme. Ie vouldrois à ce mestier un homme content de sa fortune,

Quod sit, esse velit; nihilque malit,

et nay de moyenne fortune : d'autant que, d'une part, il n'auroit point de crainte de toucher vifvement et profondement le cœur du maistre, pour ne perdre par là le cours de son advancement; et d'aultre part, pour estre d'une condition moyenne, il auroit plus aysee commu-

---

(1) Qui voulût être ce qu'il est, et rien de plus. *Martial.* epigr. 47, l. 10, v. 12.

nication à toute sorte de gents. Ie le vouldrois à un homme seul; car respandre le privilege de cette liberté et privauté, à plusieurs, engendreroit une nuisible irreverence; ouy, et de celuy là ie requerrois surtout la fidelité du silence. Un roy n'est pas à croire, quand il se vante de sa constance à attendre le rencontre de l'ennemy, pour sa gloire; si, pour son proufit et amendement, il ne peult souffrir la liberté des paroles d'un amy, qui n'ont aultre effort que de luy pincer l'ouïe, le reste de leur effect estant en sa main. Or il n'est aulcune condition d'hommes qui ayt si grand besoing, que ceulx là, de vrays et libres advertissements : ils soubstiennent une vie publicque, et ont à agreer à l'opinion de tant de spectateurs, que, comme on a accoustumé de leur taire tout ce qui les divertit de leur route, ils se treuvent, sans le sentir, engagez en la haine et detestation de leurs peuples, pour des occasions souvent qu'ils eussent peu eviter, à nul interest de leurs plaisirs mesme; qui les en eust advisez et redressez à temps. Communement leurs favoris regardent à soy, plus qu'au maistre: et il leur va de bon; d'autant qu'à la verité, la pluspart des offices de la vraye amitié sont, envers le souverain, en un rude et perilleux essay; de maniere qu'il y faict besoing, non seulement de beaucoup d'affection et de franchise, mais encores de courage.

Enfin, toute cette fricassee que ie barbouille ici n'est qu'un registre des essais de ma vie, qui est, pour l'interne santé, exemplaire assez, à prendre l'instruction à contrepoil : mais quant à la santé corporelle, personne ne peult fournir d'experience plus utile que moy, qui la presente pure, nullement corrompue et alteree par art et par opination. L'experience est proprement sur son fumier au subiect de la medecine, où la raison luy quite toute la place: Tibere disoit, que (a) quiconque

(a) Montaigne semble avoir eu dans l'esprit ce passage, où

avoit vescu vingt ans se debvoit respondre des choses qui luy estoient nuisibles ou salutaires, et se sçavoir conduire sans medecine : et le pouvoit avoir apprins de Socrates, lequel, conseillant à ses disciples soigneusement, et comme un tresprincipal estude, l'estude de leur santé, adioustoit qu'il estoit malaysé qu'un homme d'entendement, prenant garde à ses exercices, à son boire et à son manger, ne discernast mieulx que tout medecin ce qui luy estoit bon ou mauvais. Si faict la medecine profession d'avoir tousiours l'experience pour touche de son operation : ainsi Platon avoit raison de dire, que pour estre vray medecin, il seroit necessaire que celuy qui l'entreprendroit eust passé par toutes les maladies qu'il veult guarir, et par touts les accidents et circonstances de quoy il doibt iuger. C'est raison qu'ils prennent la verole, s'ils la veulent sçavoir panser. Vrayement ie m'en fierois à celuy là : car les aultres nous guident, comme celuy qui peint les mers, les escueils et les ports, estant assis sur sa table, et y faict promener le modele d'une navire en toute seureté; iectez le à l'effect, il ne sçait par où s'y prendre. Ils font telle description de nos maulx, que faict un trompette de ville qui crie un cheval ou un chien perdu; tel poil, telle haulteur, telle aureille : mais presentez le luy, il ne le cognoist pas pourtant. Pour Dieu ! que la medecine me face un iour quelque bon et perceptible secours, veoïr comme ie crieray de bonne foy

Tandem efficaci do manus scientiæ ! (1)

Les arts qui promettent de nous tenir le corps en santé,

Tacite, parlant de Tibere, dit : « Solitusque eludere medicorum artes, atque eos qui, post tricesimum ætatis annum, ad internoscenda corpori suo utilia vel noxia, alieni consilii indigerent ». *Annal.* 6, 46. C.

(1) Je reconnois enfin la solidité et l'efficace de cet art ! *Horat.* epod. lib. od. 17, v. 1.

et l'ame en santé, nous promettent beaucoup : mais aussi n'en est il point qui tiennent moins ce qu'elles promettent. Et, en nostre temps, ceulx qui font profession de ces arts, entre nous, en montrent moins les effects que touts aultres hommes : on peult dire d'eulx, pour le plus, qu'ils vendent les drogues medicinales; mais qu'ils soient medecins, cela ne peult on dire. I'ay assez vescu pour mettre en compte l'usage qui m'a conduict si loing : pour qui en vouldra gouster; i'en ay faict l'essay, son eschanson. En voicy quelques articles, comme la souvenance me les fournira : ie n'ay point de façon qui ne soit allee variant selon les accidents; mais i'enregistre celles que i'ay plus souvent veu en train, qui ont eu plus de possession en moy iusqu'asteure.

Ma forme de vie est pareille en maladie comme en santé : mesme lict, mesmes heures, mesmes viandes, me servent, et mesme bruvage; ie n'y adiouste du tout rien, que la moderation du plus et du moins, selon ma force et appetit. Ma santé, c'est maintenir sans destourbier mon estat accoustumé. Ie veois que la maladie m'en desloge d'un costé; si ie crois les medecins, ils m'en destourneront de l'aultre : et, par fortune, et par art, me voylà hors de ma route. Ie ne crois rien plus certainement que cecy : Que ie ne sçaurois estre offensé par l'usage des choses que i'ay si long temps accoustumees. C'est à la coustume de donner forme à nostre vie, telle qu'il luy plaist : elle peult tout en cela ; c'est le bruvage de Circé, qui diversifie nostre nature comme bon luy semble. Combien de nations, et à trois pas de nous, estiment ridicule la crainte du serein, qui nous blece si apparemment : et nos bateliers et nos païsans s'en mocquent. Vous faites malade un Allemand de le coucher sur un matelas ; comme un Italien, sur la plume; et un François, sans rideau et sans feu. L'estomach d'un Espaignol ne dure pas à nostre forme de manger ; ny le nostre, à boire à la Souysse. Un Allemand me feit plaisir, à Auguste (1), de combattre l'incommodité de nos fouyers, par ce mesme argument de quoy nous nous servons ordinairement à condamner leurs poësles : car, à la verité, cette chaleur croupie, et puis la senteur de cette matiere reschauffee, de quoy ils sont composez, enteste la pluspart de ceulx qui n'y sont experimentez ; moy, non : mais, au demourant, estant cette chaleur eguale, constante et universelle, sans lueur, sans fumee, sans le vent que l'ouverture de nos cheminees nous apporte, elle a bien, par ailleurs, de quoy se comparer à la nostre. Que n'imitons nous l'architecture romaine ? car on dict qu'anciennement le feu ne se faisoit en leurs maisons que par le dehors et au pied d'icelles : d'où s'inspiroit la chaleur à tout le logis, par les tuyaux practiquez dans l'espez du mur, les quels alloient embrassant les lieux qui en debvoient estre eschauffez : ce que i'ay veu clairement signifié, ie ne sçais où, en Seneque (a). Cettuy cy, m'oyant louer les commoditez et beautez de sa ville, qui le merite certes, commencea à me plaindre de quoy i'avois à m'en esloingner : et des premiers inconvenients qu'il m'allegua, ce feut la poisanteur de teste que m'apporteroient les cheminees ailleurs. Il avoit ouï faire cette plaincte à quelqu'un, et nous l'attachoit, estant privé, par l'usage, de l'appercevoir chez luy. Toute chaleur qui vient du feu m'affoiblit et m'appesantit ; si disoit Evenus (b), que le meilleur condiment de la vie estoit le feu : ie prends plustost toute aultre façon d'eschapper au froid. Nous craignons les vins au

---

(1) C'est-à-dire, à Augsbourg, riche et puissante ville en Allemagne. C.

(a) Quædam nostrâ demum prodisse memoriâ scimus ut... impressos parietibus tubos per quos circumfunderetur calor, qui ima simul et summa foveret æqualiter. *Epist.* 90, p. 409, 410. Edit. cum not. varior.

(b) Plutarque dans ses questions platoniques.

bas ; en Portugal, cette fumee est en delices, et est le bruvage des princes. En somme, chasque nation a plusieurs coustumes et usances qui sont non seulement incogneues, mais farouches et miraculeuses, à quelque aultre nation. Que ferons nous à ce peuple qui ne faict recepte que de tesmoignages imprimez, qui ne croid les hommes s'ils ne sont en livre, ny la verité, si elle n'est d'aage competent? nous mettons en dignité nos bestises, quand nous les iectons en moule : il y a bien pour luy aultre poids, de dire : « ie l'ay leu » : que si vous dictes : « ie l'ay ouï dire ». Mais moy, qui ne mescrois non plus la bouche, que la main, des hommes ; et qui sçais qu'on escript autant indiscretement qu'on parle ; et qui estime ce siecle, comme un aultre passé, i'allegue aussi volontiers un mien amy, que Aulugelle et que Macrobe ; et ce que i'ay veu, que ce qu'ils ont escript : et, comme ils tiennent de la vertu, qu'elle n'est pas plus grande, pour estre plus longue ; i'estime de mesme de la verité, que pour estre plus vieille, elle n'est pas plus sage. Ie dis souvent que c'est pure sottise, qui nous faict courir aprez les exemples estrangiers et scholastiques : leur fertilité est pareille, à cette heure, à celle du temps d'Homere et de Platon. Mais n'est ce pas Que nous cherchons plus l'honneur de l'allegation, que la verité du discours? comme si c'estoit plus, d'emprunter de la boutique de Vascosan ou de Plantin nos preuves, que de ce qui se veoid en nostre village ; ou bien, certes, Que nous n'avons pas l'esprit d'esplucher et faire valoir ce qui se passe devant nous, et le iuger assez vifvement, pour le tirer en exemple : car si nous disons que l'auctorité nous manque pour donner foy à nostre tesmoignage, nous le disons hors de propos ; d'autant qu'à mon advis, des plus ordinaires choses et plus communes et cogneues, si nous sçavions trouver leur iour, se peuvent former les plus grands miracles de nature, et les plus merveilleux exemples, notamment sur le subiect des actions humaines. Or, sur mon subiect, laissant les exemples que ie sçais par les livres, et ce que dict Aristote (a) d'Andron argien, qu'il traversoit sans boire les arides sablons de la Libye : un gentilhomme, qui s'est acquitté dignement de plusieurs charges, disoit, où i'estois, qu'il estoit allé de Madrid à Lisbonne, en plein esté, sans boire. Il se porte vigoreusement pour son aage, et n'a rien d'extraordinaire en l'usage de sa vie, que cecy, d'estre deux ou trois mois, voire un an, ce m'a il dict, sans boire. Il sent de l'alteration ; mais il la laisse passer, et tient que c'est un appetit qui s'alanguit ayseement de soy mesme ; et boit plus par caprice, que pour le besoing ou pour le plaisir. En voicy d'un aultre : Il n'y a pas long temps que ie rencontray l'un des plus sçavants hommes de France, entre ceulx de non mediocre fortune, estudiant au coing d'une salle qu'on luy avoit rembarré de tapisserie, et autour de luy, un tabut de ses valets, plein de licence. Il me dict, et Seneque (b) quasi autant de soy, qu'il faisoit son prouffit de ce tintamarre ; comme si, battu de ce bruit, il se ramenast et resserrast plus en soy pour la contemplation, et que cette tempeste de voix repercutast ses pensees au dedans : estant escholier à Padoue, il eut son estude si long temps logé à la batterie des coches et du tumulte de la place, qu'il se forma non seulement au mespris, mais à l'usage, du bruit, pour le service de ses estudes. Socrates respondit à Alcibiades s'estonnant comme il pouvoit porter le continuel tintamarre de la teste de sa femme, « Comme ceulx qui sont accoustumez à l'ordinaire son des roues à puiser l'eau ». Ie suis bien au contraire ; i'ay l'esprit tendre et facile à prendre l'essor : quand il est empesché à part soy, le moindre bourdon-

(a) Diogene Laërce, dans la vie de Pyrrhon, l. 4, segm. 81. On peut voir les propres paroles d'Aristote, dans les observations de Ménage sur cet endroit de Diogene Laërce, p. 434. C.

(b) Dans sa lettre 56. C.

nement de mouche l'assassine. Seneque (1), en sa ieunesse, ayant mordu chauldement à l'exemple de Sextius, de ne manger chose qui eust prins mort, s'en passoit dans un an, avecques plaisir, comme il dict; et (a) s'en laissa, seulement pour n'estre souspeçonné d'emprunter cette regle d'aulcunes religions nouvelles qui la semoyent: il print, quand et quand, des preceptes d'Attalus, de ne se coucher plus sur des loudiers qui enfondrent; et (b) continua iusqu'à sa vieillesse ceulx qui ne cedent point au corps. Ce que l'usage de son temps luy faict compter à rudesse, le nostre nous le faict tenir à mollesse. Regardez la difference du vivre de mes valets à bras, à la mienne; les Scythes et les Indes n'ont rien plus esloingné de ma force et de ma forme. Ie sçais avoir retiré de l'aulmosne, des enfants, pour m'en servir, qui bientost aprez m'ont quité et ma cuisine et leur livree, seulement pour se rendre à leur premiere vie : et en trouvay un, amassant depuis des moules, emmy la voierie, pour son disner, que par priere, ny par menace, ie ne sceus distraire de la saveur et doulceur qu'il trouvoit en l'indigence. Les gueux ont leurs magnificences et leurs voluptez, comme les riches, et, dict on, leurs dignitez et ordres politiques. Ce sont effects de l'accoustumance : elle nous peult duire, non seulement à telle forme qu'il luy plaist (pourtant, disent les sages (c), nous fault il planter à la meilleure, qu'elle nous facilitera incontinent), mais au changement aussi et à la variation, qui

(1) Epist. 108.

(a) et s'en desporta. *Edit.* de 1595.

(b) et employa. *Edit.* de 1595.

(c) Pythagore, dans Stobée, serm. 29. Voici comment la maxime est rapportée par Plutarque, qui l'attribue aux pythagoriciens: « Choisi la voye qui est la meilleure, l'accoustumance te la rendra agréable et plaisante ». *De l'exil* : de la traduction d'Amyot. C.

est le plus noble et le plus utile de ses apprentissages. La meilleure de mes complexions corporelles, c'est d'estre flexible et peu opiniastre : i'ay des inclinations plus propres et ordinaires, et plus agreables, que d'aultres ; mais, avecques bien peu d'effort, ie m'en destourne, et me coule ayseement à la façon contraire. Un ieune homme doibt troubler ses regles, pour esveiller sa vigueur, la garder de moisir et s'apoltronnir; et n'est train de vie si sot et si debile que celuy qui se conduict par ordonnance et discipline ;

> Ad primum lapidem vectari cùm placet, hora
> Sumitur ex libro ; si prurit frictus ocelli
> Angulus, inspectâ genesi collyria quærit : (1)

il se reiectera souvent aux excez mesme, s'il m'en croit : aultrement, la moindre desbauche le ruyne ; il se rend incommode et desagreable en conversation. La plus contraire qualité à un honneste homme, c'est la delicatesse et obligation à certaine façon particuliere ; et elle est particuliere, si elle n'est ployable et soupple. Il y a de la honte de laisser à faire par impuissance, ou de n'oser, ce qu'on veoid faire à ses compaignons. Que telles gents gardent leur cuisine : partout ailleurs, il est indecent; mais à un homme de guerre, il est vicieux et insupportable; lequel, comme disoit Philopœmen (a), se doibt accoustumer à toute diversité et inegualité de vie. Quoyque i'aye esté dressé, autant qu'on a peu, à la liberté et à l'indifference, si est ce que, par nonchalance m'estant,

---

(1) Qui, pour faire une promenade d'un mille, prend l'heure que lui marque son livre d'astrologie ; ou qui, sentant quelque démangeaison à l'œil pour se l'être un peu frotté, ne prend un collyre qu'après avoir examiné son horoscope. *Juvenal.* sat. 6, v. 576, et seqq.

(a) Ou plutôt, comme on disoit à Philopœmen. *Voyez* sa vie dans Plutarque, de la traduction d'Amyot. C.

en vieillissant, plus arresté sur certaines formes (mon aage est hors d'institution, et n'a desormais de quoy regarder ailleurs qu'à se maintenir), la coustume a desià, sans y penser, imprimé si bien en moy son charactere en certaines choses, que i'appelle excez, de m'en despartir : et, sans m'essayer, ne puis ny dormir sur iour, ny faire collation entre les repas, ny desieusner, ny m'aller coucher sans grand intervalle, comme de trois bonnes heures, aprez le souper, ny faire des enfants, qu'avant le sommeil, ny les faire debout, ny porter ma sueur, ny m'abbruver d'eau pure ou de vin pur, ny me tenir nue teste long temps, ny me faire tondre aprez disner; et me passerois autant malayseement de mes gants que de ma chemise, et de me laver à l'issue de table et à mon lever, et de ciel et rideaux à mon lict, comme de choses bien necessaires. Ie disnerois sans nappe : mais, à l'allemande, sans serviette blanche, tresincommodement; ie les souille plus qu'eulx et les Italiens ne font, et m'ayde peu de cuillier et de fourchette. Ie plainds qu'on n'aye suyvi un train que i'ai veu commencer, à l'exemple des roys; qu'on nous changeast de serviette selon les services, comme d'assiette. Nous tenons de ce laborieux soldat Marius, que, vieillissant, il devint delicat en son boire, et ne le prenoit qu'en une sienne couppe particuliere : moy ie me laisse aller aussi à certaine forme de verres, et ne bois pas volontiers en verre commun; non plus que d'une main commune : tout metal m'y desplaist au prix d'une matiere claire et transparente : que mes yeulx y tastent aussi, selon leur capacité. Ie doibs plusieurs telles mollesses à l'usage. Nature m'a aussi, d'aultre part, apporté les siennes : comme, De ne soubstenir plus deux pleins repas en un iour, sans surcharger mon estomach; ny l'abstinence pure de l'un des repas, sans me remplir de vents, asseicher ma bouche, estonner mon appetit : De m'offenser d'un long serein; car, depuis quelques annees, aux courvees de la guerre, quand toute la nuict y court, comme il advient communement, aprez cinq ou six heures l'estomach me commence à troubler, avecques vehemente douleur de teste; et n'arrive point au iour sans vomir. Comme les aultres s'en vont desieusner, ie m'en vois dormir; et, au partir de là, aussi gay qu'auparavant. I'avois tousiours apprins que le serein ne s'espandoit qu'à la naissance de la nuict: mais, hantant ces annees passees familierement, et long temps, un seigneur imbu de cette creance, Que le serein est plus aspre et dangereux sur l'inclination du soleil une heure ou deux avant son coucher, lequel il evite soigneusement, et mesprise celuy de la nuict; il a cuidé m'imprimer, non tant son discours, que son sentiment. Quoy! que le doubte mesme, et l'inquisition frappe nostre imagination, et nous change! Ceulx qui cedent tout à coup à ces pentes attirent l'entiere ruyne sur eulx; et plainds plusieurs gentilshommes, qui, par la sottise de leurs medecins, se sont mis en chartre touts ieunes et entiers: encores vauldroit il mieulx souffrir un rheume, que de perdre pour iamais, par desaccoustumance, le commerce de la vie commune, en action de si grand usage. Fascheuse science, qui nous descrie les plus doulces heures du iour! Estendons nostre possession iusques aux derniers moyens: le plus souvent on s'y durcit, en s'opiniastrant, et corrige lon sa complexion, comme feit Cesar le haut mal (a), à force de le mespriser et corrompre. On se doibt addonner aux meilleures regles, mais non pas s'y asservir; si ce n'est à celles, s'il y en a quelqu'une, ausquelles l'obligation et servitude soit utile. Et les roys et les philosophes fientent, et les dames aussi: les vies publicques se doibvent à la cerimonie; la mienne, obscure et privee, iouït de toute dispense naturelle; soldat et gascon, sont qualitez aussi un peu subiectes à l'indiscretion: par quoy, ie diray cecy de cette action,

(a) Voyez sa vie, dans Plutarque, version d'Amyot.

Qu'il est besoing de la renvoyer à certaines heures prescriptes et nocturnes, et s'y forcer par coustume et assubiectir, comme i'ay faict; mais non s'assubiectir, comme i'ay faict en vieillissant, au soing de particuliere commodité de lieu et de siege pour ce service, et le rendre empeschant par longueur et mollesse : toutesfois aux plus sales offices, est il pas aulcunement excusable de requerir plus de soing et de netteté : Naturâ, homo mundum et elegans animal est (1). De toutes les actions naturelles, c'est celle que ie souffre plus mal volontiers m'estre interrompue. I'ay veu beaucoup de gents de guerre incommodez du desreglement de leur ventre : tandis que le mien et moy ne nous faillons iamais au poinct de nostre assignation, qui est au sault du lict, si quelque violente occupation ou maladie ne nous trouble.

Ie ne iuge doncques point, comme ie disois, où les malades se puissent mettre mieulx en seureté, qu'en se tenant coy dans le train de vie où ils se sont eslevez et nourris : le changement, quel qu'il soit, estonne et blece. Allez croire que les chastaignes nuisent à un Perigourdin ou à un Lucquois, et le laict et le formage aux gents de la montaigne. On leur va ordonnant une non seulement nouvelle, mais contraire forme de vie : mutation qu'un sain ne pourroit souffrir. Ordonnez de l'eau à un Breton de soixante dix ans; enfermez dans une estuve un homme de marine; deffendez le promener à un laquay basque : ils les privent de mouvement, et enfin d'air et de lumiere.

an vivere tanti est ?

Cogimur à suetis animum suspendere rebus,
Atque, ut vivamus, vivere desinimus : ....

---

(1) L'homme est, de sa nature, un animal propre et délicat. *Senec.* epist. 92, p. 427. Edit. cum not. varior.

Hos superesse reor quibus et spirabilis aer,
Et lux quâ regimur, redditur ipsa gravis. (1)

S'ils ne font aultre bien, ils font aumoins cecy, qu'ils preparent de bonne heure les patients à la mort, leur sappant peu à peu et retrenchant l'usage de la vie. Et sain et malade, ie me suis volontiers laissé aller aux appetits qui me pressoient. Ie donne grande auctorité à mes desirs et propensions : ie n'aime point à guarir le mal par le mal ; ie hais les remedes qui importunent plus que la maladie. D'estre subiect à la cholique ; et subiect à m'abstenir du plaisir de manger des huistres ; ce sont deux maulx pour un : le mal nous pince d'un costé ; la regle, de l'aultre. Puisqu'on est au hazard de se mescompter, hazardons nous plustost à la suitte du plaisir. Le monde faict au rebours, et ne pense rien utile, qui ne soit penible ; la facilité luy est suspecte. Mon appetit, en plusieurs choses, s'est assez heureusement accommodé par soy mesme, et rengé à la santé de mon estomach : l'acrimonie et la poincte des saulses m'agreerent estant ieune ; mon estomach s'en ennuyant depuis, le goust l'a incontinent suivy : le vin nuit aux malades ; c'est la premiere chose de quoy ma bouche se desgouste, et d'un desgoust invincible. Quoy que ie receoive desagreablement, me nuit ; et rien ne me nuit, que ie face avecques faim et alaigresse. Ie n'ai iamais receu nuisance d'action qui m'eust esté bien plaisante :

(1) La vie est-elle d'un si grand prix ? On nous oblige à nous priver des choses auxquelles nous sommes tout accoutumés ; et pour nous faire vivre on nous prive de la vie.... Car comment mettre au rang des vivants, des personnes à qui l'on rend incommode l'air que nous respirons à tout moment, et la lumiere qui dirige tous nos pas ? *Corn. Gall.* eleg. 1, v. 155, 156 : 247, 248.
Le premier vers n'est point tiré de cette élégie de Cornelius Gallus ; je le crois de Montaigne, ou de la Boëtie : mais il importe peu d'en connoître l'auteur. N.

et si ay fait ceder à mon plaisir, bien largement, toute conclusion medicinale : et me suis, ieune,

> Quem circumcursans hùc atque hùc sæpè Cupido
> Fulgebat crocinâ splendidus in tunicâ, (1)

presté, autant licencieusement et inconsidereement qu'aultre, au desir qui me tenoit saisi;

> Et militavi non sine gloriâ; (2)

plus toutes fois en continuation et en duree, qu'en saillie:

> Sex me vix memini sustinuisse vices. (3)

Il y a du malheur certes, et du miracle, à confesser en quelle foiblesse d'ans ie me rencontrai premierement en sa subiection. Ce feut bien rencontre; car ce feut long temps avant l'aage de chois et de cognoissance : il ne me souvient point de moy de si loing; et peult on marier ma fortune à celle de Quartilla (4), qui n'avoit point memoire de son fillage:

> Inde tragus celeresque pili, mirandaque matri
> Barba meæ. (5)

Les medecins ployent, ordinairement avecques utilité,

---

(1) Lorsque le dieu Cupidon, vêtu d'une belle robe pourpre, étoit souvent présent à ma pensée, et portant sans cesse le désordre dans tous mes sens. *Catull.* carm. 66, v. 133.

(2) Et j'ai acquis quelque gloire dans cette espece de milice. *Horat.* od. 26, l. 3, v. 2.

(3) *Ovide*, qui se vante de quelque chose de plus. *Amor.* eleg. 7, l. 3, v. 26. Voyez le conte de La Fontaine, intitulé *le Berceau*, v. 246 : ce que Pinucio dit là, Montaigne déclare qu'à peine il croit avoir jamais pu l'assurer pour son propre compte. C.

(4) Qui dit dans Pétrone, *Junonem meam iratam habeam, si unquam me meminerim virginem fuisse*, p. 17, edit. Patiss. an. 1587. — Cap. 25, p. 84, ed. Burm. 1709 : — et p. 69, Edit. cum notis varior. Amstel. anno 1669.

(5) C'est pour cela que j'eus bientôt du poil sous l'aisselle, et

leurs regles à la violence des envies aspres qui surviennent aux malades : ce grand desir ne se peult imaginer si estrangier et vicieux, que nature ne s'y applique. Et puis, combien est ce de contenter la fantasie? A mon opinion, cette piece là importe de tout; au moins, au de là de toute aultre. Les plus griefs et ordinaires maulx sont ceulx que la fantasie nous charge : ce mot espaignol me plaist à plusieurs visages, defienda me Dios de my(1). Ie plainds, estant malade, de quoy ie n'ai quelque desir qui me donne ce contentement de l'assouvir ; à peine m'en destourneroit la medecine : autant en fois ie sain; ie ne veois gueres plus qu'esperer et vouloir. C'est pitié d'estre alanguy et affoibly iusques au souhaiter. L'art de medecine n'est pas si resolue, que nous soyons sans auctorité, quoy que nous facions : elle change selon les climats, et selon les lunes ; selon Fernel, et selon l'Escale. Si vostre medecin ne treuve bon que vous dormez, que vous usez de vin, ou de telle viande; ne vous chaille, ie vous en trouverai un aultre qui ne sera pas de son advis : la diversité des arguments et opinions medicinales embrasse toute sorte de formes. Ie veis un miserable malade crever et se pasmer d'alteration, pour se guarir; et estre mocqué depuis par un aultre medecin, condamnant ce conseil comme nuisible : Avoit il pas bien employé sa peine? Il est mort freschement, de la pierre, un homme de ce mestier, qui s'estoit servy d'extreme abstinence à combattre son mal : ses compaignons disent, qu'au rebours, ce ieusne l'avoit asseiché, et luy avoit cuict le sable dans les roignons. I'ay apperceu qu'aux bleceures et aux maladies, le parler m'esmeut et me nuit, autant que desordre que ie face. La voix me couste et me lasse; car ie l'ai haulte et efforcee : si que, quand

---

de la barbe au menton : agréable sujet de surprise à ma mere. *Martial.* epigr. 22, l. 11, v. 7, 8.

(1) Je prie Dieu qu'il me défende de moi-même.

ie suis venu à entretenir l'aureille des grands, d'affaires de poids, ie les ai mis souvent en soing de moderer ma voix.

Ce conte merite de me divertir : Quelqu'un, en certaine eschole grecque, parloit hault, comme moy : le maistre des cerimonies luy manda qu'il parlast plus bas : « Qu'il m'envoye, feit il, le ton auquel il veult que ie parle ». L'aultre luy repliqua, « Qu'il prinst son ton des aureilles de celuy à qui il parloit ». C'estoit bien dict, pourveu qu'il s'entende « Parlez selon ce que vous avez à faire à vostre auditeur » : car, si c'est à dire, « Suffise vous qu'il vous oye ; ou, reglez vous par luy », ie ne treuve pas que ce feust raison. Le ton et mouvement de la voix a quelque expression et signification de mon sens ; c'est à moy à le conduire pour me representer : il y a voix pour instruire, voix pour flater, ou pour tanser ; ie veulx que ma voix non seulement arrive à luy, mais, à l'adventure, qu'elle le frappe, et qu'elle le perce. Quand ie mastine mon laquay, d'un ton aigre et poignant, il seroit bon qu'il veinst à me dire : « Mon maistre, parlez plus doulx, ie vous oys bien ». Est quædam vox ad auditum accommodata, non magnitudine, sed proprietate (1). La parole est moitié à celuy qui parle, moitié à celuy qui l'escoute : cettuy cy se doibt preparer à la recevoir, selon le bransle qu'elle prend : comme entre ceulx qui iouent à la paulme, celuy qui soubstient se desmarche et s'appreste selon qu'il veoid remuer celuy qui luy iecte le coup, et selon la forme du coup.

L'experience m'a encores apprins cecy, Que nous nous perdons d'impatience. Les maulx ont leur vie et leurs bornes, leurs maladies et leur santé. La constitution des

(1) Il y a une sorte de voix qui est faite pour l'oreille, non pas tant par son étendue, que par sa propriété. *Quintil.* institut. Orat. l. 11, c. 3, p. 824, Edit. cum not. varior. Lugd. Batav. 1665.

maladies est formee au patron de la constitution des animaulx; elles ont leur fortune limitee dez leur naissance, et leurs iours : qui essaye de les abbreger imperieusement, par force, au travers de leur course, il les alonge et multiplie; et les harcelle, au lieu de les appaiser. Ie suis de l'advis de Crantor, « Qu'il ne fault ny obstineement s'opposer aux maulx, et à l'estourdie, ny leur succomber de mollesse; mais qu'il leur fault ceder naturellement, selon leur condition et la nostre ». On doibt donner passage aux maladies : et ie treuve qu'elles arrestent moins chez moy, qui les laisse faire; et en ay perdu, de celles qu'on estime plus opiniastres et tenaces, de leur propre decadence, sans ayde et sans art, et contre ses regles. Laissons faire un peu à nature : elle entend mieulx ses affaires que nous. « Mais, un tel en mourut ». Si ferez vous; sinon de ce mal là, d'un aultre : et combien n'ont pas laissé d'en mourir, ayant trois medecins à leur cul? L'exemple est un mirouer vague, universel, et à touts sens. Si c'est une medecine voluptueuse, acceptez la ; c'est tousiours autant de bien present : ie ne m'arresteray ny au nom ny à la couleur, si elle est delicieuse et appetissante ; le plaisir est des principales especes du proufit. I'ay laissé envieillir et mourir en moy, de mort naturelle, des rheumes, defluxions goutteuses, relaxation, battements de cœur, micraines et aultres accidents, que i'ay perdus, quand ie m'estois à demy formé à les nourrir : on les coniure mieulx par courtoisie que par braverie. Il fault souffrir doulcement les loix de nostre condition : nous sommes pour vieillir, pour affoiblir, pour estre malades, en despit de toute medecine. C'est la premiere leçon que les Mexicains font à leurs enfants, quand, au partir du ventre des meres, ils les vont saluant ainsin : « Enfant, tu es venu au monde pour endurer : endure, souffre, et tais toy ». C'est iniustice, de se douloir qu'il soit advenu à quelqu'un ce qui peult advenir à chascun : Indignare, si quid in te iniquè propriè constitutum est (1). Voyez un vieillard qui demande à Dieu qu'il luy maintienne sa santé entiere et vigoreuse, c'est à dire qu'il le remette en ieunesse :

> Stulte, quid hæc frustra votis puerilibus optas? (2)

n'est ce pas folie? sa condition ne le porte pas. La goutte, la gravelle, l'indigestion, sont symptomes des longues annees; comme des longs voyages, la chaleur, les pluyes et les vents. Platon ne croit pas qu'Esculape se meist en peine de prouveoir, par regimes, à faire durer la vie en un corps gasté et imbecille, inutile à son pays, inutile à sa vacation et à produire des enfants sains et robustes; et ne treuve pas ce soing convenable à la iustice et prudence divine, qui doibt conduire toutes choses à utilité. Mon bon homme, c'est faict : on ne vous sçauroit redresser; on vous plastrera pour le plus, et estansonnera un peu, et alongera on de quelque heure vostre misere:

> Non secus instantem cupiens fulcire ruinam,
> Diversis contrà nititur obicibus;
> Donec certa dies, omni compage solutâ,
> Ipsum cum rebus subruat auxilium: (3)

Il fault apprendre à souffrir ce qu'on ne peult eviter: nostre vie est composee, comme l'harmonie du monde, de choses contraires, aussi de divers tons, doulx et aspres, aigus et plats, mols et graves : le musicien qui n'en aimeroit que les uns, que vouldroit il dire? il fault qu'il s'en

---

(1) Plains-toi si l'on t'impose à toi seul une peine que tu n'aurois pas méritée. *Senec.* epist. 91.

(2) Insensé, à quoi bon ces vœux puérils qui ne sauroient être accomplis? *Ovid.* trist. eleg. 8, l. 3, v. 11.

(3) Ainsi lorsqu'on veut soutenir un bâtiment, on l'étaie dans les endroits où il menace ruine; jusqu'à ce qu'enfin, toute la machine venant à se dissoudre, les étançons tombent avec l'édifice. *Corn. Gall.* eleg. 1, v. 171, et seqq.

sçache servir en commun, et les mesler? et nous aussi, les biens et les maulx, qui sont consubstanciels à nostre vie : nostre estre ne peult, sans ce meslange; et y est l'une bande non moins necessaire que l'aultre. D'essayer à regimber contre la necessité naturelle, c'est representer la folie de Ctesiphon (1), qui entreprenoit de faire à coups de pied avecques sa mule.

Ie consulte peu des alterations que ie sens; car ces gents icy sont advantageux, quand ils vous tiennent à leur misericorde : ils vous gourmandent les aureilles de leurs prognostiques; et, me surprenant aultresfois affoibly du mal, m'ont iniurieusement traicté de leurs dogmes et trongne magistrale, me menaceant tantost de grandes douleurs, tantost de mort prochaine. Ie n'en estois abbattu, ny deslogé de ma place; mais i'en estois heurté et poulsé : si mon iugement n'en est ny changé, ny troublé, aumoins il en estoit empesché; c'est tousiours agitation et combat. Or ie traicte mon imagination le plus doulcement que ie puis, et la deschargerois, si ie pouvois, de toute peine et contestation; il la fault secourir et flater; et piper, qui peult : mon esprit est propre à cet office; il n'a point faulte d'apparences partout; s'il persuadoit, comme il presche, il me secourroit heureusement. Vous en plaist il un exemple? Il dict « Que c'est pour mon mieulx que i'ai la gravelle : que « les bastiments de mon aage ont naturellement à souf- « frir quelque gouttiere; il est temps qu'ils commencent « à se lascher et desmentir : C'est une commune necessité; « et n'eust on pas faict pour moy un nouveau miracle : « Ie paye, par là, le loyer deu à la vieillesse, et ne sçaurois « en avoir meilleur compte : Que la compaignie me doibt « consoler, estant tumbé en l'accident le plus ordinaire

(1) Certain escrimeur, de qui Plutarque a rapporté ce fait dans le Traité, « Comment il fault refrainer la cholere », version d'Amyot. C.

« des hommes de mon temps : I'en veois partout d'affli- « gez de mesme nature de mal ; et m'en est la societé « honnorable, d'autant qu'il se prend plus volontiers « aux grands ; son essence a de la noblesse et de la dignité : « Que des hommes qui en sont frappez, il en est peu de « quites à meilleure raison, et si il leur couste la peine « d'un fascheux regime, et la prinse ennuyeuse et quoti- « dienne des drogues medicinales : là où, ie le doibs « purement à ma bonne fortune ; car quelques bouillons « communs de l'eryngium et herbe du turc, que deux ou « trois fois i'ay avallés, en faveur des dames qui, plus « gracieusement que mon mal n'est aigre, m'en offroient « la moitié du leur, m'ont semblé egualement faciles à « prendre, et inutiles en operation : Ils ont à payer mille « vœux à Aesculape, et autant d'escus à leur medecin, « de la profluvion (a) de sable aysee et abondante, que « ie receois souvent par le benefice de nature : la decence « mesme de ma contenance en compaignie ordinaire n'en « est pas troublee ; et porte mon eau dix heures, et aussi « long temps qu'un aultre : La crainte de ce mal, faict il, « t'effrayoit aultresfois, quand il t'estoit incogneu ; les « cris et le desespoir de ceulx qui l'aigrissent par leur « impatience, t'en engendroient l'horreur. C'est un mal « qui te bat les membres par les quels tu as le plus failly : « Tu es homme de conscience,

Quæ venit indignè pœna, dolenda venit : (1)

« regarde ce chastiement ; il est bien doulx au prix d'aul- « tres, et d'une faveur paternelle : Regarde sa tardifveté ; « il n'incommode et occupe que la saison de ta vie qui

(a) Pour un écoulement de sable aisé et abondant, etc. *profluvion* est purement latin, *profluvium sanguinis*, flux de sang. C.

(1) C'est le mal qu'on n'a pas mérité, dont on a droit de se plaindre. *Ovid.* epist. 5, Oenone Paridi, v. 8.

« ainsi comme ainsin est meshuy perdue et sterile, ayant « faict place à la licence et plaisirs de ta ieunesse, comme « par composition. La crainte et pitié que le peuple a de « ce mal, te sert de matiere de gloire ; qualité de la quelle, « si tu as le iugement purgé, et en as guary ton discours, « tes amis pourtant en recognoissent encores quelque « teincture en ta complexion : Il y a plaisir à ouïr dire de « soy, voylà bien de la force, voylà bien de la patience : « on te veoid suer d'ahan, paslir, rougir, trembler, vo-« mir iusques au sang, souffrir des contractions et con-« vulsions estranges, desgoutter par fois de grosses « larmes des yeulx, rendre les urines espesses, noires et « effroyables, ou les avoir arrestees par quelque pierre « espineuse et herissee qui te poinct et escorche cruelle-« ment le col de la verge; entretenant ce pendant les « assistants, d'une contenance commune; bouffonant à « pauses avecques tes gents; tenant ta partie en un dis-« cours tendu; excusant de parole ta douleur, et rabbat-« tant de ta souffrance. Te souvient il de ces gents du « temps passé, qui recherchoient les maulx avecques si « grand'faim, pour tenir leur vertu en haleine et en exer-« cice ? mets le cas que nature te porte et te poulse à cette « glorieuse eschole, en la quelle tu ne feusses iamais entré « de ton gré. Si tu me dis, que c'est un mal dangereux « et mortel : quels aultres ne le sont ? car c'est une pipe-« rie medicinale, d'en excepter aulcuns qu'ils disent n'aller « point de droict fil à la mort : qu'importe, s'ils y vont « par accident, et s'ils glissent et gauchissent ayseement « vers la voye qui nous y mene ? Mais tu ne meurs pas « de ce que tu es malade; tu meurs de ce que tu es vivant : « la mort te tue bien, sans le secours de la maladie ; et à « d'aulcuns les maladies ont esloingné la mort, qui ont « plus vescu, de ce qu'il leur sembloit s'en aller mou-« rants : Ioinct qu'il est, comme des playes, aussi des « maladies, medicinales et salutaires. La cholique est sou-« vent non moins vivace que vous : il se veoid des hommes

« ausquels elle a continué depuis leur enfance iusques à « leur extreme vieillesse ; et s'ils ne luy eussent failly de « compaignie, elle estoit pour les assister plus oultre : « vous la tuez plus souvent qu'elle ne vous tue : Et quand « elle te presenteroit l'image de la mort voisine, seroit « ce pas un bon office, à un homme de tel aage, de le « ramener aux cogitations de sa fin ? Et qui pis est, tu « n'as plus pour qui guarir : Ainsi comme ainsin, au « premier iour la commune necessité t'appelle. Consi- « dere combien artificiellement et doulcement elle te « desgouste de la vie et desprend du monde ; non te « forceant, d'une subiection tyrannique, comme tant « d'aultres maulx que tu veois aux vieillards, qui les « tiennent continuellement entravez, et sans relasche, « de foiblesses et douleurs ; mais par advertissements, et « instructions reprinses à intervalles ; entremeslant des « longues pauses de repos, comme pour te donner moyen « de mediter et repeter sa leçon à ton ayse. Pour te donner « moyen de iuger sainement, et prendre party en homme « de cœur, elle te presente l'estat de ta condition entiere, « et en bien et en mal ; et, en mesme iour, une vie tres- « alaigre tantost, tantost insupportable. Si tu n'accolles « la mort, au moins tu luy touches en paulme, une fois « le mois : par où tu as de plus à esperer qu'elle t'attrap- « pera un iour sans menace : et que, estant si souvent « conduict iusques au port, te fiant d'estre encores aux « termes accoustumez, on t'aura, et ta fiance, passé l'eau « un matin inopineement. On n'a point à se plaindre des « maladies qui partagent loyalement le temps avecques « la santé. »

Ie suis obligé à la fortune, de quoy elle m'assault si souvent de mesme sorte d'armes : elle m'y façonne, et m'y dresse par usage, m'y durcit et habitue : ie sçais à peu prez meshuy en quoy i'en doibs estre quite. A faulte de memoire naturelle, i'en forge de papier : et comme quelque nouveau symptome survient à mon mal, ie l'escris ; d'où il advient que asture (a), estant quasi passé par toute sorte d'exemples, si quelque estonnement me menace, feuilletant ces petits brevets descousus, comme des feuilles sibyllines, ie ne faulx plus de trouver où me consoler de quelque prognostique favorable, en mon experience passee. Me sert aussi l'accoustumance à mieulx esperer pour l'advenir : car la conduicte de ce vuidange ayant continué si long temps, il est à croire que nature ne changera point ce train, et n'en adviendra aultre pire accident que celuy que ie sens. En oultre, la condition de cette maladie n'est point mal advenante à ma complexion prompte et soubdaine : quand elle m'assault mollement, elle me faict peur, car c'est pour long temps ; mais, naturellement, elle a des excez vigoreux et gaillards ; elle me secoue à oultrance, pour un iour ou deux. Mes reins ont duré un aage sans alteration ; il y en a tantost un aultre qu'ils ont changé d'estat : les maulx ont leur periode comme les biens ; à l'adventure est cet accident à sa fin. L'aage affoiblit la chaleur de mon estomach ; sa digestion en estant moins parfaicte, il renvoye cette matiere crue à mes reins : pourquoy ne pourra estre, à certaine revolution, affoiblie pareillement la chaleur de mes reins, si qu'ils ne puissent plus petrifier mon flegme ; et nature s'acheminer à prendre quelque aultre voye de purgation ? Les ans m'ont evidemment faict tarir aulcuns rheumes ; pourquoy non ces excrements qui fournissent de matiere à la grave ? Mais est il rien doulx, au prix de cette soubdaine mutation, quand, d'une douleur extreme, ie viens par le vuidange de ma pierre à recouvrer, comme d'un esclair, la belle lumiere de la santé, si libre et si pleine, comme il advient en nos soubdaines et plus aspres choliques ? Y a il rien en cette douleur

(a) Voyez ci-dessous, sur ce mot ainsi orthographié, la note (b) de la page 287.

soufferte, qu'on puisse contrepoiser au plaisir d'un si prompt amendement? De combien la santé me semble plus belle aprez la maladie, si voisine et si contiguë que ie les puis recognoistre, en presence l'une de l'aultre, en leur plus hault appareil; où elles se mettent, à l'envy, comme pour se faire teste et contrecarre! Tout ainsi que les stoïciens disent que les vices sont utilement introduicts pour donner prix et faire espaule à la vertu: nous pouvons dire, avecques meilleure raison, et coniecture moins hardie, que nature nous a presté la douleur pour l'honneur et service de la volupté et indolence. Lorsque Socrates, aprez qu'on l'eut deschargé de ses fers, sentit la friandise de cette demangeaison que leur pesanteur avoit causé en ses iambes, il se resiouït à considerer l'estroicte alliance de la douleur à la volupté; comme elles sont associees d'une liaison necessaire, si qu'à tours elles se suyvent et s'entr'engendrent; et s'escrioit au bon Esope, qu'il deust avoir prins de cette consideration un corps propre à une belle fable.

Le pis que ie veoye aux aultres maladies, c'est qu'elles ne sont pas si griefves en leur effect, comme elles sont en leur yssue: on est un an à se r'avoir, tousiours plein de foiblesse et de crainte: il y a tant de hazard, et tant de degrez à se reconduire à sauveté, que ce n'est iamais faict. Avant qu'on vous aye deffublé d'un couvrechef, et puis d'une calote; avant qu'on vous aye rendu l'usage de l'air, et du vin, et de vostre femme, et des melons, c'est grand cas si vous n'estes recheu en quelque nouvelle misere. Cette cy a ce privilege, qu'elle s'emporte tout net: là où les aultres laissent tousiours quelque impression et alteration qui rend le corps susceptible de nouveau mal, et se prestent la main les uns aux aultres. Ceux là sont excusables, qui se contentent de leur possession sur nous sans l'estendre et sans introduire leur sequelle; mais courtois et gracieux sont ceulx de qui le passage nous apporte quelque utile consequence. Depuis ma cholique, ie me treuve deschargé d'aultres accidents, plus ce me semble que ie n'estois auparavant, et n'ay point eu de fiebvre depuis; i'argumente que les vomissements extremes et frequents que ie souffre, me purgent : et d'aultre costé, mes desgoustements, et les ieusnes estranges que ie passe, digerent mes humeurs peccantes; et nature vuide, en ces pierres, ce qu'elle a de superflu et nuisible. Qu'on ne me die point que c'est une medecine trop cher vendue : car quoy, tant de puants bruvages, cauteres, incisions, suees, sedons, dietes, et tant de formes de guarir, qui nous apportent souvent la mort, pour ne pouvoir soubstenir leur violence et importunité? Par ainsi, quand ie suis attainct, ie le prends à medecine; quand ie suis exempt, ie le prends à constante et entiere delivrance. Voicy encores une faveur de mon mal, particuliere : C'est qu'à peu prez, il faict son ieu à part, et me laisse faire le mien où il ne tient qu'à faulte de courage; en sa plus grande esmotion, ie l'ay tenu dix heures à cheval. Souffrez seulement, vous n'avez que faire d'aultre regime; iouez, disnez, courez, faictes cecy, et faictes encores cela, si vous pouvez; vostre desbauche y servira plus qu'elle n'y nuira : Dictes en autant à un verolé, à un goutteux, à un hernieux. Les aultres maladies ont des obligations plus universelles, gehennent bien aultrement nos actions, troublent tout nostre ordre, et engagent à leur consideration tout l'estat de la vie : cette cy ne faict que pincer la peau; elle vous laisse l'entendement et la volonté en vostre disposition, et la langue, et les pieds, et les mains; elle vous esveille plustost qu'elle ne vous assopit. L'ame est frappee de l'ardeur d'une fiebvre, et atterree d'une epilepsie, et disloquee par une aspre micraine, et enfin estonnee par toutes les maladies qui blecent la masse et les plus nobles parties : icy, on ne l'attaque point; s'il luy va mal, à sa coulpe; elle se trahit elle mesme, s'abandonne, et se desmonte. Il n'y a que les fols qui se laissent persuader que ce corps dur et massif qui se cuict en nos roignons, se puisse dissouldre par bruvages : parquoy, depuis qu'il est esbranslé, il n'est que de luy donner passage ; aussi bien le prendra il. Ie remarque encores cette particuliere commodité, que c'est un mal auquel nous avons peu à deviner : nous sommes dispensez du trouble auquel les aultres maulx nous iectent par l'incertitude de leurs causes, et conditions, et progrez ; trouble infiniement penible : nous n'avons que faire de consultations et interpretations doctorales; les sens nous montrent que c'est, et où c'est. Par tels arguments, et forts et foibles, comme Cicero le mal de sa vieillesse, i'essaye d'endormir et amuser mon imagination, et graisser ses playes. Si elles s'empirent demain; demain nous y pourvoyrons d'aultres eschappatoires. Qu'il soit vray : voicy, depuis de nouveau, que les plus legiers mouvements espreignent le pur sang de mes reins ; quoy pour cela? ie ne laisse de me mouvoir comme devant, et picquer aprez mes chiens, d'une iuvenile ardeur et insolente; et treuve que i'ay grand' raison d'un si important accident, qui ne me couste qu'une sourde poisanteur et alteration en cette partie : c'est quelque grosse pierre, qui foule et consomme la substance de mes roignons, et ma vie, que ie vuide peu à peu, non sans quelque naturelle doulceur, comme un excrement hormais superflu et empeschant. Or, sens ie quelque chose qui croule? ne vous attendez pas que i'aille m'amusant à recognoistre mon pouls et mes urines, pour y prendre quelque prevoyance ennuyeuse : ie seray assez à temps à sentir le mal, sans l'alonger par le mal de la peur. Qui craint de souffrir, il souffre desia de ce qu'il craint. Ioinct que la dubitation et ignorance de ceulx qui se meslent d'expliquer les ressorts de nature et ses internes progrez, et tant de faulx prognostiques de leur art, nous doibt faire cognoistre qu'ell' a ses moyens infiniement incogneus : il y a grande incertitude, varieté et obscurité, de ce qu'elle nous promet ou menace. Sauf la vieillesse, qui est un signe indubitable de l'approche de la mort, de touts les aultres accidents, ie veois peu de signes de l'advenir, sur quoy nous ayons à fonder nostre divination. Je ne me iuge que par vray sentiment, non par discours : A quoy faire? puisque ie n'y veulx apporter que l'attente et la patience. Voulez vous sçavoir combien ie gaigne à cela? regardez ceulx qui font aultrement, et qui despendent de tant de diverses persuasions et conseils; combien souvent l'imagination les presse sans le corps. I'ay maintesfois prins plaisir, estant en seureté et delivré de ces accidents dangereux, de les communiquer aux medecins, comme naissants lors en moy : ie souffrois l'arrest de leurs horribles conclusions, bien à mon ayse; et en demeurois de tant plus obligé à Dieu de sa grace, et mieulx instruict de la vanité de cet art. Il n'est rien qu'on doibve tant recommender à la ieunesse, que l'activeté et la vigilance : nostre vie n'est que mouvement. Ie m'esbransle difficilement, et suis tardif par tout; à me lever, à me coucher, et à mes repas : c'est matin pour moy que sept heures; et, où ie gouverne, ie ne disne ny avant onze, ny ne soupe qu'aprez six heures. I'ay aultresfois attribué la cause des fiebvres et maladies où ie suis tumbé, à la pesanteur et assopissement que le long sommeil m'avoit apporté; et me suis tousiours repenty de me r'endormir le matin. Platon veult plus de mal à l'excez du dormir, qu'à l'excez du boire. I'aime à coucher dur, et seul; voire sans femme, à la royale; un peu bien couvert. On ne bassine iamais mon lict : mais, depuis la vieillesse, on me donne, quand i'en ay besoing, des draps à eschauffer les pieds et l'estomach. On trouvoit à redire au grand Scipion, d'estre dormart; non, à mon advis pour aultre raison, sinon qu'il faschoit aux hommes qu'en luy seul il n'y eust aulcune chose à redire. Si i'ay quelque curiosité en mon traictement, c'est plustost au coucher qu'à aultre chose; mais ie cede et m'accommode en general, autant que tout aultre, à la necessité. Le dormir a occupé une grande partie de ma vie; et le continue encores, en cet aage, huict ou neuf heures, d'une haleine : ie me retire avecques utilité de cette propension paresseuse; et en vaulx evidemment mieulx. Ie sens un peu le coup de la mutation; mais c'est faict en trois iours. Et n'en veois gueres qui vive à moins, quand il est besoing, et qui s'exerce plus constamment, ny à qui les courvees poisent moins. Mon corps est capable d'une agitation ferme; mais non pas vehemente et soubdaine. Ie fuys meshuy les exercices violents, et qui me menent à la sueur : mes membres se lassent avant qu'ils s'eschauffent. Ie me tiens debout, tout le long d'un iour, et ne m'ennuye point à me promener; mais sur le pavé, depuis mon premier aage, ie n'ay aimé d'aller qu'à cheval; à pied, ie me crotte iusques aux fesses; et les petites gents sont subiects par ces rues à estre chocquez et coudoyez, à faulte d'apparence : et ay aimé à me reposer, soit couché, soit assis, les iambes autant ou plus haultes que le siege.

Il n'est occupation plaisante comme la militaire : occupation, et noble en execution, car la plus forte, genereuse et superbe de toutes les vertus est la vaillance; et noble en sa cause : il n'est point d'utilité, ny plus iuste, ny plus universelle, que la protection du repos et grandeur de son païs. La compaignie de tant d'hommes vous plaist, nobles, ieunes, actifs; la veue ordinaire de tant de spectacles tragiques; la liberté de cette conversation, sans art; et une façon de vie, masle et sans cerimonie; la varieté de mille actions diverses; cette courageuse harmonie de la musique guerriere qui vous entretient et eschauffe et les aureilles et l'ame; l'honneur de cet exercice; son aspreté mesme et sa difficulté, que Platon estime si peu, que en sa republicque il en faict part aux femmes et aux enfants : vous vous conviez aux roolles et hazards particuliers, selon que vous iugez de leur esclat et de leur importance ; soldat volontaire ; et voyez, quand la vie mesme y est excusablement employee,

> pulchrumque mori succurrit in armis. (1)

De craindre les hazards communs qui regardent une si grande presse ; de n'oser ce que tant de sortes d'ames osent, et tout un peuple, c'est à faire à un cœur mol et bas oultre mesure : la compaignie asseure iusques aux enfants. Si d'aultres vous surpassent en science, en grace, en force, en fortune, vous avez des causes tierces à qui vous en prendre ; mais de leur ceder en fermeté d'ame, vous n'avez à vous en prendre qu'à vous. La mort est plus abiecte, plus languissante et penible dans un lict, qu'en un combat : les fiebvres et les catarrhes, autant douloureux et mortels, qu'une arquebuzade. Qui seroit faict à porter valeureusement les accidents de la vie commune, n'auroit point à grossir son courage pour se rendre gendarme. Vivere, mi Lucili, militare est. (2)

Il ne me souvient point de m'estre iamais veu galleux : si est la graterie, des gratifications de nature les plus doulces, et autant à main ; mais ell' a la penitence trop importunement voisine. Ie l'exerce plus aux aureilles, que i'ay au dedans pruantes, par saisons (a). Je suis nay, de touts les sens, entiers quasi à la perfection. Mon estomach est commodement bon, comme est ma teste ; et, le plus souvent, se maintiennent au travers de mes fiebvres, et aussi mon haleine. I'ay oultrepassé (b) tantost de six ans le cinquantiesme, auquel des nations, non

---

(1) Qu'il est beau de mourir les armes à la main !
Virg. Aeneid. l. 2, v. 317.

(2) Notre vie, Lucilius, est un train de guerre. *Senec.* epist. 96.

(a) Par secousses. *Edit.* de 1595.

(b) l'aage auquel, *edit.* de 1595, mais effacé par Montaigne.

sans occasion, avoient prescript une si iuste fin à la vie, qu'elles ne permettoient point qu'on l'excedast ; si ay ie encores des remises, quoyqu'inconstantes et courtes, si nettes, qu'il y a peu à dire de la santé et indolence de ma ieunesse. Ie ne parle pas de la vigueur et alaigresse : ce n'est pas raison qu'elle me suyve hors ses limites ;

> Non hoc ampliùs est liminis, aut aquæ
> Cælestis, patiens latus. (1)

Mon visage me descouvre incontinent, et mes yeulx : touts mes changements commencent par là, et un peu plus aigres qu'ils ne sont en effect ; ie fois souvent pitié à mes amis, avant que i'en sente la cause. Mon mirouer ne m'estonne pas ; car, en la ieunesse mesme, il m'est advenu, plus d'une fois, de chausser ainsin un teinct et un port trouble et de mauvais prognostique, sans grand accident ; en maniere que les medecins, qui ne trouvoient au dedans cause qui respondist à cette alteration externe, l'attribuoient à l'esprit, et à quelque passion secrete qui me rongeast au dedans : ils se trompoient. Si le corps se gouvernoit autant selon moy, que faict l'ame, nous marcherions un peu plus à nostre ayse : ie l'avois lors, non seulement exempte de trouble, mais encores pleine de satisfaction et de feste, comme elle est le plus ordinairement, moitié de sa complexion, moitié de son desseing :

> Nec vitiant artus ægræ contagia mentis. (2)

Ie tiens que cette sienne temperature a relevé maintesfois le corps de ses cheutes ; il est souvent abbattu : que

---

(1) Je n'ai plus la force de rester la nuit devant la porte d'une maîtresse, à souffrir le froid, ou la pluie. *Horat.* od. 10, l. 3, v. 19.

(2) Et jamais mon esprit n'a causé du dérangement dans mon corps. *Ovid.* trist. eleg. 8, l. 3, v. 25.

si elle n'est eniouee, elle est au moins en estat tranquille et reposé. I'eus la fiebvre quarte, quatre ou cinq mois, qui m'avoit tout desvisagé ; l'esprit alla tousiours non paisiblement, mais plaisamment. Si la douleur est hors de moy, l'affoiblissement et langueur ne m'attristent gueres : ie veois plusieurs defaillances corporelles, qui font horreur seulement à nommer, que ie craindrois moins que mille passions et agitations d'esprit que ie veois en usage. Ie prends party de ne plus courre ; c'est assez que ie me traisne : ny ne me plainds de la decadence naturelle qui me tient ;

Quis tumidum guttur miratur in Alpibus? (1)

non plus que ie ne regrette que ma duree ne soit aussi longue et entiere que celle d'un chesne. Ie n'ay point à me plaindre de mon imagination : i'ay eu peu de pensees en ma vie qui m'ayent seulement interrompu le cours de mon sommeil, si elles n'ont esté du desir, qui m'esveillast, sans m'affliger. Ie songe peu souvent ; et lors, c'est des choses fantastiques et des chimeres, produictes communement de pensees plaisantes, plustost ridicules que tristes : et tiens qu'il est vray que les songes sont loyaux interpretes de nos inclinations ; mais il y a de l'art à les assortir et entendre :

Res, quæ in vitâ usurpant homines, cogitant, curant, vident,
Quæque agunt vigilantes, agitantque, ea si cui in somno accidunt,
Minùs mirandum est : (2)

Platon dict dadvantage que c'est l'office de la prudence

---

(1) Qui s'étonne de voir les habitants des Alpes avec un cou gros et enflé ? *Juvenal.* sat. 13, v. 162.

(2) En effet, il n'est pas surprenant que les hommes voient en songe les choses qui les occupent ordinairement, à quoi ils pensent, qu'ils considerent, qu'ils font souvent, et qu'ils roulent

d'en tirer des instructions divinatrices pour l'advenir : ie ne veois rien à cela, sinon les merveilleuses experiences que Socrates, Xenophon, Aristote en recitent, personnages d'auctorité irreprochable. Les histoires disent que les Atlantes ne songent iamais ; qui ne mangent aussi rien qui aye prins mort : ce que i'adiouste, d'autant que c'est à l'adventure l'occasion pour quoy ils ne songent point ; car Pythagoras ordonnoit certaine preparation de nourriture, pour faire les songes à propos. Les miens sont tendres ; et ne m'apportent aulcune agitation de corps, ny expression de voix. I'ay veu plusieurs, de mon temps, en estre merveilleusement agitez : Theon le philosophe se promenoit en songeant ; et le valet de Pericles, sur les tuiles mesmes et faiste de la maison.

Ie ne choisis gueres à table, et me prends à la premiere chose et plus voisine ; et me remue mal volontiers d'un goust à un aultre. La presse des plats et des services me desplaist autant qu'aultre presse : ie me contente ayseement de peu de mets ; et hais l'opinion de Favorinus (1), qu'en un festin, il fault qu'on vous desrobbe la viande où vous prenez appetit, et qu'on vous en substitue tousiours une nouvelle ; et que c'est un miserable souper, si on n'a saoulé les assistants de cropions de divers oyseaux ; et que le seul bequefigue merite qu'on le mange entier. I'use familierement de viandes salees : si aime ie mieulx le pain sans sel ; et mon boulanger chez

dans leur esprit lorsqu'ils sont éveillés. *Cic.* de divinat. l. 1, c. 22. Les vers latins sont pris d'une tragédie d'Accius, intitulée Brutus. C'est un devin, qui parle ici à Tarquin le superbe, l'un des premiers personnages de la piece. Il ne reste que quelques fragments des ouvrages de cet ancien poëte tragique. C.

(1) Ce que Montaigne appelle l'opinion de Favorinus, c'est ce que Favorinus condamne directement : *voyez* Aulu-Gelle, noct. attic. l. 15, c. 8. C.

moy n'en sert pas d'aultre pour ma table, contre l'usage du païs. On a eu, en mon enfance, principalement à corriger le refus que ie faisois des choses que communement on aime le mieulx en cet aage; sucres, confitures, pieces de four. Mon gouverneur combattit cette hayne de viandes delicates, comme une espece de delicatesse; aussi n'est elle aultre chose que difficulté de goust, où qu'il s'applique. Qui oste à un enfant certaine particuliere et obstinee affection au pain bis, et au lard, ou à l'ail, il luy oste la friandise. Il en est qui font les laborieux et les patients pour regretter le bœuf et le iambon, parmy les perdris : ils ont bon temps; c'est la delicatesse des delicats; c'est le goust d'une molle fortune, qui s'affadit aux choses ordinaires et accoustumees, per quæ luxuria divitiarum tædio ludit (1). Laisser à faire bonne chere de ce qu'un aultre la faict; avoir un soing curieux de son traictement, c'est l'essence de ce vice :

Si modicâ cœnare times olus omne patellâ. (2)

Il y a bien vrayement cette difference, qu'il vault mieulx obliger son desir aux choses plus aysees à recouvrer; mais c'est tousiours vice de s'obliger : i'appellois aultresfois delicat, un mien parent qui avoit desapprins, en nos galeres, à se servir de nos licts, et se despouiller pour se coucher.

Si i'avois des enfants masles, ie leur desirasse volontiers ma fortune : Le bon pere que Dieu me donna, qui n'a de moy que la recognoissance de sa bonté, mais certes bien gaillarde, m'envoya, dez le berceau, nourrir à un pauvre village des siens, et m'y teint autant que ie feus en nourrice, et encores au delà ; me dressant à la

---

(1) Par lesquelles le luxe se joue du dégoût qui accompagne les richesses. *Senec.* epist. 18.

(2) Si tu ne sais point te contenter d'un petit plat d'herbes, pour ton souper. *Horat.* epist. 5, l. 1, v. 2.

plus basse et commune façon de vivre : magna pars libertatis est benè moratus venter (1). Ne prenez iamais, et donnez encores moins à vos femmes, la charge de leur nourriture; laissez les former à la fortune, soubs des loix populaires et naturelles; laissez à la coustume, de les dresser à la frugalité et à l'austerité : qu'ils ayent plustost à descendre de l'aspreté, qu'à monter vers elle. Son humeur visoit encores (a) à une aultre fin; de me r'allier avecques le peuple et cette condition d'hommes qui a besoing de nostre ayde; et estimoit que ie feusse tenu de regarder plustost vers celuy qui me tend les bras, que vers celuy qui me tourne le dos; et feut cette raison, pour quoy aussi il me donna à tenir, sur les fonts, à des personnes de la plus abiecte fortune, pour m'y obliger et attacher. Son desseing n'a pas du tout mal succedé : ie m'addonne volontiers aux petits, soit pource qu'il y a plus de gloire, soit par naturelle compassion, qui peult infiniement en moy. Le party que ie condamnerai en nos guerres, ie le condamnerai plus asprement, fleurissant et prospere : il sera pour me concilier aulcunement à soy, quand ie le verray miserable et accablé. Combien volontiers ie considere la belle humeur de Chelonis, fille et femme de roys de Sparte (b)! Pendant que Cleombrotus son mary, aux desordres de sa ville, eut advantage sur Leonidas son pere, elle feit la bonne fille, se r'allia avecques son pere, en son exil, en sa misere; s'opposant au victorieux. La chance veint elle à tourner? la voylà changee de vouloir avecques la fortune, se rengeant courageusement à son mary, lequel elle suyvit par tout où sa ruine le porta; n'ayant, ce me semble,

(1) Une grande partie de notre liberté dépend d'un estomac bien morigéné. *Senec.* epist. 123.

(a) en une aultre fin. *Edit.* de 1595, mais corrigé par Montaigne dans son exemplaire. N.

(b) Voyez Plutarque, dans la vie d'Agis et de Cléomene.

aultre choix, que de se iecter au party où elle faisoit le plus de besoing, et où elle se montroit plus pitoyable. Ie me laisse plus naturellement aller aprez l'exemple de Flaminius, qui se prestoit à ceulx qui avoient besoing de luy plus qu'à ceulx qui luy pouvoient bien faire, que ie ne fois à celuy de Pyrrhus, propre à s'abaisser soubs les grands, et à s'enorgueillir sur les petits.

Les longues tables (a) me faschent et me nuisent : car, soit pour m'y estre accoustumé enfant, à faulte de meilleure contenance, ie mange autant que i'y suis. Pourtant chez moy, quoyqu'elle soit des courtes, ie m'y mets volontiers un peu aprez les aultres, sur la forme d'Auguste: mais ie ne l'imite pas, en ce qu'il en sortoit aussi avant les aultres ; au rebours, i'aime à me reposer long temps aprez; et en ouïr conter, pourveu que ie ne m'y mesle point; car ie me lasse et me blece de parler l'estomach plein, autant comme ie treuve l'exercice de crier et contester, avant le repas, tressalubre et plaisant. Les anciens Grecs et Romains avoient meilleure raison que nous, assignant à la nourriture, qui est une action principale de la vie, si aultre extraordinaire occupation ne les en divertissoit, plusieurs heures, et la meilleure partie de la nuict ; mangeant et beuvant moins hastifvement que nous, qui passons en poste toutes nos actions; et estendant ce plaisir naturel à plus de loisir et d'usage, y entresemant divers offices de conversation, utiles et agreables. Ceulx qui doibvent avoir soing de moy, pourroient à bon marché me desrobber ce qu'ils pensent m'estre nuisible ; car en telles choses, ie ne desire iamais, ny ne treuve à dire, ce que ie ne veois pas : mais aussi, de celles qui se presentent, ils perdent leur temps de m'en prescher l'abstinence; si que, quand ie veulx ieusner, il me fault mettre à part des soupeurs, et qu'on me presente iustement autant qu'il est besoing pour une reglee

(a) m'ennuyent. *Edit.* de 1595.

collation; car, si ie me mets à table, i'oublie ma resolution. Quand i'ordonne qu'on change d'apprest à quelque viande; mes gents sçavent que c'est à dire que mon appetit est allanguy, et que ie n'y toucheray point. En toutes celles qui le peuvent souffrir, ie les aime peu cuictes; et les aime fort mortifiees, et iusques à l'alteration de la senteur, en plusieurs. Il n'y a que la dureté qui generalement me fasche (de toute aultre qualité, ie suis aussi nonchalant et souffrant qu'homme que i'aye cogneu), si que, contre l'humeur commune, entre les poissons mesme il m'advient d'en trouver et de trop frais et de trop fermes : ce n'est pas la faulte de mes dents, que i'ay eu tousiours bonnes iusques à l'excellence, et que l'aage ne commence de menacer qu'à cette heure; i'ay apprins, dez l'enfance, à les frotter de ma serviette, et le matin, et à l'entree et yssue de la table. Dieu faict grace à ceulx à qui il soubstraict la vie par le menu : c'est le seul benefice de la vieillesse; la derniere mort en sera d'autant moins pleine et nuisible, elle ne tuera plus qu'un demy ou un quart d'homme. Voylà une dent qui me vient de cheoir, sans douleur, sans effort; c'estoit le terme naturel de sa duree : et cette partie de mon estre, et plusieurs aultres, sont desia mortes, aultres demy mortes, des plus actifves, et qui tenoient le premier reng pendant la vigueur de mon aage. C'est ainsi que ie fonds, et eschappe à moy. Quelle bestise sera ce à mon entendement, de sentir le sault de cette cheute, desia si advancee, comme si elle estoit entiere? Ie ne l'espere pas. A la verité, ie receois une principale consolation aux pensees de ma mort, qu'elle soit des iustes et naturelles; et que meshuy ie ne puisse en cela requerir ny esperer, de la destinee, faveur qu'illegitime. Les hommes se font accroire qu'ils ont eu aultresfois, comme la stature, la vie aussi plus grande : mais [ils se trompent : et] Solon, qui est de ces vieux temps là, en taille pourtant l'extreme duree à soixante dix ans.

Moy, qui ay tant adoré, et si universellement, cet αριστον μετρον (1) du temps passé, et ay prins pour la plus parfaicte la moyenne mesure, pretendrai ie une desmesuree et (a) monstrueuse vieillesse? Tout ce qui vient au revers du cours de nature, peult estre fascheux; mais ce qui vient selon elle, doibt estre tousiours plaisant; omnia, quæ secundùm naturam fiunt, sunt habenda in bonis (2): par ainsi, dict Platon, la mort que les playes ou maladies apportent, soit violente; mais celle qui nous surprend, la vieillesse nous y conduisant, est de toutes la plus legiere, et aulcunement delicieuse. Vitam adolescentibus vis aufert, senibus maturitas (3). La mort se mesle et confond partout à nostre vie: le declin preoccupe son heure, et s'ingere au cours de nostre advancement mesme. J'ay des pourtraicts de ma forme de vingt et cinq, et de trente cinq ans; ie les compare avecques celuy d'asteure (b): combien de fois ce n'est plus moy! combien est mon image presente plus esloingnee de celles là, que de celle de mon trespas! C'est trop abusé de nature, de la tracasser si loing, qu'elle soit contraincte de nous quiter;

---

(1) Cette excellente médiocrité: si recommandée autrefois, et en particulier par Cléobule, l'un des sept sages de Grece, comme on peut voir dans Diogene Laërce, l. 1, segm. 93. C.

(a) Prodigieuse. *Edit.* de 1595.

(2) Tout ce qui se fait selon la nature, doit être compté pour un bien. *Cic.* de Senect. c. 19.

(3) La vie est comme arrachée de force aux jeunes gens; et c'est la maturité qui l'ôte aux vieillards. *Cic.* de Senect. c. 19.

(b) Orthographe et prononciation gasconne, au lieu d'à cette heure. C.

Nota. Dans l'exemplaire corrigé par Montaigne, on trouve très souvent ce mot écrit précisément comme les Gascons le prononcent, *asture;* et souvent aussi Montaigne écrit *asteure*, comme il l'est ici. J'ai suivi l'une et l'autre orthographe, qui sont toutes deux celle de Montaigne. N.

et abandonner nostre conduicte, nos yeulx, nos dents, nos iambes et le reste, à la mercy d'un secours estrangier et mendié; et nous resigner entre les mains de l'art, lasse de nous suyvre.

Ie ne suis excessifvement desireux ny de salades ny de fruicts, sauf les melons : mon pere haïssoit toute sorte de saulses; ie les aime toutes. Le trop manger m'empesche; mais par sa qualité, ie n'ay encores cognoissance bien certaine qu'aulcune viande me nuise; comme aussi ie ne remarque ny lune pleine ny basse, ny l'automne, du printemps. Il y a des mouvements en nous, inconstants et incogneus; car des raiforts, pour exemple, ie les ay trouvez premierement commodes; depuis, fascheux; à present, derechef commodes. En plusieurs choses, ie sens mon estomach et mon appetit aller ainsi diversifiant; i'ay rechangé du blanc au clairet, et puis du clairet au blanc. Ie suis friand de poisson, et fois mes iours gras des maigres; et mes festes, des iours de ieusne : ie crois, ce qu'aulcuns disent, qu'il est de plus aysee digestion que la chair. Comme ie fois conscience de manger de la viande, le iour de poisson; aussi faict mon goust, de mesler le poisson à la chair : cette diversité me semble trop esloingnee. Dez ma ieunesse, ie desrobbois parfois quelque repas : Ou à fin d'aiguiser mon appetit au lendemain (car, comme Epicurus ieusnoit et faisoit des repas maigres pour accoustumer sa volupté à se passer de l'abondance; moy, au rebours, pour dresser ma volupté à faire mieulx son proufit et se servir plus alaigrement de l'abondance) : Ou ie ieusnois, pour conserver ma vigueur au service de quelque action de corps ou d'esprit; car et l'un et l'aultre s'apparesse cruellement en moy par la repletion; et, surtout, ie hais ce sot accouplage d'une deesse si saine et si alaigre, avecques ce petit dieu indigeste et roteur, tout bouffy de la fumee de sa liqueur : Ou pour guarir mon estomach malade : Ou pour estre sans compaignie propre;

car ie dis, comme ce mesme Epicurus, qu'il ne fault pas tant regarder ce qu'on mange, qu'avecques qui on mange; et loue Chilon, de n'avoir voulu promettre de se trouver au festin de Periander, avant que d'estre informé qui estoient les aultres conviez : Il n'est point de si doulx apprest pour moy, ny de saulse si appetissante, que celle qui se tire de la société. Ie crois qu'il est plus sain de manger plus bellement et moins, et de manger plus souvent : mais ie veulx faire valoir l'appetit et la faim; ie n'aurois nul plaisir à traisner, à la medecinale, trois ou quatre chestifs repas par iour, ainsi contraincts: Qui m'asseureroit que le goust ouvert que i'ay ce matin, ie le retrouvasse encores à souper? Prenons, surtout les vieillards, prenons le premier temps opportun qui nous vient: laissons aux faiseurs d'almanachs (a) les ephemerides, et aux medecins. L'extreme fruict de ma santé, c'est la volupté; tenons nous à la premiere, presente et cogneue. I'evite la constance en ces loix de ieusne : qui veult qu'une forme luy serve, fuye à la continuer; nous nous y durcissons; nos forces s'y endorment; six mois aprez, vous y aurez si bien accoquiné vostre estomach, que vostre proufit ce ne sera que d'avoir perdu la liberté d'en user aultrement sans dommage.

Ie ne porte les iambes et les cuisses non plus couvertes en hyver qu'en esté; un bas de soye tout simple. Ie me suis laissé aller, pour le secours de mes rheumes, à tenir la teste plus chaulde, et le ventre, pour ma cholique : mes maulx s'y habituerent en peu de iours, et desdaignerent mes ordinaires provisions. I'estois monté d'une coëffe à un couvrechef, et d'un bonnet à un chapeau double; les embourreures de mon pourpoinct ne me servent plus que de garbe (b) : ce n'est rien,

---

(a) les espérances et les prognostiques. *Edit.* de 1595.

(b) de montre, d'apparence. Sur le mot galbe ou garbe, voyez ce qui a été dit ci-dessus. C.

si ie n'y adiouste une peau de lievre ou de vautour, une calote à ma teste. Suyvez cette gradation, vous irez beau train. Ie n'en feray rien : et me desdirois volontiers du commencement que i'y ay donné, si i'osois. Tumbez vous en quelque inconvenient nouveau? cette reformation ne vous sert plus; vous y estes accoustumé : cherchez en une aultre. Ainsi se ruynent ceulx qui se laissent empestrer à des regimes contraincts, et s'y astreignent superstitieusement : il leur en fault encores, et encores aprez, d'aultres au delà ; ce n'est iamais faict. Pour nos occupations et le plaisir, il est beaucoup plus commode, comme faisoient les anciens, de perdre le disner, et remettre à faire bonne chere à l'heure de la retraicte et du repos, sans rompre le iour : ainsi le faisois ie aultresfois. Pour la santé, ie treuve depuis par experience, au contraire, qu'il vault mieulx disner, et que la digestion se faict mieulx en veillant. Ie ne suis gueres subiect à estre alteré, ny sain ny malade : i'ay bien volontiers lors la bouche seiche, mais sans soif; et communement ie ne bois, que du desir qui m'en vient en mangeant, et bien avant dans le repas. Ie bois assez bien, pour un homme de commune façon : en esté, et en un repas appetissant, ie n'oultrepasse point seulement les limites d'Auguste, qui ne beuvoit que trois fois precisement; mais, pour n'offenser la regle de Democritus (a) qui deffendoit de s'arrester à quatre, comme à un nombre mal fortuné, ie coule, à un besoing, iusques à cinq : trois demy settiers, environ; car les petits verres sont les miens favoris, et me plaist de les vuider, ce que d'aultres evitent comme chose mal seante. Ie trempe mon vin plus souvent à moitié, parfois au tiers d'eau : et quand ie suis en ma maison, d'un ancien usage que son me-

(a) Ceci est tiré de Pline, *hist. nat.* l. 28, c. 6, sect. 17, ed. Hard. Mais Montaigne a mis Democritus au lieu de Démetrius qui est dans l'original. C.

decin ordonnoit à mon pere et à soy, on mesle celuy qu'il me fault, dez la sommelerie, deux ou trois heures avant qu'on serve. Ils disent, que Cranaus, roy des Atheniens feut inventeur de cet usage, de tremper le vin d'eau : utilement ou non, i'en ay veu debattre. I'estime plus decent et plus sain, que les enfants n'en usent qu'aprez seize ou dix huict ans. La forme de vivre plus usitee et commune est la plus belle : toute particularité m'y semble à eviter; et haïrois autant un Allemand qui meist de l'eau au vin, qu'un François qui le boiroit pur. L'usage publicque donne loy à telles choses.

Ie crainds un air empesché, et fuys mortellement la fumee : la premiere reparation où ie courus chez moy, ce feut aux cheminees et aux retraictz, vice commun des vieux bastiments, et insupportable; et, entre les difficultez de la guerre, compte ces espaisses poussieres, dans lesquelles on nous tient enterrez au chauld tout le long d'une iournee. I'ay la respiration libre et aysee; et se passent mes morfondements le plus souvent sans offense du poulmon et sans toux. L'aspreté de l'esté m'est plus ennemie que celle de l'hyver; car, oultre l'incommodité de la chaleur, moins remediable que celle du froid, et oultre le coup que les rayons du soleil donnent à la teste, mes yeulx s'offensent de toute lueur esclatante : ie ne sçaurois à cette heure disner assis vis à vis d'un feu ardent et lumineux. Pour amortir la blancheur du papier, au temps que i'avois plus accoustumé de lire, ie couchois sur mon livre une piece de verre, et m'en trouvois fort soulagé. I'ignore, iusques à present (a), l'usage des lunettes; et veois aussi loing, que ie feis oncques, et que tout aultre : il est vray que, sur le declin du iour, ie commence à sentir du trouble, et de la foiblesse à lire; de quoy l'exercice a touiours travaillé mes yeulx, mais surtout nocturne. Voylà un

(a) A cinquante-quatre ans. *Ed.* de 1588, mais rayé par Montaigne.

pas en arriere, à toute peine sensible : ie reculeray d'un aultre; du second au tiers, du tiers au quart, si coyement qu'il me fauldra estre aveugle formé, avant que ie sente la decadence et vieillesse de ma veue : Tant les Parques destordent artificiellement nostre vie! Si suis ie en doubte que mon ouïe marchande à s'espessir; et verrez que ie l'auray demy perdue, que ie m'en prendray encores à la voix de ceulx qui parlent à moy : Il fault bien bander l'ame, pour luy faire sentir comme elle s'escoule. Mon marcher est prompt et ferme; et ne sçais lequel des deux, ou l'esprit ou le corps, i'ay arresté plus malayseement en mesme poinct. Le prescheur est bien de mes amis, qui oblige mon attention tout un sermon. Aux lieux de cerimonie, où chascun est si bandé en contenance, où i'ay veu les dames tenir leurs yeulx mesmes si certains, ie ne suis iamais venu à bout que quelque piece des miennes n'extravague tousiours : encores que i'y sois assis, i'y suis peu rassis. Comme la chambriere du philosophe Chrysippus disoit de son maistre, qu'il n'estoit yvre que par les iambes, car il avoit cette coustume de les remuer, en quelque assiette qu'il feust; et elle le disoit, lors que, le vin esmouvant les aultres, luy n'en sentoit aulcune alteration : on a peu dire aussi, dez mon enfance, que i'avois de la folie aux pieds, ou de l'argent vif; tant i'y ay de remuement et d'inconstance [naturelle,] en quelque lieu que ie les place.

C'est indecence, oultre ce qu'il nuict à la santé, voire et au plaisir, de manger gouluement, comme ie fois : ie mords souvent ma langue, parfois mes doigts, de hastifvete. Diogenes, rencontrant un enfant qui mangeoit ainsin, en donna un soufflet à son precepteur. Il y avoit à Rome des gents qui enseignoient à mascher, comme à marcher, de bonne grace. I'en perds le loisir de parler; qui est un si doulx assaisonnement des tables, pourveu que ce soyent des propos de mesme, plaisants et courts. Il y a de la ialousie et envie entre nos plaisirs;

ils se chocquent et empeschent l'un l'aultre. Alcibiades, homme bien entendu à faire bonne chere, chassoit la musique mesme des tables, à ce qu'elle ne troublast la doulceur des devis, par la raison, que Platon luy preste, « Que c'est un usage d'hommes populaires, d'appeller des ioueurs d'instruments et des chantres à leurs festins, à faulte de bons discours et agreables entretiens, de quoy les gents d'entendement sçavent s'entrefestoyer ». Varro demande cecy au convive, « l'Assemblee de personnes, belles de presence, et agreables de conversation, qui ne soient ny muets ny bavards; Netteté et delicatesse aux vivres, et au lieu; et Le temps serein ». Ce n'est pas une feste peu artificielle et peu voluptueuse, qu'un bon traictement de table : ny les grands chefs de guerre, ny les grands philosophes, n'en ont refusé l'usage et la science. Mon imagination en a donné trois en garde à ma memoire, que la fortune me rendit de principale doulceur, en divers temps de mon aage plus fleurissant : car chascun des conviés y apporte la principale grace, selon la bonne trempe de corps et d'ame en quoy il se treuve; mon estat present m'en forclost. Moy, qui ne manie que terre à terre, hais cette inhumaine sapience qui nous veult rendre desdaigneux et ennemis de la culture du corps : i'estime pareille iniustice, prendre à contrecœur les voluptez naturelles, que de les prendre trop à cœur. Xerxes estoit un fat, qui, enveloppé en toutes les voluptez humaines, alloit proposer prix à qui luy en trouveroit d'aultres : mais non gueres moins fat est celuy qui retrenche celles que nature luy a trouvees. Il ne les fault ny suyvre ny fuyr; il les fault recevoir. Ie les receois un peu plus grassement et gracieusement, et me laisse plus volontiers aller vers la pente naturelle. Nous n'avons que faire d'exaggerer leur inanité; elle se faict assez sentir, et se produict assez : mercy à nostre esprit, maladif, rabat ioye, qui nous desgouste d'elles, comme de soy mesme; il traicte et soy, et tout ce qu'il receoit, tantost avant, tantost arriere, selon son estre insatiable, vagabond et versatile :

> Sincerum est nisi vas, quodcunque infundis, acescit. (1)

Moy, qui me vante d'embrasser si curieusement les commoditez de la vie et si particulierement, n'y treuve, quand i'y regarde ainsi finement, à peu prez que du vent. Mais quoy? nous sommes partout vent : et le vent encores, plus sagement que nous, s'aime à bruire, à s'agiter; et se contente en ses propres offices, sans desirer la stabilité, la solidité, qualitez non siennes.

Les plaisirs purs de l'imagination, ainsi que les desplaisirs, disent aulcuns, sont les plus grands; comme l'exprimoit (a) la balance de Critolaüs. Ce n'est pas merveille; elle les compose à sa poste, et se les taille en plein drap : i'en veois touts les iours des exemples insignes, et, à l'adventure, desirables. Mais moy, d'une condition mixte, grossier, ne puis mordre si à faict à ce seul obiect si simple, que ie ne me laisse tout lourdement aller aux plaisirs presents de la loy humaine et generale, intellectuellement sensibles, sensiblement intellectuels. Les philosophes cyrenaïques tiennent, comme les douleurs, aussi les plaisirs corporels plus puissants, et comme doubles, et comme plus iustes. Il en est qui, d'une farouche stupidité, comme dict Aristote, en sont desgoustez : i'en cognois qui par ambition le font. Que ne renoncent ils encores au respirer? que ne vivent ils du leur? et ne refusent la lumiere, de ce qu'elle est gratuite, et ne leur couste ny invention ny vigueur? Que Mars, ou Pallas, ou Mercure, les substantent pour veoir, au lieu de Venus, de Cerez et de Bacchus. Chercheront ils

(1) Tout ce que vous versez dans un vase s'aigrit, si le vase n'est pas net. *Horat.* epist. 2, l. 1, v. 54.

(a) Je crois que Montaigne applique ici la balance de Critolaüs à un usage fort différent de celui qu'en faisoit Critolaüs. Voyez ce qu'en dit Cicéron, *tusc. quæst.* l. 5, c. 17. C.

pas la quadrature du cercle, iuchez sur leurs femmes ? Ie hais qu'on nous ordonne d'avoir l'esprit aux nues, pendant que nous avons le corps à table : ie ne veulx pas que l'esprit s'y cloue, ny qu'il s'y veautre ; mais ie veulx qu'il s'y applique ; qu'il s'y seye, non qu'il s'y couche. Aristippus ne deffendoit que le corps, comme si nous n'avions pas d'ame ; Zenon n'embrassoit que l'ame, comme si nous n'avions pas de corps : touts deux vicieusement. Pythagoras, disent ils, a suyvi une philosophie toute en contemplation ; Socrates, toute en mœurs et en action : Platon en a trouvé le temperament entre les deux. Mais ils le disent, pour en conter. Et le vray temperament se treuve en Socrates ; et Platon est bien plus socratique que pythagorique, et luy sied mieulx. Quand ie danse, ie danse ; quand ie dors, ie dors : voire, et quand ie me promene solitairement en un beau verger, si mes pensees se sont entretenues des occurrences estrangieres quelque partie du temps ; quelque aultre partie, ie les ramene à la promenade, au verger, à la doulceur de cette solitude, et à moy. Nature a maternellement observé cela, que les actions qu'elle nous a enioinctes pour nostre besoing, nous feussent, aussi, voluptueuses ; et nous y convie, non seulement par la raison, mais aussi par l'appetit : c'est iniustice de corrompre ses regles. Quand ie veois et Cesar, et Alexandre, au plus espez de sa grande besongne, iouïr si plainement des plaisirs (a) naturels, et par consequent necessaires et iustes, ie ne dis pas que ce soit relascher son ame ; ie dis que c'est la roidir, soubmettant par vigueur de courage, à l'usage de la vie ordinaire, ces violentes occupations et laborieuses pensees : sages, s'ils eussent creu que c'estoit là leur (b) ordinaire vacation ; cette cy, l'extraordinaire.

(a) humains et corporels, ie etc. *Edit.* de 1588 et de 1595, mais effacé par Montaigne dans l'exemplaire corrigé. N.

(b) Montaigne avoit d'abord écrit : *leur legitime vacation ;*

Nous sommes de grands fols ! « Il a passé sa vie en oysifveté », disons nous : « Ie n'ay rien faict d'auiourd'huy ». Quoy ! avez vous pas vescu ? c'est non seulement la fondamentale, mais la plus illustre, de vos occupations. « Si on m'eust mis au propre des grands maniements, i'eusse montré ce que ie sçavois faire ». Avez vous sceu mediter et manier vostre vie ? vous avez faict la plus grande besongne de toutes : pour se montrer et exploicter, nature n'a que faire de fortune ; elle se montre egualement en touts estages, et derriere, comme sans rideau. Composer vos mœurs (a) est vostre office, non pas composer des livres ; et gaigner, non pas des battailles et provinces, mais l'ordre et tranquillité à vostre conduicte.

Nostre grand et glorieux chefd'œuvre, c'est vivre à propos : toutes aultres choses, regner, thesauriser, bastir, n'en sont qu'appendicules et adminicules, pour le plus. Ie prends plaisir de veoir un general d'armee, au pied d'une breche qu'il veult tantost attaquer, se prestant tout entier, et delivre, à son disner, à son devis entre ses amis ; et Brutus, ayant le ciel et la terre conspirez à l'encontre de luy et de la liberté romaine, desrobber à ses rondes quelque heure de nuict, pour lire et (b) breveter Polybe en toute securité. C'est aux petites ames, ensepvelies du poids des affaires, de ne

---

cette cy la bastarde : mais il a rayé ces mots dans l'exemplaire corrigé de sa main. N.

(a) Dans l'édition de 1595, Montaigne s'exprime ainsi : « Avez vous sceu composer vos mœurs ? vous avez bien plus faict que celuy qui a composé des livres. Avez vous sceu prendre du repos ? vous avez plus faict que celuy qui a prins des empires et des villes ». N.

(b) C'est-à-dire en composer un abrégé, ou sommaire, comme a dit Plutarque, dans la vie de Marcus Brutus, de la traduction d'Amyot. C.

s'en sçavoir purement desmesler, de ne les sçavoir et laisser et reprendre :

> O fortes, peioraque passi
> Mecum sæpè viri! nunc vino pellite curas :
> Cras, ingens iterabimus æquor. (1)

Soit par gausserie, soit à certes, que le vin theologal et sorbonique est passé en proverbe, et leurs festins, ie treuve que c'est raison qu'ils en disnent d'autant plus commodement et plaisamment, qu'ils ont utilement et serieusement employé la matinee à l'exercice de leur eschole : la conscience d'avoir bien dispensé les aultres heures, est un iuste et savoureux condiment des tables. Ainsin ont vescu les sages : et cette inimitable contention à la vertu, qui nous estonne en l'un et l'aultre Caton, cette humeur severe iusques à l'importunité, s'est ainsi mollement soubmise et pleue aux loix de l'humaine condition, et de Venus et de Bacchus; suyvant les preceptes de leur secte, qui demandent le sage parfaict, autant expert et entendu à l'usage des voluptez naturelles, qu'en tout aultre debvoir de la vie : Cui cor sapiat, ei et sapiat palatus (2). Le relaschement et facilité honnore, ce semble, à merveilles, et sied mieulx à une ame forte et genereuse : Epaminondas n'estimoit pas que de se mesler à la danse des garsons de sa ville, de chanter, de sonner, et s'y embesongner avecques attention, feust chose qui derogeast à l'honneur de ses glorieuses victoires et à la parfaicte reformation de mœurs qui estoit en luy. Et parmy tant d'admirables actions de Scipion l'ayeul, personnage digne de l'opinion d'un' origine celeste, il n'est rien qui

(1) Courage, mes amis ! vous avez déja souffert avec moi de plus grands maux : noyons nos soucis dans le vin ; et demain nous nous rembarquerons. *Horat.* od. 7, l. 1, v. 30, et seqq.

(2) Qu'il ait le palais délicat, aussi-bien que le jugement. *Cic.* de finib. bon. et mal. l. 2, c. 8. Edit. Davis.

luy donne plus de grace, que de le veoir nonchalamment et puerilement baguenaudant à amasser et choisir des coquilles (a), et iouer à Cornichon va devant, le long de la marine, avecques Lelius; et, s'il faisoit mauvais temps, s'amusant et se chatouillant à representer par escript, en comedies (b), les plus populaires et basses actions des hommes; et, la teste pleine de cette merveilleuse entreprinse d'Annibal et d'Afrique, visitant les escholes en Sicile, et se trouvant aux leçons de la philosophie (c), iusques à en avoir armé les dents de l'aveugle envie de ses ennemis à Rome : Ny chose plus remarquable en Socrates, que ce que, tout vieil, il treuve le temps de se faire instruire à baller, et iouer des instruments; et le tient pour bien employé. Cettuy cy s'est veu en extase debout, un iour entier et une nuict, en presence de toute l'armee grecque, surprins et ravy par quelque profonde pensee : Il s'est veu le premier, parmy tant de vaillants hommes de l'armee, courir au secours d'Alcibiades accablé des ennemis, le couvrir de son corps, et le descharger de la presse, à vifve force d'armes : et le premier, emmy tout le peuple d'Athenes, oultré, comme luy, d'un si indigne spectacle, se presenter à recourir Theramenes que les trente tyrans faisoient mener à la mort par leurs satellites; et ne desista cette hardie entreprinse, qu'à la remontrance de Theramenes mesme,

(a) Voyez *Cic.* de orat. l. 2, c. 6.

(b) Ces comédies sont celles de Térence, auxquelles Scipion et Lælius eurent beaucoup de part, s'il en faut croire Suétone dans la vie de ce poëte : de quoi Montaigne étoit si fortement persuadé, qu'il dit expressément, « Et me feroit on desplaisir de me desloger de cette creance ». *Voyez* l. 1, c. 39, tom. 1, p. 288. C.

(c) Il y a ici une petite méprise, Montaigne a pris le *gymnasium*, lieu destiné aux exercices du corps, pour une école de philosophes, dont l'habit ordinaire étoit un manteau. *Voyez* Tite-Liv. l. 29, c. 19. C.

quoyqu'il ne feust suyvi que de deux, en tout : Il s'est veu, recherché par une beauté de laquelle il estoit esprins, maintenir au besoing une severe abstinence : Il s'est veu en la battaille Delienne, relever et sauver Xenophon renversé de son cheval : Il s'est veu continuellement marcher à la guerre, et fouler la glace, les pieds nuds; porter mesme robbe en hyver et en esté; surmonter touts ses compaignons en patience de travail; ne manger point aultrement en festin qu'en son ordinaire : Il s'est veu vingt et sept ans, de pareil visage, porter la faim, la pauvreté, l'indocilité de ses enfants, les griffes de sa femme, et enfin la calomnie, la tyrannie, la prison, les fers et le venin : Mais cet homme là estoit il convié de boire à lut (a), par debvoir de civilité, c'estoit aussi celuy de l'armee à qui en demeuroit l'advantage; et ne refusoit ny à iouer aux noisettes avecques les enfants, ny à courir avecques eulx sur un cheval de bois, et y avoit bonne grace; car toutes actions, dict la philosophie, sieent egualement bien, et honnorent egualement le sage. On a de quoy, et ne doibt on iamais se lasser de presenter l'image de ce personnage à touts patrons et formes de perfection. Il est fort peu d'exemples de vie, pleins et purs : et faict on tort à nostre instruction de nous en proposer touts les iours d'imbecilles et manques, à peine bons à un seul ply, qui nous tirent arriere, plustost; corrupteurs plustost que correcteurs. Le peuple se trompe : on va bien plus facilement par les bouts, où l'extremité sert de borne, d'arrest et de guide, que par la voye du milieu large et ouverte; et selon l'art, que selon nature; mais bien moins noblement aussi, et moins recommendablement. La grandeur de l'ame n'est pas tant, tirer à mont, et tirer avant, comme sçavoir se renger et circonscrire : elle tient pour grand tout ce qui est assez;

(a) Bien boire, boire d'autant, boire à la maniere des Grecs. Cette expression se trouve en ce sens dans Nicot. C

et montre sa haulteur, à aimer mieulx les choses moyennes, que les eminentes. Il n'est rien si beau et legitime que de faire bien l'homme et deuement; ny science si ardue que de bien et naturellement sçavoir vivre cette vie; et de nos maladies la plus sauvage, c'est mespriser nostre estre. Qui veult escarter son ame, le face hardiement, s'il peult, lors que le corps se portera mal, pour la descharger de cette contagion : Ailleurs, au contraire, qu'elle l'assiste et favorise, et ne refuse point de participer à ses naturels plaisirs, et de s'y complaire coniugalement; y apportant, si elle est plus sage, la moderation, de peur que par indiscretion ils ne se confondent avecques le desplaisir. L'intemperance est peste de la volupté; et la temperance n'est pas son fleau, c'est son assaisonnement : Eudoxus, qui en establissoit le souverain bien, et ses compaignons qui la monterent à si hault prix, la savourerent en sa plus gracieuse doulceur, par le moyen de la temperance, qui feut en eulx singuliere et exemplaire.

I'ordonne à mon ame de regarder et la douleur et la volupté, de veue pareillement reglee, eodem enim vitio est effusio animi in lætitiâ, quo in dolore contractio (1), et pareillement ferme; mais gayement l'une, l'aultre severement, et, selon ce qu'elle y peult apporter, autant soigneuse d'en esteindre l'une, que d'estendre l'aultre. Le veoir sainement les biens, tire aprez soy le veoir sainement les maulx; et la douleur a quelque chose de non evitable, en son tendre commencement, et la volupté quelque chose d'evitable en sa fin excessifve. Platon les accouple, et veult que ce soit pareillement l'office de la fortitude combattre à l'encontre de la douleur, et à l'encontre des immoderees et charmeresses blandices de la

(1) L'épanouissement du cœur dans la joie est tout aussi vicieux que le resserrement dans la douleur. *Cic.* tusc. quæst. l. 4, c. 31.

volupté : ce sont deux fontaines, ausquelles qui puise, d'où, quand, et combien il fault, soit cité, soit homme, soit beste, il est bien heureux. La premiere, il la fault prendre par medecine et par necessité, plus escharsement; l'aultre par soif, mais non iusques à l'yvresse. La douleur, la volupté, l'amour, la haine, sont les premieres choses que sent un enfant : si, la raison survenan, elles s'appliquent à elle, cela c'est vertu.

I'ay un dictionnaire tout à part moy : Ie passe le temps, quand il est mauvais et incommode; quand il est bon, ie ne le veulx pas passer, ie le retaste, ie m'y tiens : il fault courir le mauvais, et se rasseoir au bon. Cette phraze ordinaire de « Passe temps », et de « Passer le temps », represente l'usage de ces prudentes gents, qui ne pensent point avoir meilleur compte de leur vie, que de la couler et eschapper, de la passer, gauchir, et, autant qu'il est en eulx, ignorer et fuyr; comme chose de qualité ennuyeuse et desdaignable : mais ie la cognois aultre; et la treuve et prisable et commode, voire en son dernier decours, où ie la tiens; et nous l'a nature mise en main, garnie de telles circonstances et si favorables, que nous n'avons à nous plaindre qu'à nous, si elle nous presse, et si elle nous eschappe inutilement; stulti vita ingrata est, trepida est, tota in futurum fertur (1). Ie me compose pourtant à la perdre sans regret; mais comme perdable de sa condition, non comme moleste et importune : aussi ne sied il proprement bien de ne se desplaire à mourir qu'à ceulx qui se plaisent à vivre. Il y a du mesnage à la iouïr : Ie la iouïs au double des aultres; car la mesure, en la iouïssance, despend du plus ou moins d'application que nous y prestons. Principalement à cette heure, que i'apperceois la mienne si briefve en temps, ie la veulx estendre en poids, ie veulx

---

(1) La vie du fou est pleine de désagrément, toujours dans l'inquiétude, et toute occupée de l'avenir. *Senec.* epist. 15.

arrester la promptitude de sa fuyte par la promptitude de ma saisie, et, par la vigueur de l'usage, compenser la hastifveté de son escoulement; à mesure que la possession du vivre est plus courte, il me la fault rendre plus profonde et plus pleine. Les aultres sentent la doulceur d'un contentement et de la prosperité; ie la sens ainsi qu'eulx, mais ce n'est pas en passant et glissant : si la fault il estudier, savourer et ruminer, pour en rendre graces condignes à celuy qui nous l'octroye : Ils iouïssent les aultres plaisirs, comme ils font celuy du sommeil, sans les cognoistre. A celle fin que le dormir mesme ne m'eschappast ainsi stupidement, i'ay aultresfois trouvé bon qu'on me le troublast, à fin que ie l'entreveisse. Ie consulte d'un contentement avecques moy; ie ne l'escume pas, ie le sonde; et plie ma raison à le recueillir, devenue chagrine et desgoustee. Me treuve ie en quelque assiette tranquille? y a il quelque volupté qui me chatouille? ie ne la laisse pas fripponner aux sens : i y associe mon ame; non pas pour s'y engager, mais pour s'y agreer; non pas pour s'y perdre, mais pour s'y trouver; et l'employe, de sa part, à se mirer dans ce prospere estat, à en poiser et estimer le bonheur, et l'amplifier : elle mesure Combien c'est qu'elle doibt à Dieu, d'estre en repos de sa conscience et d'aultres passions intestines; d'avoir le corps en sa disposition naturelle, iouïssant ordonneement et competemment des functions molles et flateuses par lesquelles il luy plaist compenser de sa grace les douleurs de quoy sa iustice nous bat à son tour : Combien luy vault d'estre logee en tel poinct que, où qu'elle iecte sa veue, le ciel est calme autour d'elle; nul desir, nulle crainte ou doubte qui luy trouble l'air; aulcune difficulté passee, presente, future, par dessus la quelle son imagination ne passe sans offense. Cette consideration prend grand lustre de la comparaison des conditions differentes : ainsi, ie me propose en mille visages ceulx que la fortune ou que leur propre erreur emporte et tempeste ; et encores ceulx cy, plus prez de moy, qui receoivent si laschement et incurieusement leur bonne fortune : ce sont gents qui passent voirement leur temps ; ils oultrepassent le present et ce qu'ils possedent, pour servir à l'esperance, et pour des umbrages et vaines images que la fantasie leur met au devant,

> Morte obitâ quales fama est volitare figuras ;
> Aut quæ sopitos deludunt somnia sensus : (1)

lesquelles hastent et alongent leur fuyte, à mesme qu'on les suyt : le fruict et but de leur poursuitte, c'est poursuivre; comme Alexandre disoit que la fin de son travail, c'estoit travailler :

> Nil actum credens, cùm quid superesset agendum. (2)

Pour moy doncques, i'aime la vie, et la cultive telle qu'il a pleu à Dieu nous l'octroyer. Ie ne vois pas desirant Qu'elle eust à dire la necessité de boire et de manger, et me sembleroit faillir, non moins excusablement, de desirer qu'elle l'eust double, Sapiens divitiarum naturalium quæsitor acerrimus (3); Ny que nous nous sustantissions, mettant seulement en la bouche un peu de cette drogue par laquelle Epimenides se privoit d'appetit, et se maintenoit; Ny qu'on produisist stupidement des enfants par les doigts, ou par les talons, ains, parlant en reverence, plustost qu'on les produisist encores voluptueusement

---

(1) Semblables à ces ombres qui reviennent, dit-on, après la mort; ou à ces vaines apparences dont nos sens sont abusés durant le sommeil. *Virg. Aeneid.* l. 10, v. 641.

(2) Ne croyant avoir rien fait, tant qu'il lui restoit quelque chose à faire. *Lucan.* l. 2, v. 657, où le poëte parle de César, qui n'étoit ni moins actif, ni moins infatigable qu'Alexandre. C.

(3) Le sage recherche avidement les richesses naturelles. *Senec.* epist. 119.

par les doigts et par les talons; Ny que le corps feust sans desir et sans chatouillement : ce sont plaintes ingrates et iniques. I'accepte de bon cœur, et recognoissant, ce que nature a faict pour moy; et m'en agree et m'en loue. On faict tort à ce grand et tout puissant Donneur, de refuser son don, l'annulier et desfigurer : Tout bon, il a faict tout bon : omnia quæ secundum naturam sunt, æstimatione digna sunt. (1)

Des opinions de la philosophie, i'embrasse plus volontiers celles qui sont les plus solides, c'est à dire les plus humaines et nostres; mes discours sont, conformement à mes mœurs, bas et humbles : elle faict bien l'enfant à mon gré, quand elle se met sur ses ergots pour nous prescher, Que c'est une farouche alliance de marier le divin avecques le terrestre, le raisonnable avecques le desraisonnable, le severe à l'indulgent, l'honneste au deshonneste : Que la volupté est qualité brutale, indigne que le sage la gouste : Le seul plaisir qu'il tire de la iouïssance d'une belle ieune espouse, que c'est le plaisir de sa conscience de faire une action selon l'ordre; comme de chausser ses bottes pour une utile chevauchee. N'eussent ses suyvants non plus de droict et de nerfs et de suc au despucelage de leurs femmes, qu'en a sa leçon! Ce n'est pas ce que dict Socrates, son precepteur et le nostre : il prise, comme il doibt, la volupté corporelle; mais il prefere celle de l'esprit, comme ayant plus de force, de constance, de facilité, de varieté, de dignité. Cette cy va nullement seule, selon luy, il n'est pas si fantastique, mais seulement premiere; pour luy, la temperance est moderatrice, non adversaire, des voluptez. Nature est un doulx guide; mais non pas plus doulx, que prudent et iuste : intrandum est in rerum naturam, et

(1) Tout ce qui est selon la nature, est digne d'estime. *Cic.* de finib. bon. et mal. l. 3, c. 6, où l'on trouve ce sens, non les paroles expresses comme elles sont rapportées par Montaigne. C.

penitùs quid ea postulet pervidendum (1). Ie queste partout sa piste : nous l'avons confondue de traces artificielles; et ce souverain bien academique et peripatetique, qui est « vivre selon icelle », devient à cette cause difficile à borner et exprimer; et celuy des stoïciens, voisin à celuy là, qui est, « consentir à nature ». Est ce pas erreur, d'estimer aulcunes actions moins dignes, de ce qu'elles sont necessaires? Si ne m'osteront ils pas de la teste, que ce ne soit un tresconvenable mariage du plaisir avecques la necessité, avecques la quelle, dict un ancien, les dieux complottent tousiours. A quoy faire desmembrons nous en divorce un bastiment tissu d'une si ioincte et fraternelle correspondance? au rebours, renouons le par mutuels offices; que l'esprit esveille et vivifie la pesanteur du corps; le corps arreste la legereté de l'esprit et la fixe. Qui, velut summum bonum, laudat animæ naturam, et tanquam malum, naturam carnis accusat, profectò et animam carnaliter appetit, et carnem carnaliter fugit; quoniam id vanitate sentit humanâ, non veritate divinâ (2). Il n'y a piece indigne de nostre soing, en ce present que Dieu nous a faict; nous en debvons compte iusques à un poil : et n'est pas une commission par acquit, à l'homme, de conduire l'homme selon sa condition; elle est expresse, naïfve et tresprincipale, et nous l'a le Createur donnée serieusement et severement. L'auctorité peult seule envers les

(1) Il faut pénétrer la nature des choses, et voir exactement ce qu'elle exige. *Cic.* de finib. bon. et mal. l. 5, c. 16.

(2) Certainement, quiconque exalte l'ame comme le souverain bien, et condamne le corps comme une chose mauvaise, embrasse et chérit l'ame d'une maniere charnelle, et fuit charnellement la chair; parcequ'il ne forme point ce jugement par un principe divin, mais par un principe de vanité humaine. *August.* de civitate Dei, l. 14, c. 5, où ce S. Pere en veut proprement aux manichéens, qui regardoient la chair et le corps comme une production du mauvais principe. C.

commununs entendements, et poise plus en langage peregrin; rechargeons en ce lieu: Stultitiæ proprium quis non dixerit, ignavè et contumaciter facere quæ facienda sunt; et aliò corpus impellere, aliò animum; distrahique inter diversissimos motus (1)? Or sus, pour veoir, faictes vous dire un iour les amusements et imaginations que celuy là met en sa teste, et pour les quelles il destourne sa pensee d'un bon repas, et plaind l'heure qu'il employe à se nourrir: vous trouverez qu'il n'y a rien si fade, en touts les mets de vostre table, que ce bel entretien de son ame (le plus souvent il nous vauldroit mieulx dormir tout à faict, que de veiller à ce à quoy nous veillons); et trouverez que son discours et intentions ne valent pas vostre capirotade. Quand ce seroient les ravissements d'Archimedes mesme, que seroit ce? Ie ne touche pas icy, et ne mesle point à cette marmaille d'hommes que nous sommes, et à cette vanité de desirs et cogitations qui nous divertissent, ces ames venerables, eslevees par ardeur de devotion et religion à une constante et consciencieuse meditation des choses divines; les quelles, preoccupant par l'effort d'une vifve et vehemente esperance l'usage de la nourriture eternelle, but final et dernier arrest des chrestiens desirs, seul plaisir constant, incorruptible, desdaignent de s'attendre à nos necessiteuses commoditez, fluides et ambiguës, et resignent facilement au corps le soing et l'usage de la pasture sensuelle et temporelle: c'est un estude privilegié. Entre nous, ce sont choses que i'ay tousiours veues de singulier accord, les opinions supercelestes, et les mœurs soubterraines.

Esope, ce grand homme, veid son maistre qui pissoit

---

(1) Qui n'avouera que c'est le propre de la folie, de faire lâchement et à contre-cœur ce qu'il faut faire; et de pousser le corps d'un côté, et l'esprit de l'autre, de maniere qu'on se trouve partagé entre des mouvements directement contraires. *Senec.* epist. 74, p. 287 edit. cum notis varior.

en se promenant, « Quoy doncques! feit il, nous fauldra il chier en courant? » Mesnageons le temps, encores nous en reste il beaucoup d'oysif et mal employé : nostre esprit n'a volontiers pas assez d'aultres heures à faire ses besongnes, sans se desassocier du corps en ce peu d'espace qu'il luy fault pour sa necessité. Ils veulent se mettre hors d'eulx et eschapper à l'homme; c'est folie : au lieu de se transformer en anges, ils se transforment en bestes; au lieu de se haulser, ils s'abbattent. Ces humeurs transcendentes m'effrayent, comme les lieux haultains et inaccessibles; et rien ne m'est fascheux à digerer en la vie de Socrates, que ses ecstases et ses daimoneries; rien si humain en Platon, que ce pour quoy ils disent qu'on l'appelle divin : et de nos sciences, celles là me semblent plus terrestres et basses, qui sont le plus hault montees; et ie ne treuve rien si humble et si mortel en la vie d'Alexandre, que ses fantasies autour de son immortalisation. Philotas le mordit plaisamment par sa response : il s'estoit coniouï avecques luy, par lettre, de l'oracle de Iupiter Hammon qui l'avoit logé entre les dieux; « Pour « ta consideration, i'en suis bien ayse : mais il y a de quoy « plaindre les hommes qui auront à vivre avecques un « homme et luy obeïr, lequel oultrepasse et ne se con- « tente de la mesure d'un homme » :

Dîs te minorem quòd geris, imperas. (1)

La gentille inscription de quoy les Atheniens honnorerent la venue de Pompeius en leur ville, se conforme à mon sens :

D'autant es tu Dieu, comme
Tu te recognois homme. (a)

C'est une absolue perfection, et comme divine, « de

(1) C'est en te soumettant aux dieux, que tu deviens supérieur aux autres hommes. *Horat.* od. 6, l. 3, v. 5.

(a) Dans la vie de Pompée par Plutarque, de la traduction d'Amyot.

sçavoir iouïr loyalement de son estre ». Nous cherchons d'aultres conditions, pour n'entendre l'usage des nostres; et sortons hors de nous, pour ne sçavoir quel il y faict. Si avons nous beau monter sur des eschasses; car, sur des eschasses, encores fault il marcher de nos iambes; et au plus eslevé throsne du monde, si ne sommes nous assis que sur nostre cul. Les plus belles vies sont, à mon gré, celles qui se rengent au modele commun et humain avecques ordre, mais sans miracle et sans extravagance. Or la vieillesse a un peu besoing d'estre traictee plus tendrement : recommendons la à ce dieu protecteur de santé et de sagesse, mais gaye et sociale :

> Frui paratis, et valido mihi,
> Latoe, dones, et, precor, integrâ
> Cum mente; nec turpem senectam
> Degere, nec cytharâ carentem. (1)

(1) Je te prie, divin fils de Latone, de me faire jouir de mes biens en santé et avec tout mon bon sens, et de me procurer une vieillesse honorable, et toujours sensible au doux chant des muses. *Horat.* od. 31, l. 1, v. 17, et seqq.

FIN DES ESSAIS.

LETTRES

DE MICHEL

DE MONTAIGNE.

I. (1)

A MONSIEUR DE LANSAC,

Chevalier de l'ordre du roy, conseiller de son conseil privé, surintendant de ses finances, et capitaine de cent gentilshommes de sa maison.

MONSIEUR,

IE vous envoye la Mesnagerie de Xenophon mise en françois par feu monsieur de la Boëtie : present qui m'a semblé vous estre propre ; tant pour estre parti premierement, comme vous sçavez, de la main d'un gentil-

(1) Cette lettre se trouve au-devant de la Mesnagerie de Xenophon, imprimée à Paris, chez Cl. Morel 1600.

homme de marque (a), tresgrand homme de guerre et de paix; que pour avoir prins sa seconde façon de ce personnage (b) que ie sçais avoir esté aimé et estimé de vous pendant sa vie. Cela vous servira tousiours d'aiguillon à continuer envers son nom et sa memoire vostre bonne opinion et volonté. Et hardiement, monsieur, ne craignez pas de les accroistre de quelque chose : car ne l'ayant gousté que par les tesmoignages publicques qu'il avoit donné de soy, c'est à moy à vous respondre qu'il avoit tant de degrez de suffisance au delà, que vous estes bien loing de l'avoir cogneu tout entier. Il m'a faict cet honneur, vivant, que ie mets au compte de la meilleure fortune des miennes, de dresser avecques moy une cousture d'amitié si estroicte et si ioincte, qu'il n'y a eu biais, mouvement, ny ressort en son ame, que ie n'aye peu considerer et iuger, au moins si ma veue n'a quelquefois tiré court. Or, sans mentir, il estoit, à tout prendre, si prez du miracle, que pour, me iectant hors des barrieres de la vraisemblance, ne me faire mescroire du tout, il est force, parlant de luy, que ie me reserre et restreigne au dessoubs de ce que i'en sçais. Et pour ce coup, monsieur, ie me contenterai seulement de vous supplier, pour l'honneur et reverence que vous devez à la verité, de tesmoigner et croire que nostre Guyenne n'a eu garde de veoir rien pareil à luy parmy les hommes de sa robbe. Soubs l'esperance doncques que vous luy rendrez cela qui luy est tresiustement deu, et pour le refreschir en vostre memoire, ie vous donne ce livre, qui tout d'un train ausi vous respondra, de ma part, que sans l'expresse deffense que m'en faict mon insuffi-

(a) Xenophon : le titre de gentilhomme, que lui donne Montaigne, pourroit le faire méconnoître. Peut-être l'auroit-il désigné plus honorablement s'il l'eût nommé tout simplement, un illustre citoyen d'Athenes. C.

(b) d'Etienne de la Boëtie.

sance, ie vous presenterois autant volontiers quelque chose du mien, en recognoissance des obligations que ie vous doibs, et de l'ancienne faveur et amitié que vous avez portee à ceulx de nostre maison. Mais, monsieur, à faulte de meilleure monnoye, ie vous offre en payement une tresasseuree volonté de vous faire humble service.

Monsieur, ie supplie Dieu qu'il vous maintienne en sa garde.

Votre obeïssant serviteur,

MICHEL DE MONTAIGNE.

II. (1)

A MONSIEUR DE MESMES,

Seigneur de Roissy et de Malassize, conseiller du roy en son privé conseil.

MONSIEUR,

C'EST une des plus notables folies que les hommes facent, d'employer la force de leur entendement à ruyner et chocquer les opinions communes et receues qui nous portent de la satisfaction et du contentement : car, là où tout ce qui est soubs le ciel employe les moyens et les utils que nature luy a mis en main (comme de vray c'en est l'usage) pour l'adgencement et commodité

(1) Imprimée au-devant des Regles de mariage, de Plutarque.

de son estre, ceulx icy, pour sembler d'un esprit plus gaillard et plus esveillé, qui ne receoit et qui ne loge rien que mille fois touché et balancé au plus subtil de la raison, vont esbranslant leurs ames d'une assiette paisible et reposee, pour, aprez une longue queste, la remplir, en somme, de doubte, d'inquietude, et de fiebvre. Ce n'est pas sans raison que l'enfance et la simplicité ont été tant recommendees par la Verité mesme. De ma part, i'aime mieulx estre plus à mon ayse, et moins habile; plus content, et moins entendu. Voylà pourquoy, monsieur, quoyque des fines gents se mocquent du soing que nous avons de ce qui se passera icy aprez nous, comme nostre ame, logee ailleurs, n'ayant plus à se ressentir des choses de ça bas, i'estime toutesfois que ce soit une grande consolation à la foiblesse et brieveté de cette vie, de croire qu'elle se puisse fermir et alonger par la reputation et par la renommee; et embrasse tresvolontiers une si plaisante et favorable opinion engendree originellement en nous, sans m'enquerir curieusement ny comment, ny pour quoy. De maniere que, ayant aimé, plus que toute aultre chose, monsieur de la Boëtie, le plus grand homme, à mon advis, de nostre siecle, ie penserois lourdement faillir à mon debvoir, si, à mon escient, ie laissois esvanouïr et perdre un si riche nom que le sien, et une memoire si digne de recommendation; et si ie ne m'essayois, par ces parties là, de le ressusciter et remettre en vie. Ie crois qu'il le sent aulcunement, et que ces miens offices le touchent et resiouïssent: de vray, il se loge encores chez moy si entier et si vif, que ie ne le puis croire ny si lourdement enterré, ny si entierement esloingné de nostre commerce. Or, monsieur, parce que chasque nouvelle cognoissance que ie donne de luy et de son nom, c'est autant de multiplication de ce sien second vivre, et dadvantage que son nom s'ennoblit et s'honnore du lieu qui le receoit, c'est à moy à faire, non seulement de l'espandre le plus qu'il me sera possible, mais encores de le donner en garde à personnes d'honneur et de vertu, parmy lesquelles vous tenez tel reng, que, pour vous donner occasion de recueillir ce nouvel hoste, et de luy faire bonne chere, i'ay esté d'advis de vous presenter ce petit ouvrage, non pour le service que vous en puissiez tirer, sçachant bien que, à practiquer Plutarque et ses compaignons, vous n'avez que faire de truchement; mais il est possible que madame de Roissy, y voyant l'ordre de son mesnage et de vostre bon accord representé au vif, sera tresayse de sentir la bonté de son inclination naturelle avoir non seulement atteinct mais surmonté ce que les plus sages philosophes ont peu imaginer du debvoir et des loix du mariage. Et en toute façon, ce me sera tousiours honneur de pouvoir faire chose qui revienne à plaisir à vous ou aux vostres, pour l'obligation que i'ai de vous faire service.

Monsieur, ie supplie Dieu qu'il vous doint tresheureuse et longue vie. De Montaigne, ce 30 avril, 1570.

Votre humble serviteur,

Michel de Montaigne.

III. (1)

A MADAMOISELLE DE MONTAIGNE,

Ma femme.

Ma femme, vous entendez bien que ce n'est pas le tour d'un galant homme, aux regles de ce temps icy, de vous courtiser et caresser encores : car ils disent qu'un habile homme peult bien prendre femme; mais que de l'espouser c'est à faire à un sot. Laissons les dire : ie me tiens de ma part à la simple façon du vieil aage; aussi en porte ie tantost le poil : et, de vray, la nouvelleté couste si cher iusqu'à cette heure à ce pauvre estat (et si ie ne sçais si nous en sommes à la derniere enchere), qu'en tout et par tout i'en quite le party. Vivons, ma femme, vous et moy, à la vieille françoise. Or, il vous peult souvenir comme feu monsieur de la Boëtie, ce mien cher frere, et compaignon inviolable, me donna, mourant, ses papiers et ses livres, qui m'ont esté, depuis, le plus favory meuble des miens. Ie ne veulx pas chichement en user moy seul, ny ne merite qu'ils ne servent qu'à moy : à cette cause il m'a prins envie d'en faire part à mes amis. Et parce que ie n'en ay, ce crois ie, nul plus privé que vous, ie vous envoye la lettre consolatoire de Plutarque à sa femme, traduicte par luy en françois : bien marry de quoy la fortune vous a rendu ce present si propre, et que n'ayant enfant qu'une

---

(1) Imprimée au-devant de la Lettre de consolation de Plutarque à sa femme.

fille longuement attendue, au bout de quatre ans de nostre mariage, il a fallu que vous l'ayez perdue dans le deuxiesme an de sa vie. Mais ie laisse à Plutarque la charge de vous consoler, et de vous advertir de vostre dèbvoir en cela, vous priant le croire pour l'amour de moy; car il vous descouvrira mes intentions, et ce qui se peult alleguer en cela, beaucoup mieulx que ie ne ferois moy mesme. Sur ce, ma femme, ie me recommende bien fort à vostre bonne grace, et prie Dieu qu'il vous maintienne en sa garde. De Paris, ce 10 septembre, 1570.

Vostre bon mary,

Michel de Montaigne.

IV. (1)

A MONSEIGNEUR DE L'HOSPITAL,

Chancelier de France.

Monseigneur,

J'ay opinion que vous aultres, à qui la fortune et la raison ont mis en main le gouvernement des affaires du monde, ne cherchez rien plus curieusement que par où vous puissiez arriver à la cognoissance des hommes de vos charges : car à peine est il nulle communauté si chestifve, qui n'aye en soy des hommes assez pour four-

(1) Imprimée au devant des vers latins d'Estienne de la Boëtie.

nir commodement à chascun de ses offices, pourveu que le despartement et le triage s'en peust iustement faire ; et ce point là gaigné, il ne resteroit rien pour arriver à la parfaicte composition d'un estat. Or, à mesure que cela est le plus souhaitable, il est aussi plus difficile, veu que ny vos yeulx ne se peuvent estendre si loing que de trier et choisir parmy une si grande multitude et si espandue, ny ne peuvent entrer iusques au fond des cœurs pour y veoir les intentions et la conscience, pieces principales à considerer : de maniere qu'il n'a esté nulle chose publicque si bien establie, en laquelle nous ne remarquions souvent la faulte de ce despartement et de ce choix; et en celles où l'ignorance et la malice, le fard, les faveurs, les brigues et la violence commandent, si quelque eslection se veoid faicte meritoirement et par ordre, nous le debvons sans doubte à la fortune, qui, par l'inconstance de son bransle divers, s'est pour ce coup rencontree au train de la raison. Monsieur, cette consideration m'a souvent consolé, sçachant M. Estienne de la Boëtie, l'un des plus propres et necessaires hommes aux premieres charges de la France, avoir tout du long de sa vie croupy, mesprisé, ez cendres de son fouyer domestique, au grand interest de nostre bien commun; car quant au sien particulier, ie vous advise, monsieur, qu'il estoit si abondamment garny des biens et des thresors qui desfient la fortune, que iamais homme n'a vescu plus satisfaict ny plus content. Ie sçais bien qu'il estoit eslevé aux dignitez de son quartier qu'on estime des grandes; et sçais dadvantage, que iamais homme n'y apporta plus de suffisance, et que en l'aage de trente deux ans qu'il mourut, il avoit acquis plus de vraye reputation en ce reng là que nul aultre avant luy : mais tant y a que ce n'est pas raison de laisser en l'estat de soldat un digne capitaine, ny d'employer aux charges moyennes ceulx qui feroient bien encores les premieres. A la verité, ses forces feurent mal mesnagees, et trop espargnees : de façon que au delà de sa charge il luy restoit beaucoup de grandes parties oysifves et inutiles, desquelles la chose publicque eust peu tirer du service, et luy de la gloire. Or, monsieur, puisqu'il a esté si nonchalant de se poulser soy mesme en lumiere, comme, de malheur, la vertu et l'ambition ne logent gueres ensemble; et qu'il a esté d'un siecle si grossier ou si plein d'envie, qu'il n'y a peu nullement estre aydé par le tesmoignage d'aultruy, ie souhaite merveilleusement que, au moins aprez luy, sa memoire, à qui seule meshuy ie doibs les offices de nostre amitié, receoive le loyer de sa valeur, et qu'elle se loge en la recommendation des personnes d'honneur et de vertu. A cette cause m'a il prins envie de le mettre au iour, et de vous le presenter, monsieur, par ce peu de vers latins qui nous restent de luy. Tout au rebours du masson, qui met le plus beau de son bastiment vers la rue, et du marchand, qui faict montre et parement du plus riche eschantillon de sa marchandise; ce qui estoit en luy le plus recommendable, le vray suc et moelle de sa valeur l'ont suivy, et ne nous en est demeuré que l'escorce et les feuilles. Qui pourroit faire veoir les reglez bransles de son ame, sa pieté, sa vertu, sa iustice, la vivacité de son esprit, le poids et la santé de son iugement, la haulteur de ses conceptions si loing eslevees au dessus du vulgaire, son sçavoir, les graces compaignes ordinaires de ses actions, la tendre amour qu'il portoit à sa miserable patrie, et sa haine capitale et iuree contre tout vice, mais principalement contre cette vilaine trafficque qui se couve sous l'honnorable tiltre de iustice, engendreroit certainement à toutes gents de bien une singuliere affection envers luy meslee d'un merveilleux regret de sa perte. Mais, monsieur, il s'en fault tant que ie puisse cela, que du fruict mesme de ses estudes il n'avoit encores iamais pensé d'en laisser nul tesmoignage à la posterité; et ne nous en est demeuré que ce que, par maniere de passetemps, il escrivoit quelquesfois.

Quoy que ce soit, ie vous supplie, monsieur, le recevoir de bon visage, et, comme nostre iugement argumente maintesfois d'une chose legiere une bien grande, et que les ieux mesmes des grands personnages rapportent aux clairvoyants quelque marque honnorable du lieu d'où ils partent, monter, par ce sien ouvrage, à la cognoissance de luy mesme, et en aimer et embrasser par consequent le nom et la memoire. En quoy, monsieur, vous ne ferez que rendre la pareille à l'opinion tresresolue qu'il avoit de vostre vertu; et si accomplirez ce qu'il a infiniement souhaité pendant sa vie : car il n'estoit homme du monde en la cognoissance et amitié du quel il se feust plus volontiers veu logé que en la vostre. Mais si quelqu'un se scandalise de quoy si hardiement i'use des choses d'aultruy, ie l'advise qu'il ne feut iamais rien plus exactement dict ne escript, aux escholes des philosophes, du droict et des debvoirs de la sainte amitié, que ce que ce personnage et moy en avons practiqué ensemble. Au reste, monsieur, ce legier present, pour mesnager d'une pierre deux coups, servira aussi, s'il vous plaist, à vous tesmoigner l'honneur et reverence que ie porte à vostre suffisance et qualitez singulieres qui sont en vous : car quant aux estrangieres et fortuites, ce n'est pas de mon goust de les mettre en ligne de compte.

Monsieur, ie supplie Dieu qu'il vous doint tresheureuse et longue vie. De Montaigne, ce 30 avril, 1570.

Vostre humble et obeïssant serviteur,

Michel de Montaigne.

V. (1)

A MONSEIGNEUR DE MONTAIGNE, mon pere.

QUANT à ses dernieres paroles, sans doubte si homme en doibt rendre bon compte, c'est moy; tant parce que du long de sa maladie il parloit aussi volontiers à moy qu'à nul aultre, que aussi pource que, pour la singuliere et fraternelle amitié que nous nous estions entreportee, i'avois trescertaine cognoissance des intentions, iugements et volontez qu'il avoit eu durant sa vie, autant sans doubte qu'homme peult avoir d'un aultre; et parce que ie les sçavois estre haultes, vertueuses, pleines de trescertaine resolution, et, quand tout est dict, admirables. Ie prevoyois bien, que si la maladie luy laissoit le moyen de se pouvoir exprimer, qu'il ne luy eschapperoit rien, en une telle necessité, qui ne feust grand et plein de bon exemple : ainsi ie m'en prenois le plus garde que ie pouvois. Il est vray, monseigneur, comme i'ay la memoire fort courte, et desbauchee encores par le trouble que mon esprit avoit à souffrir d'une si lourde perte et si importante, qu'il est impossible que ie n'aye oublié beaucoup de choses que ie vouldrois estre sceues : mais celles des quelles il m'est souvenu, ie les vous manderai le plus au vray qu'il me sera possible; car, pour

(1) Extrait d'une lettre que Montaigne écrivit à son pere, contenant quelques particularités qu'il remarqua en la maladie et mort de monsieur de la Boëtie.

le representer ainsi fierement arresté en sa brave desmarche; pour vous faire veoir ce courage invincible dans un corps atterré et assommé par les furieux efforts de la mort et de la douleur, ie confesse qu'il y fauldroit un beaucoup meilleur style que le mien; parce qu'encores que durant sa vie, quand il parloit de choses graves et importantes, il en parloit de telle sorte qu'il estoit malaysé de les si bien escrire, si est ce qu'à ce coup il sembloit que son esprit et sa langue s'efforceassent à l'envy, comme pour luy faire leur dernier service: car sans doubte ie ne le veis iamais plein ny de tant et de si belles imaginations, ny de tant d'eloquence, comme il a esté le long de cette maladie. Au reste, monseigneur, si vous trouvez que i'aye voulu mettre en compte ses propos plus legiers et ordinaires, ie l'ay faict à escient; car estants dicts en ce temps là, et au plus fort d'une si grande besongne, c'est un singulier tesmoignage d'une ame pleine de repos, de tranquillité et d'asseurance.

Comme ie revenois du palais, le lundi neufvieme d'aoust 1563, ie l'envoyai convier à disner chez moy. Il me manda qu'il me mercioit; qu'il se trouvoit un peu mal, et que ie luy ferois plaisir si ie voulois estre une heure avecques luy, avant qu'il partist pour aller en Medor. Ie l'allay trouver bientost aprez disner. Il estoit couché vestu, et montroit desià ie ne sçais quel changement en son visage. Il me dict que c'estoit un flux de ventre avecques des trenchees, qu'il avoit prins le iour avant, iouant en pourpoinct soubs une robbe de soye, avecques monsieur d'Escars; et que le froid luy avoit souvent faict sentir semblables accidents. Ie trouvay bon qu'il continuast l'entreprinse qu'il avoit pieça faite de s'en aller; mais qu'il n'allast pour ce soir que iusques à Germignan, qui n'est qu'à deux lieues de la ville. Cela faisois ie pour le lieu où il estoit logé tout avoisiné de maisons infectes de peste, de laquelle il avoit quelque apprehension, comme revenant de Perigord et d'Agenois où il avoit laissé tout empesté; et puis, pour semblable maladie que la sienne, ie m'estois aultresfois tresbien trouvé de monter à cheval. Ainsin il s'en partit, et madamoiselle de la Boëtie sa femme, et monsieur de Bouïllhonnas son oncle, avecques luy.

Le lendemain de bien bon matin, voycy venir un de ses gents, à moy, de la part de madamoiselle de la Boëtie, qui me mandoit qu'il s'estoit fort mal trouvé la nuict, d'une forte dyssenterie. Elle envoyoit querir un medecin et un apotiquaire, et me prioit d'y aller: comme ie feis l'apresdisnee.

A mon arrivee, il sembla qu'il feust tout esiouï de me veoir; et, comme ie voulois prendre congé de luy pour m'en revenir, et luy promeisse de le reveoir le lendemain, il me pria, avecques plus d'affection et d'instance qu'il n'avoit iamais faict d'aultre chose, que ie feusse le plus que ie pourrois avecques luy. Cela me toucha aulcunement. Ce neantmoins ie m'en allois, quand madamoiselle de la Boëtie, qui pressentoit desià ie ne sçais quel malheur, me pria, les larmes à l'œil, que ie ne bougeasse pour ce soir. Ainsin elle m'arresta; de quoy il se resiouït avecques moy. Le lendemain ie m'en reveins; et le ieudy, le feus retrouver. Son mal alloit en empirant; son flux de sang, et ses trenchees qui l'affoiblissoient encores plus, croissoient d'heure à aultre.

Le vendredy, ie le laissai encores: et le samedy, ie le feus reveoir desià fort abbattu. Il me dict lors que sa maladie estoit un peu contagieuse, et, oultre cela, qu'elle estoit mal plaisante et melancholique: qu'il cognoissoit tresbien mon naturel, et me prioit de n'estre avecques luy que par boutees, mais le plus souvent que ie pourrois. Ie ne l'abandonnay plus. Iusques au dimanche il ne m'avoit tenu nul propos de ce qu'il iugeoit de son estre, et ne parlions que de particulieres occurrences de sa maladie, et de ce que les anciens medecins en avoient dict; d'affaires publicques bien peu, car ie l'en trouvai tout desgousté dez le premier iour. Mais le dimanche, il eut une grand' foiblesse : et comme il feut revenu à soy, il dict qu'il luy avoit semblé estre en une confusion de toutes choses, et n'avoir rien veu qu'une espesse nue, et brouillart obscur, dans lequel tout estoit peslemesle et sans ordre; toutesfois qu'il n'avoit eu nul desplaisir à tout cet accident. « La mort n'a rien de pire que cela, mon frere », luy dis ie lors : « Mais n'a rien de si mauvais », me respondit il.

Depuis lors, parce que dez le commencement de son mal il n'avoit prins nul sommeil, et que, nonobstant touts les remedes, il alloit tousiours en empirant, de sorte qu'on y avoit desià employé certains bruvages des quels on ne se sert qu'aux dernieres extremitez, il commencea à desesperer entierement de sa guarison; ce qu'il me communiqua. Ce mesme iour, parce qu'il feut trouvé bon, ie luy dis, « Qu'il me sieroit mal, pour l'extreme amitié que ie luy portois, si ie ne me soulciois, que comme en sa santé on avoit veu toutes ses actions pleines de prudence et de bon conseil autant qu'à homme du monde, qu'il les continuast encores à sa maladie; et que, si Dieu vouloit qu'il empirast, ie serois tresmarry qu'à faulte d'advisement il eust laissé nul de ses affaires domestiques descousu, tant pour le dommage que ses parents y pourroient souffrir, que pour l'interest de sa reputation » : ce qu'il print de moy de tresbon visage; et, aprez s'estre resolu des difficultez qui le tenoient suspens en cela, il me pria d'appeller son oncle et sa femme, seuls, pour leur faire entendre ce qu'il avoit deliberé quant à son testament. Ie luy dis qu'il les estonneroit. « Non, non, me dict il, ie les consolerai; et leur donnerai beaucoup meilleure esperance de ma santé, que ie ne l'ay moy mesme ». Et puis, il me demanda si les foiblesses qu'il avoit eues, ne nous avoient pas un peu estonnés. « Cela n'est rien, luy feis ie, mon frere, ce sont accidents ordinaires à telles maladies ». « Vrayement non, ce n'est rien, mon frere, me respondit il, quand bien il en adviendroit ce que vous en craindriez le plus ». « A vous ne seroit ce que heur, luy repliquay ie; mais le dommage seroit à moy, qui perdrois la compaignie d'un si grand, si sage et si certain ami, et tel que ie serois asseuré de n'en trouver iamais de semblable ». « Il pourroit bien estre, mon frere, adiousta il : et vous asseure que ce qui me faict avoir quelque soin que i'ay de ma guarison, et n'aller si courant au passage que i'ay desià franchi à demy, c'est la consideration de vostre perte, et de ce pauvre homme et de cette pauvre femme (parlant de son oncle et de sa femme), que i'aime touts deux uniquement; et qui porteront bien impatiemment, i'en suis asseuré, la perte qu'ils feront en moy, qui de vray est bien grande pour vous et pour eulx. I'ay aussi respect au desplaisir que auront beaucoup de gents de bien qui m'ont aimé et estimé pendant ma vie, desquels, certes ie le confesse, si c'estoit à moy à faire, ie serois content de ne perdre encores la conversation; et, si ie m'en vois, mon frere, ie vous prie, vous qui les cognoissez, de leur rendre tesmoignage de la bonne volonté que ie leur ay portee iusques à ce dernier terme de ma vie : et puis, mon frere, par adventure, n'estois ie point nay si inutile, que ie n'eusse moyen de faire service à la chose publicque; mais, quoy qu'il en soit, ie suis prest à partir quand il plaira à Dieu, estant tout asseuré que ie iouïray de l'ayse que vous me predites. Et quant à vous, mon ami, ie vous cognois si sage, que, quelque interest que vous y ayez, si vous conformerez vous volontiers et patiemment à tout ce qu'il plaira à sa saincte maiesté d'ordonner de moy; et vous supplie vous prendre garde que le deuil de ma perte ne pouïse ce bon homme et cette bonne femme hors des gonds de la raison ». Il me demanda lors comme ils s'y comportoient desià. Ie luy dis que assez bien, pour l'importance de la chose. « Ouy, suyvit il, à cette heure qu'ils ont encores un peu d'esperance : mais si ie la leur ay une fois toute ostee, mon frere, vous serez bien empesché à les contenir». Suyvant ce respect, tant qu'il vescut depuis, il leur cacha tousiours l'opinion certaine qu'il avoit de sa mort, et me prioit bien fort d'en user de mesme. Quand il les voyoit auprez de luy, il contrefaisoit la chere plus gaye, et les paissoit de belles esperances.

Sur ce poinct ie le laissay pour les aller appeller. Ils composerent leur visage le mieulx qu'ils peurent pour un temps. Et aprez nous estre assis autour de son lict, nous quatre seuls, il dict ainsi, d'un visage posé, et comme tout esiouy : « Mon oncle, ma femme, ie vous asseure, sur ma foy, que nulle nouvelle attaincte de ma maladie, ou opinion mauvaise que i'aye de ma guarison, ne m'a mis en fantasie de vous faire appeller pour vous dire ce que i'entreprends; car ie me porte, Dieu mercy, tresbien, et plein de bonne esperance : mais, ayant de longue main apprins, tant par longue experience que par longue estude, le peu d'asseurance qu'il y a à l'instabilité et inconstance des choses humaines, et mesme en nostre vie, que nous tenons si chere, qui n'est toutesfois que fumee et chose de neant; et considerant aussi, que, puisque ie suis malade, ie me suis d'autant approché du dangier de la mort, i'ay deliberé de mettre quelque ordre à mes affaires domestiques, aprez en avoir eu vostre advis premierement ». Et puis addressant son propos à son oncle : « Mon bon oncle, dict il, si i'avois à vous rendre à cette heure compte des grandes obligations que ie vous ay, ie n'aurois eu piece faict : il me suffit que, iusques à present, où que i'aye esté, et à quiconque i'en aye parlé, i'aye tousiours dict que tout ce que un tressage, tresbon et tresliberal pere pouvoit faire pour son fils, tout cela avez vous faict pour moy, soit pour le soing qu'il a fallu à m'instruire aux bonnes lettres, soit lorsqu'il vous a pleu me poulser aux estats (a); de sorte que tout le cours

(a) A des emplois publics : Car (comme dit Montaigne dans sa

de ma vie a esté plein de grands et recommendables offices d'amitiez vostres envers moy ; somme, quoy que i'aye, ie le tiens de vous, ie l'advoüe de vous, ie vous en suis redevable, vous estes mon vray pere : ainsi, comme fils de famille, ie n'ay nulle puissance de disposer de rien, s'il ne vous plaist de m'en donner congé ». Lors il se teut, et attendit que les souspirs et les sanglots eussent donné loysir à son oncle de luy respondre, Qu'il trouveroit tousiours tresbon tout ce qu'il luy plairoit. Lors ayant à le faire son heritier, il le supplia de prendre de luy le bien qui estoit sien.

Et puis, destournant sa parole à sa femme ; « Ma semblance, dict il (ainsi l'appelloit il souvent, pour quelque ancienne alliance qui estoit entre eulx), ayant esté ioinct à vous du sainct nœud de mariage, qui est l'un des plus respectables et inviolables que Dieu nous ait ordonné çà bas pour l'entretien de la societé humaine, ie vous ay aimee, cherie et estimee autant qu'il m'a esté possible, et suis tout asseuré que vous m'avez rendu reciproque affection, que ie ne sçaurois assez recognoistre. Ie vous prie de prendre de la part de mes biens ce que ie vous donne, et vous en contenter, encores que ie sçache bien que c'est bien peu au prix de vos merites ».

Et puis, tournant son propos à moy : « Mon frere, dict il, que i'aime si cherement, et que i'avois choisi parmi tant d'hommes pour renouveller avecques vous cette vertueuse et sincere amitié, de la quelle l'usage est, par les vices, dez si longtemps esloingné d'entre nous, qu'il n'en reste que quelques vieilles traces en la memoire de l'antiquité, ie vous supplie, pour signal de mon affection envers vous, vouloir estre successeur de ma biblio-

lettre au chancelier de l'Hospital) « son amy estoit eslevé aux dignitez de son quartier, qu'on estime des grandes ». Ci-dessus, lettre 4, p. 316.

theque et de mes livres que ie vous donne : present bien petit, mais qui part de bon cœur ; et qui vous est convenable pour l'affection que vous avez aux lettres. Ce vous sera μνημοσυνον tui sodalis » (1).

Et puis, parlant à touts trois generalement, loua Dieu, de quoy, en une si extreme necessité, il se trouvoit accompaigné de toutes les plus cheres personnes qu'il eust en ce monde : et qu'il luy sembloit tresbeau à veoir une assemblee de quatre si accordants et si unis d'amitié ; faisant, disoit il, estat, que nous nous entr'aimions unanimement les uns pour l'amour des aultres. Et nous ayant recommendé les uns aux aultres, il suyvit ainsin : « Ayant mis ordre à mes biens, encores me fault il penser à ma conscience. Ie suis chrestien, ie suis catholique : tel ai vescu, tel suis ie deliberé de clorre ma vie. Qu'on me face venir un presbtre ; car ie ne veulx faillir à ce dernier debvoir d'un chrestien ».

Sur ce poinct il finit son propos, lequel il avoit continué avecques telle asseurance de visage, telle force de parole et de voix, que, là où ie l'avois trouvé, lorsque i'entrai en sa chambre, foible, traisnant lentement les mots les uns aprez les aultres, ayant le pouls abbattu comme de fiebvre lente, et tirant à la mort, le visage pasle et tout meurtri, il sembloit lors, qu'il veinst, comme par miracle, de reprendre quelque nouvelle vigueur, le teinct plus vermeil, et le pouls plus fort, de sorte que ie luy feis taster le mien, pour les comparer ensemble. Sur l'heure i'eus le cœur si serré, que ie ne sceus rien luy respondre. Mais deux ou trois heures aprez, tant pour luy continuer cette grandeur de courage, que aussi parce que ie souhaitois, pour la ialousie que i'ay eue toute ma vie de sa gloire et de son honneur, qu'il y eust plus de tesmoings de tant et si belles preuves de magnanimité, y ayant plus grande compaignie en sa chambre, ie luy

(1) Un mémorial de vostre ami.

dis que i'avois rougi de honte de quoy le courage m'avoit failli à ouïr ce que luy, qui estoit engagé dans ce mal, avoit eu courage de me dire : que iusques lors i'avois pensé que Dieu ne nous donnast gueres si grand advantage sur les accidents humains, et croyois malayseement ce que quelquesfois i'en lisois parmy les histoires : mais qu'en ayant senti une telle preuve, ie louois Dieu de quoy ce avoit esté en une personne de qui ie feusse tant aymé, et que i'aimasse si cherement; et que cela me serviroit d'exemple pour iouer ce mesme roolle à mon tour.

Il m'interrompit pour me prier d'en user ainsin, et de montrer, par effect, que les discours que nous avions tenus ensemble pendant nostre santé, nous ne les portions pas seulement en la bouche, mais engravez bien avant au cœur et en l'ame, pour les mettre en execution aux premieres occasions qui s'offriroient; adioustant que c'estoit la vraye practique de nos estudes et de la philosophie. Et me prenant par la main, « Mon frere, mon amy, me dict il, ie t'asseure que i'ay faict assez de choses, ce me semble, en ma vie, avecques autant de peine et difficulté que ie fois cette cy. Et quand tout est dict, il y a fort long temps que i'y estois preparé, et que i'en sçavois ma leçon toute par cœur. Mais n'est ce pas assez vescu iusques à l'aage auquel ie suis? i'estois prest à entrer à mon trente troisieme an. Dieu m'a faict cette grace, que tout ce que i'ay passé iusques à cette heure de ma vie, a esté plein de santé et de bonheur : pour l'inconstance des choses humaines, cela ne pouvoit gueres plus durer. Il estoit meshuy temps de se mettre aux affaires, et de veoir mille choses malplaisantes, comme l'incommodité de la vieillesse, de la quelle ie suis quite par ce moyen : et puis, il est vraysemblable que i'ay vescu iusques à cette heure avecques plus de simplicité et moins de malice, que ie n'eusse, par adventure, faict si Dieu m'eust laissé vivre iusqu'à ce que le soing de m'enrichir, et accommoder mes affaires, me feust entré dans la teste. Quant à moy, ie suis certain, ie m'en vois trouver Dieu, et le seiour des bienheureux ». Or, parce que ie montrois, mesme au visage, l'impatience que i'avois à l'ouïr : « Comment, mon frere, me dict il, me voulez vous faire peur? Si ie l'avois, à qui seroit ce de me l'oster, qu'à vous ? »

Sur le soir, parce que le notaire surveint, qu'on avoit mandé pour recevoir son testament, ie le luy feis mettre par escript; et puis ie luy feus dire, S'il ne le vouloit pas signer : « Non pas signer, dict il, ie le veulx faire moy mesme : mais ie vouldrois, mon frere, qu'on me donnast un peu de loisir, car ie me treuve extremement travaillé, et si affoibly que ie n'en puis quasi plus ». Ie me meis à changer de propos; mais il se reprit soubdain, et me dict, qu'il ne falloit pas grand loisir à mourir, et me pria de sçavoir si le notaire avoit la main bien legiere, car il n'arresteroit gueres à dicter. I'appellay le notaire : et sur le champ il dicta si viste son testament, qu'on estoit bien empesché à le suyvre. Et ayant achevé, il me pria de luy lire : et parlant à moy, « Voylà, dict il, le soing d'une belle chose que nos richesses » ! Sunt hæc quæ hominibus vocantur bona (1) ! Aprez que le testament eut esté signé, comme sa chambre estoit pleine de gents, il me demanda s'il luy feroit mal de parler. Ie luy dis que non, mais que ce feust tout doulcement.

Lors il fit appeller madamoiselle de Saint Quentin sa niepce, et parla ainsin à elle : « Ma niepce, m'amie, il m'a semblé, depuis que ie t'ay cogneue, avoir veu reluire en toy des traicts de tresbonne nature : mais ces derniers offices que tu fois, avecques si bonne affection et telle diligence, à ma presente necessité, me promettent beaucoup de toy : et vrayement ie t'en suis obligé, et t'en mercie tresaffectueusement. Au reste, pour me deschar-

(1) Voilà ce que les hommes appellent des biens !

ger, ie t'advertis d'estre premierement devote envers Dieu : car c'est sans doubte la principale partie de nostre debvoir, et sans laquelle nulle aultre action ne peult estre ny bonne ny belle; et celle là y estant bien à bon escient, elle traisne aprez soy par necessité toutes aultres actions de vertu. Aprez Dieu, il te fault aimer et honnorer ton pere et ta mere, mesme ta mere ma sœur que i'estime des meilleures et plus sages femmes du monde; et te prie de prendre d'elle l'exemple de ta vie. Ne te laisse point emporter aux plaisirs : fuy comme peste ces folles privautez que tu veois les femmes avoir quelquesfois avecques les hommes; car, encores que sur le commencement elles n'ayent rien de mauvais, toutesfois petit à petit elles corrompent l'esprit, et le conduisent à l'oysifveté, et de là, dans le vilain bourbier du vice. Crois moy; la plus seure garde de la chasteté à une fille, c'est la severité. Ie te prie, et veulx, qu'il te souvienne de moy, pour avoir souvent devant les yeulx l'amitié que ie t'ay portee; non pas pour te plaindre, et pour te douloir de ma perte, et cela deffends ie à touts mes amis tant que ie puis, attendu qu'il sembleroit qu'ils feussent envieux du bien, duquel, mercy à ma mort, ie me verray bientost iouïssant : et t'asseure, ma fille, que si Dieu me donnoit à cette heure à choisir, ou de retourner à vivre encores, ou d'achever le voyage que i'ay commencé, ie serois bien empesché au chois. Adieu, ma niepce, m'amie. »

Il feit, aprez, appeller madamoiselle d'Arsat sa belle fille, et luy dict : « Ma fille, vous n'avez pas grand besoing de mes advertissements, ayant une telle mere, que i'ay trouvee si sage, si bien conforme à mes conditions et volontez, ne m'ayant iamais faict nulle faulte : vous serez tresbien instruicte, d'une telle maistresse d'eschole. Et ne trouvez point estrange, si moy, qui ne vous touche d'aulcune parenté, me soulcie et me mesle de vous; car, estant fille d'une personne qui m'est si proche, il est impossible que tout ce qui vous concerne, ne me touche aussi. Et pourtant ay ie tousiours eu tout le soing des affaires de monsieur d'Arsat vostre frere, comme des miennes propres, et, par adventure, ne vous nuira il pas à vostre advancement d'avoir esté ma belle fille. Vous avez de la richesse et de la beauté assez; vous estes damoiselle de bon lieu : il ne vous reste que d'y adiouster les biens de l'esprit; ce que ie vous prie vouloir faire. Ie ne vous deffends pas le vice, qui est tant detestable aux femmes; car ie ne veulx pas penser seulement qu'il vous puisse tumber en l'entendement, voire ie crois que le nom mesme vous en est horrible. Adieu, ma belle fille. »

Toute la chambre estoit pleine de cris et de larmes, qui n'interrompoient toutesfois nullement le train de ses discours, qui feurent longuets. Mais, aprez tout cela, il commanda qu'on feist sortir tout le monde, sauf sa garnison, ainsi nomma il les filles qui le servoient. Et puis, appellant mon frere de Beauregard : « Monsieur de Beauregard, luy dict il, ie vous mercie bien fort de la peine que vous prenez pour moy. Vous voulez bien que ie vous descouvre quelque chose que i'ay sur le cœur à vous dire ». De quoy quand mon frere luy eut donné asseurance, il suyvit ainsi : « Ie vous iure que de touts ceulx qui se sont mis à la reformation de l'Eglise, ie n'ay iamais pensé qu'il y en ayt eu un seul qui s'y soit mis avecques meilleur zele, plus entiere, sincere et simple affection, que vous : et crois certainement que les seuls vices de nos prelats, qui ont sans doubte besoing d'une grande correction, et quelques imperfections que le cours du temps a apporté en nostre Eglise, vous ont incité à cela. Ie ne vous en veulx, pour cette heure, desmouvoir; car aussi ne prie ie pas volontiers personne de faire quoy que ce soit contre sa conscience : mais ie vous veulx bien advertir qu'Ayant respect à la bonne reputation qu'a acquis la maison de la quelle vous estes, par une continuelle concorde; maison que i'ay autant chere que maison du monde : mon Dieu, quelle case, de laquelle il n'est iamais sorti acte que d'homme de bien ! ayant respect à la volonte de vostre pere, ce bon pere à qui vous debvez tant, de vostre bon oncle, à vos freres, vous fuyiez ces extremitez : ne soyez point si aspre et si violent; accommodez vous à eulx : ne faites point de bande et de corps à part; ioignez vous ensemble. Vous voyez combien de ruynes ces dissentions ont apporté en ce royaume; et vous responds qu'elles en apporteront de bien plus grandes. Et, comme vous estes sage et bon, gardez de mettre ces inconvenients parmy vostre famille, de peur de luy faire perdre la gloire et le bonheur du quel elle a ioui iusques à cette heure. Prenez en bonne part, monsieur de Beauregard, ce que ie vous en dis, et pour un certain tesmoignage de l'amitié que ie vous porte : car pour cet effet me suis ie reservé, iusques à cette heure, à vous le dire; et, à l'adventure, vous le disant en l'estat auquel vous me voyez, vous donnerez plus de poids et d'auctorité à mes paroles ». Mon frere le remercia bien fort.

Le lundi matin, il estoit si mal, qu'il avoit quité toute esperance de vie. De sorte que deslors qu'il me veit, il m'appella tout piteusement, et me dict : « Mon frere, n'avez vous pas de compassion de tant de torments que ie souffre ? ne voyez vous pas meshuy que tout le secours que vous me faictes ne sert que d'alongement à ma peine » ? Bientost aprez, il s'esvanouit : de sorte qu'on le cuida abandonner pour trespassé : enfin on le reveilla à force de vinaigre et de vin. Mais il ne veit de fort long temps aprez : et nous oyant crier autour de luy, il nous dict : « Mon Dieu ! qui me tormente tant ? Pourquoy m'oste lon de ce grand et plaisant repos auquel ie suis ? Laissez moy, ie vous prie ». Et puis m'oyant, il me dict : « Et vous aussi, mon frere, vous ne voulez doncques pas que ie guarisse ? Oh ! quel ayse vous me faictes perdre »! Enfin s'estant encores plus remis, il demanda un peu de vin. Et puis, s'en estant bien trouvé, me dict, que c'estoit la meilleure liqueur du monde. « Non est dea, feis ie pour le mettre en propos; c'est l'eau ». « C'est mon, repliqua il, ὕδωρ ἄριστον (1) ». Il avoit desià toutes les extremitez, iusques au visage, glacees de froid, avecques une sueur mortelle qui luy couloit tout le long du corps: et n'y pouvoit on quasi plus trouver nulle recognoissance de pouls.

Ce matin, il se confessa à son presbtre : mais parce que le presbtre n'avoit apporté tout ce qu'il luy falloit, il ne luy peut dire la messe. Mais le mardy matin, monsieur de la Boëtie le demanda, pour l'ayder, dict il, à faire son dernier office chrestien. Ainsin, il ouït la messe, et feit ses pasques. Et comme le presbtre prenoit congé de luy, il luy dict : « Mon pere spirituel, ie vous supplie humblement, et vous et ceulx qui sont soubs vostre charge, priez Dieu pour moy; Soit qu'il soit ordonné, par les tressacrez thresors des desseings de Dieu, que ie finisse à cette heure mes iours, qu'il ayt pitié de mon ame, et me pardonne mes pechez, qui sont infinis, comme il n'est pas possible que si vile et si basse creature que moy aye peu executer les commandements d'un si hault et si puissant maistre; Ou, s'il luy semble que ie face encores besoing par deçà, et qu'il veuille me reserver à quelque aultre heure, suppliez le qu'il finisse bientost en moy les angoisses que ie souffre, et qu'il me face la grace de guider doresenavant mes pas à la suite de sa volonté, et de me rendre meilleur que ie n'ay esté ». Sur ce poinct il s'arresta un peu pour prendre haleine : et voyant que le presbtre s'en alloit, il le rappella, et luy dict : « Encores veulx ie dire cecy en vostre presence : Ie proteste, que comme i'ay esté baptizé, ay vescu, ainsi

(1) L'eau est une chose excellente. Ces deux mots grecs sont de Pindare : voyez la premiere ode de ses olympiques. C.

veulx ie mourir soubs la foy et religion que Moïse planta premierement en Egypte; que les peres receurent depuis en Iudee; et qui de main en main, par succession de temps, a esté apportee en France ». Il sembla, à le veoir, qu'il eust parlé encores plus long temps, s'il eust peu : mais il finit, priant son oncle et moy de prier Dieu pour luy : car ce sont, dict il, les meilleurs offices que les chrestiens puissent faire les uns pour les aultres. Il s'estoit, en parlant, descouvert une espaule, et pria son oncle la recouvrir, encores qu'il eust un valet plus prez de luy : et puis, me regardant : Ingenui est, dict il, cui multùm debeas, ei plurimùm velle debere (1). Monsieur de Belot le veint veoir aprez midy : et il luy dict, luy presentant sa main : « Monsieur, mon bon ami; i'estois icy à mesme pour payer ma debte, mais i'ay trouvé un bon crediteur qui me l'a remise ». Un peu aprez, comme il se resveilloit en sursault : « Bien! bien! qu'elle vienne quand elle vouldra, ie l'attends, gaillard et de pied coy » : mots qu'il redict deux ou trois fois en sa maladie. Et puis, comme on luy entreouvroit la bouche par force, pour le faire avaller, An vivere tanti est (2)? dict il, tournant son propos à monsieur de Belot.

Sur le soir, il commencea bien à bon escient à tirer aux traicts de la mort : et comme ie soupois, il me feit appeller, n'ayant plus que l'image et que l'umbre d'un homme, et, comme il disoit luy mesme, non homo, sed species hominis; et me dict, à toutes peines : « Mon frere, mon amy, pleust à Dieu que ie veisse les effects des imaginations que ie viens d'avoir »! Aprez avoir attendu quelque temps qu'il ne parloit plus, et qu'il tiroit des souspirs trenchants pour s'en efforcer, car deslors la langue commenceoit fort à luy denier son office, « Quelles sont elles,

(1) C'est d'un cœur noble, de vouloir être plus obligé à qui l'on doit beaucoup.

(2) La vie est-elle d'un si grand prix?

mon frere? luy dis ie ». « Grandes, grandes, me respondit il ». « Il ne feut iamais, suyvis ie, que ie n'eusse cet honneur que de communiquer à toutes celles qui vous venoient à l'entendement; voulez vous pas que i'en iouïsse encores »? « C'est mon dea, respondit il; mais, mon frere, ie ne puis : elles sont admirables, infinies, et indicibles ». Nous en demeurasmes là : car il n en pouvoit plus. De sorte qu'un peu auparavant il avoit voulu parler à sa femme, et luy avoit dict, d'un visage le plus gay qu'il le pouvoit contrefaire, qu'il avoit à luy dire un conte. Et sembla qu'il s'efforceast pour parler : mais la force luy defaillant, il demanda un peu de vin pour la luy rendre. Ce feut pour neant; car il esvanouït soubdain, et feut long temps sans veoir. Estant desià bien voisin de sa mort, et oyant les pleurs de madamoiselle de la Boëtie, il l'appella, et luy dict ainsi : « Ma semblance, vous vous tormentez avant le temps : voulez vous pas avoir pitié de moy? Prenez courage. Certes ie porte plus la moitié de peine, pour le mal que ie vous veois souffrir, que pour le mien; et avecques raison, parce que les maulx que nous sentons en nous, ce n'est pas nous proprement qui les sentons, mais certains sens que Dieu a mis en nous : mais ce que nous sentons pour les aultres, c'est par certain iugement et par discours de raison que nous le sentons. Mais ie m'en vois » : cela, disoit il, parce que le cœur luy failloit. Or, ayant eu peur d'avoir estonné sa femme, il se reprint, et dict: « Ie m'en vois dormir : bon soir, ma femme; allez vous en ». Voylà le dernier congé qu'il print d'elle.

Aprez qu'elle feut partie, « Mon frere, me dict il, tenez vous auprez de moy, s'il vous plaist ». Et puis, ou sentant les poinctes de la mort plus pressantes et poignantes, ou bien la force de quelque medicament chauld qu'on luy avoit faict avaller, il print une voix plus esclatante et plus forte, et donnoit des tours dans son lict avecques tout plein de violence : de sorte que toute la compaignie commencea à avoir quelque esperance, parce que iusques lors la seule foiblesse nous l'avoit faict perdre. Lors, entre aultres choses, il se print à me prier et reprier, avecques une extreme affection, de luy donner une place. De sorte que i'eus peur que son iugement feust esbranslé: mesme que luy ayant bien doulcement remontré qu'il se laissoit emporter au mal, et que ces mots n'estoient pas d'homme bien rassis, il ne se rendit point au premier coup, et redoubla encores plus fort: « Mon frere! mon frere! me refusez vous doncques une place »? Iusques à ce qu'il me contraignit de le convaincre par raison, et de luy dire que puisqu'il respiroit et parloit, et qu'il avoit corps, il avoit par consequent son lieu. « Voire, voire, me respondit il lors, i'en ay; mais ce n'est pas celuy qu'il me fault : et puis, quand tout est dict, ie n'ay plus d'estre ». « Dieu vous en donnera un meilleur bientost, luy feis ie ». « Y feusse ie desià, mon frere! me respondit il; il y a trois iours que i'ahanne pour partir ». Estant sur ces destresses, il m'appella souvent pour s'informer seulement si i'estois prez de luy. Enfin il se meit un peu à reposer, qui nous confirma encores plus en nostre bonne esperance: de maniere que sortant de sa chambre, ie m'en resiouïs avecques madamoiselle de la Boëtie. Mais une heure aprez, ou environ, me nommant une fois ou deux, et puis tirant à soy un grand souspir, il rendit l'ame, sur les trois heures du mercredy matin dixhuitiesme d'aoust, l'an mil cinq cents soixante trois, aprez avoir vescu trente deux ans, neuf mois, et dixsept iours.

VI. (1)

A MADAMOISELLE PAUMIER. (a)

MADAMOISELLE,

MES amis sçavent que dez l'heure que ie vous eus veue, ie vous destinai un de mes livres : car ie sentis que vous leur aviez faict beaucoup d'honneur. Mais la courtoisie de monsieur Paumier m'oste le moyen de vous le donner, m'ayant obligé despuis à beaucoup plus que ne vault mon livre. Vous l'accepterez, s'il vous plaist, comme estant vostre avant que ie le deusse, et me fairez

(1) L'original, écrit de la propre main de Montaigne, est à présent dans la bibliotheque d'un savant magistrat, ancien président des échevins d'Amsterdam, monsieur Gerard van Papenbrock, qui a plus de mille lettres de la propre main des plus savants hommes de l'Europe, depuis deux siecles. M. Pierre Morin, fils de M. Estienne Morin, mort ministre et professeur en hébreu à Amsterdam, m'a procuré une copie très exacte de cette lettre, au bas de laquelle il a trouvé ces mots écrits par M. Van Papenbrock, *Est manus Michaëlis de Montaigne*, *scripsit* 1588 : c'est ici la main de Michel de Montaigne, qui a écrit cette lettre en 1588. C.

(a) Cette demoiselle, née en 1554, se nommoit Marguerite de Chaumont. Elle fut mariée en 15.... avec Julien le Paumier, et mourut en 1599. Jean le Paumier, fils aîné de Julien le Paumier, et frere du fameux Grentemesnil, étoit pere d'Hélene le Paumier, femme d'Etienne Morin, dont il a été fait mention dans la note précédente. C.

cette grace de l'aimer, ou pour l'amour de luy, ou pour l'amour de moy; et ie garderai entiere la debte que i'ay envers monsieur Paumier, pour m'en revencher, si ie puis d'ailleurs, par quelque service.

VII. (1)

A MONSEIGNEUR DE MONTAIGNE.

Monseigneur,

Suivant la charge que vous me donnastes l'annee passee chez vous à Montaigne, i'ay taillé et dressé de ma main à Raimond Sebond, ce grand theologien et philosophe espaignol, un accoustrement à la françoise; et l'ay devestu, autant qu'il a esté en moy, de ce port farouche et maintien barbaresque que vous luy veites premierement : de maniere qu'à mon opinion, il a meshuy assez de façon et d'entregent pour se presenter en toute bonne compaignie. Il pourra bien estre que les personnes delicates et curieuses y remarqueront quelque traict et ply de Gascoigne : mais ce leur sera d'autant plus de honte, d'avoir, par leur nonchalance, laissé prendre sur eulx cet advantage à un homme de tout poinct nouveau et apprenti en telle besongne. Or, monseigneur, c'est

(1) J'ai trouvé cette lettre au-devant de la Théologie naturelle de Raimond Sebond, traduite en françois par messire Michel, seigneur de Montaigne, chevalier de l'ordre du roy, et gentilhomme ordinaire de sa chambre. A Rouen, chez Jean de la Mere, 1641. C.

raison que soubs vostre nom il se poulse en credit et mette en lumiere, puisqu'il vous doibt tout ce qu'il a d'amendement et de reformation. Toutesfois ie veois bien que, s'il vous plaist de compter avecques luy, ce sera vous qui luy debvrez beaucoup de reste : car, en eschange de ses excellents et tresreligieux discours, de ses haultaines conceptions et comme divines, il se trouvera que vous n'y aurez apporté de vostre part que des mots et du langage ; marchandise si vulgaire, et si vile, que qui plus en a n'en vault, à l'adventure, que moins.

Monseigneur, ie supplie Dieu qu'il vous doint treslongue et tresheureuse vie.

Vostre treshumble et tresobeïssant fils,

MICHEL DE MONTAIGNE.

VIII.

ADVERTISSEMENT

AU LECTEUR.(1)

LECTEUR, tu me doibs tout ce dont tu iouïs de feu M. Estienne de la Boëtie : car ie t'advise que quant à luy il n'y a rien qu'il eust iamais esperé de te faire veoir, voire ny qu'il estimast digne de porter son nom en public. Mais moy, qui ne suis pas si hault à la main, n'ayant trouvé aultre chose dans sa librairie, qu'il me

(1) Imprimé à la suite de la lettre à M. de Lansac, et qui sert de préface aux œuvres de la Boëtie, édition de Paris 1571.

laissa par son testament, encores n'ai ie pas voulu qu'il se perdist. Et, de ce peu de iugement que i'ay, i'espere que tu trouveras que les plus habiles hommes de nostre siecle font bien souvent feste de moindre chose que cela: i'entends de ceulx qui l'ont practiqué plus ieune; car nostre accointance ne print commencement qu'environ six ans avant sa mort, qu'il avoit faict force aultres vers latins et françois, comme soubs le nom de Gironde, et en ay ouï reciter des riches lopins : mesme celuy qui a escript les antiquitez de Bourges en allegue que ie recognois; mais ie ne sçais que tout cela est devenu, non plus que ses poëmes grecs. Et, à la verité, à mesure que chaque saillie luy venoit à la teste, il s'en deschargeoit sur le premier papier qui luy tumboit en main, sans aultre soing de le conserver. Asseure toy que i'y ay faict ce que i'ay peu, et que depuis sept ans que nous l'avons perdu, ie n'ai peu recouvrer que ce que tu en veois : sauf un discours DE LA SERVITUDE VOLONTAIRE (1), et quelques memoires de nos troubles sur l'edict de ianvier, 1562. Mais quant à ces deux dernieres pieces, ie leur treuve la façon trop delicate et mignarde pour les abandonner au grossier et pesant air d'une si mal plaisante saison. A Dieu. De Paris, ce dixieme d'aoust 1570.

---

(1) On le trouvera ci-après dans ce volume, et imprimé plus correctement qu'il ne l'a été dans les différentes éditions données par Coste. N.

IX. (1)

A MONSIEUR DE FOIX,

Conseiller du roy en son conseil privé, et ambassadeur de sa maiesté près la seigneurie de Venise.

MONSIEUR,

ESTANT à mesme de vous recommender, et à la posterité, la memoire de feu Estienne de la Boëtie, tant pour son extreme valeur, que pour la singuliere affection qu'il me portoit, il m'est tumbé en fantasie combien c'estoit une indiscretion de grande consequence et digne de la coerction de nos loix, d'aller, comme il se faict ordinairement, desrobbant à la vertu la gloire, sa fidelle compaigne, pour en estrener, sans chois et sans iugement, le premier venu, selon nos interests particuliers : Veu que les deux resnes principales qui nous guident et tiennent en office, sont la peine et la recompense, qui ne nous touchent proprement, et comme hommes, que par l'honneur et la honte, d'autant que celles icy donnent droictement à l'ame, et ne se goustent que par les sentiments interieurs et plus nostres : là où les bestes mesmes se veoient aulcunement capables de toute aultre recompense et peine corporelle. En oultre,

(1) Imprimée au-devant des vers françois d'Estienne de la Boëtie, édition de Paris 1572.

il est bon à veoir que la coustume de louer la vertu, mesme de ceulx qui ne sont plus, ne vise pas à eulx, ains qu'elle fait estat d'aiguillonner par ce moyen les vivants à les imiter : comme les derniers chastiements sont employez par la iustice, plus pour l'exemple, que pour l'interest de ceulx qui les souffrent. Or le louer et le meslouer s'entrerespondant de si pareille consequence, il est malaysé à sauver que nos loix deffendent offenser la reputation d'aultruy, et ce neantmoins permettent de l'ennoblir sans merite. Cette pernicieuse licence de iecter ainsin, à nostre poste, au vent les louanges d'un chascun, a esté aultresfois diversement restreincte ailleurs ; voire, à l'adventure, ayda elle iadis à mettre la poësie en la malegrace des sages. Quoy qu'il en soit, au moins ne se sçauroit on couvrir, que le vice du mentir n'y apparoisse tousiours tresmesseant à un homme bien nay, quelque visage qu'on luy donne. Quant à ce personnage de qui ie vous parle, monsieur, il m'envoye bien loing de ces termes, car le dangier n'est pas que ie luy en preste quelqu'une, mais que ie luy en oste : et son malheur porte que, comme il m'a fourny, autant qu'homme puisse, de tresiustes et tresapparentes occasions de louange, i'ay bien aussi peu de moyen et de suffisance pour la luy rendre ; ie dis moy, à qui seul il s'est communiqué iusques au vif, et qui seul puis respondre d'un million de graces, de perfections et de vertus qui moisirent oysifves au giron d'une si belle ame, mercy à l'ingratitude de sa fortune. Car, la nature des choses ayant, ie ne sçais comment, permis que la verité pour belle et acceptable qu'elle soit d'elle mesme, si ne l'embrassons nous qu'infuse et insinuee en nostre creance par les utils de la persuasion, ie me treuve si fort desgarny, et de credit pour auctoriser mon simple tesmoignage, et d'eloquence pour l'enrichir et le faire valoir, qu'à peu a il tenu que ie n'aye quité là tout ce soing, ne me restant pas seulement du sien par où dignement ie puisse presenter au monde au moins son esprit et son sçavoir. De vray, monsieur, ayant esté surprins de sa destinee en la fleur de son aage, et dans le train d'une tresheureuse et tresvigoreuse santé, il n'avoit pensé à rien moins qu'à mettre au iour des ouvrages qui deussent tesmoigner à la posterité quel il estoit en cela : et, à l'adventure, estoit il assez brave, quand il y eust pensé, pour n'en estre pas fort curieux. Mais enfin i'ay prins party qu'il seroit bien plus excusable à luy, d'avoir ensepveli avecques soy tant de rares faveurs du ciel, qu'il ne seroit à moy d'ensepvelir encores la cognoissance qu'il m'en avoit donnee : et, pourtant, ayant curieusement recueuilli tout ce que i'ay trouvé d'entier parmy ses brouillars et papiers espars çà et là, le iouet du vent et de ses estudes, il m'a semblé bon, quoy que ce feust, de le distribuer et de le despartir en autant de pieces que i'ay peu, pour de là prendre occasion de recommender sa memoire à d'autant plus de gents, choisissant les plus apparentes et dignes personnes de ma cognoissance, et des quelles le tesmoignage luy puisse estre le plus honnorable; comme vous, monsieur, qui de vous mesme pouvez avoir eu quelque cognoissance de luy pendant sa vie, mais certes bien legiere pour en discourir la grandeur de son entiere valeur. La posterité le croira, si bon luy semble; mais ie luy iure, sur tout ce que i'ay de conscience, l'avoir sceu et veu tel, tout consideré, qu'à peine par souhait et imagination pouvois ie monter au de là, tant s'en fault que ie luy donne beaucoup de compaignons. Ie vous supplie treshumblement, monsieur, non seulement prendre la generale protection de son nom, mais encores de ces dix ou douze vers françois, qui se iectent, comme par necessité, à l'abry de vostre faveur. Car ie ne vous celeray pas que la publication n'en ayt esté differee aprez le reste de ses œuvres, soubs couleur de ce que, par de là, on ne les trouvoit pas assez limez pour estre mis en lumiere. Vous verrez, monsieur, ce qui en est : et, parce qu'il semble que ce iugement regarde l'interest de tout ce quartier icy, d'où ils pensent qu'il ne puisse rien partir en vulgaire qui ne sente le sauvage et la barbarie, c'est proprement vostre charge, qui, au reng de la premiere maison de Guyenne, receu de vos ancestres, avez adiousté du vostre le premier reng encores en toute façon de suffisance, maintenir non seulement par vostre exemple, mais aussi par l'auctorité de vostre tesmoignage, qu'il n'en va pas tousiours ainsin. Et ores que le faire soit plus naturel aux Gascons, que le dire, si est ce qu'ils s'arment quelquefois autant de la langue que du bras, et de l'esprit que du cœur. De ma part, monsieur, ce n'est pas mon gibbier de iuger de telles choses, mais i'ay ouï dire à personnes qui s'entendent en sçavoir, que ces vers sont non seulement dignes de se presenter en place marchande; mais dadvantage, qui s'arrestera à la beauté et richesse des inventions, qu ils sont, pour le subiect, autant charnus, pleins et moëlleux qu'il s'en soit encores veu en nostre langue. Naturellement chasque ouvrier se sent plus roide en certaine partie de son art, et les plus heureux sont ceulx qui se sont empoignez à la plus noble; car toutes pieces egualement necessaires au bastiment d'un corps ne sont pas pourtant egualement prisables. La mignardise du langage, la doulceur et la polissure reluisent, à l'adventure, plus en quelques aultres; mais en gentillesse d'imaginations, en nombre de saillies, poinctes et traicts, ie ne pense point que nuls aultres leur passent devant : et si fauldroit il encores venir en composition de ce que ce n'estoit ny son occupation, ny son estude, et qu'à peine au bout de chasque an mettoit il une fois la main à la plume, tesmoing ce peu qu'il nous en reste de toute sa vie. Car vous voyez, monsieur, vert et sec, tout ce qui m'en est venu entre mains, sans chois et sans triage; en maniere qu'il y en a de ceulx mesmes de son enfance. Somme, il semble qu'il ne s'en meslast, que pour dire qu'il estoit capable de tout faire:

car au reste, mille et mille fois, voire en ses propos ordinaires, avons nous veu partir de luy choses plus dignes d'estre sceues, plus dignes d'estre admirees. Voylà, monsieur, ce que la raison et l'affection, ioinctes ensemble par un rare rencontre, me commandent vous dire de ce grand homme de bien : et, si la privauté que i'ay prinse de m'en addresser à vous et de vous en entretenir si longuement vous offense, il vous souviendra, s'il vous plaist, que le principal effect de la grandeur et de l'eminence, c'est de vous iecter en bute à l'importunité et embesongnement des affaires d'aultruy. Sur ce, aprez vous avoir presenté ma treshumble affection à vostre service, ie supplie Dieu vous donner, monsieur, tresheureuse et longue vie. De Montaigne, ce premier de septembre 1570.

Vostre obeïssant serviteur,

MICHEL DE MONTAIGNE.

DE

LA SERVITUDE VOLONTAIRE,

OU

LE CONTR'UN.

DISCOURS

D'ESTIENNE DE LA BOËTIE.

D'avoir plusieurs seigneurs aulcun bien ie ne veoy :
Qu'un, sans plus, soit le maistre, et qu'un seul soit le roy. (1)

ce dict Ulysse en Homere, parlant en public. S'il n'eust dict, sinon

D'avoir plusieurs seigneurs aulcun bien ie ne veoy,

cela estoit tant bien dict que rien plus : mais, au lieu que pour parler avecques raison il falloit dire que la domi-

---

(1) Ουκ αγαθον πολυκοιρανιη· εἱς κοιρανος εστω,
Εἱς βασιλευς.

Iliad. l. 2, v. 204, 205.

nation de plusieurs ne pouvoit estre bonne, puisque la puissance d'un seul, deslors qu'il prend ce tiltre de maistre, est dure et desraisonnable, il est allé adiouster tout au rebours,

Qu'un, sans plus, soit le maistre, et qu'un seul soit le roy.

Toutesfois, à l'adventure, il fault excuser Ulysse, au quel possible lors il estoit besoing d'user de ce langage, et de s'en servir pour appaiser la revolte de l'armee; conformant, ie crois, son propos plus au temps, qu'à la verité. Mais, à parler à bon escient, c'est un extreme malheur d'estre subiect à un maistre, du quel on ne peult estre iamais asseuré qu'il soit bon, puisqu'il est tousiours en sa puissance d'estre mauvais quand il vouldra : et d'avoir plusieurs maistres, c'est autant que d'avoir autant de fois à estre extremement malheureux. Si ne veulx ie pas, pour cette heure, debattre cette question tant pourmenee, à savoir « Si les aultres façons de republicques sont meilleures que la monarchie » : A quoy, si ie voulois venir, encores vouldrois ie sçavoir, avant que mettre en doubte quel reng la monarchie doibt avoir entre les republicques, si elle y en doibt avoir aulcun ; pource qu'il est malaysé de croire qu'il y ayt rien de public en ce gouvernement, où tout est à un. Mais cette question est reservee pour un aultre temps, et demanderoit bien son traicté à part, ou plustost ameneroit quand et soy toutes les disputes politiques.

Pour ce coup, ie ne vouldrois sinon entendre, S'il est possible, et comme il se peult faire, que tant d'hommes, tant de bourgs, tant de villes, tant de nations, endurent quelquesfois un tyran seul, qui n'a puissance que celle qu'on luy donne; qui n'a pouvoir de leur nuire, sinon de tant qu'ils ont vouloir de l'endurer; qui ne sauroit leur faire mal aulcun, sinon lors qu'ils aiment mieulx le souffrir que luy contredire. Grand' chose certes, et toutesfois si commune qu'il s'en fault de tant plus douloir, et moins esbahir, de veoir un million de millions d'hommes servir miserablement, ayants le col sous le ioug, non pas contraincts par une plus grande force, mais aulcunement (ce semble) enchantez et charmez par le seul nom d'UN, du quel ils ne doibvent ny craindre la puissance, puisqu'il est seul, ny aimer les qualitez, puisqu'il est, en leur endroict, inhumain et sauvage. La foiblesse d'entre nous hommes est telle : Il fault souvent que nous obeïssions à la force; il est besoing de temporiser; on ne peult pas tousiours estre le plus fort. Doncques, si une nation est contraincte par la force de la guerre de servir à un, comme la cité d'Athenes aux trente tyrans, il ne se fault pas esbahir qu'elle serve, mais se plaindre de l'accident; ou bien plustost ne s'esbahir, ny ne s'en plaindre, mais porter le mal patiemment, et se reserver à l'advenir à meilleure fortune.

Nostre nature est ainsi, que les communs debvoirs de l'amitié emportent une bonne partie du cours de nostre vie : il est raisonnable d'aimer la vertu, d'estimer les beaux faicts, de cognoistre le bien d'où l'on l'a receu, et diminuer souvent de nostre ayse, pour augmenter l'honneur et advantage de celuy qu'on aime, et qui le merite : Ainsi doncques, si les habitants d'un païs ont trouvé quelque grand personnage qui leur ayt montré par espreuve une grande prevoyance pour les garder, grande hardiesse pour les deffendre, un grand soing pour les gouverner; si, de là en avant, ils s'apprivoisent de luy obeïr, et s'en fier, tant que luy donner quelques advantages, ie ne sçais si ce seroit sagesse; de tant qu'on l'oste de là où il faisoit bien, pour l'advancer en lieu où il pourra mal faire : mais certes, si ne pourroit il faillir d'y avoir de la bonté, de ne craindre point mal de celuy duquel on n'a receu que bien.

Mais, ô bon Dieu! que peult estre cela? comment dirons nous que cela s'appelle? quel malheur est cettuy là? ou quel vice? ou plustost quel malheureux vice? veoir un nombre infini, non pas obeïr, mais servir; non pas estre gouvernez, mais tyrannisez; n'ayants ny biens, ny parents, ny enfants, ny leur vie mesme, qui soit à eulx! souffrir les pilleries, les paillardises, les cruautez, non pas d'une armee, non pas d'un camp barbare contre le quel il fauldroit despendre son sang et sa vie devant; mais d'un seul! non pas d'un Hercules, ne d'un Samson; mais d'un seul hommeau (1), et le plus souvent du plus lasche et femenin (2) de la nation; non pas accoustumé à la pouldre des battailles, mais encores à grand' peine au sable des tournois; non pas qui puisse par force commander aux hommes, mais tout empesché de servir vilement à la moindre femmelette! Appellerons nous cela lascheté? dirons nous, que ceux là qui servent, soyent couards et recreus? Si deux, si trois, si quatre, ne se deffendent d'un, cela est estrange, mais toutesfois possible; bien pourra lon dire lors, à bon droict, que c'est faulte de cœur : Mais si cent, si mille, endurent d'un seul, ne dira on pas qu'ils ne veulent point, qu'ils n'osent pas, se prendre à luy, et que c'est non couardise, mais plustost mespris et desdaing? Si l'on veoid, non pas cent, non pas mille hommes, mais cent païs, mille villes, un million d'hommes, n'assaillir pas un seul, du quel le mieulx traicté de touts en receoit ce mal d'estre serf et esclave; comment pourrons nous nommer cela? Est ce lascheté? Or, il y a en touts vices naturellement quelque borne, oultre la quelle ils ne peuvent passer : deux peuvent craindre un, et possible dix; mais mille, mais un million, mais mille villes, si elles ne se deffendent d'un, cela n'est pas couardise, elle ne va point iusques là; non plus que la vaillance ne s'estend pas qu'un seul

(1) Hommeau, petit homme : *Cotgrave*, dans son dictionnaire françois et anglois. On trouve hommet, et hommelet, dans Nicot.

(2) Femenin, feminin, effeminé : *Cotgrave*.

eschelle une forteresse, qu'il assaille une armee, qu'il conquiere un royaume : Doncques quel monstre de vice est cecy, qui ne merite pas encores le tiltre de couardise? qui ne treuve de nom assez vilain? que nature desadvoue avoir faict, et la langue refuse de le nommer? Qu'on mette d'un costé cinquante mille hommes en armes; d'un aultre, autant; qu'on les renge en battaille; qu'ils viennent à se ioindre, les uns libres combattants pour leur franchise, les aultres pour la leur oster : auxquels promettra on par coniecture la victoire? les quels pensera on qui plus gaillardement iront au combat, ou ceulx qui esperent pour guerdon de leur peine l'entretenement de leur liberté, ou ceulx qui ne peuvent attendre loyer des coups qu'ils donnent, ou qu'ils receoivent, que la servitude d'aultruy? Les uns ont tousiours devant leurs yeulx le bonheur de leur vie passee, l'attente de pareil ayse à l'advenir; il ne leur souvient pas tant de ce qu'ils endurent ce peu de temps que dure une battaille, comme de ce qu'il conviendra à iamais endurer à eulx, à leurs enfants et à toute la posterité : Les aultres n'ont rien qui les enhardisse, qu'une petite poincte de convoitise qui se rebouche soubdain contre le dangier, et qui ne peult estre si ardente qu'elle ne se doibve et semble esteindre par la moindre goutte de sang qui sorte de leurs playes. Aux battailles tant renommees de Miltiade, de Leonide, de Themistocles, qui ont esté donnees deux mille ans a, et vivent encores auiourd'huy aussi fresches en la memoire des livres et des hommes, comme si c'eust esté l'aultre hier qu'elles feurent donnees en Grece, pour le bien de Grece et pour l'exemple de tout le monde; qu'est ce qu'on pense qui donna à si petit nombre de gents, comme estoient les Grecs, non le pouvoir, mais le cœur de soubstenir la force de tant de navires, que la mer mesme en estoit changee; de desfaire tant de nations, qui estoient en si grand nombre que l'esquadron des Grecs n'eust pas fourny, s'il eust fallu, des capitaines aux armees des ennemis? sinon qu'il semble qu'en ces glorieux iours là ce n'estoit pas tant la battaille des Grecs contre les Perses, comme la victoire de la liberté sur la domination, et de la franchise sur la convoitise.

C'est chose estrange d'ouïr parler de la vaillance que la liberté met dans le cœur de ceulx qui la deffendent : mais ce qui se faict en touts pays, par touts les hommes, touts les iours, qu'un homme seul mastine cent mille villes, et les prive de leur liberté ; qui le croiroit, s'il ne faisoit que l'ouïr dire, et non le veoir? et, s'il ne se veoyoit qu'en pays estranges et loingtaines terres, et qu'on le dist; qui ne penseroit que cela feust plustost feinct et controuvé, que non pas veritable? Encores ce seul tyran, il n'est pas besoing de le combattre, il n'est pas besoing de s'en deffendre; il est de soy mesme desfaict mais (1) que le païs ne consente à la servitude : il ne fault pas luy rien oster, mais ne luy donner rien; il n'est point besoing que le païs se mette en peine de faire rien pour soy, mais qu'il ne se mette pas en peine de faire rien contre soy. Ce sont doncques les peuples mesmes qui se laissent, ou plustost se font, gourmander, puis qu'en cessant de servir ils en seroient quites : c'est le peuple qui s'asservit; qui se coupe la gorge; qui, ayant le chois d'estre subiect, ou d'estre libre, quite sa franchise, et prend le ioug; qui consent à son mal, ou plustost le pourchasse. S'il luy coustoit quelque chose de recouvrer sa liberté, ie ne l'en presserois point, combien que ce soit ce que l'homme doibt avoir plus cher que de se remettre en son droict naturel, et, par maniere de dire, de beste revenir homme ; mais encores ie ne desire pas en luy si grande hardiesse : ie ne luy

(1) *Pourveu que.* « Un homme sage, dit Philippe de Comines, sert bien en une compaignie de princes, *mais* qu'on le veuille croire, et ne se pourroit trop acheter. L. 1, c. 12 ». C.

permets point qu'il aime mieulx une ie ne sçais quelle seureté de vivre à son ayse. Quoy? si pour avoir la liberté, il ne luy fault que la desirer ; s'il n'a besoing que d'un simple vouloir, se trouvera il nation au monde qui l'estime trop chere, la pouvant gaigner d'un seul souhait? et qui plaigne sa volonté à recouvrer le bien le quel on debvroit racheter au prix de son sang? et le quel perdu, touts les gents d'honneur doibvent estimer la vie desplaisante et la mort salutaire? Certes, tout ainsi comme le feu d'une petite estincelle devient grand, et tousiours se renforce; et plus il treuve de bois, et plus est prest d'en brusler; et, sans que on y mette de l'eau pour l'esteindre, seulement en n'y mettant plus de bois, n'ayant plus que consumer, il se consume soy mesme, et devient sans forme aulcune et n'est plus feu : pareillement les tyrans, plus ils pillent, plus ils exigent, plus ils ruynent et destruisent, plus on leur baille, plus on les sert; d'autant plus ils se fortifient, deviennent tousiours plus forts et plus frez pour aneantir et destruire tout; et, si on ne leur baille rien, si on ne leur obeït point, sans combattre, sans frapper, ils demeurent nuds et desfaicts, et ne sont plus rien, sinon que comme la racine, n'ayant plus d'humeur et aliment, devient une branche seiche et morte.

Les hardis, pour acquerir le bien qu'ils demandent, ne craignent point le dangier; les advisez ne refusent point la peine : les lasches et engourdis ne sçavent ny endurer le mal, ny recouvrer le bien; ils s'arrestent en cela de le souhaiter; et la vertu d'y pretendre leur est ostee par leur lascheté; le desir de l'avoir leur demeure par la nature. Ce desir, cette volonté, est commune aux sages et aux indiscrets, aux courageux et aux couards, pour souhaiter toutes choses qui, estants acquises, les rendroient heureux et contents : une seule en est à dire, en la quelle ie ne sçais comme nature default aux hommes pour la desirer ; c'est la liberté, qui est toutesfois un bien si grand et si plaisant, que, elle perdue, touts les maulx viennent à la file, et les biens mesmes qui demeurent aprez elle perdent entierement leur goust et saveur, corrompus par la servitude : la seule liberté, les hommes ne la desirent point; non pas pour aultre raison, ce me semble, sinon pource que, s'ils la desiroient, ils l'auroient; comme s'ils refusoient faire ce bel acquest, seulement parce qu'il est trop aysé.

Pauvres gents et miserables, peuples insensez, nations opiniastres en vostre mal, et aveugles en vostre bien, vous vous laissez emporter devant vous le plus beau et le plus clair de vostre revenu, piller vos champs, voler vos maisons, et les despouiller des meubles anciens et paternels! vous vivez de sorte, que vous pouvez dire que rien n'est à vous; et sembleroit que meshuy ce vous seroit grand heur, de tenir à moitié vos biens, vos familles et vos vies : et tout ce degast, ce malheur, cette ruyne, vous vient, non pas des ennemis, mais bien certes de l'ennemy, et de celuy que vous faictes si grand qu'il est, pour le quel vous allez si courageusement à la guerre, pour la grandeur du quel vous ne refusez point de presenter à la mort vos personnes. Celuy qui vous maistrise tant, n'a que deux yeulx, n'a que deux mains, n'a qu'un corps, et n'a aultre chose que ce qu'a le moindre homme du grand nombre infiny de vos villes; sinon qu'il a plus que vous touts, c'est l'advantage que vous luy faictes pour vous destruire. D'où a il prins tant d'yeulx; d'où vous espie il; si vous ne les luy donnez? Comment a il tant de mains pour vous frapper, s'il ne les prend de vous? Les pieds dont il foule vos citez, d'où les a il, s'ils ne sont des vostres? Comment a il aulcun pouvoir sur vous, que par vous aultres mesmes? Comment vous oseroit il courir sus, s'il n'avoit intelligence avecques vous? Que vous pourroit il faire, si vous n'estiez receleurs du larron qui vous pille, complices du meurtrier qui vous tue, et traistres de vous mesmes? Vous semez vos fruits, afin qu'il en face le degast; vous meublez et remplissez vos maisons, pour fournir à ses voleries; vous nourrissez vos filles, à fin qu'il ayt de quoy saouler sa luxure; vous nourrissez vos enfants, à fin qu'il les mene, pour le mieulx qu'il face, en ses guerres, qu'il les mene à la boucherie, qu'il les face les ministres de ses convoitises, les executeurs de ses vengeances; vous rompez à la peine vos personnes, à fin qu'il se puisse mignarder en ses delices, et se veautrer dans les sales et vilains plaisirs; vous vous affoiblissez, à fin de le faire plus fort et roide à vous tenir plus courte la bride : et de tant d'indignitez, que les bestes mesmes ou ne sentiroient point, ou n'endureroient point, vous pouvez vous en delivrer, si vous essayez, non pas de vous en delivrer, mais seulement de le vouloir faire. Soyez resolus de ne servir plus; et vous voylà libres. Ie ne veulx pas que vous le poulsiez, ny le bransliez; mais seulement ne le soubstenez plus : et vous le verrez, comme un grand colosse à qui on a desrobbé la base, de son poids mesme fondre en bas, et se rompre.

Mais certes les medecins conseillent bien de ne mettre pas la main aux playes incurables; et ie ne fois pas sagement de vouloir en cecy conseiller le peuple qui a perdu, long temps y a, toute cognoissance, et du quel, puisqu'il ne sent plus son mal, cela seul montre assez que sa maladie est mortelle : Cherchons doncques par coniectures, si nous en pouvons trouver, comment s'est ainsi si avant enracinee cette opiniastre volonté de servir, qu'il semble maintenant que l'amour mesme de la liberté ne soit pas si naturelle.

Premierement, cela est, comme ie crois, hors de nostre doubte, que, si nous vivions avecques les droicts que nature nous a donnez et les enseignements qu'elle nous apprend, nous serions naturellement obeïssants aux parents; subiects à la raison; et serfs de personne. De l'obeïssance que chascun, sans aultre advertissement que de son naturel, porte à ses pere et mere; touts les hommes en sont tesmoings, chascun en soy et pour soy. De la raison; si elle naist avecques nous, ou non, qui est une question debattue au fond par les academiques et touchee par toute l'eschole des philosophes; pour cette heure ie ne penserois point faillir en croyant qu'il y a en nostre ame quelque naturelle semence de raison, qui, entretenue par bon conseil et coustume, fleurit en vertu, et au contraire, souvent ne pouvant durer contre les vices survenus, estouffee s'avorte. Mais certes s'il y a rien de clair et d'apparent en la nature, et en quoy il ne soit pas permis de faire l'aveugle, c'est cela, Que nature, le ministre de Dieu, et la gouvernante des hommes, nous a touts faicts de mesme forme, et, comme il semble, à mesme moule, à fin de nous entrecognoistre touts pour compaignons, ou plustost freres; et si, faisant les partages des presents qu'elle nous donnoit, elle a faict quelques advantages de son bien, soit au corps ou à l'esprit, aux uns plus qu'aux aultres, si n'a elle pourtant entendu nous mettre en ce monde comme dans un camp clos, et n'a pas envoyé icy bas les plus forts et plus advisez, comme des brigands armez dans une forest, pour y gourmander les plus foibles, mais plustost fault il croire que, faisant ainsin aux uns les parts plus grandes, et aux aultres plus petites, elle vouloit faire place à la fraternelle affection (1) à fin qu'elle eust où s'employer, ayants les uns puissance de donner ayde, et les aultres besoing d'en recevoir: Puis doncques que cette bonne mere nous a donné à touts toute la terre pour demeure, nous a touts logez aulcunement en une mesme maison, nous a touts figurez en mesme paste, à fin que chascun se peust mirer et quasi recognoistre l'un dans l'aultre; si elle nous a touts en commun donné ce grand present de la voix et de la parole, pour nous

(1) Elle vouloit donner lieu à l'affection fraternelle à fin etc. C.

accointer et fraterniser dadvantage, et faire, par la commune et mutuelle declaration de nos pensees, une communion de nos volontez; et si elle a tasché par touts moyens de serrer et estreindre plus fort le nœud de nostre alliance et societé; si elle a montré, en toutes choses, qu'elle ne vouloit tant nous faire touts unis, que touts uns : il ne fault pas faire doubte que nous ne soyons touts naturellement libres, puisque nous sommes touts compaignons; et ne peult tumber en l'entendement de personne que nature ayt mis aulcuns en servitude, nous ayant touts mis en compaignie.

Mais, à la verité, c'est bien pour neant de debattre si la liberté est naturelle, puisqu'on ne peult tenir aulcun en servitude sans luy faire tort, et qu'il n'y a rien au monde si contraire à la nature (estant toute raisonnable), que l'iniure. Reste doncques de dire que la liberté est naturelle, et, par mesme moyen (à mon advis), que nous ne sommes pas seulement nays en possession de nostre franchise, mais aussi avecques affection de la deffendre. Or, si d'adventure nous faisons quelque doubte en cela, et sommes tant abbastardis que ne puissions recognoistre nos biens ny semblablement nos naïfves affections, il fauldra que ie vous face l'honneur qui vous appartient, et que ie monte, par maniere de dire, les bestes brutes en chaire, pour vous enseigner vostre nature et condition. Les bestes (ce m'aid' Dieu!), si les hommes ne font trop les sourds, leur crient, VIVE LIBERTÉ. Plusieurs y en a d'entr'elles, qui meurent sitost qu'elles sont prinses : comme le poisson qui perd la vie aussitost que l'eau; pareillement celles là quitent la lumiere, et ne veulent point survivre à leur naturelle franchise. Si les animaulx avoient entre eulx leurs rengs et preeminences, ils feroient (à mon advis) de liberté leur noblesse. Les aultres, des plus grandes iusques aux plus petites, lors qu'on les prend, font si grande resistance de ongles, de cornes, de pieds, de bec, qu'elles declarent assez combien elles tiennent cher ce qu'elles perdent; puis, estants prinses, nous donnent tant de signes apparents de la cognoissance qu'elles ont de leur malheur, qu'il est bel à veoir, que d'ores en là ce leur est plus languir que vivre, et qu'elles continuent leur vie, plus pour plaindre leur ayse perdu, que pour se plaire en servitude. Que veult dire aultre chose l'elephant qui, s'estant deffendu iusques à n'en pouvoir plus, n'y voyant plus d'ordre, estant sur le poinct d'estre prins, il enfonce ses maschoires, et casse ses dents contre les arbres; sinon que le grand desir qu'il a de demeurer libre, comme il est nay, luy faict de l'esprit, et l'advise de marchander avecques les chasseurs si, pour le pris de ses dents, il en sera quite, et s'il sera receu à bailler son yvoire, et payer cette rençon, pour sa liberté. Nous appastons le cheval deslors qu'il est nay, pour l'apprivoiser à servir; et si ne le savons nous tant flater, que quand ce vient à le domter, il ne morde le frein, qu'il ne rue contre l'esperon, comme (ce semble) pour montrer à la nature, et tesmoigner au moins par là, que s'il sert, ce n'est pas de son gré, mais par nostre contraincte. Que fault il doncques dire?

> Mesmes les bœufs soubs le poids du ioug geignent,
> Et les oiseaux dans la cage se plaignent,

comme i'ay dict ailleurs aultresfois, passant le temps à nos rimes françoises: Car ie ne craindrois point, escrivant à toy, ô Longa, mesler de mes vers, des quels ie ne lis iamais, que, pour le semblant que tu fais de t'en contenter, tu ne m'en faces glorieux. Ainsi doncques, puisque toutes choses qui ont sentiment, deslors qu'elles l'ont, sentent le mal de la subiection, et courent aprez la liberté; puisque les bestes, qui encores sont faictes pour le service de l'homme, ne se peuvent accoustumer à servir qu'avecques protestation d'un desir contraire: quel malencontre a esté cela, qui a peu tant desnaturer l'homme, seul nay, de vray, pour vivre franchement, de luy faire perdre la souvenance de son premier estre et le desir de le reprendre ?

Il y a trois sortes de tyrans; ie parle des meschants princes : Les uns ont le royaume, par l'eslection du peuple; les aultres, par la force des armes; les aultres, par la succession de leur race. Ceulx qui l'ont acquis par le droict de la guerre, ils s'y portent ainsi, qu'on cognoist bien qu'ils sont, comme on dict, en terre de conqueste. Ceulx qui naissent roys, ne sont pas communement gueres meilleurs; ains estants nays et nourris dans le sang de la tyrannie, tirent avecques le laict la nature du tyran, et font estat des peuples qui sont soubs eulx, comme de leurs serfs hereditaires; et selon la complexion en la quelle ils sont plus enclins, avares, ou prodigues, tels qu'ils sont, ils font du royaume comme de leur heritage. Celuy à qui le peuple a donné l'estat, debvroit estre (ce me semble) plus supportable; et le seroit, comme ie crois, n'estoit que deslors qu'il se veoid eslevé par dessus les aultres en ce lieu, flaté par ie ne sçais quoy que l'on appelle la grandeur, il delibere de n'en bouger point : communement, celuy là faict estat, de la puissance que le peuple luy a baillee, de la rendre à ses enfants : or, deslors que ceulx là ont prins cette opinion, c'est chose estrange de combien ils passent, en toutes sortes de vices, et mesme en la cruauté, les aultres tyrans; ils ne veoyent aultre moyen, pour asseurer la nouvelle tyrannie, que d'estendre fort la servitude, et estranger tant les subiects de la liberté, encores que la memoire en soit fresche, qu'ils la leur puissent faire perdre. Ainsi, pour en dire la verité, ie veois bien qu'il y a entre eulx quelque difference; mais de chois, ie n'en veois point; et, estant les moyens de venir aux regnes, divers, tousiours la façon de regner est quasi semblable : Les esleus, comme s'ils avoient prins des taureaux à domter, les traictent ainsi : Les conquerants pensent en avoir droict, comme de leur proye : Les successeurs, d'en faire ainsi que de leurs naturels esclaves.

Mais à propos, si d'adventure il naissoit auiourd'huy quelques gents, touts neufs, non accoustumez à la subiection, ny affriandez à la liberté, et qu'ils ne sceussent que c'est ny de l'une ny de l'aultre, ny à grand' peine des noms ; si on leur presentoit, ou d'estre subiects, ou vivre en liberté, à quoy s'accorderoient ils? Il ne fault pas faire difficulté qu'ils n'aimassent trop mieulx obeïr seulement à la raison, que servir à un homme ; sinon possible que ce feussent ceulx d'Israël qui, sans contraincte, ny sans aulcun besoing, se feirent un tyran : du quel peuple ie ne lis iamais l'histoire, que ie n'en aye trop grand despit, quasi iusques à devenir inhumain pour me resiouïr de tant de maulx qui leur en adveinrent. Mais certes touts les hommes, tant qu'ils ont quelque chose d'homme, devant qu'ils se laissent assubiectir, il fault l'un des deux, ou qu'ils soient contraincts, ou deceus : Contraincts, par les armes estrangieres, comme Spartes et Athenes par les forces d'Alexandre, ou par les factions, ainsi que la seigneurie d'Athenes estoit devant venue entre les mains de Pisistrat : Par tromperie perdent ils souvent la liberté; et, en ce, ils ne sont pas si souvent seduicts par aultruy comme ils sont trompez par eulx mesmes : ainsi le peuple de Syracuse, la maistresse ville de Sicile, qui s'appelle auiourd'huy Saragosse, estant pressé par les guerres, inconsidereement ne mettant ordre qu'au dangier, esleva Denys, le premier; et luy donna charge de la conduicte de l'armee ; et ne se donna garde qu'elle l'eust faict si grand, que cette bonne piece là, revenant victorieux, comme s'il n'eust pas vaincu ses ennemis, mais ses citoyens, se feit de capitaine, roy, et de roy, tyran. Il n'est pas croyable, comme le peuple, deslors qu'il est assubiecti, tumbe soubdain en un tel et si profond oubli de la franchise, qu'il n'est pas possible qu'il s'esveille pour la r'avoir, servant si franchement et tant volontiers, qu'on diroit, à le veoir, qu'il a non pas perdu sa liberté, mais sa servitude. Il est vray qu'au commencement l'on sert contrainct, et vaincu par la force : mais ceulx qui viennent aprez, n'ayants iamais veu la liberté, et ne sachants que c'est, servent sans regret, et font volontiers ce que leurs devanciers avoient faict par contraincte. C'est cela, que les hommes naissent soubs le ioug; et puis, nourris et eslevez dans le servage, sans regarder plus avant, se contentants de vivre comme ils sont nays, et ne pensants point avoir d'aultre droict ny aultre bien que ce qu'ils ont trouvé, ils prennent pour leur nature l'estat de leur naissance. Et toutesfois il n'est point d'heritier si prodigue et nonchalant, qui quelquesfois ne passe les yeulx dans ses registres, pour entendre s'il iouït de touts les droicts de sa succession, ou si l'on n'a rien entreprins sur luy, ou son predecesseur. Mais certes la coustume, qui a en toutes choses grand pouvoir sur nous, n'a en aulcun endroict si grande vertu qu'en cecy, de nous enseigner à servir (et, comme l'on dict que Mithridate qui se feit ordinaire à boire le poison), pour nous apprendre à avaller et ne trouver pas amer le venin de la servitude. L'on ne peult pas nier que la nature n'ayt en nous bonne part pour nous tirer là où elle veult, et nous faire dire ou bien ou mal nays : mais si fault il confesser qu'elle a en nous moins de pouvoir que la coustume; pource que le naturel, pour bon qu'il soit, se perd s'il n'est entretenu; et la nourriture nous faict tousiours de sa façon, comment que ce soit, malgré la nature. Les semences de bien que la nature met en nous sont si menues et glissantes, qu'elles n'endurent pas le moindre heurt de la nourriture contraire; elles ne s'entretiennent pas plus ayseement, qu'elles s'abastardissent, se fondent, et viennent en rien : ne plus ne moins que les fruictiers, qui ont bien touts quelque naturel à part, lequel ils gardent bien si on les laisse venir; mais ils le laissent aussitost, pour porter d'aultres fruicts estrangiers et non les leurs, selon qu'on les ente : Les herbes ont chascune leur proprieté, leur naturel et singularité ; mais toutesfois le gel, le temps, le terrouer ou la main du iardinier, ou adioustent, ou diminuent beaucoup de leur vertu : la plante qu'on a veue en un endroict, on est ailleurs empesché de la recognoistre. Qui verroit les Venitiens, une poignee de gents vivants si librement que le plus meschant d'entre eulx ne vouldroit pas estre roy ; et touts ainsi nays et nourris, qu'ils ne cognoissent point d'aultre ambition sinon à qui mieulx advisera à soigneusement entretenir leur liberté ; ainsin apprins et faits dès le berceau, ils ne prendroient point tout le reste des felicitez de la terre, pour perdre le moindre poinct de leur franchise : Qui aura veu, dis ie, ces personnages là, et au partir de là s'en ira aux terres de celuy que nous appellons le grand Seigneur ; voyant là des gents qui ne veulent estre nays que pour le servir, et qui pour le maintenir abandonnent leur vie, penseroit il que les aultres, et ceulx là, eussent mesme naturel, ou plustost s'il n'estimeroit pas que, sortant d'une cité d'hommes, il est entré dans un parc de bestes ? Lycurgue, le policeur de Sparte, ayant nourry, ce dict on, deux chiens touts deux freres, touts deux allaictez de mesme laict (a), l'un engraissé à la cuisine, l'aultre accoustumé par les champs au son de la trompe et du huchet (b) ; voulant monstrer au peuple lacedemonien que les hommes sont tels que leur nourriture les faict, meit les deux chiens en plein marché, et entre eulx une soupe et un lievre ; l'un courut au plat, et l'aultre au lievre : « Toutesfois, ce dict il, si

(a) Ceci est pris d'un traité de Plutarque, intitulé, Comment il faut nourrir les enfants : de la traduction d'Amyot. C.

(b) Du cor. « Huchet, dit Nicot, c'est un cornet dont on huche, on appelle, les chiens, et dont les postillons usent ordinairement ». C.

sont ils freres ». Doncques celuy là avecques ses loix et sa police nourrit et feit si bien les Lacedemoniens, que chascun d'eulx eust eu plus cher de mourir de mille morts, que de recognoistre aultre seigneur que la loy et le roy.

Ie prends plaisir de ramentevoir un propos que teinrent iadis les favoris de Xerxes, le grand roy de Perse, touchant les Spartiates. Quand Xerxes faisoit les appareils de sa grande armee pour conquerir la Grece, il envoya ses ambassadeurs par les citez gregeoises, demander de l'eau et de la terre : c'estoit la façon que les Perses avoient de sommer les villes. A Sparte ny à Athenes n'envoya il point, pource que de ceulx que Daire (1) son pere y avoit envoyez pour faire pareille demande, les Spartiates et les Atheniens en avoient iecté les uns dans les fossez, les aultres ils avoient faict sauter dedans un puits, leur disants qu'ils prinssent là hardiement de l'eau et de la terre, pour porter à leur prince : ces gents ne pouvoient souffrir que, de la moindre parole seulement, on touchast à leur liberté. Pour en avoir ainsin usé, les Spartiates cogneurent qu'ils avoient encouru la haine des dieux mesmes, specialement de Talthybie dieu des heraulds : ils s'adviserent d'envoyer à Xerxes, pour les appaiser, deux de leurs citoyens, pour se presenter à luy, qu'il feist d'eulx à sa guise, et se payast de là pour les ambassadeurs qu'ils avoient tuez à son pere. Deux Spartiates, l'un nommé (2) Specte, l'aultre (3) Bulis, s'offrirent de leur gré pour aller faire ce paiement. Ils y allerent; et en chemin ils arriverent au palais d'un Perse que on appelloit (4) Gidarne, qui estoit lieutenant

(1) Ou, comme nous disons aujourd'hui, Darius, roi des Perses, fils d'Hystaspe, le premier de ce nom. C.

(2) Ou plutôt, Sperthies, Σπερθιης, comme le nomme Hérodote, l. 7, p. 421. C.

(3) Βουλις, *ibid.*

(4) Ou plutôt Hydarnès, Υδαρνης, *ibid.*

du roy en toutes les villes d'Asie qui sont sur la coste de la mer. Il les recueillit fort honnorablement; et, aprez plusieurs propos tumbants de l'un en l'aultre, il leur demanda pour quoy ils refusoient tant l'amitié du roy (1) : « Croyez, dict il, Spartiates, et cognoissez par moy comment le roy sçait honnorer ceulx qui le valent, et pensez que si vous estiez à luy, il vous feroit de mesme: si vous estiez à luy, et qu'il vous eust cogneus, il n'y a celuy d'entre vous qui ne feust seigneur d'une ville de Grece ». « En cecy, Gidarne, tu ne nous sçaurois don-« ner bon conseil, dirent les Lacedemoniens, pource « que le bien que tu nous promets, tu l'as essayé; mais « celuy dont nous iouïssons, tu ne sçais que c'est : tu as « esprouvé la faveur du roy; mais la liberté, quel goust « elle a, combien elle est doulce, tu n'en sçais rien. Or, « si tu en avois tasté toy mesme, tu nous conseillerois « de la deffendre, non pas avecques la lance et l'escu, « mais avecques les dents et les ongles ». Le seul Spartiate disoit ce qu'il falloit dire : mais certes l'un et l'aultre disoient comme ils avoient esté nourris; car il ne se pouvoit faire que le Perse eust regret à la liberté, ne l'ayant iamais eue; ny que le Lacedemonien endurast la subiection, ayant gousté la franchise.

Caton l'utican, estant encores enfant et soubs la verge, alloit et venoit souvent chez Sylla le dictateur, tant pource qu'à raison du lieu et maison dont il estoit, on ne luy fermoit iamais les portes, qu'aussi ils estoient proches parents. Il avoit tousiours son maistre quand il y alloit, comme avoient accoustumé les enfants de bonne part. Il s'apperceut que dans l'hostel de Sylla, en sa presence ou par son commandement, on emprisonnoit les uns, on condamnoit les aultres; l'un estoit banny, l'aultre estranglé; l'un demandoit le confisc d'un citoyen, et l'aultre la teste : en somme, tout y alloit, non comme

(1) Voyez Hérodote, l. 7, p. 422. C.

chez un officier de la ville, mais comme chez un tyran du peuple; et c'estoit, non pas un parquet de iustice, mais une caverne de tyrannie. Ce noble enfant dict à son maistre (1) : « Que ne me donnez vous un poignard? Ie le cacheray soubs ma robbe : i'entre souvent dans la chambre de Sylla avant qu'il soit levé : i'ay le bras assez fort pour en despescher la ville ». Voylà vrayement une parole appartenante à Caton : c'estoit un commencement de ce personnage, digne de sa mort. Et, neantmoins qu'on ne die ne son nom ne son pays, qu'on conte seulement le faict tel qu'il est, la chose mesme parlera, et iugera on, à belle adventure, qu'il estoit Romain, et nay dedans Rome, mais dans la vraye Rome, et lorsqu'elle estoit libre. A quel propos tout cecy? non pas certes que i'estime que le pays et le terrouer parfacent rien; car en toutes contrees, en tout air, est contraire la subiection, et plaisant d'estre libre : mais parce que ie suis d'advis qu'on ayt pitié de ceulx qui, en naissant, se sont trouvez le ioug au col; et que, ou bien on les excuse, ou bien qu'on leur pardonne, si n'ayants iamais veu seulement l'umbre de la liberté, et n'en estants point advertis, ils ne s'apperceoivent point du mal que ce leur est d'estre esclaves. S'il y a quelques pays (comme dict Homere des Cimmeriens) où le soleil se montre aultrement qu'à nous, et aprez leur avoir esclairé six mois continuels, il les laisse sommeillants dans l'obscurité, sans les venir reveoir de l'aultre demie annee, ceulx qui naistroient pendant cette longue nuict, s'ils n'avoient ouy parler de la clarté, s'esbahiroit on si, n'ayants point veu de iour, ils s'accoustumoient aux tenebres où ils sont nays, sans desirer la lumiere? On ne plaind iamais ce qu'on n'a iamais eu, et le regret ne vient point sinon aprez le plaisir; et tousiours est, avecques la cognois-

(1) Plutarque dans la vie de Caton d'Utique, de la traduction d'Amyot.

sance du bien, le souvenir de la ioye passee. Le naturel de l'homme est bien d'estre franc, et de le vouloir estre; mais aussi sa nature est telle que naturellement il tient le ply que la nourriture luy donne.

Disons doncques, Ainsi qu'à l'homme toutes choses luy sont naturelles à quoy il se nourrit et accoustume; mais seulement luy est naïf à quoy sa nature simple et non alteree l'appelle : ainsi la premiere raison de la servitude volontaire, c'est la coustume : Comme des plus braves (1) courtaults, qui, au commencement mordent le frein, et puis aprez s'en iouent, et là où nagueres ils ruoient contre la selle, ils se portent maintenant dans le harnois, et touts fiers se gorgiasent sous la barde. Ils disent qu'ils ont esté tousiours subiects, que leurs peres ont ainsi vescu; ils pensent qu'ils sont tenus d'endurer le mors, et le se font accroire par exemples; et fondent eulx mesmes, sur la longueur, la possession de ceulx qui les tyrannisent : mais, pour vray, les ans ne donnent iamais droict de malfaire, ains aggrandissent l'iniure. Tousiours en demeure il quelques uns, mieulx nays que les aultres, qui sentent le poids du ioug, et ne peuvent tenir de le crouler; qui ne s'apprivoisent iamais de la subiection, et qui tousiours, comme Ulysse qui par mer et par terre cherchoit de veoir la fumee de sa case, ne se sçavent garder d'adviser à leurs naturels privileges, et de se souvenir des predecesseurs et de leur premier estre : ce sont volontiers ceux là qui, ayants l'entendement net et l'esprit clairvoyant, ne se contentent pas, comme le gros populas, de regarder ce qui est devant leurs pieds, s'ils n'advisent et derriere et devant, et ne ramenent encores les choses passees, pour iuger de celles du temps advenir, et pour mesurer les presentes : ce sont ceulx qui ayants la teste, d'eulx mesmes, bien

(1) Cheval qui a crin et oreilles coupées, dit Nicot. Voyez le dictionnaire de l'académie françoise au mot *Courtaud*. C.

faicte, l'ont encores polie par l'estude et le sçavoir : ceulx là, quand la liberté seroit entierement perdue, et toute hors du monde, l'imaginant et la sentant en leur esprit, et encores la savourant, la servitude ne leur est iamais de goust, pour si bien qu'on l'accoustre.

Le grand Turc s'est bien advisé de cela, que les livres et la doctrine donnent plus, que toute aultre chose, aux hommes le sens de se recognoistre et de haïr la tyrannie: i'entends qu'il n'a en ses terres gueres de plus sçavants qu'il n'en demande. Or, communement, le bon zele et affection de ceulx qui ont gardé malgré le temps la devotion à la franchise, pour si grand nombre qu'il y en ayt, en demeure sans effect pour ne s'entrecognoistre point : la liberté leur est toute ostee, soubs le tyran, de faire et de parler, et quasi de penser ; ils demeurent touts singuliers en leurs fantasies : et pourtant Momus ne se mocqua pas trop, quand il trouva cela à redire en l'homme que Vulcan avoit faict, de quoy il ne luy avoit mis une petite fenestre au cœur, à fin que par là l'on peust veoir ses pensees. L'on a voulu dire que Brute et Casse, lors qu'ils feirent l'entreprinse de la delivrance de Rome, ou plustost de tout le monde, ne voulurent point que Ciceron, ce grand zelateur du bien publicque, s'il en feut iamais, feust de la partie, et estimerent son cœur trop foible pour un faict si hault : ils se fioient bien de sa volonté, mais ils ne s'asseuroient point de son courage. Et toutesfois qui vouldra discourir les faicts du temps passé et les annales anciennes, il s'en trouvera peu, ou point, de ceulx qui, voyants leur pays mal mené et en mauvaises mains, ayants entreprins d'une bonne intention de le delivrer, qu'ils n'en soient venus à bout, et que la liberté, pour se faire apparoistre, ne se soit elle mesme faict espaule ; Harmode, Aristogiton, Thrasybule, Brute le vieux, Valere et Dion, comme ils ont vertueusement pensé, l'executerent heureusement : en tel cas, quasi iamais à bon vouloir ne default la fortune. Brute le ieune et Casse osterent bien heureusement la servitude: mais, en ramenant la liberté, ils moururent; non pas miserablement, car quel blasme seroit ce de dire qu'il y ayt rien eu de miserable en ces gents là, ny en leur mort ny en leur vie? mais certes au grand dommage et perpetuel malheur et entiere ruyne de la republicque; laquelle certes feut, comme il me semble, enterree avecques eulx. Les aultres entreprinses, qui ont esté faictes depuis contre les aultres empereurs romains, n'estoient que des coniurations de gents ambitieux, les quels ne sont pas à plaindre des inconvenients qui leur sont advenus; estant bel à veoir qu'ils desiroient, non pas d'oster, mais de ruyner la couronne, pretendants chasser le tyran et retenir la tyrannie. A ceulx là ie ne vouldrois pas mesme qu'il leur en feust bien succedé; et suis content qu'ils ayent montré, par leur exemple, qu'il ne fault pas abuser du sainct nom de la liberté pour faire mauvaise entreprinse.

Mais pour revenir à mon propos, lequel i'avois quasi perdu, la premiere raison pour quoy les hommes servent volontiers, est, ce Qu'ils naissent serfs, et sont nourris tels. De cette cy en vient une aultre, Que ayseement les gents deviennent, soubs les tyrans, lasches et effeminez: dont ie sçais merveilleusement bon gré à Hippocrates, le grand pere de la medecine, qui s'en est prins garde, et l'a ainsi dict en l'un de ses livres qu'il intitule « Des maladies (1) ». Ce personnage avoit certes le cœur en bon

(1) Ce n'est point dans celui des maladies, que nous cite ici la Boëtie, mais dans un autre, intitulé περι αερων, ὑδατων, τοπων : où Hippocrate dit, §. 41, « Que les plus belliqueux des peuples d'Asie, Grecs ou barbares, sont ceux qui, n'étant pas gouvernés despotiquement, vivent sous les loix qu'ils s'imposent « à eux-mesmes; et qu'où les hommes vivent sous des rois absolus, ils sont nécessairement fort timides ». On trouve les mêmes pensées, plus particulièrement détaillées dans le paragraphe 40 du même ouvrage. C.

lieu, et le montra bien alors que le grand roy le voulut attirer prez de luy à force d'offres et grands presents, et luy respondit franchement qu'il feroit grand' conscience de se mesler de guarir les Barbares qui vouloient tuer les Grecs, et de rien servir par son art à luy qui entreprenoit d'asservir la Grece. La lettre qu'il luy envoya, se veoid encores auiourd'huy parmy ses aultres œuvres, et tesmoignera, pour iamais, de son bon cœur et de sa noble nature (a). Or, il est doncques certain qu'avecques la liberté tout à un coup se perd la vaillance. Les gents subiects n'ont point d'alaigresse au combat, ny d'aspreté : ils vont au dangier comme attachez, et touts engourdis, et par maniere d'acquit; et ne sentent point bouillir dans le cœur l'ardeur de la franchise qui faict mespriser le peril, et donne envie d'acheter, par une belle mort entre ses compaignons, l'honneur de la gloire. Entre les gents libres, c'est à l'envy, à qui mieulx mieulx, chascun pour le bien commun, chascun pour soy, là où ils s'attendent d'avoir toute leur part au mal de la desfaicte, ou au bien de la victoire : mais les gents assubiectis, oultre ce courage guerrier ils perdent encores en toutes aultres choses la vivacité, et ont le cœur bas et mol, et sont incapables de toutes choses grandes. Les tyrans cognoissent bien cela : et, voyants que ils prennent ce ply, pour les faire mieulx avachir encores, leur y aydent ils.

Xenophon, historien grave, et du premier reng entre les Grecs, a faict un livret (b), auquel il faict parler

---

(a) La lettre d'Artaxerxe à Hystanes, celle d'Hystanes à Hippocrate, et la réponse d'Hippocrate, d'où sont tirées toutes les particularités qui composent cet article, se trouvent à la fin des œuvres d'Hippocrate. C.

(b) Intitulé, Ιερων, η Τυραννικος, Hiéron, ou Portrait de la condition des rois. Coste a traduit cet ouvrage, et l'a publié en grec et en françois, avec des notes. Amsterd. 1711. N.

Simonide, avecques Hieron le roy de Syracuses, des miseres du tyran. Ce livret est plein de bonnes et graves remontrances, et qui ont aussi bonne grace, à mon advis, qu'il est possible. Que pleust à Dieu, que touts les tyrans qui ont iamais esté l'eussent mis devant les yeulx, et s'en feussent servis de mirouer! ie ne puis pas croire qu'ils n'eussent recogneu leurs verrues, et eu quelque honte de leurs taches. En ce traicté il conte la peine en quoy sont les tyrans, qui sont contraincts, faisants mal à touts, se craindre de touts. Entre aultres choses il dict cela, que les mauvais roys se servent d'estrangiers à la guerre, et les souldoient, ne s'osants fier de mettre à leurs gents (ausquels ils ont faict tort) les armes en la main. Il y a eu de bons roys qui ont bien eu à leur solde des nations estranges, comme des François mesmes, et plus encores d'aultres fois qu'auiourd'huy, mais à une aultre intention; pour garder les leurs, n'estimants rien de dommage de l'argent pour espargner les hommes. C'est ce que disoit Scipion (ce crois ie le grand Afriquain), qu'il aimeroit mieulx avoir sauvé la vie à un citoyen, que desfaict cent ennemis. Mais certes cela est bien asseuré, que le tyran ne pense iamais que sa puissance luy soit asseuree, sinon quand il est venu à ce poinct qu'il n'a soubs luy homme qui vaille : doncques à bon droict luy dira on cela que Thrason, en Terence, se vante avoir reproché au maistre des elephants,

> Pour cela si brave vous estes
> Que vous avez charge des bestes. (1)

Mais cette ruse des tyrans d'abestir leurs subiects ne se peult cognoistre plus clairement que par ce que Cyrus feit aux Lydiens, aprez qu'il se feut emparé de Sardes, la maistresse ville de Lydie, et qu'il eut prins à mercy

---

(1) Eone es ferox, quia habes imperium in belluas?
Teret. eunuch. act. 3, sc. 1, v. 25.

Cresus, ce tant riche roy, et l'eut emmené captif quand et soy : on luy apporta les nouvelles que les Sardins s'estoient revoltez; il les eut bientost reduicts soubs sa main : mais ne voulant pas mettre à sac une tant belle ville, ny estre tousiours en peine d'y tenir une armee pour la garder, il s'advisa d'un grand expedient pour s'en asseurer : Il y establit des bordeaux, des tavernes et ieux publicques; et feit publier cette ordonnance, Que les habitants eussent à en faire estat. Il se trouva si bien de cette garnison, qu'il ne luy fallut iamais depuis tirer un coup d'espee contre les Lydiens. Ces pauvres gents miserables s'amuserent à inventer toutes sortes de ieux, si bien que les Latins ont tiré leur mot, et ce que nous appellons passe temps, ils l'appellent LVDI, comme s'ils vouloient dire LYDI. Touts les tyrans n'ont pas ainsi declaré si exprez qu'ils voulussent effeminer leurs hommes : mais, pour vray, ce que celuy là ordonna formellement et en effect, soubs main ils l'ont pourchassé la pluspart. A la verité c'est le naturel du menu populaire, du quel le nombre est tousiours plus grand dans les villes : il est souspeçonneux à l'endroict de celuy qui l'aime, et simple envers celuy qui le trompe. Ne pensez pas qu'il y ayt nul oyseau qui se prenne mieulx à la pipee, ny poisson aulcun qui pour la friandise s'accroche plustost dans le haim, que touts les peuples s'alleichent vistement à la servitude, pour la moindre plume qu'on leur passe, comme on dict, devant la bouche : et est chose merveilleuse qu'ils se laissent aller ainsi tost, mais seulement qu'on les chatouille. Les theatres, les ieux, les farces, les spectacles, les gladiateurs, les bestes estranges, les medailles, les tableaux et aultres telles drogueries, estoient aux peuples anciens les appasts de la servitude, le prix de leur liberté, les utils de la tyrannie. Ce moyen, cette practique, ces alleichements avoient les anciens tyrans, pour endormir leurs anciens subiects soubs le ioug. Ainsi les peuples, assottis, trouvants beaulx ces passetemps, amusez d'un vain plaisir qui leur passoit devant les yeulx, s'accoustumoient à servir aussi niaisement, mais plus mal, que les petits enfants qui, pour veoir les luisants images de livres illuminez, apprennent à lire. Les romains tyrans s'adviserent encores d'un aultre poinct, De festoyer souvent les dizaines publicques, abusant cette canaille, comme il falloit, qui se laisse aller, plus qu'à toute chose, au plaisir de la bouche : le plus entendu de touts n'eust pas quité son escuelle de soupe, pour recouvrer la liberté de la republicque de Platon. Les tyrans faisoient largesse du quart de bled, du sextier de vin, du sesterce : et lors c'estoit pitié d'ouïr crier VIVE LE ROY! Les lourdauts n'advisoient pas qu'ils ne faisoient que recouvrer partie du leur, et que cela mesme qu'ils recouvroient, le tyran ne leur eust peu donner, si, devant, il ne l'avoit osté à eulx mesmes. Tel eust amassé auiourd'huy le sesterce, tel se feust gorgé au festin publicque, en benissant Tibere et Neron de leur belle liberalité, qui le lendemain estant contrainct d'abandonner ses biens à l'avarice, ses enfants à la luxure, son sang mesme à la cruauté de ces magnifiques empereurs, ne disoit mot, non plus qu'une pierre, et ne se remuoit non plus qu'une souche. Tousiours le populas a eu cela : Il est, au plaisir qu'il ne peult honnestement recevoir, tout ouvert et dissolu; et au tort et à la douleur qu'il ne peult honnestement souffrir, insensible. Ie ne veois pas maintenant personne qui, oyant parler de Neron, ne tremble mesme au surnom de ce vilain monstre, de cette orde et sale beste : on peult bien dire qu'aprez sa mort, aussi vilaine que sa vie, le noble peuple romain (1) en receut tel desplaisir, se souvenant de ses ieux et festins, qu'il feut sur le

---

(1) Plebs sordida, et circo ac theatris sueta, simul deterrimi servorum, aut qui, adesis bonis, per dedecus Neronis alebantur, mœsti. *Tacit.* hist. l. I, ab initio.

poinct d'en porter le dueil; ainsi l'a escript Corneille Tacite, aucteur bon, et grave des plus, et certes croyable. Ce qu'on ne trouvera pas estrange, si l'on considere ce que ce peuple là mesme avoit faict à la mort de Iules Cesar qui donna congé aux loix et à la liberté : auquel personnage ils n'y ont (ce me semble) trouvé rien qui valust, que son humanité ; laquelle, quoyqu'on la preschast tant, feut plus dommageable que la plus grande cruauté du plus sauvage tyran qui feut oncques, pource que, à la verité, ce feut cette venimeuse doulceur qui envers le peuple romain sucra la servitude : mais aprez sa mort, ce peuple là, qui avoit encores à la bouche ses banquets, en l'esprit la souvenance de ses prodigalitez, pour luy faire ses honneurs et le mettre en cendres (1), amonceloit, à l'envy, les bancs de la place, et puis (2) esleva une colonne, comme au Pere du peuple (ainsi portoit le chapiteau), et luy feit plus d'honneur, tout mort qu'il estoit, qu'il n'en debvoit faire à homme du monde, si ce n'estoit, possible, à ceulx qui l'avoient tué. Ils n'oublierent pas cela aussi les empereurs romains, de prendre communement le tiltre de tribun du peuple, tant pource que cet office estoit tenu pour sainct et sacré, que aussi qu'il estoit estably pour la deffense et protection du peuple, et soubs la faveur de l'estat. Par ce moyen ils s'asseuroient, que ce peuple se fieroit plus d'eulx; comme s'il debvoit encourir le nom, et non pas sentir les effects.

Au contraire auiourd'huy ne font pas beaucoup mieulx ceulx qui ne font mal aulcun, mesme de consequence, qu'ils ne facent passer, devant, quelque ioly propos du bien commun et soulagement publicque. Car vous sça-

---

(1) Suétone dans la vie de Jules César, §. 84.

(2) Posteà solidam columnam prope viginti pedum lapidis numidici in foro statuit, scripsitque, Parenti patriæ. *Sueton.* Ibid. §. 85.

vez bien, ô Longa, le formulaire, duquel en quelques endroicts ils pourroient user assez finement : mais en la pluspart certes il n'y peult avoir assez de finesse, là où il y a tant d'impudence. Les roys d'Assyrie, et encores aprez eulx ceulx de Mede, ne se presentoient en public que le plus tard qu'ils pouvoient, pour mettre en doubte ce populas s'ils estoient en quelque chose plus qu'hommes, et laisser en cette resverie les gents qui font volontiers les imaginatifs aux choses de quoy ils ne peuvent iuger de veue. Ainsi tant de nations, qui feurent assez long temps soubs cet empire assyrien, avecques ce mystere s'accoustumerent à servir, et servoient plus volontiers, pour ne sçavoir quel maistre ils avoient, ny à grand' peine s'ils en avoient; et craignoient touts, à credit, un, que personne n'avoit veu. Les premiers roys d'Egypte ne se montroient gueres, qu'ils ne portassent tantost une branche, tantost du feu sur la teste, et se masquoient ainsin, et faisoient les basteleurs; et, en ce faisant, par l'estrangeté de la chose ils donnoient à leurs subiects quelque reverence et admiration : où, aux gents qui n'eussent esté ou trop sots ou trop asservis, ils n'eussent appresté (ce m'est advis) sinon passetemps et risee. C'est pitié d'ouïr parler de combien de choses les tyrans du temps passé faisoient leur proufit pour fonder leur tyrannie; de combien de petits moyens ils se servoient grandement, ayant trouvé ce populas faict à leur poste; au quel ils ne sçavoient tendre filet, qu'il ne s'y veinst prendre; du quel ils ont eu tousiours si bon marché de tromper, qu'ils ne l'assuiettissoient iamais tant que lors qu'ils s'en mocquoient le plus.

Que diray ie d'une aultre belle bourde, que les peuples anciens prinrent pour argent comptant ? ils creurent fermement (1), que le gros doigt d'un pied de

(1) Tout ce qu'on dit ici de Pyrrhus est rapporté dans sa vie par Plutarque, de la traduction d'Amyot.

Pyrrhus, roy des Epirotes, faisoit miracles, et guarissoit les malades de la rate : ils enrichirent encores mieulx le conte, que ce doigt, aprez qu'on eut bruslé tout le corps mort, s'estoit trouvé entre les cendres, s'estant sauvé maugré le feu. Tousiours ainsi le peuple (a) s'est faict luy mesme les mensonges, pour, puis aprez, les croire. Prou de gents l'ont ainsin escript, mais de façon, qu'il est bel à veoir qu'ils ont amassé cela des bruits des villes et du vilain parler du populaire. Vespasian, revenant d'Assyrie, et passant par Alexandrie pour aller à Rome s'emparer de l'empire, feit merveilles (1) : il redressoit les boyteux, il rendoit clairvoyants les aveugles, et tout plein d'aultres belles choses auxquelles qui ne pouvoit veoir la faulte qu'il y avoit, il estoit (à mon advis) plus aveugle que ceulx qu'il guarissoit. Les tyrans mesmes trouvoient fort estrange, que les hommes peussent endurer un homme leur faisant mal : ils vouloient fort se mettre la religion devant, pour garde corps, et, s'il estoit possible, empruntoient quelque eschantillon de divinité, pour le soubstien de leur meschante vie. Doncques Salmonee, si l'on croid à la sibylle de Virgile et son enfer, pour s'estre ainsi mocqué des gents, et avoir voulu faire du Iupiter, en rend maintenant compte, où elle le veid en l'arriere enfer,

Souffrant cruels torments, pour vouloir imiter
Les tonnerres du ciel, et feux de Iupiter.
Dessus quatre coursiers il s'en alloit, branslant
(Haut monté) dans son poing un grand flambeau bruslant,
Par les peuples gregeois et dans le plein marché,
En faisant sa bravad' : mais il entreprenoit
Sur l'honneur qui, sans plus, aux dieux appartenoit.

(a) Le peuple sot faict etc.

Cette leçon est une correction manuscrite qu'on trouve, avec plusieurs autres, à la marge de l'exempl. de la biblioth. nation. N.

(1) Suétone, dans la vie de Vespasien, §. 7.

L'insensé, qui l'orage et fouldre inimitable
Contrefaisoit (d'airain, et d'un cours effroyable
De chevaux cornepieds) du Pere tout puissant :
Le quel, bientost aprez, ce grand mal punissant,
Lancea, non un flambeau, non pas une lumiere
D'une torche de cire, avecques sa fumiere,
Mais par le rude coup d'une horrible tempeste,
Il le porta çà bas, les pieds par dessus teste. (1)

Si celuy qui ne faisoit que le sot est à cette heure si bien traicté là bas, ie crois que ceulx qui ont abusé de la religion, pour estre meschants, s'y trouveront encores à meilleures enseignes.

Les nostres semerent en France ie ne sçais quoy de tel, des crapauds, des fleurs de liz, l'ampoule, l'oriflan. Ce que de ma part (2), comment qu'il en soit, ie ne veulx

---

(1) C'est une traduction fade et grossiere de ces beaux vers latins :

Vidi et crudeles dantem Salmonea pœnas,
Dum flammas Jovis et sonitus imitatur Olympi.
Quattuor hic invectus equis, et lampada quassans,
Per Graiûm populos, mediæque per Elidis urbem,
ibat ovans, divûmque sibi poscebat honorem :
Demens ! qui nimbos et non imitabile fulmen
Aere et cornipedum cursu simulârat equorum.
At pater omnipotens densa inter nubila telum
Contorsit (non ille faces, nec fumea tædis
Lumina), præcipitemque immani turbine adegit.

Virg. Aeneid. l. 6, v. 585, etc.

(2) Par tout ce que la Boëtie nous dit ici des fleurs de liz, de l'ampoule, et de l'oriflan, il est aisé de deviner ce qu'il pense véritablement des choses merveilleuses qu'on en conte. Et le bon Pasquier n'en jugeoit point autrement que la Boëtie. « Il y a en « chaque république (nous dit-il dans ses Recherches de la France, « l. 8, c. 21) plusieurs histoires que l'on tire d'une longue an- « cienneté, sans que le plus du temps l'on en puisse sonder la « vraye origine, et toutesfois on les tient non seulement pour vé-

pas encores mescroire, puis que nous et nos ancestres n'avons eu aulcune occasion de l'avoir mescreu, ayants tousiours des roys si bons en la paix, si vaillants en la guerre, que, encores qu'ils naissent roys, si semble il qu'ils ont esté non pas faicts comme les aultres par la nature, mais choisis par le Dieu tout puissant, devant que naistre, pour le gouvernement et la garde de ce royaume. Encores quand cela n'y seroit pas, si ne vouldrois ie pas entrer en lice pour debattre la verité de nos histoires, ny l'esplucher si privement, pour ne tollir ce bel estat, où se pourra fort escrimer nostre poësie françoise, maintenant non pas accoustree, mais, comme il semble, faicte toute à neuf, par nostre Ronsard, nostre Baif, nostre du Bellay, qui en cela advancent bien tant nostre langue, que i'ose esperer que bientost les Grecs ny les Latins n'auront gueres, pour ce regard, devant nous, sinon possible que le droict d'aisnesse. Et certes

---

« ritables, mais pour grandement auctorisées et sacrosainctes. De « telle marque en trouvons nous plusieurs tant en Grece qu'en « la ville de Rome; et de cette même façon avons nous presque « tiré, entre nous, l'ancienne opinion que nous eumes de l'Au- « riflamme, l'invention de nos Fleurs de Lys, que nous attribuons « à la Divinité, et plusieurs autres belles choses, les quelles bien « qu'elles ne soient aydées d'auteurs anciens, si est ce qu'il est « bien seant à tout bon citoyen de les croire pour la majesté de « l'Empire ». Tout cela, réduit à sa juste valeur, signifie, que c'est par complaisance qu'il faut croire ces sortes de choses, « ch'il crederle è cortesia ». Dans un autre endroit du même ouvrage (liv. 2, ch. 17) Pasquier remarque qu'il y a eu des rois de France qui ont eu pour armoiries trois crapauds, mais que « Clovis, pour rendre son royaume plus miraculeux, se fit apporter par un hermite, comme par advertissement du ciel, les « fleurs de lys, les quelles se sont continuées jusques à nous ». Ce dernier passage n'a pas besoin de commentaire : l'auteur y déclare fort nettement, et sans détour, à qui l'on doit attribuer l'invention des fleurs de lys. C.

ie ferois grand tort à nostre rhythme (car i'use volontiers de ce mot, et il ne me desplaist) pource qu'encores que plusieurs l'eussent rendue mechanique, toutesfois ie veois assez de gents qui sont à mesme pour la r'anoblir, et luy rendre son premier honneur : mais ie luy ferois, dis ie, grand tort de luy oster maintenant ces beaux contes du roy Clovis, aux quels desià ie veois, ce me semble, combien plaisamment, combien à son ayse, s'y esgayera la veine de nostre Ronsard en sa Franciade. I'entends sa portee, ie cognois l'esprit aigu, ie sçais la grace de l'homme : il fera ses besongnes de l'oriflan, aussi bien que les Romains de leurs anciles (1) et des boucliers, du ciel en bas iectez, ce dict Virgile : il mesnagera nostre ampoule aussi bien que les Atheniens leur panier d'Erisichthone : il se parlera de nos armes encores dans la tour de Minerve. Certes ie serois oultrageux de vouloir desmentir nos livres, et de courir ainsi sur les terres de nos poëtes. Mais pour revenir, d'où ie ne sçais comment i'avois destourné le fil de mon propos, a il iamais esté que les tyrans, pour s'asseurer, n'ayent tousiours tasché d'accoustumer le peuple envers eulx, non pas seulement à l'obeïssance et servitude, mais encores à devotion. Doncques ce que i'ay dict iusques icy, qui apprend les gents à servir volontiers, ne sert gueres aux tyrans que pour le menu et grossier populaire.

Mais maintenant ie viens, à mon advis, à un poinct le quel est le secret et le resourd (2) de la domination, le soubstien et fondement de la tyrannie : Qui pense que les hallebardes des gardes, l'assiette du guet, garde les tyrans, à mon iugement se trompe fort : ils s'en aydent, comme ie crois, plus pour la formalité et espoventail, que pour fiance qu'ils y ayent. Les archers gardent d'en-

(1) Et lapsa ancilia cœlo.

Virg. Aeneid. l. 8, v. 664.

(2) Le ressort

trer dans les palais les malhabiles qui n'ont nul moyen, non pas les bien armez qui peuvent faire quelque entreprinse. Certes, des empereurs romains il est aysé à compter qu'il n'y en a pas eu tant qui ayent eschappé quelque dangier par le secours de leurs archers, comme de ceulx là qui ont esté tuez par leurs gardes. Ce ne sont pas les bandes de gents à cheval, ce ne sont pas les compaignies de gents à pied, ce ne sont pas les armes, qui deffendent le tyran ; mais, on ne le croira pas du premier coup, toutesfois il est vray, ce sont tousiours quatre ou cinq qui maintiennent le tyran, quatre ou cinq qui luy tiennent le pays tout en servage. Tousiours il a esté que cinq ou six ont eu l'aureille du tyran, et s'y sont approchez d'eulx mesmes, ou bien ont esté appellez par luy, pour estre les complices de ses cruautez, les compaignons de ses plaisirs, maquereaux de ses voluptez, et communs au bien de ses pilleries. Ces six addressent si bien leur chef, qu'il fault, pour la societé, qu'il soit meschant, non pas seulement de ses meschancetez, mais encores des leurs. Ces six ont six cents, qui proufitent soubs eulx, et font de leurs six cents ce que les six font au tyran. Ces six cents tiennent soubs eulx six mille, qu'ils ont eslevez en estat, aux quels ils ont faict donner ou le gouvernement des provinces, ou le maniement des deniers, à fin qu'ils tiennent la main à leur avarice et cruauté, et qu'ils l'executent quand il sera temps, et facent tant de mal d'ailleurs, que ils ne puissent durer que soubs leur umbre, ny s'exempter, que par leur moyen, des loix et de la peine. Grande est la suite qui vient aprez de cela. Et qui vouldra s'amuser à devuider ce filet, il verra que, non pas les six mille, mais les cent mille; les millions, par cette chorde, se tiennent au tyran, s'aydant d'icelle; comme, en Homere, Iupiter qui se vante, s'il tire la chaisne, d'amener vers soy touts les dieux. Delà venoit la creue du senat soubs Iule, l'establissement de nouveaux estats, eslection d'offices; non pas certes, à bien prendre, reformation de la iustice, mais nouveaux soubstiens de la tyrannie. En somme, l'on en vient là, par les faveurs, par les gaings ou regaings que l'on a avecques les tyrans, qu'il se treuve quasi autant de gents aux quels la tyrannie semble estre proufitable, comme de ceulx à qui la liberté seroit agreable. Tout ainsi que les medecins disent qu'à nostre corps, s'il y a quelque chose de gasté, deslors qu'en aultre endroict il s'y bouge rien (1), il se vient aussi tost rendre vers cette partie vereuse : pareillement, deslors qu'un roy s'est declaré tyran, tout le mauvais, toute la lie du royaume, ie ne dis pas un tas de larronceaux et d'essaurillez (2), qui ne peuvent gueres faire mal ny bien en une republicque, mais ceulx qui sont taxez d'une ardente ambition, et d'une notable avarice, s'amassent autour de luy, et le soubstiennent, pour avoir part au butin, et estre, soubs le grand tyran, tyranneaux eulx mesmes. Ainsi font les grands voleurs et les fameux coursaires : les uns descouvrent le païs, les aultres chevalent (3) les voyageurs ; les uns sont en embusche, les aultres au guet ; les uns massacrent, les aultres despouillent ; et encores qu'il y ayt entre eulx des preeminences, et que les uns ne soyent que valets, et les aultres les chefs de l'assemblee, si n'en y a il à la fin pas un qui ne se sente du principal butin, au moins de la recherche. On dict bien que les pirates ciliciens ne s'assemblerent pas seulement en si grand

---

(1) Il s'y fait quelque fermentation, quelque tumeur. — De Bouge, qui, selon Nicot, signifie ce qui est comme renflé, et sortant en tumeur, est venu bouger dans le sens qu'on l'explique ici. C.

(2) De faquins, de gens perdus de réputation, qui ont été condamnés à avoir les oreilles coupées. — *Essaurillez* ou *essaureillez*, rei auribus diminuti. C.

(3) Poursuivent les voyageurs pour les détrousser. Chevaler un homme, comme on chevale les perdrix, *captare* : Nicot. C.

nombre, qu'il fallust envoyer contre eulx Pompee le grand; mais encores tirerent à leur alliance plusieurs belles villes et grandes citez, aux havres des quelles ils se mettoient en grande seureté, revenant des courses; et pour recompense leur bailloient quelque proufit du recellement de leurs pilleries.

Ainsi le tyran asservit les subiects les uns par le moyen des aultres, et est gardé par ceulx des quels, s'ils valoient rien, il se debvroit garder; mais, comme on dict, pour fendre le bois il se faict des coings du bois mesme : voylà ses archers, voylà ses gardes, voylà ses hallebardiers. Il n'est pas qu'eulx mesmes ne souffrent quelquesfois de luy : mais ces perdus, ces abandonnez de Dieu et des hommes, sont contents d'endurer du mal, pour en faire, non pas à celuy qui leur en faict, mais à ceulx qui en endurent comme eulx, et qui n'en peuvent mais. Et toutesfois, voyant ces gents là, qui naquettent (1) le tyran, pour faire leurs besongnes de sa tyrannie et de la servitude du peuple, il me prend souvent esbahissement de leur meschanceté, et quelquesfois quelque pitié de leur grande sottise. Car, à dire vray, qu'est ce aultre chose de s'approcher du tyran, sinon que de se tirer plus arriere de leur liberté, et (par maniere de dire) serrer à deux mains et embrasser la servitude? Qu'ils mettent un petit à part leur ambition, que ils se deschargent un peu de leur avarice; et puis, qu'ils se regardent eulx mesmes, qu'ils se recognoissent : et ils verront clairement, que les villageois, les païsans, les quels, tant qu'ils peuvent, ils foullent aux pieds, et en font pis que des forceats ou esclaves; ils verront, dis ie, que ceulx là, ainsi mal menez, sont

(1) Flattent le tyran, lui font servilement la cour. Du temps de Nicot on appeloit *naquet* le garçon, qui dans le jeu de paume sert les joueurs : et c'est de ce mot, qui n'est plus en usage, qu'a été formé naqueter, ou nacqueter, qu'on a conservé dans le dictionnaire de l'académie françoise. C.

toutesfois, au prix d'eulx, fortunez et aulcunement libres. Le laboureur et l'artisan, pour tant qu'ils soyent asservis, en sont quites en faisant ce qu'on leur dict : mais le tyran veoid les aultres qui sont, prez de luy, coquinants et mendiants sa faveur ; il ne fault pas seulement qu'ils facent ce qu'il dict, mais qu'ils pensent ce qu'il veult, et souvent, pour luy satisfaire, qu'ils previennent encores ses pensees. Ce n'est pas tout à eulx de luy obeïr, il fault encores luy complaire ; il fault qu'ils se rompent, qu'ils se tormentent, qu'ils se tuent à travailler en ses affaires, et puis, qu'ils se plaisent de son plaisir, qu'ils laissent leur goust pour le sien, qu'ils forcent leur complexion, qu'ils despouillent leur naturel ; il fault qu'ils prennent garde à ses paroles, à sa voix, à ses signes, à ses yeulx ; qu'ils n'ayent ny yeulx, ny pieds, ny mains, que tout ne soit au guet, pour espier ses volontez, et pour descouvrir ses pensees. Cela est ce vivre heureusement ? cela s'appelle il vivre ? est il au monde rien si insupportable que cela, ie ne dis pas à un homme bien nay, mais seulement à un qui ayt le sens commun, ou, sans plus, la face d'un homme ? Quelle condition est plus miserable, que de vivre ainsi, qu'on n'ayt rien à soy, tenant d'aultruy son ayse, sa liberté, son corps et sa vie !

Mais ils veulent servir, pour gaigner des biens : comme s'ils pouvoient rien gaigner qui feust à eulx, puis que ils ne peuvent pas dire d'eulx, qu'ils soyent à eulx mesmes ; et, comme si aulcun pouvoit rien avoir de propre soubs un tyran, ils veulent faire que les biens soyent à eulx, et ne se souviennent pas, que ce sont eulx qui luy donnent la force pour oster tout à touts, et ne laisser rien qu'on puisse dire estre à personne : ils veoient que rien ne rend les hommes subiects à sa cruauté, que les biens ; qu'il n'y a aulcun crime envers luy digne de mort, que le de quoy ; qu'il n'aime que les richesses ; ne desfaict que les riches qui se viennent presenter, comme devant le boucher, pour s'y offrir ainsi pleins et refaicts et luy en faire envie. Ces favoris ne se doibvent pas tant souvenir de ceulx qui ont gaigné autour des tyrans beaucoup de biens, comme de ceulx qui ayants quelque temps amassé, puis aprez y ont perdu et les biens et la vie : il ne leur doibt pas venir en l'esprit combien d'aultres y ont gaigné de richesses, mais combien peu ceux là les ont gardees. Qu'on descouvre toutes les anciennes histoires; qu'on regarde toutes celles de nostre souvenance; et on verra, tout à plein, combien est grand le nombre de ceulx qui ayants gaigné par mauvais moyens l'aureille des princes, et ayants ou employé leur mauvaistié ou abusé de leur simplesse, à la fin par ceulx là mesmes ont esté aneantis, et autant que ils avoient trouvé de facilité pour les eslever, autant puis aprez y ont ils trouvé d'inconstance pour les y conserver. Certainement en si grand nombre de gents qui ont esté iamais prez des mauvais roys, il en est peu, ou comme point, qui n'ayent essayé quelquesfois en eulx mesmes la cruauté du tyran qu'ils avoient devant attisee contre les aultres : le plus souvent, s'estants enrichis, sous umbre de sa faveur, des despouilles d'aultruy, ils ont eulx mesmes enrichi les aultres de leur despouille.

Les gents de bien mesme, si quelquesfois il s'en treuve quelqu'un aimé du tyran, tant soient ils avant en sa grace, tant reluise en eulx la vertu et integrité qui, voire aux plus meschants, donne quelque reverence de soy quand on la veoid de prez, mais ces gents de bien mesme ne sçauroient durer, et fault qu'ils se sentent du mal commun, et qu'à leurs despens ils esprouvent la tyrannie. Un Seneque, un Burre (1), un Trazee, cette terne (2) de gents de bien, desquels mesme les deux leur mauvaise fortune les approcha d'un tyran, et leur meit en main le

(1) Un Burrhus, un Thraseas.

(2) Ce *trio*, pourroit-on dire aujourd'hui, s'il étoit permis d'employer le mot de *trio* dans un sens grave et sérieux. C.

maniement de ses affaires; touts deux estimez de luy, et cheris, et encores l'un l'avoit nourri, et avoit pour gages de son amitié, la nourriture de son enfance : mais ces trois là sont suffisants tesmoings, par leur cruelle mort, combien il y a peu de fiance en la faveur des mauvais maistres. Et, à la verité, quelle amitié peult on esperer en celuy qui a bien le cœur si dur, de haïr son royaume qui ne faict que luy obeïr, et le quel (1), pour ne se sçavoir pas encores aimer, s'appauvrit luy mesme, et destruit son empire?

Or, si on veult dire que ceulx là (2) pour avoir bien vescu sont tumbez en ces inconvenients, qu'on regarde hardiement autour de celuy là mesme (3), et on verra que ceulx qui veinrent en sa grace, et s'y mainteinrent par meschancetez, ne feurent pas de plus longue duree. Qui a ouï parler d'amour si abandonnee, d'affection si opiniastre? qui a iamais leu d'homme si obstineement acharné envers femme, que de celuy là envers Poppee? or feut elle aprez (4) empoisonnee par luy mesme.

---

(1) Car un roi qui connoîtroit ses vrais intérêts, ne sauroit s'empêcher de voir, qu'en « appauvrissant ses sujets, il s'appau-« vriroit aussi certainement lui-même qu'un jardinier, qui, après « avoir cueilli le fruit de ses arbres, les couperoit pour les vendre »: C'est ce qu'Alexandre comprit si bien, qu'il se fit une loi de n'imposer aux peuples qu'il conquit en Asie, que le même tribut qu'ils avoient accoutumé de payer à Darius; sur quoi quelqu'un luy ayant remontré qu'il pouvoit tirer de plus gros revenus d'un si grand empire, il répondit, « Qu'il n'aimoit pas le jardinier « qui coupoit jusqu'à la racine des choux, dont il ne devoit « cueillir que les feuilles ». C.

(2) Que Burrhus, Séneque, et Thraséas, ne sont tombés dans ces inconvénients que pour avoir été gens de bien. C.

(3) De Néron.

(4) Selon Suétone et Tacite, Néron la tua d'un coup de pied qu'il lui donna dans le temps de sa grossesse. « Poppæam (dit « le premier dans la vie de Néron, §. 35) unicè dilexit. Et tamen

Agrippine sa mere avoit tué son mary Claude pour luy faire place en l'empire ; pour l'obliger, elle n'avoit iamais faict difficulté de rien faire ny de souffrir : doncques son fils mesme, son nourrisson, son empereur faict de sa main (1), aprez l'avoir souvent faillie, luy osta la vie : et n'y eut lors personne qui ne dict qu'elle avoit fort bien merité cette punition, si c'eust esté par les mains de quelque aultre, que de celuy qui la luy avoit baillee. Qui feut oncques plus aysé à manier, plus simple, pour le dire mieulx, plus vray niaiz, que Claude l'empereur? qui feut oncques plus coëffé de femme, que luy de Messaline? Il la meit enfin entre les mains du bourreau. La simplesse demeure tousiours aux tyrans, s'ils en ont, à ne sçavoir bien faire ; mais ie ne sçais comment à la fin, pour user de cruauté, mesme envers ceulx qui leur sont prez, si peu qu'ils ayent d'esprit, cela mesme s'esveille. Assez commun est le beau mot de cettuy là (2), qui voyant la gorge descouverte de sa femme, qu'il aimoit le plus, et sans laquelle il sembloit qu'il n'eust sceu vivre, il la caressa de cette belle parole, « Ce beau col sera tantost coupé, si ie le commande ». Voylà pour quoy la pluspart des tyrans anciens estoient communement tuez par leurs favoris, qui, ayants cogneu la nature de la tyrannie, ne se pouvoient tant asseurer de la volonté du tyran,

---

« ipsam quoque, ictu calcis, occidit ». Pour Tacite, il ajoute que c'est plutôt par passion que sur un fondement raisonnable, que quelques écrivains ont publié que Poppée avoit été empoisonnée par Néron. « Poppæa, dit-il, mortem obiit, fortuitâ mariti iracundiâ, à quo gravida ictu calcis afflicta est. Neque enim venenum crediderim, quamvis quidam scriptores tradant odio « magis quàm ex fide ». Annal. l. 16, ab initio. C.

(1) Voyez Suétone dans la vie de Néron, §. 34.

(2) De Caligula, lequel, dit Suétone dans sa vie, §. 33. « Quoties uxoris vel amiculæ collum exoscularetur, addebat : Tam « bona cervix, simul ac jussero, demetur. »

comme ils se desfioient de sa puissance. Ainsi feut tué Domitian (1), par Estienne; Commode, par une de ses amies mesme (2); Antonin (3); par Macrin; et de mesme quasy touts les aultres.

C'est cela, que certainement le tyran n'est iamais aimé, ny n'aime. L'amitié, c'est un nom sacré, c'est une chose saincte, elle ne se met iamais qu'entre gents de bien, ne se prend que par une mutuelle estime; elle s'entretient, non tant par un bienfaict, que par la bonne vie. Ce qui rend un ami asseuré de l'aultre, c'est la cognoissance qu'il a de son integrité : les respondants qu'il en a, c'est son bon naturel, la foy, et la constance. Il n'y peult avoir d'amitié, là où est la cruauté, là où est la desloyauté, là où est l'iniustice. Entre les meschants quand ils s'assemblent, c'est un complot, non pas compaignie ; ils ne s'entretiennent pas, mais ils s'entrecraignent; ils ne sont pas amis, mais ils sont complices.

Or, quand bien cela n'empescheroit point, encores seroit il mal aysé de trouver en un tyran une amour asseuree ; parce qu'estant au dessus de touts, et n'ayant point de compaignon, il est desià au de là des bornes de l'amitié qui a son gibbier en l'equité, qui ne veult iamais clocher, ains est tousiours eguale. Voylà pourquoy il y a bien (ce dict on) entre les voleurs quelque foy au partage du butin, pource qu'ils sont pairs et compaignons, et que s'ils ne s'entr'aiment, au moins ils s'entrecraignent,

---

(1) Suétone, dans la vie de Domitien, §. 17.

(2) Qui se nommoit Marcia : *Herodien*, l. 1.

(3) Antonin Caracalla, qu'un centurion nommé Martial, tua d'un coup de poignard, à l'instigation de Macrin, comme on peut voir dans Hérodien, l. 4, vers la fin. Le premier imprimeur de ce discours a mis ici Marin au lieu de Macrin : faute évidente. Etienne de la Boétie ne pouvoit pas se tromper au nom de Macrin, trop connu dans l'histoire, puisqu'il fut élu empereur à la place d'Antonin Caracalla. C.

et ne veulent pas, en se desunissant, rendre la force moindre : mais du tyran, ceulx qui sont les favoris ne peuvent iamais avoir aulcune asseurance, de tant qu'il a apprins d'eulx mesmes qu'il peult tout, et qu'il n'y a ny droict ny debvoir aulcun qui l'oblige; faisant son estat de compter sa volonté pour raison, et n'avoir compaignon aulcun, mais d'estre de touts maistre. Doncques n'est ce pas grand' pitié, que voyant tant d'exemples apparents, voyant le dangier si present, personne ne se vueille faire sage aux despens d'aultruy? et que, de tant de gents qui s'approchent si volontiers des tyrans, il n'y en ayt pas un qui ayt l'advisement et la hardiesse de leur dire, ce que dict (comme porte le conte) le renard au lion qui faisoit le malade? « Ie t'irois veoir de bon cœur en ta « tasniere : mais ie veois assez de traces de bestes qui « vont en avant vers toy, mais en arriere qui reviennent, « ie n'en veois pas une. »

Ces miserables veoient reluire les thresors du tyran, et regardent touts estonnez les rayons de sa braverie; et, alleichez de cette clarté, ils s'approchent et ne veoient pas qu'ils se mettent dans la flamme qui ne peult faillir à les consumer : ainsi le satyre indiscret (comme disent les fables), voyant esclairer le feu trouvé par le sage Promethée (1), le trouva si beau, qu'il l'alla baiser, et se brusler : ainsi le papillon, qui, esperant iouir de quelque plaisir, se met dans le feu pource qu'il reluit, il esprouve l'aultre vertu, cela qui brusle, ce dict le poëte toscan. Mais encores, mettons que ces mignons eschappent les mains de celuy qu'ils servent; ils ne se sauvent iamais du roy qui

(1) Ceci est pris d'un traité de Plutarque, intitulé *comment on pourra recevoir utilité de ses ennemis*, ch. 2, de la traduction d'Amyot, dont voici les propres paroles : « Le satyre voulut « baiser et embrasser le feu, la premiere fois qu'il le veid; mais Pro « metheus lui cria : Bouquin, tu pleureras la barbe de ton menton; « car il brusle quand on y touche ». C.

vient aprez : s'il est bon, il fault rendre compte, et recognoistre au moins lors la raison : s'il est mauvais, et pareil à leur maistre, il ne sera pas qu'il n'ayt aussi bien ses favoris, lesquels communement ne sont pas contents d'avoir à leur tour la place des aultres, s'ils n'ont encores le plus souvent et les biens et la vie. Se peult il doncques faire qu'il se trouve aulcun, qui, en si grand peril, avecques si peu d'asseurance, vueille prendre cette malheureuse place, de servir en si grand' peine un si dangereux maistre ? Quelle peine, quel martyre est ce ? vray Dieu ! estre nuict et iour aprez pour songer pour plaire à un, et neantmoins se craindre de luy, plus que d'homme du monde; avoir tousiours l'œil au guet, l'aureille aux escoutes, pour espier d'où viendra le coup, pour descouvrir les embusches, pour sentir la mine de ses compaignons, pour adviser qui le trahit, rire à chascun, se craindre de touts, n'avoir aulcun ny ennemy ouvert, ny amy asseuré; ayant tousiours le visage riant et le cœur transy; ne pouvoir estre ioyeux, et n'oser estre triste ?

Mais c'est plaisir de considerer, Qu'est ce qui leur revient de ce grand torment, et le bien qu'ils peuvent attendre de leur peine et de cette miserable vie. Volontiers le peuple, du mal qu'il souffre, n'en accuse pas le tyran, mais ceulx qui le gouvernent : ceulx là, les peuples, les nations, tout le monde, à l'envy, iusques aux païsans, iusques aux laboureurs, ils savent leurs noms, ils deschiffrent leurs vices, ils amassent sur eulx mille oultrages, mille vilenies, mille mauldissons; toutes leurs oraisons, touts leurs vœux sont contre ceulx là ; touts les malheurs, toutes les pestes, toutes les famines, ils les leur reprochent ; et si quelquesfois ils leur font par apparence quelque honneur, lors mesme ils les maugreent en leur cœur, et les ont en horreur plus estrange que les bestes sauvages. Voylà la gloire, voylà l'honneur qu'ils receoivent de leur service envers les gents, desquels, quand chascun auroit une piece de leurs corps, ils ne seroient pas encores (ce semble) satisfaicts, ny à demy saoulez de leur peine; mais certes encores aprez qu'ils sont morts, ceulx qui viennent aprez, ne sont iamais si paresseux, que le nom de ces mangepeuples (1) ne soit noircy de l'encre de mille plumes, et leur reputation deschiree dans mille livres, et les os mesmes, par maniere de dire, traisnez par la posterité, les punissant, encores aprez la mort, de leur meschante vie.

Apprenons doncques quelquesfois, apprenons à bien faire : levons les yeulx vers le ciel, ou bien pour nostre honneur, ou pour l'amour de la mesme vertu, à Dieu tout puissant, asseuré tesmoing de nos faicts, et iuste iuge de nos faultes. De ma part, ie pense bien, et ne suis pas trompé, puis qu'il n'est rien si contraire à Dieu tout liberal et debonnaire que la tyrannie, qu'il reserve bien là bas à part pour les tyrans et leurs complices quelque peine particuliere.

(1) C'est le titre qu'on donne à un roi dans Homere (Δημοβορος βασιλευς, *Iliad.* A, v. 341) et dont la Boëtie régale très justement ces premiers ministres, ces intendants ou surintendants des finances, qui par les impositions excessives et injustes dont ils accablent le peuple, gâtant et dépeuplant les pays dont on leur a abandonné le soin, font bientôt d'un puissant royaume où fleurissoient les arts, l'agriculture et le commerce, un désert affreux où regnent la barbarie et la pauvreté, jettent le prince dans l'indigence, le rendent odieux à ce qui lui reste de sujets, et méprisable à ses voisins. C.

FIN.

TITRES

DES CHAPITRES

Contenus dans ce volume.

LIVRE TROISIEME.

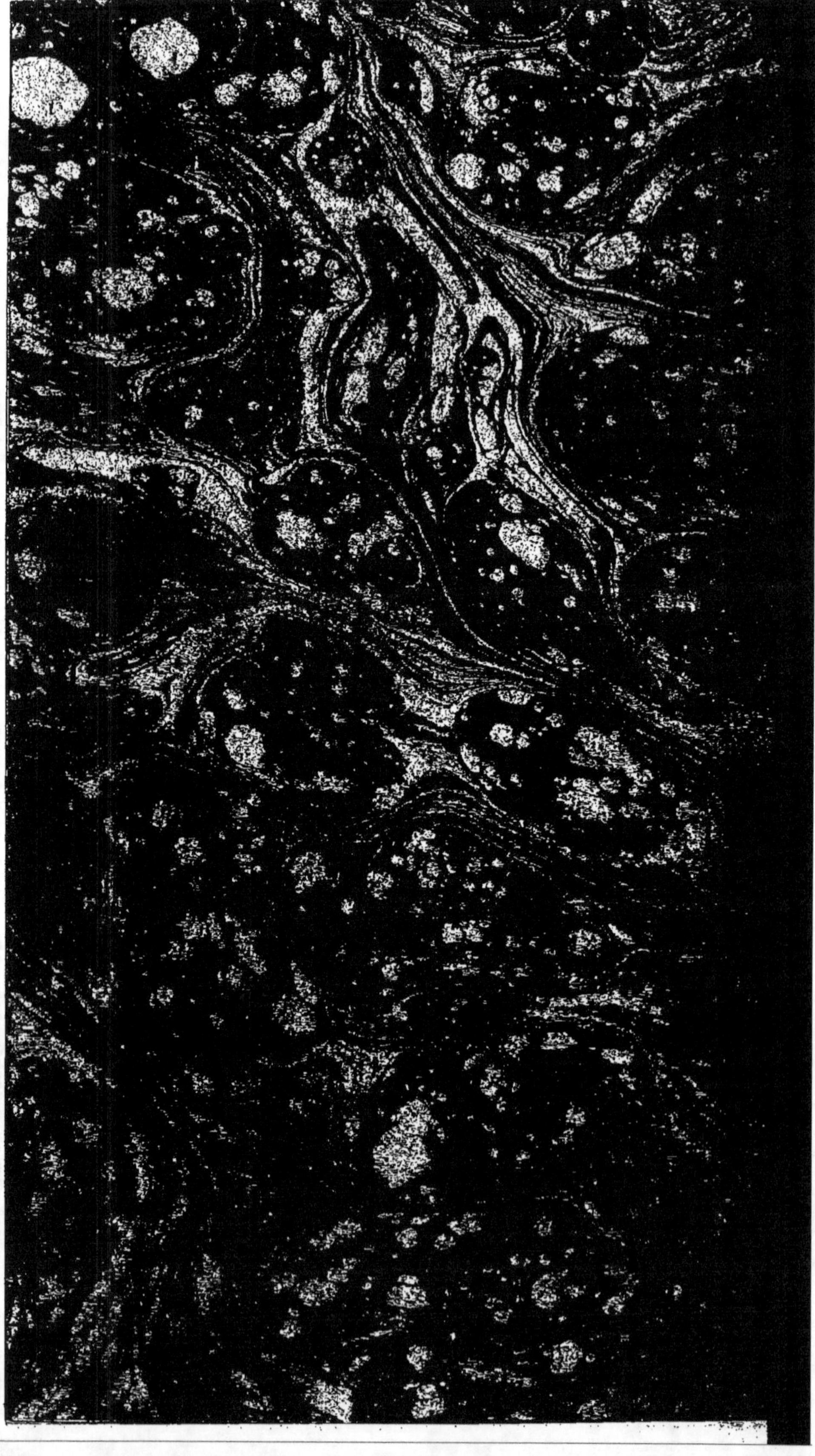

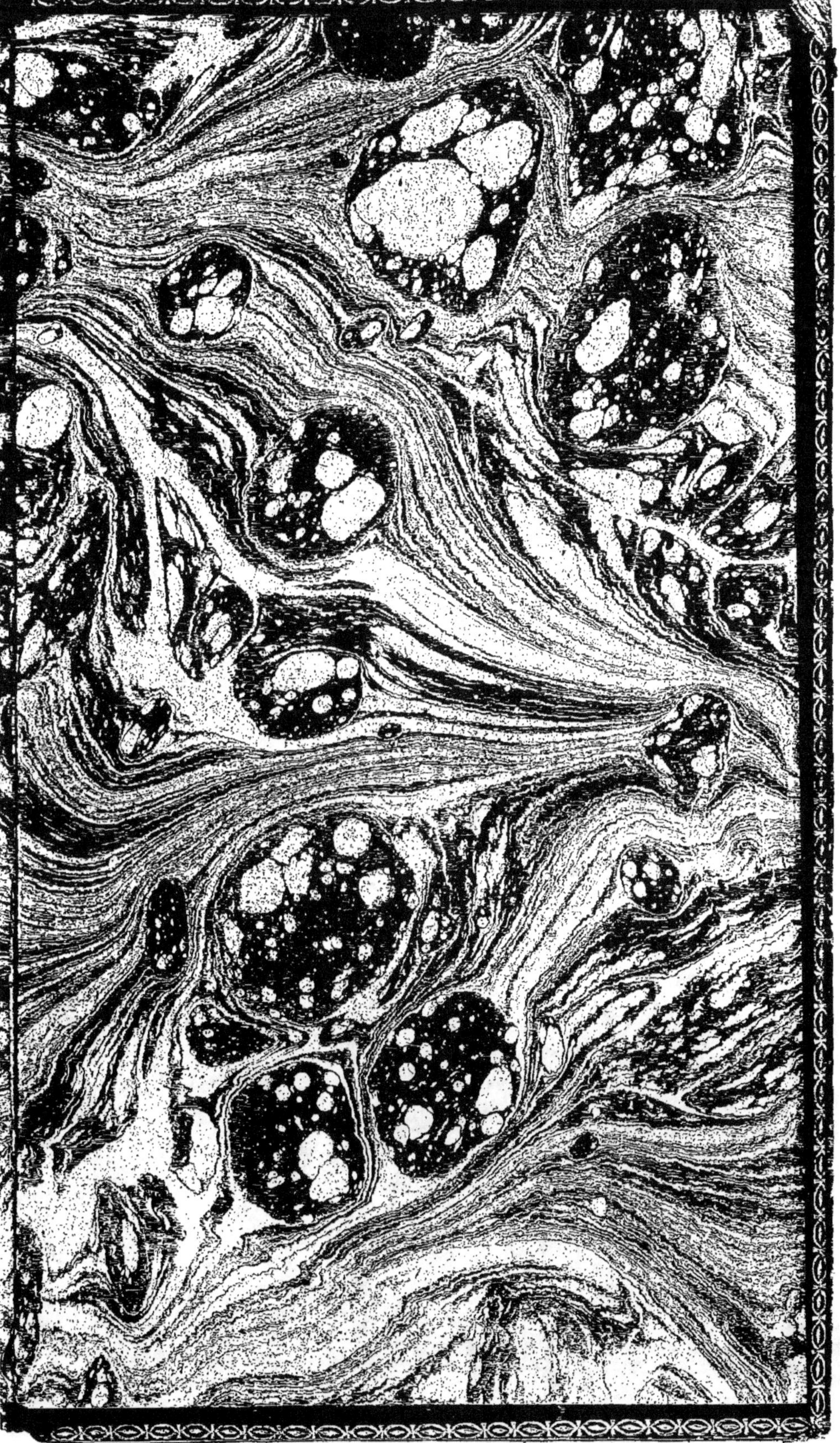

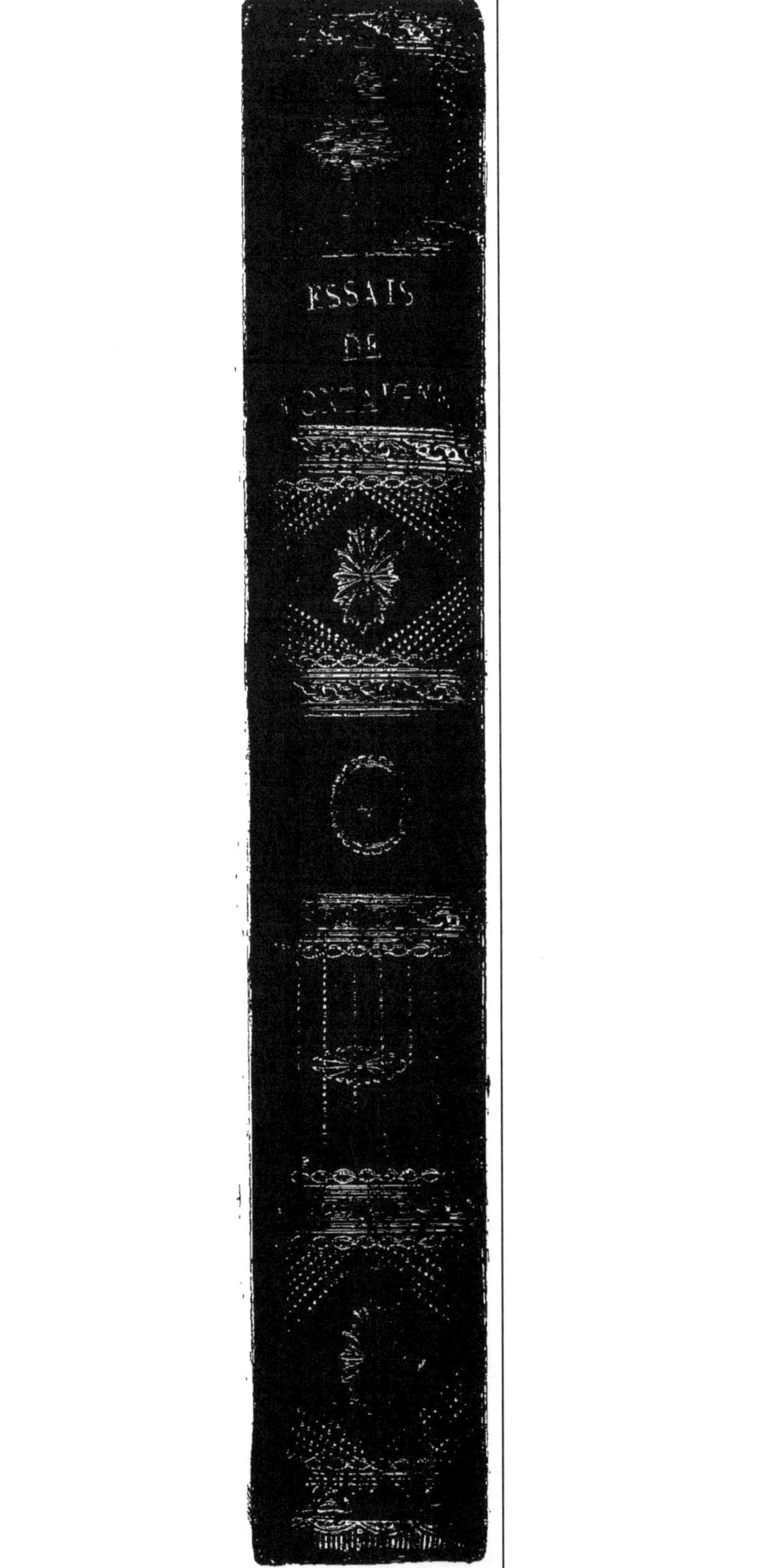
ESSAIS
DE
MONTAIGNE

www.ingramcontent.com/pod-product-compliance
Lightning Source LLC
LaVergne TN
LVHW020601110826
845149LV00002B/344

* 9 7 8 2 0 1 3 5 1 3 4 5 6 *